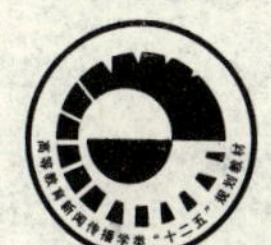

广告学系列教材

高等教育新闻传播学类“十二五”规划教材

# 广告策划与创意

GUANGGAO CEHUA YU CHUANGYI

何学军 主编

郑州大学出版社

郑州

**图书在版编目(CIP)数据**

广告策划与创意/何学军主编.—郑州:郑州大学出版社,2012.8(2015.2重印)
(高等教育新闻传播学类“十二五”规划教材)
ISBN 978-7-5645-0796-1

Ⅰ.①广… Ⅱ.①何… Ⅲ.①广告学—高等学校—教材 Ⅳ.①F713.81

中国版本图书馆CIP数据核字(2012)第087652号

郑州大学出版社出版发行
郑州市大学路40号　　　　邮政编码:450052
出版人:王　锋　　　　发行部电话:0371-66966070
全国新华书店经销
郑州市金汇彩印印务有限公司印制
开本:787 mm×1 092 mm　1/16
印张:19.75
字数:492千字
版次:2012年8月第1版　　　　印次:2015年2月第2次印刷

---

书号:ISBN 978-7-5645-0796-1　　　　定价:33.00元

# 专家指导委员会名单

# 作者名单

● **主　编**　何学军

● **副主编**　曹天成

● **编　委**　**（以姓氏笔画为序）**

申雪凤　李晓佳　张晓怡

周立春　职秀梅

# 内容提要

广告活动能否成功，很大程度上取决于策划是否周密，创意是否吸引人。本教材力求通过全面实用的广告策划和创意理论以及大量成功的广告案例，使读者从中受益。

本教材共10章，具体章节为：广告策划概说、市场分析与广告策划、广告策略与广告策划、广告策划书、广告效果评估与策划、广告创意概说、平面广告创意、广播电视广告创意、新媒体广告创意、分行业广告创意。本教材可作为高校新闻传播专业广告学的教材，也可作为行业培训教材使用，还可供广告从业人员、创意设计人员、企业营销人员等学习、参考。相信本教材会对相关工作人员及相关专业的学生有所帮助，使他们的工作和学习更加富有成效。

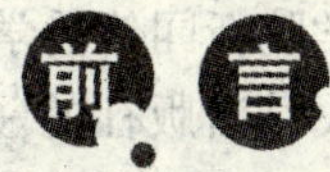

# 前言

广告策划与创意是广告活动的主导和核心,也是广告学的一个重要分支。本教材对广告策划与创意的基本原理、操作技巧等进行了深入浅出的分析,力求做到理论与实践并重,普及与提高兼顾。

本教材参编人员均为高校广告学专业教师。编写过程中,本教材引用了大量的国内外学者的研究成果及较为典型的广告案例、广告作品,力求站在时代前沿,把握业界态势,并融入了作者在教学和实践过程中对广告策划、创意的见解与实践心得。

全书分为策划、创意前后两大部分。在广告策划部分,阐述了广告策划的特征、内容和程序,特别是在营销观念嬗变的过程中,尝试性地从整合营销传播的视角来分析广告策划在新的营销条件下应当关注的问题。本教材还围绕广告策划的主要程序、市场分析、广告策略的制订、广告策划书的写作、广告效果评估等具体环节,探讨了相关的理论和实践。尤其是针对实践部分,书中较为详细地论述了广告策划主要环节的工作是如何展开的,并梳理了每一个具体环节与广告策划总目标之间的关系,使得每一部分的探讨都不会脱离整体,并结合大量典型的案例,体现出较强的实践性。在广告创意部分,论述了广告创意的含义、功能、特点、原则、表现手法等,并针对不同的广告媒体加以分析阐述。它们既包括了传统的平面广告创意、广播和电视广告创意,也包括了当下的新媒体广告创意。在新媒体广告创意方面,体现出与当下媒介发展实际相结合的努力。经过本教材编者的讨论,本教材在最后设计了分行业广告创意的章节,根据行业的不同,试图归纳出国内一些主要行业的广告创意的要点。这也体现了理论与实践的密切结合,使本教材更具可读性的意图。

本教材的每一章也分为两个单元。前一部分为“基本理论篇”,后一部分为“实训篇”,包括案例分析、实践训练、深化思考三个部分。主要目的是引导学习者将实践与理论紧密结合,将实践与深入思考相结合,提高学生的综合运用能力。

教材具体分工为:

第 1 章,何学军(商丘师范学院新闻传播学院);

第 2、5 章,职秀梅(郑州轻工业学院艺术学院);

第 3、4 章,申雪凤(广西艺术学院影视与传媒学院广告系);

第 6、10 章,曹天成(商丘师范学院美术学院);

第 7 章，李晓佳（安阳工学院人文社会科学系）；

第 8 章，张晓怡（河南理工大学建筑与艺术设计学院）；

第 9 章，周立春（商丘师范学院新闻传播学院）。

本教材的出版离不开郑州大学出版社的领导、编辑及各编者所在单位的大力支持，在此一并致谢！

由于时间仓促，编者学力所限，本教材有疏漏、错讹之处，恳请诸位专家与读者指正！

编者

2012 年 6 月

广告策划与创意

# 1 广告策划概说

## 导言

**本章学习目标**

通过本章学习，要求学生能够理解策划的内涵；对广告策划的基本要素、基本特征、基本原则有深入的理解和把握；能够明了广告策划的内容与程序，对广告策划的各个环节要素有透彻的认识；能够从营销观念嬗变的角度理解广告理论及广告策划观念的变化，对整合营销传播的精神及广告策划在其中的作用有深入认识；能够联系实际，运用广告策划的基本理论进行初步的分析与判断。

**本章重点**

广告策划的基本特征　广告策划的内容　营销观念的嬗变与广告理论的发展　整合营销传播中的广告策划

# 1.1 策划与广告策划

## 1.1.1 策划

策即策略、计谋，划即设计、谋划。策划一词最早出现在《后汉书·隗嚣传》中："是以功名终申，策画复得"。这里的"策画"即"策划"。策划在当今社会运用广泛，深入人心。大到国际关系、政府决策，小到结婚庆典、个人发展，无论是市场开拓、产品营销，还是新闻报道、广告宣传，诸多领域均离不开策划。策划是一项充满智慧与创造的脑力活动，可谓是"运筹帷幄之中，决胜千里之外"。

可以说，策划贯穿于人类历史的发展之中。《战国策·冯谖客孟尝君》中，冯谖以烧债券、树威信、立宗庙三策及狡兔三窟，使孟尝君高枕无忧。商鞅变法时，卫鞅为了树立法令的威信，引起全国人民对新法的重视，立木为信，直接推动了新法令的颁布，为新法令的落实奠定了良好的舆论与信任基础。战国时苏秦、张仪，合纵连横，博得"纵横家"美名。隆中对策，诸葛亮未出茅庐，先定三分天下。特洛伊"木马计"是古希腊军事史上的经典之作，恺撒杰出的军事策划才能使罗马军队在亚、非、欧大陆所向披靡……这些成功的策划案例早已彰显出策划的独特魅力。可以看到，在古代社会，策划主要运用于政治、军事领域，而到了现代工业社会，随着市场经济的发展，企业竞争加剧，信息传播技术水平的提高，策划从政治领域进入到商业领域而且大放异彩，成功的策划案例不胜枚举。20 世纪 80 年代，伴随着改革开放的进程，商品经济的发展，当代中国商业领域的策划活动开始兴起并产生广泛影响，较著名的如健力宝对中国体育事业的赞助活动，使广东三水一个原本名不见经传的乡镇企业一跃而为中国运动饮料行业的龙头；在围绕着郑州"二七"商圈的商战风云中，"亚细亚"以企业形象策划为突破口快速崛起。从 80 年代到 90 年代初，市场经济起步期的商业策划在人们的心目中产生了这样的印象，策划就是"点子"，策划家被冠以"金手指"，可以点石成金，成就了一个个商业传奇。90 年代中期以后，随着市场经济的深入发展，随着市场营销学、管理学、广告学、公共关系学等学科理论的不断引进与实践，以及以计算机技术、网络技术为核心的信息时代的到来，策划开始超越了以往简单的灵光一现式的"点子"范畴，而更强调理性，注重调研、分析、论证，注重程序化、系统化及决策的科学化。

对于策划的认识，众说纷纭，各有所重。

有的强调的是策划对资源优化整合的功能，如《广告策划创意学》认为，策划是"整合各类现有资源和潜在资源，判断事物变化的趋势，确定可能实现的目标和预算结果，再由此来设计，选择能产生最佳效果的资源配置与行动方式，进而形成决策计划的复杂思维过程"①。

有的着重的是策划在实际运行中的操作手段，如《广告策划学》认为，"对某件事、某种

---

① 余明阳、陈先红：《广告策划创意学》，复旦大学出版社 2009 年版。

项目、某种活动进行酝酿、统筹、实施，运用新闻、广告、营销、公关、谋略等手段，综合实施运行，使之达到较好的效果的过程，称为策划”①。

有的注重的是策划的过程，《广告策划》②将其定义为：“策划就是策略、谋划，是为达到一定目标，在调查、分析有关材料的基础上，遵循一定的程序，对未来某项工作或事件事先进行系统、全面的构思、谋划，制订和选择合理可行的执行方案，并根据目标要求和环境变化对方案进行修改、调整的一种创造性的社会活动过程。”

专业策划人往往强调的是策划的智慧创造性，如著名策划人白玉山认为，策划是策划人通过实践活动获取更大效果的智慧，它是一种智慧创造行为；王志纲则更把策划当作“挑战智慧极限的行业”。

哈佛企业管理丛书编纂委员会对策划的定义比较全面：“策划是一种程序，在本质上是一种运用脑力的理性行为。基本上所有的策划都是关于未来事物的，也就是说，策划是针对未来要发生的事情做当前的决策。换言之，策划是找出事物的因果关系，考虑未来可采取的途径，作为目前决策之依据。亦即策划是预先决定做什么、何时做、如何做、为谁做。……策划的步骤是以假定的目标为起点，然后制订出策略以及详细的内部作业计划，以求目标之达成，最后还包括成效的评估和反馈。”

综观林林总总的对于策划的认识与界定，策划基本上应包括策划的目标、策划的条件、策划的程序、策划的方案及策划中的创造性思维。

#### 1.1.1.1　策划的目标

策划一定要有的放矢，有为而发。目标决定策划的指向，有利于策划人发现、研究、解决通向目标路途中的一系列问题。明确的目标设定了策划的内在逻辑，有利于策划人深入把握事物发展变化的趋势，对策划可能带来的结果进行合理预测，从而进行科学决策。明确的目标便于策划人整合资源、整体布局，将各种工作从无序转化为有序，在策划实施的过程中不断接近并达到目标。

#### 1.1.1.2　策划的条件

策划具有现实的条件限定性，要在现有条件的基础上进行谋划。这就要求策划人要围绕所策划的项目，进行细致深入的调查研究，全面地了解相关环境因素，并进行科学分析，寻找出问题的实质和主要矛盾，进而进行谋划、运筹，这样的策划更具有针对性、合理性。再者，策划运作的方式与手段也必须依托现实条件，要力所能及，具有可行性，而不能夸夸其谈，纸上谈兵。

#### 1.1.1.3　策划的程序

程序化是策划发展到现代社会的必然趋势。程序化保证了策划的合理性、科学化。一般的策划活动都要经历以下几个步骤：策划前的调查和环境分析；确立或调整策划目标；策划创意；拟定初步方案；方案评价与筛选；方案的调整与修正。这些程序形成一个严密的逻辑链条，将策划的方方面面有机地衔接在一起，使策划形成一个整体，一个系统化的工程。

---

① 吴粲、李林：《广告策划学》，中国人民大学出版社 2007 年版。

② 江根源：《广告策划》，浙江大学出版社 2007 年版。

在合理的程序中,策划整体的各个子系统才能发挥出"1+1>2"的效能,从而获得较高的工作效率与工作成效。

#### 1.1.1.4　策划的方案

"条条大道通罗马",围绕某一目标的策划可以有多个方案,其中总会有一个更为有效,更为便捷,投入更少,或更富创意的方案。这就需要对方案加以比较、考量,扬长避短,选择出最适宜的一个,使决策更理性、更科学。另外,即便在方案确定之后,由于现实条件的变化,策划方案也不能死板教条,应在保持一定稳定性的同时,根据环境的变化,不断对策划进行调整和变动,以保持策划对现实的最佳适应状态。

#### 1.1.1.5　策划中的创造性思维

从根本上说,策划是一种脑力劳动,是对于未来事物的谋划、运筹。如何在一张白纸上画出最新最美的图画,这不仅仅需要策划人对现实条件和资源理解与把握,及对于事物间逻辑关系的深入认识,更重要的是,要以创造性的思维将资源进行最佳配置与组合。特别在当下的市场经济时代,市场竞争日益激烈,产品相类、同质的比比皆是,人们被海量的信息包围而不知所从。要想突出重围,占领市场高地,策划必须出奇制胜、抢占先机。创造性思维是策划的魅力所在,因而很多人将策划视为一种"艺术"。

总之,现代意义上的策划是以科学化、规范化、程序化为原则,具有整体性、系统性,以创造性思维妙笔"点睛",是一个体系化的而又不失灵动的"智慧工程"。

### 1.1.2　广告策划

现代广告业是市场经济不可或缺的一部分,广告策划是现代策划思想与现代广告活动的结合。20 世纪 50 年代,市场经济的高速发展对广告活动提出了更高的要求,广告策划的思想由此产生。美国公共关系学者爱德华·伯内斯在其著作《策划同意》中提出了现代意义上的"策划"概念。20 世纪 60 年代,英国博厄斯·马西来·伯利特广告公司创始人斯坦利·伯利特首次提出了"广告策划"的思想,广告策划思想及工作方法迅速在西方广告界普及。"广告策划"促使现代广告活动趋向规范化、科学化,在现代广告发展史上具有标志性的意义。1986 年,中国广告协会广告公司分会提出了"以策划为主导,以创意为中心,为客户提供全面服务"的口号,将其作为全国广告公司共同发展的方向。"广告策划"由此成为中国大陆广告业关注的中心,对从 1979 年才起步的中国广告业产生了重大的推动作用。

广告处于市场营销活动的下游,对于市场的拓展,销售的促进,产品与企业形象的树立有着至关重要的作用。作为一个完整有机的系统,广告活动必须进行周密的谋划,形成一套目标明确、布局合理、行之有效的运作机制,因而广告策划作为广告活动的大脑中枢,对于广告活动的成败得失,关系重大。所谓广告策划,即根据广告主的营销策略和广告目标,在市场调查的基础上,按照一定程序对广告活动进行系统、整体的前瞻性规划,形成一个与市场情况、产品状态、消费群体相适应的,具有可靠操作性的广告运作方案。它以富有创造性的广告定位策略、传播策略、创意策略与表现手段、媒介计划等为核心内容,并在广告运作过程中加以检验、评估和调整,以达到最佳的广告效果。

按照广告活动的规模与复杂程度,广告策划可以分为整体广告策划和单项广告策划两种。整体广告策划是在广告总体目标的提挈下，对企业或产品的一系列广告活动进行系统的运筹，它着眼于未来，整体布局，具有战略性与全局性的特点，从市场调研到确定广告目标，从制订广告战略到进行广告定位，从传播策略到媒介计划，从经费预算到效果评估，对广告运作的所有环节进行总体决策。整体广告策划强调广告活动中各个环节之间的有机联系，在当今整合营销传播的热潮中，更强调在"一个声音"之下，各个子系统的协调配合，整体广告策划更加受人青睐。单项广告策划则主要针对单项的广告活动，具有战术性、策略性的特点，除了必须在市场调查分析基础上进行广告定位、媒介选择等策略性活动外，广告创意与表现往往是其策划的重心。

### 1.1.3 广告策划的构成要素

广告策划活动主要包括五个基本要素，即策划人、策划对象、策划依据、策划方案、效果评估。

#### 1.1.3.1 策划人

策划人是广告策划的主导者，广告策划的水平决定于策划人自身素质的高低。广告策划是充满创造性、具有挑战性的智力活动，需要策划人具备丰富的知识、灵活的思维、创新的意识。一个广告策划人应该对未知领域充满好奇，要了解广告主委托的广告产品及其产业的知识，使策划真正切合产品实际，还需要多学科、多门类的知识作为支撑，使其视野开阔，思维自由翱翔，在知识的碰撞中寻得策划的灵感。优秀的广告策划是逻辑思维与创新思维的完美结合，广告策划人既要有较强的逻辑思维能力，又要有较强的创新思维能力及勇于创新的意识。既要冷静客观，富有理性，以逻辑性思维进行分析、推理、判断，制订广告活动的战略，又要思维活跃，想象力丰富，以创新性思维制订广告活动的战术。广告策划人不喜重复，不断超越，永远都在寻求最佳的广告诉求、广告表现；其他诸如与客户沟通的能力、协调合作的能力等都是一个广告策划人应该具备的职业素质。

#### 1.1.3.2 策划对象

顾名思义，策划对象是广告策划的客体，策划对象可以是广告主，也可以是具体的产品或某种服务。策划对象确定了广告策划的目标和内容。当策划对象是广告主的时候，则主要以提高其知名度、美誉度为目标，通过组织形象的宣传谋求公众的信任，此为形象广告策划；当广告策划的对象是产品或某种服务时，其主要目的则是销售的促进、市场份额的提升，从而带来直接的经济利益，此为营销广告策划。

#### 1.1.3.3 策划依据

策划依据是策划人所掌握的信息和知识资源。它包括两个部分：一是策划人自身所掌握的知识储备，它决定了策划人的视野、观念、运筹能力等，是显现策划人自身素质高低的重要方面，需要策划人通过不断地学习、积累、思考、领悟来提高；二是与策划对象紧密相关的信息资源，如产业知识、产品知识、市场状况、目标消费者行为、目标消费者心理等，这些信息是进行广告策划的最重要的依据，需要进行深入细致的调查与搜集，通过严谨的分析使之成为策划的逻辑依据，它是广告策划科学化的保证。

#### 1.1.3.4 策划方案

广告策划以形成策划文本为结果,策划方案是广告策划的表现形态。一个完备的策划方案必须目标明确,分析要客观全面、逻辑严谨,科学地制订广告战略与策略,同时富有创造性;此外,方案中的广告活动环节与步骤要清楚有序,成本预算要合理,评估调整要有度。广告策划方案是广告活动的蓝图,宏观上的针对性与指导性,微观上的创造性、可行性和可操作性,构成了广告策划方案的特征。

#### 1.1.3.5 效果评估

广告策划具有前瞻性,要在科学分析的基础上对策划将要产生的广告效果进行预测与评估,在策划实施过程中予以监测,以此作为衡量策划成败的依据,为策划的进一步调整提供支持。客观而符合实际的评估使广告策划具有现实的适应性。

### 1.1.4 广告策划的基本特征

#### 1.1.4.1 战略性与策略性

广告策划要服从企业整体市场营销管理的需要,是策划人从广告角度对企业市场营销管理进行系统整合和策划的过程。

统一于企业整体营销战略之下的广告战略的确立,是广告策划的灵魂与核心,是广告策划的战略性特征。它包括了市场细分、目标消费者、SWOT 分析、广告目标、广告定位等具有战略意义的内容,要回答的是“做什么”的问题。广告战略确立之后,就要回答“如何做”的问题,制定出一系列的策略与战术,包括传播策略、媒介策略、创意表现等内容。

广告策划的战略性使其高屋建瓴,如同弈棋,意在取势,须具有一定的稳定性。广告策划的策略性则重在战术,讲究因地制宜,灵活应对,追求独出心裁,妙招迭出。广告策划的战略性是策略性的根基,把握着广告策略的走向,对其加以制约;同时,广告战略目标的实现又需要通过具体的广告策略一步步地落实。战略性和策略性,二者不可偏废,相得益彰。

#### 1.1.4.2 系统性与层次性

现代广告策划是一个科学、规范、有序,有着内在逻辑的有机系统。

系统论认为整体性、关联性、等级结构性、动态平衡性、时序性等是所有系统共同的基本特征。系统论的核心思想是整体的观念。任何系统都是一个有机的整体,它不是各个部分的机械组合或简单相加,系统的整体功能是各要素在孤立状态下所没有的性质,即“1+1>2”。同时,系统中各要素不是孤立存在的,每个要素在系统中都占据一定的位置,起着特定的作用。要素之间相互关联,构成了一个不可分割的整体。

从系统论的角度出发可以看到,广告策划作为一个系统,一方面从属于企业市场营销的大系统,与产品、价格、分销、促销等子系统相互配合;另一方面,其自身系统又由各个要素、各个环节构成,它们紧密联系,按照广告策划的内在逻辑形成有序的层次。

任何一个因素或层次的变动对广告策划全局都会造成影响,牵一发而动全身。所以,在广告策划中既要从系统的观念出发统揽全局,又要在具体的每个层次及要素上精密作业,这样才能保证广告策划的成功。

#### 1.1.4.3 指导性、稳定性与适应性、变通性

广告策划是对整个广告活动的筹划，它是针对企业或产品的现有条件，在进行深入细致的市场分析、产品分析、消费者分析等的基础上制订的。这种调查分析能够实施的前提，主要在于某一时期企业、产品的市场态势、消费状况等具有相对稳定的状态与可预测的趋势。立足于此，广告策划也才能具有实质的统领作用，才能够有效地指导广告活动各个环节工作的开展。因而，在战略意义上，广告策划具有指导性及相对的稳定性。

同时，市场又是不断变化的，这要求广告策划要因应条件的变化而进行调整，因此，在进行广告策划时，要对变化多端的环境和条件有所预测，有所应对。这意味着广告策划是一个动态的过程，在战略意义上具有指导性、稳定性，在战术意义则具有适应性、变通性。

#### 1.1.4.4 目标性与阶段性

广告策划必须围绕目标来进行。广告活动目标有多种，或是为了优化企业或产品的形象，或是为了提高知名度、扩大影响，或是短期促销，或是为了维护品牌……不同的广告目标有着不同的策略与手段，广告策划以广告目标为终点去设计广告活动的内容。因此，广告目标不能一蹴而就，广告策划要通过合理、有序的计划形成一个有步骤、有重点、分阶段进行的广告活动过程。从广告战略到广告战术，从广告定位到广告主题，从广告创意到广告设计，广告策划的每个阶段都必须与广告目标保持一致，体现广告目标的要求，否则将会造成策划的混乱、信息的模糊，甚至误导。广告策划的目标与所处阶段必须保持高度的统一。

#### 1.1.4.5 科学性与创造性

科学性决策是现代广告策划的追求。广告策划不仅仅是单纯的“脑力活儿”，更不是“想当然”的产物，广告策划是建立在科学的理论基础之上，有着严密的科学逻辑。广告策划需要有多种学科知识及能力的支撑，诸如广告学、市场营销学、统计学、管理学、社会心理学等均与广告策划有紧密联系。广告策划是在这些学科理论的支持下，在逻辑思维、辩证思维的主导下进行分析论证的结果。

广告策划终究不是单纯的学术活动，它是在科学的舞台上进行具有创造性思维的舞蹈，“与众不同”方能夺人耳目，才能有较好的广告效果。“求异”是广告策划的品质特性，创造性是广告策划成功的关键和保证。它具体表现在广告定位的抉择、广告语言的艺术渲染、广告表现的独特形式、广告媒体的利用等方面。策划人要善于打破常规思维的惯性与范式，出其不意，出奇制胜。所以，在广告策划中，科学性与创造性相互交融，相互支持，科学性赋予创造性以深刻的理性，而创造性则让科学性插上翅膀，翱翔于天空。

### 1.1.5 广告策划的基本原则

广告策划的自身特性揭示了其内在的特殊规律。广告策划必须遵循这些规律进行。广告策划的基本原则有：目标性原则、战略性原则、可操作性原则、系统性原则、适应性原则、创新性原则等。除以上这些原则外，我们还要认识到，广告策划是现代广告的有机组成部分，在策划过程中，要遵循广告的三个“统一”原则。

#### 1.1.5.1 功利性与合法化、道德化相统一

广告策划有着明确的功利性目标，即通过一系列的广告活动的策划与实施为企业促进

销售，开拓市场，获得更大利润，但实现这个目标必须以遵守国家的法律法规与社会道德规范为前提。1994年，我国颁布了《中华人民共和国广告法》，各地方在广告管理方面也出台了一系列法规，广告策划必须在法律法规的框架内进行。道德则是比较软性的社会约束，需要广告策划人员加强自身修养与自律，在广告策划中加以实现。这些年，在物质主义、功利主义的影响下，一些广告作品的道德底线失守，这是需要广告策划人警醒的。广告策划不能见利忘义，否则结果肯定是适得其反。

#### 1.1.5.2 真实性与艺术性相统一

真实是广告的基本原则。广告作为信息传播活动，它向消费者传达的产品功能、功效、价值等一定要建立在真实的基础上，夸大宣传甚至欺瞒性宣传最终会失去消费者的信任，"搬起石头砸自己的脚"，不仅损害了消费者的利益，更损害了企业自身的利益。真实性是广告策划不能逾越的界限。同时，广告策划又是极具创造性的智力活动，要使创意及设计充满奇思妙想和非凡的表现力，这就需要以艺术的手法追求理想的传播效果。因而广告策划的真实性与艺术性必须统一，真实性是艺术性的基础，艺术性要服务于真实性。失去真实基础的广告策划的艺术性只是空中楼阁；缺乏艺术性的广告策划即便真实，却索然无味，不能给人以触动，更谈不上广告的冲击力。

#### 1.1.5.3 经济效益和社会效益相统一

效益是广告策划追求的目标。首先，从企业营销的角度看，广告是企业投资的一部分，其目标就是引导消费、促销产品、树立品牌、开拓市场，因而广告策划的效益首先体现在经济层面，即要以较少的广告投资，获取较大的广告效果。其次，广告又是一种社会文化现象，作为社会信息传播的重要组成部分，蕴涵了思想、道德、伦理等多方面的内容，是各种价值观的载体，因而广告策划要讲求社会效益。在广告策划中，要以正确的价值观引导消费；以求真、务善、尚美来体现高尚的生活追求；在追求时尚、前卫的同时要与社会主流观念保持平衡，倡导健康的生活理念和生活方式。广告策划追求的是经济效益和社会效益的统一。

## 1.2 广告策划的内容与程序

### 1.2.1 广告策划的内容

广告策划的主要内容有：广告市场调查与分析、确定广告目标、确定广告对象、制订广告战略、确定广告定位、确定广告诉求策略、广告媒体策划、广告经费预算、广告效果评估。

#### 1.2.1.1 广告市场调查与分析

兵法云："知己知彼，百战不殆。"广告市场调查与分析是进行广告策划不可或缺的首要环节，是广告策划的基石。不同的企业形象、产品定位、服务特点，其营销战略的侧重也不同，均会影响广告市场调查与分析的结果。大体说来，广告市场调查与分析主要包括以下几点。

1）广告环境调查与分析　诸如自然环境、国际国内的政治经济政策、产业环境、企业环境、竞争对手的广告状况等，都可以作为广告环境调查的内容。

2)产品调查与分析　围绕企业产品,对其使用价值、文化价值、定价、标志、同类产品比较等内容进行深入调查分析,把握产品方向。

3)消费者调查与分析　了解产品消费者的消费习惯、消费心理、爱好、购买动机、购买行为,准确把握消费者对产品的态度,使广告更具针对性。

4)市场竞争状况　调查分析同类企业生产状况、产品状况、营销策略、市场份额、广告策略等。

5)市场细分　市场细分的目标就是找出最可能的目标消费者。在激烈的市场竞争中,没有通吃天下的产品,更没有打动所有消费者的广告,这是由消费者的异质性所决定的。所以,要根据消费者需求的不同,把整个市场划分成不同的消费者群,找出产品的主要消费群体,确定产品的目标市场,有的放矢。这是广告市场调查的关键内容。

6)媒介调查与分析　广告传播最终要通过广告媒介来实现,因此必须了解广告发布区域的媒介分布状况、发行量、收视率、广告信息到达率等,作为媒介选择的依据。

#### 1.2.1.2　确定广告目标

在科学的市场调查分析的基础上,就要确定广告目标,这是广告策划的首要任务。广告目标是指广告活动所需达到的目的或效果,它规定着广告活动的方向,广告活动的所有环节如主题设定、创意、表现、媒介选择等都要紧密围绕广告目标来进行。广告活动是企业营销的构成部分,广告目标要服从于企业的营销目标,营销目标不同,具体的广告目标也不同。有人依据营销目标将广告目标分为创牌广告目标、保牌广告目标和竞争广告目标;也有人依据产品所处生命周期的不同阶段,将广告目标分为提供产品信息目标、说服消费者目标和提醒消费者目标等。

广告目标还可以划分为总目标和子目标。广告总目标是整个广告活动要达到的效果,子目标则是将总目标进行分解而在广告活动的不同环节所设定的目标,如广告区域的分解、媒介计划的分解等。广告目标还可以划分为长期性目标和阶段性目标。此外,除了一般性的广告活动目标,还可以根据特定地域、特定对象、特定目的设定广告特殊目标。

在制订广告目标时要注意广告目标的可行性和可控性。目标化管理需要具体化的量化标准,广告目标可根据广告传播效果指标来设定,广告传播效果一般从产品销售情况和市场占有率方面制订指标体系来进行衡量、评估。但必须注意的是,销售和市场占有率只是营销目标,而广告目标虽服从于企业营销目标但不能等同于营销目标,“营销是卖,广告是讲”,广告目标主要是广告传播要达到的信息效果。传统的以销售业绩或市场占有率来确定、衡量广告目标的做法并不科学,因为产品的实际销售由众多营销因素构成,广告只是其中之一,广告目标是传播信息而并非直接销售产品。广告是面向目标消费者进行的有关产品、服务、企业形象等的宣传,其效果是消费者的认可、知名度的扩大、美誉度的提升,继而促进销售。所以,应以对消费者的影响力和对产品知名度、美誉度的提升程度为标准来确定广告目标。

#### 1.2.1.3　确定广告对象

广告对象即广告的目标受众,是广告信息的接收者。通过科学的市场细分,企业根据现实的或潜在的消费需求确定了自己的目标市场,锁定了自己目标消费者的位置,同时也就锁定了广告传播的主要对象。作为一个群体,广告的目标受众之所以成为“目标”,在于他们所具有的共同性特征，如空间上的集中分布，共同的社会阶层，相似的爱好、兴趣、心理需求，等等。对目标受众共同性的分析研究是广告策划的依据，是广告创意的出发点，是实现广告有效诉求的关键。广告对象的生活区域和活动范围是广告策划的实施空间，由此也确定了广告的传播区域，广告策划对此也要进行合理安排。在广告传播中要突出重点区域，也可以根据企业营销策略进行分阶段区域传播，层层推进，次第传播。

#### 1.2.1.4 制订广告战略

广告战略是广告策划的总方针，它从宏观上对广告决策加以把握，规定了广告活动的方向。广告战略从企业营销战略出发，服从于企业市场营销的需要，具有全局性与稳定性。它指导着广告活动的各个环节，即广告活动的各个环节都不能与广告战略相违背。广告战略建立在对市场周密调查研究的基础之上，总揽全局，为实现企业总的战略目标服务。这要求广告策划人必须具有良好的素质和策划谋略，掌握详细而准确的情报，掌握科学的决策方法，有敏锐的战略眼光，视野开阔，立足长远，不求权宜之计，在外紧密配合企业整体营销战略，在内统领协调广告活动的各个环节，使广告活动这架机器和谐高效运转。

制订广告战略主要从以下两方面着手。

一是根据市场整体营销战略，结合市场营销目标、产品生命周期、消费者特点等条件，确定广告战略的总方针。如在无差异性市场营销战略中确定无差异性市场广告战略，在市场细分的基础上实行差异性广告战略；对某些细分市场实行集中性广告战略，对某些细分市场采取渗透式广告战略。在产品引入（介绍）期，广告战略的重心是“扬名立万”，在消费者心中确立位置；在产品生长期，广告战略的重心则是建立和巩固品牌地位；在产品成熟期，广告战略的重心转向品牌的维护与销售的持续；在产品衰退期，广告战略的重心则为企业形象、为产品更新做好铺垫。

二是围绕广告活动各构成元素确定广告战略方案。如围绕企业有树立企业良好形象的企业广告战略；围绕产品有树立产品形象的产品广告战略；围绕目标市场的范围有区域性广告战略或全球性广告战略；围绕广告周期有短期广告战略或长期广告战略；围绕媒介有单一媒介战略或媒介组合战略等。

#### 1.2.1.5 确定广告定位

在日益激烈的市场竞争中，同类产品的丰富性与同质化、信息爆炸与人们接收信息的有限性之间的矛盾是现代广告业面对的突出难题。如何让广告真正深入消费者心中，取得其信任，改变其态度，促成其购买行为，是广告策划要解决的核心问题，是必须通过广告定位来实现的。

所谓广告定位，就是指广告主通过广告活动，使企业或产品在消费者心中确立位置的一种方法。定位理论的创始人艾·里斯和杰·特劳特曾指出：“定位从产品开始，可以是一种商品、一项服务、一家公司、一个机构，甚至是一个人，也许可能是你自己。但定位并不是要你对产品做什么事。定位是你对未来的潜在消费者心智所下的工夫，也就是把产品定位在你未来潜在消费者的心中。”准确的广告定位满足了目标消费者的心理需要，产生了强烈的说服作用，不仅促进了产品销售，更重要的是通过与同类企业、同类产品的差异化分析，在消费者心中树立了企业及产品独特的市场形象，使企业和产品在市场竞争中占据稳定可靠的市场空间。所以，广告定位是广告策划中实施广告战略的第一步，是决定广告策划成功的“胜利之匙”，广告主题的确定，广告创意的生发，广告表现的手段等，均以广告定位为基准，从广告定位始。

#### 1.2.1.6 确定广告诉求策略

广告诉求是广告宣传中所要传播的信息内容及进行传播的方式手段，它要解决的是广告“说什么”和“如何说”的问题。它包括确定广告主题、确定广告创意、确定广告表现形式三个方面的内容。

1）确定广告主题　广告主题是广告所要表达的重点和中心思想。它是广告的灵魂，在很大程度上决定着广告作品的格调与价值。广告主题统率广告作品的创意、设计、表现、文案等要素，像一根红线贯穿于广告始终，使广告的各要素有机地组合成一部完整的广告作品。广告主题必须体现出企业或产品的广告目标，体现出差异化的信息个性，体现出消费者的情感、心理、价值取向。因而，广告主题策划需要对广告目标有深入的理解，对产品个性特征有清晰的认识，对市场和消费者需求有深刻的分析，有准确的广告定位，这样才能提炼出鲜明独特、打动人心的广告主题。广告主题需鲜明深刻，单纯凝练，新颖独特，易于理解。按照不同的角度，广告主题可分为不同的种类，如从媒体目标受众的心理要求出发，可分为健康类、食欲类、安全类、时尚类、爱情类、荣誉类、母爱类、地位类、社交类、快乐类、效能类、方便类、经济类、保证类等。还可以围绕企业、产品形象、产品营销、促销手段等设定不同的主题。

2）确定广告创意　广告主题策划明确了广告的诉求点，而“如何说”、“怎样说才好”呢？这就需要广告策划人用一个富有创造力的、艺术化的构想来实现，这就是广告创意。创意即创造新意，主导广告创意的是创新思维。可以说，凡是能想出新点子、创造出新事物、发现新路子的思维都属于创新思维。成功的广告创意可以使广告在内容和形式上都焕然一新，具有强烈的感染力，从而最大限度地打动和说服消费者。好的广告创意，是思想在不断的碰撞中激发出来的，不同的学科知识交叉往往会为思想的碰撞提供契机，广阔的知识面及活跃的思维能力是创意策划人应具备的职业素质。

3）确定广告表现形式　有了广告创意，就需要采取一系列手段，运用各种传播符号，编制组合个性化的信息形式，将其形象直观地加以表现，从而达到影响消费者购买行为的目的，这就是广告表现，广告表现的最终形式是广告作品。广告表现是与广告受众直接沟通的桥梁，广告要传达给消费者的企业和产品信息，广告创意者对企业、产品的理解，对消费者心理、情感、行为的认知，最终要在广告表现这个环节体现出来。广告表现的一个方面是“美”，要有动人的语言，生动的色彩，怡人的画面，富有魅力的气氛，合理准确的艺术表现形式；广告表现的另一方面是“冲击力”，广告的艺术表现要能够使广告创意得到最单纯、最简洁的诉求与表达。“力”与“美”恰如其分的结合才是成功的广告表现。所以，广告表现采用各种艺术手段，运用各种传播符号，不是简单的外表华丽的装饰，它是将广告的创意加以再创造，犹如宝剑出鞘，锋芒毕现。反过来讲，缺乏创意执行能力，失去优秀的再创造的配合，原本精彩的广告创意在转化为具体的媒体语言时也会变得支离破碎，面目全非，让消费者难以接纳。总之，广告表现在整个广告活动中具有重要意义，它决定了广告作用的发挥程度，是广告策划水平的直接体现。

### 1.2.1.7 广告媒体策划

广告媒体策划是对广告传播渠道、传播载体加以研究、分析、选择、组合的过程。广告媒体策划主要关注两个方面的问题:一是如何选择最合理的传播媒介,以达到理想的传播效果;二是如何控制传播成本,让有限的广告费发挥最大的效能。二者之间的和谐配合才是成功的广告媒体策划的目标。

广告媒体策划主要包括媒介选择、媒介排期、发布方式的确定等内容。对媒介的选择要建立在深入的市场调查、产品分析、消费者分析的基础之上,紧密围绕广告目标来进行,广告对象与媒介之间要具有紧密的内在关联。比如涉农广告应以广播、电视为主要媒介,而选择报纸、杂志等平面媒介就不易达到效果。在媒介选择时有时只需选择特定的单一媒介,而有时则需要多种媒介的相互配合,综合运用报纸、杂志、广播、电视、互联网等各种媒介,取长补短,才能取得更理想的综合性的广告效果。因此,策划人要对广告发布地域的媒介分布、媒介特点了然于胸,设计最佳的媒介组合方案。策划人还要把握广告传播对象的信息接受习惯、接受心理、接受规律,科学设计广告媒介发布的时间、周期和频率。

媒介的选择和计划要与广告经费预算紧密配合,与广告主的支付能力相适应,尽量选用经济、实用、效果好的媒介,以取得较好的投资效果。随着信息社会的发展,我们已经进入一个“大传播”的时代,除了传统媒体之外,互联网、手机等新媒体日新月异,高速发展,这给广告策划人带来了机遇也带来了挑战,“大传播”格局下的广告媒体策划也是当下广告业新的课题。此外,在整合营销传播的框架内,广告媒介发布与企业、产品的其他营销手段、传播方式相整合,也是广告媒体策划的内容。

### 1.2.1.8 广告经费预算

“兵马未动,粮草先行”,广告策划必须有可靠的经费预算作为保证。广告活动是企业投资的重要部分,必须有计划、有控制。

广告经费预算最主要的原则是以最小的投入获得最佳的广告效果。因此,准确编制广告预算是广告策划的主要内容之一,它规定在广告计划期内从事广告活动所需的经费总额、使用范围和使用方法,是企业广告活动得以顺利进行的保证。

广告预算的首要问题是经费的额度,一方面,广告经费的数额要与企业实力相适应,设定广告总额上限;另一方面,还要紧密围绕广告战略目标,经过反复论证,测算出广告活动的经费数额。此二者之间的关系应当合理、平衡。此外,对于广告经费额度要有科学的认识,对一个企业而言,广告费既不是越少越好,也不是多多益善。研究发现,广告投入有最低限额,未达到此限额,广告投入不会对销售产生影响。同时,广告发布也有一个饱和限度,超过这个限度,广告投入再多对销售也没有大的促进,反而加大了投资成本。尤其要警惕对于“广告神话”的迷信,不问投入产出,盲目投入广告费用,是一种愚蠢的行为。前些年,中央电视台广告标王一再落马,就是深刻的教训。

科学的态度与方法是广告策划人合理制订广告预算的保证。广告经费预算出来后,还要将经费分配到具体的广告活动环节之中,如市场调研费、广告设计费、广告制作费、广告发布费、管理费用等,每个环节的经费均要科学预算,合理配置。

### 1.2.1.9 广告效果评估

广告效果是广告对消费者产生影响的程度,是广告活动追求的最终目标。广告效果评估是广告策划的最后环节，是验证广告策划水平高低的试金石，因而要在广告策划中对广告效果评估的内容、方式等进行筹划。这不仅是单纯地对广告策划及其实施进行检查和评价，更重要的是，通过评估与反馈可以对广告活动的整个过程实施控制与管理，从而使广告活动不至于偏离正轨，保证计划的顺利进行与广告目标的完成。

广告效果可以从多个角度来进行衡量。一般说来，广告的经济效果是人们最为重视的层面，它关联的是销售业绩、市场份额。广告效果中还包含了社会效果，即广告所承载的社会责任、伦理道德、环境保护等意识。社会效益与经济利益要相辅相成。心理效果是广告对受众心理认知、情感和意志的影响程度，是广告的传播功能、经济功能、教育功能、社会功能等的集中体现，这才是广告引起的直接效果，以往对广告效果的评估往往直接和销售挂钩，这并不科学。广告效果评估的重心在于调查消费者对各种媒体（如报纸、杂志、电台、电视、户外广告等）的接触状况，以收视率、收听率、知名度等来表现。

广告效果评估的内容包括广告目标是否准确，广告经费支出是否合理，广告目的是否达到等。广告效果评估可在广告前进行预评，也可在广告后进行检测，既有阶段性的事前、事中、事后检验，又有贯穿于决策实施过程中的连续性的控制。

### 1.2.2 广告策划的程序

广告策划程序指组织与进行广告策划工作的一般过程与步骤。广告策划工作是一项系统工程，既需要科学地策划其具体内容，又需要精密地组织、协调各方面人员密切配合。合理的工作程序能够保证策划工作的顺畅、高效。

#### 1.2.2.1 广告策划工作的组织

广告公司在接到策划任务后的工作程序如下。

1）组建广告策划团队　团队成员包括业务主管、市场调研人员、广告策划人员、文案人员、广告设计人员、媒体联络人员、公关人员等。

2）下达工作指令　根据策划对象本身的特点及任务的具体要求，责成调研、策划、设计等部门有计划地开展工作，准备资料，酝酿方案。

3）分步骤地进行策划工作　按照策划工作的逻辑及内容，有计划地进行市场调查，分析论证，制订战略、策略、策划方案等工作。

4）撰写广告策划方案　按照策划工作撰写广告策划方案。

5）提交策划方案并修订　向客户提交广告策划方案，在进一步与客户讨论的基础上加以修订。

6）按方案执行　在客户同意方案后，按照策划方案进行具体实施，进行广告设计、媒介发布等。

7）广告效果评估　对广告策划及实施进行事前、事中、事后的检测与评估，根据反馈情况，及时进行调整控制。

#### 1.2.2.2 广告策划工作的进程

根据广告策划工作的进展情况，主要可以分为四个阶段，即调查分析阶段、决策计划阶段、执行实施阶段、评估控制阶段。

1)调查分析阶段　主要进行市场调查与分析研究,调查分析的内容主要包括企业产品的历史、现状、特点及营销状况,消费者的需求、动机及购买能力,市场的社会经济环境、对产品的容量及竞争状况等。并根据市场调查所取得的资料进行分析研究,然后根据市场调查资料和分析研究结果写出市场调查报告,为企业营销和广告决策提供依据。

2)决策计划阶段　主要是对广告活动的整体过程和具体环节进行决策和计划。在市场调查、分析研究的基础上,制订广告战略,确定广告目标、广告重点、广告发布区域,并以此为中心,制订广告策略,明确广告表现方式以及媒体组合,然后进行广告预算,并根据上述内容,制订、撰写广告策划书。

3)执行实施阶段　主要是执行并实施广告决策与计划,进行广告设计、创作、制作,按计划进行媒体发布。

4)评估控制阶段　主要是对广告传播效果进行测定评估,于事前、事中、事后分阶段对广告效果进行预测、监测、检验,并根据具体情况进行调整控制。

## 1.3　整合营销传播与广告策划

自20世纪90年代以来,整合营销传播(integrated marketing communications,简称IMC)在市场营销领域形成热潮。整合营销传播是将与企业进行市场营销有关的一切传播活动一体化的过程。整合营销传播一方面把广告、促销、公关、直销、CI、包装、新闻媒体等一切传播活动都涵盖于营销活动的范围之内,另一方面则使企业能够将统一的信息传播给消费者。整合营销传播的核心是,以消费者满意为导向,以企业与消费者之间的双向沟通为手段,确定统一的传播策略,协调使用、发挥各种传播形式的优势,形成高强的传播冲击力,实现营销目标。整合营销传播的营销哲学源于系统论中协同作用的整体功能大于简单的部分之和的原理,以统一的传播目标来运用和协调各种不同的传播手段,使不同媒体发挥最佳的综合作用,最终建立品牌整体的强度和一致性,建立与消费者的长期、双向、牢固的关系,其基本要求是“用一个声音说话”。整合营销传播的观念给现代广告带来了重大转变,由此开启了“大广告”的时代。

整合营销传播及其理论是在近一个世纪的市场营销观念的嬗变过程中产生的,回顾这一历史过程,有助于我们对整合营销传播有更深入的理解,对其与广告策划的关系,对整合营销传播中的广告策划的特点有更深刻的认识。

### 1.3.1　市场营销观念的发展嬗变

从市场营销学一百多年的发展历程可以看到,从19世纪末开始创立到21世纪初营销理论的丰富多彩,市场营销观念不断嬗变,体现出人们市场营销观念不断深化的过程。

#### 1.3.1.1　生产观念

生产观念是19世纪末到20世纪初市场营销学初创时期的主导观念。它主要是以生产为中心指导销售,不是从消费者的需求出发,而是从企业生产出发,“我生产什么,就卖什么”,对消费者熟视无睹。这是在卖方市场条件下形成的营销观念,由于市场匮乏,产品供不应求,企业不愁产品卖不出去,造成了企业对消费者的漠视。企业的兴趣不在消费者需要什么，而在于如何扩大生产规模，提高生产效率，降低成本，以尽可能多的产品占领市场，以产定销。美国汽车大王亨利·福特曾宣称："不管消费者需要什么颜色的汽车，我只有一种黑色的。"这是典型的生产观念。"重生产，轻营销"是生产观念的本质。

#### 1.3.1.2 产品观念

产品观念与生产观念相似，也是在同一时期卖方市场条件下形成的，很少探究消费者需求的营销观念。它以产品为中心，简单化地看待消费者的需求，主观化地认为，消费者最喜欢高质量、多功能或具有某种特色的产品，企业应致力于生产高值产品，并不断加以改进。产品观念对市场极为短视，它过分强调产品中心，轻视市场需要。"一叶障目，不见泰山"。只看到自己的产品质量好，看不到市场需求在变化，在此观念下，易于产生"好酒不怕巷子深"的盲目自信。比如前些年，国内很多"老字号"企业生产经营遭遇困境，就与这种产品观念有很大关系。

#### 1.3.1.3 推销观念

推销观念是在20世纪20年代末至第二次世界大战结束后，主要资本主义国家在卖方市场向买方市场过渡的条件下产生的营销观念。它重视推销术，强调以各种推销、促销手段对消费者进行劝服，促使他们积极购买产品。"我卖什么，消费者就买什么"是推销观念的典型体现。表面上看，推销观念对消费者极为重视，想方设法地刺激消费者的购买欲望，但实质上，推销观念仍然是以产品为中心的营销观念，它的目的不是真正去满足消费者的需要，而是把销售产品当作唯一的目标，甚至极力向消费者推销其非需要的产品或服务。

#### 1.3.1.4 市场营销观念

进入20世纪50年代，随着生产不断地发展，市场竞争不断地加剧，买方市场全面形成，营销观念出现了革命性的变化。以往以生产、产品为中心的营销观念开始转化为以满足消费者需求为出发点的"市场营销观念"，"营销"概念真正包含了"消费者主权"的内涵。"消费者需要什么，就生产什么"，生产开始以消费者为导向。企业要在激烈的竞争中生存发展，必须深刻研究消费者的需要，对此正确地加以判断，确定自己的目标市场，并且比竞争者更有效地将产品或服务投向目标市场，满足目标市场的需要和欲望。在此观念影响下，市场细分理论产生并发挥重大作用。到20世纪60年代，威廉·莱泽提出了"生活方式"营销理念，即消费者的价值观念、人生态度与其所处的社会、阶层相比，能够更准确地解释消费者的消费方式。自此，市场研究强化了消费者态度与使用的研究，从态度和习惯上判断消费者的生活方式。

#### 1.3.1.5 社会营销观念

20世纪70年代至80年代，市场营销观念出现了新的变化，从企业对于消费者的需要的满足进一步扩展到对社会效益的追求，不仅要满足消费者的需求，还要顾及整个社会的长远利益，这就是社会营销观念。其产生背景是20世纪70年代，环境被破坏、能源危机、人口爆炸、通货膨胀等社会问题的出现，促使人们开始思考消费者的短期利益与社会长期利益之间的矛盾冲突，从而要求市场营销者在制订市场营销策略时，要统筹兼顾三方面的利益，即企业利润、消费者需要和社会利益。社会营销观念提出了一些新的营销观念和主张，如人类观念、理智消费观念、生态准则观念等。社会营销观念蕴涵着整体的、系统的、长远的认识，要求企业在确定目标市场的需要和利益时,比竞争者更有效地使消费者满意的同时,还要维护与增进消费者和社会福利。

#### 1.3.1.6 关系营销观念

关系营销观念兴起于20世纪80年代,在20世纪90年代成为市场营销的主流观念。所谓关系营销,是识别、建立、维护和巩固企业与消费者及其他利益相关者关系的营销活动。通过企业努力,以成熟的交换及履行承诺的方式,使活动涉及的各方面的目标在关系营销活动中得以实现。

关系营销观念强调的是在企业与消费者及其他利益相关者之间建立起相互信任的合作关系。在消费者层面,真正树立以消费者为中心的观念,一切从消费者出发,切实关心消费者利益,在企业与消费者之间的联系中注入情感因素;在市场竞争层面,改变以往竞争者之间水火不容的观念,倡导合作共赢;在社会关系层面,加强与政府及各种社会团体之间关系的协调,创造良好的营销环境。

伴随着这一营销观念的兴起,在20世纪80年代营销理论出现了"消费者满意度"、"品牌资产"等概念。特别是4Cs理论的蓬勃发展及实践运用,真正实现了消费者至上,消除了以往营销观念中难以抹去的产品推销的痕迹,将企业与消费者之间的"交易"转化为"关系"。

可以看到,营销观念的发展经历了一个从产品中心到消费者中心的过程。这一过程渐行渐变,并非突兀其来,每一阶段的观念都继承了以往观念的合理化成分,它是人们对市场营销诸多因素及其关系的认识越来越深入的结果,因而不能僵化地将各种营销观念硬性割裂,教条式地进行理解与运用。从产品中心到消费者中心,市场营销观念从单向度走向立体化,成为一个系统化的工程。

### 1.3.2 营销观念嬗变中的广告理论与广告策划

广告策划,无论是围绕企业形象建设,还是为了促销产品,最终还是企业营销战略的组成部分,为企业的市场营销服务。不同历史时期的营销观念都给广告理论带来了重要影响,从而使广告策划的内容、方向等产生深刻变化。

生产观念、产品观念、推销观念的共性,都是以产品为本,对产品推销分外重视,我们将这种营销观念称为"产品中心主义"、"推销主义"。具有"推销主义"特征的营销理论主要有4Ps、"产品生命周期"等,服务于这种营销策略的广告活动也具有"推销主义"的色彩——"广告即推销"。"推销主义"的策划中心就是如何使广告在推销商品的过程中发挥最大的作用。20世纪50年代,美国广告大师罗瑟·里夫斯的USP(unique selling proposition)理论,提出广告应具有"独特销售说辞",要求广告必须具有一个主张,该主张必须包含特定的产品效用,必须是独特的、区别于竞争产品的,必须是能强有力地促进消费者购买的。USP理论是典型的"推销主义"的广告理论。

20世纪50年代,以满足消费者需求为出发点的市场营销观念的兴起,为"推销主义"注入了新的内容。在其影响下,广告大师李奥·贝纳提出固有刺激法,即"与生俱来的戏剧性",认为广告最重要的任务是把固有的刺激发掘出来并加以利用,也就是说要发现生产厂家生产这种产品的"原因"以及消费者购买这种产品的"原因",产品本身内在的固有的刺激的产生要建立在消费者的欲求和兴趣基础之上。此种方法是从产品出发去寻找消费者心中对应的兴趣点，即认为产品中必然包含有消费者感兴趣的东西。它既带有“产品至上”年代的思考特征也包含了以消费者为思考中心的因素。

20世纪60年代，广告大师奥格威提出了品牌形象论，提出广告就是要力图使产品具有并且维持一个高知名度的品牌形象，“任何一个广告都是对品牌的长期投资”的著名论断。品牌形象论认为，决定品牌市场地位的是品牌总体上的性格，而不是产品间微不足道的差异，品牌形象比产品功能更重要。随着同类产品的差异性减小，品牌之间的同质性增大，消费者选择品牌时所运用的理性就减少。因此，描绘品牌的形象要比强调产品的具体功能特征要重要得多。广告更重要的是满足消费者的心理需求，消费者购买时所追求的是“实质利益+心理利益”。对某些消费者来说，广告尤其应该重视运用形象来满足其心理的需求。广告的作用就是赋予品牌不同的联想，正是这些联想给了它们不同的个性，重要的是，这些联想要符合目标市场的追求和渴望。

同一时期，威廉·伯恩巴克提出的ROI理论，认为好的广告应具备三个基本特质：关联性（relevance）、原创性（originality）、震撼性（impact）。广告与商品没有关联性，就失去了意义；广告本身没有原创性，就欠缺吸引力和生命力；广告没有震撼性，就不会给消费者留下深刻印象。

20世纪70年代，艾·里斯和杰·特劳特提出了定位理论，指出广告定位属于心理接受范畴的概念，是“广告主通过广告活动，使企业或品牌在消费者心目中确定位置的一种方法”，“定位是你对未来的潜在消费者心智所下的工夫，也就是把产品定位在你未来潜在消费者的心中”。1979年，理查德·伍甘提出了信息模式法，这种模式有四个象限，每个象限都把产品类型与消费者参与联系起来，指出广告应如何处理。这种方法的目的在于识别对某一产品的信息、感情或行为水准，使产品特征信息与消费方式信息相符，为广告活动创造一个适宜的模式，然后加以实施。

可以看到，市场营销观念影响下产生的广告理论，促使广告策划中对消费者需求的研究具有越来越重要的地位，消费者行为研究、广告心理研究成为广告理论的重要组成部分。在对消费者需要进行深入分析的基础上，通过富有创意的广告策划予以回应、满足，这样就大大削弱了广告的短期功利色彩，通过全面满足消费者需求，企业赢得长期支持，获得了稳定的、持续的利润。20世纪80年代以后，社会营销观念将关注点从消费者扩展延伸到社会，寻求消费者利益与社会利益的统一。关系营销观念则从以往的“交易营销”转变为由利益相关者构成的互动的“关系营销”，营销的重心不是促销，而是关系的协调。这两种营销观念进一步深化了市场营销对自身系统性、整体性的认识。

社会营销和关系营销观念改变了市场营销和广告活动的格局，广告策划有了更广阔的空间、更丰富的内容。在这种观念支配下，广告策划要围绕着市场营销这个大系统进行综合性的作业，不仅要宣传产品，还要协调关系、树立形象，这样，广告不仅仅是创意设计、媒体发布，还包括专题性活动等多项内容，广告活动与营销活动之间的界限变得模糊。社会营销和关系营销是整合营销传播得以产生的主要土壤。

### 1.3.3 整合营销传播(IMC)的内涵

#### 1.3.3.1 营销即传播

营销的目的是产品或服务的推广与销售。在市场营销中,不管企业采取何种营销管理模式,这一最终的目的不会改变。

1960年,美国营销学学者杰罗姆·麦卡锡在市场营销组合理论的基础上,将企业的营销要素归结为四个基本策略的组合,即产品(product)、价格(price)、渠道(place)、促销(promotion),这一营销理论即4Ps理论。4Ps理论把影响企业市场营销活动的各种因素分为两大类:一是企业不可控因素,如政治、法律、经济、人文、地理等营销环境因素;二是可控因素,即营销者自己可以控制的产品、商标、品牌、价格、广告、渠道等。企业营销活动的实质是一个利用内部可控因素适应外部环境的过程,即通过对产品、价格、分销、促销的计划和实施,对外部不可控因素做出积极动态的反应,从而促成交易的实现,满足个人与组织的目标。

4Ps理论就是通过对各种可控因素加以归纳而得到的清楚简明、具有极强操作性与指导性的营销组合策略。它强化了营销的职能性,将市场营销纳入企业管理的框架,开拓了营销管理的新领域。20世纪80年代,在4Ps理论的基础上,菲利普·科特勒又增加了政治力量(political power)和公共关系(public relations),提出了6P、7P,7P是学者们在4P基础上增加了人员(participant)、有形展示(physical evidence)、过程管理(process management)。以后又扩展到10P。

从4Ps理论的发展可以得出两个结论:一是营销管理的内容无论怎样丰富,它的本质仍然是科特勒所谓的"分析、计划和控制";二是传统4Ps中的外部环境中的非可控因素进入营销管理的范畴并受到重视。营销管理的立足点从企业内部开始向外部转移。这一方面表现出营销观念的嬗变,另一方面将企业与消费者、企业与社会等外部环境因素的沟通提到了前所未有的高度。人们意识到,无论如何营销,其前提条件必须是传播——营销即传播。营销管理的"分析、计划、控制"也是对传播实施管理与控制的过程,企业与消费者、社会等进行沟通必须依靠传播才能实现。当然,也正是20世纪80年代后信息时代的全面发展,传播技术的迅速发展为这种观念及其实践提供了强大支持与保证。

#### 1.3.3.2 以消费者为中心

美国学者罗伯特·劳特朋在1990年提出的4C理论为IMC提供了重要的理论支撑。4C理论包括:消费者的需要与欲望(customer's needs and wants)、消费者获取满足的成本(cost and value to satisfy consumer's needs and wants)、用户购买的方便性(convenience to buy)及与用户沟通(communication with consumer)。4C理论就是:"把产品先搁到一边,赶紧研究消费者的需要与欲求,不要再卖你所能制造的产品,而要卖某人确定想购买的产品。""暂时忘掉定价策略,快去了解消费者要满足其需要与欲求所愿付出的成本。""忘掉通路策略,应当思考如何给消费者方便以购得商品。""最后请忘掉促销,20世纪90年代的正确新词汇是沟通。"

4C理论强调企业首先应该把追求消费者满意放在第一位,产品必须满足消费者需求,同时降低消费者的购买成本,产品和服务在研发时就要充分考虑客户的购买力,然后要充分注意到消费者购买过程中的便利性,最后还应以消费者为中心实施有效的营销沟通。整合营销传播以4C理论为根据,实现了营销活动的中心从生产商向消费者的转移。以往的营销模式是“消费者请注意”,现在则转变为“请注意消费者”。整合营销传播的根本就在于以消费者为中心。

#### 1.3.3.3 关系营销

美国学者唐·舒尔茨等在其著作《整合营销传播》中指出:“整合营销传播的核心是使消费者对品牌萌生信任,并且维系这种信任,使其长久存在于消费者心中。然而,你不能单单靠产品本身就建立这种信任,因许多产品实质上是相同的,而与消费者建立和谐、共鸣、对话、沟通的关系,才能使你脱颖而出。”①当今的市场越来越走向同质化,同类生产企业之间在产品性能、价格、销售通路等方面也没有大的差别,消费者可选择的空间越来越大,传统的促销方式生命力日渐衰弱。企业想要长久发展,不能仅仅追求产品的售出,不能以满足消费者一次性需求为最终目的,而是要在消费者中培养对自己的忠诚度。因此,销售只是企业与消费者建立关系的起点,企业必须将与消费者之间建立并维系长久的、相互依赖的关系作为自己的营销战略重心。关系营销是整合营销传播的目标,整合营销传播正是实现关系营销的有效手段。

#### 1.3.3.4 统一形象

整合营销传播建立的“营销即传播”的观念,决定了营销活动的重心在于企业与消费者的沟通,也就是如何将企业和产品信息在最合适的时机、以最恰当的形式、依托最合理的媒介传播给消费者。根据消费心理学的研究,消费者接受和处理信息需要一个暴露、注意、理解、接受、保留的过程。但在信息“爆炸”的时代,消费者接受信息主要方式只能是选择性接受,处理信息的方式只能是简约化处理。这样,如何提高消费者对企业信息的注意,如何加强信息的有效性是企业必须要解决的难题。从企业的角度看,它们的信息源多种多样,有产品、服务、组织、人员等,产生的信息也多种多样,如果不加以控制,势必造成信息的芜杂。所以,企业要在这样的条件下实现对消费者的有效传播,达到沟通的目的,必须使企业各个信息源的信息统一,发出一个声音,使信息更加集中,从而更易为消费者注意。需要指出的是,注意并不意味着信息的有效,企业发出的这“一个声音”必须响亮、鲜明,易于理解,从而加强消费者对信息的真正接受。除此之外,企业还要有“一个面孔”,统一形象意味着品牌的塑造,20世纪90年代风行的“CIS”就是从理念、行为到视觉对企业形象进行的整合。

#### 1.3.3.5 传播协同

传播是整合营销传播中的驱动性力量。要使企业的形象统一,必须使传播协同一致。以信息内容的协同——“一个声音”为支点,企业必须将各自为政的内部部门以及与消费者的每一个接触点都协调起来,彼此和谐以达到良好的整体传播效果。此外,企业还要实现传播方式的协同,即在传播中,企业多样化的传播方式,如广告、公关、促销活动、售后服务、新闻报道等,必须协调一致;传播媒介的协同,如报纸、杂志等平面媒介,电视、广播等电子媒介,以及网络媒介、手机新媒介等也要协调一致。只有对传播进行整合,实施有效控制,才能

---

① 唐·舒尔茨、海蒂·舒尔茨:《整合营销传播》,何西军、黄鹂等译,中国财政经济出版社2005年版。

形成信息的强大的冲击力。这种整合,不是信息的简单叠加,而是发挥不同传播媒介、传播方式的优势,使信息传播形成合力,对消费者形成更有力的冲击。



### 1.3.4 “大广告”——整合营销传播中的广告策划

#### 1.3.4.1 广告与营销日益融合

在传统的广告活动中,广告从属于企业的市场营销,要为营销服务,是企业市场营销中组织、产品、促销等信息的传播工具,而且是首选工具。整合营销传播的思想意味着广告不仅仅是传播信息的工具,它已成为营销本身,广告营销成为当下企业进行营销活动的重要手段。

广告与营销的融合改变了人们对广告的认识。以往人们心目中,广告要通过设计,通过文字、图像、声音等形成作品,在平面、电子或户外等广告媒体上投放;而现在,企业采取的各种市场行为诸如公关活动、促销活动等都具有信息源的意义,都可以被认做广告。李奥·贝纳广告公司曾做过一个调查,结果显示,在公众眼中,企业几乎所有的促销形式都被看作广告,形式达到一百多种,与此相应的是,企业在营销中用于非传统广告的传播费用在大幅上扬。

而与此形成对比的是,在当下的市场营销中,传统广告的效用开始受到怀疑。因为人们发现,随着广告费用的增加,广告的效用却在递减。究其原因,主要是传统广告的传播特点与当下消费者的新的特征形成了矛盾。其一,传统广告的付费本质决定了其要从广告主出发,以产品为中心的立场。其二,传统的广告传播以产品销售为目的,由企业主导,呈现出单向式劝服的特点。其三,传统广告一般借助于大众传播媒介,在信息爆炸、广告爆炸的时代,大众传媒信息传播面广,传播速度快,但也易于形成信息的“狂轰滥炸”。其四,传统广告面对的是当下越来越个性化的消费者,局限性自然十分突出。

整合营销传播确立了消费者的中心地位,以关系营销为目的,突出了双向沟通的作用,促使广告活动从内容到形式都在拓展。广告不仅仅是为了销售产品,它更重视创造二级需求,即消费者对特定产品、特定品牌的需求。广告也不仅仅局限于报纸、杂志、电视、广播等媒体,它渗透进市场营销的方方面面,从企业标志到产品促销,从公共关系到专题活动,“大广告”成为整合营销传播时代广告活动的新景观,这大大扩展了广告策划的内容。

#### 1.3.4.2 整合营销传播中广告策划的主要形式

在“大广告”的背景下,消费者对于大众传媒广告的依赖性已经降低,整合营销传播以其多样化的传播方式而占据优势。在整合营销传播思想的影响下,一些广告公司开始扩展业务,除了广告之外,还提供公共关系、直接营销、事件营销等方面的支持。这给广告策划也提出了新的要求、新的挑战,即为实现整合营销传播,必须在策划理念、策划导向上进行深度调整。其原则为:以消费者为中心,以关系营销为目标,将企业市场营销的各种传播手段进行整合。这就要求广告策划必须建立系统的观念,广告只是整合营销传播框架内的传播手段之一,要明确除广告外的各种营销传播手段的作用,并在具体的策划运作中对传播手段进行科学合理的开发、分配与组合。

值得注意的是,不能将 IMC 的运作理解为广告与促销、公关、事件营销等的简单化的、工具搭配式的配合，而造成片面的"工具化"倾向。从表面上看，在广告策划内容上，与以往相比较，整合营销传播下的广告策划仍然要具备市场调查、确定广告目标、广告定位、创意设计、媒介策略、效果评估等环节，但从广告策划的深层理念上需要向 IMC 的精神转变。在市场调查与分析方面，要切实以消费者为中心，并据此进行准确的广告定位；在广告目标的确定上，要突出企业与消费者良好关系的建设，围绕关系营销做文章；在制订广告战术与媒体策略时，要在消费者中心与关系营销的基础上，设计综合性的广告活动，将广告、公关、促销、POP、直销等加以整合，其关键是"形象"与"声音"的一致，而不是简单的叠加。

1）广告策划与公共关系　整合营销传播中关系营销目标的确立，使公共关系日益受到重视。艾尔·里斯在《广告的没落，公关的崛起》中指出，市场正在经历从广告导向型营销向公关导向型营销的转变。在广告策划中，公共关系成为必须考量的重要内容。从广告与公关的联系来看，一方面，现代广告与公共关系的融合与交叉也是一个客观趋势，树立企业和产品的形象已是现代广告宣传的重要内容，这与公共关系的目标高度一致；另一方面，公关传播很多时候需要用广告的形式进行，因而，在整合营销传播中，公关和广告是联系甚为紧密的营销手段。它们的联系主要有两种形式：一是广告与公关活动之间进行配合，相互补充；二是二者融为一体，成为公共关系广告。公关广告的目的是增进公众对企业的理解与信任，提高企业的知名度与美誉度，从而使组织得到公众更大的支持。广告策划中对公共关系方面进行谋划的关键是：明确对象，它的目标不是产品，而是企业组织本身；公共关系运作的重心不是宣传，而是深入的协调与沟通；公共关系的目标是提高企业美誉度，在企业与消费者良好关系的基础上，建立和谐的企业发展环境。

2）广告策划与直接营销　直接营销具有强烈的互动性，它主要是通过与销售对象的一对一的交流来实现销售，所以又可以称为"对话营销"。《直接营销》杂志将其定义为："直接营销是利用一种或多种广告媒介在任何场所所引起可测量的反应和交易，并将该活动存入数据库的一大套营销体系。"直接营销有力地体现了整合营销传播中关系营销的观念。它是个性化的传播，通过一对一的传播和交流，提供个性化的产品信息，迎合了当下消费者个性化的内在要求，现今日益活跃的网络销售即是代表这种个性化传播特点的典型。借助于现代信息技术，直接营销也已成为数据库营销，企业可将消费者不同的反应分门别类地加以整理，分别制订对策，更准确地迎合消费者需求。直接营销的可测量性可以准确地把握销售效果，便于企业制订销售策略。直接营销作为企业关系营销的重要形式，对培养、提高消费者的忠诚度具有突出作用，从而成为整合营销传播中的重要手段。在广告策划中，一方面可以采用直接销售的手段如电话直销、人员直销，与其他传播手段进行组合；另一方面可以策划直接营销广告进行宣传，如直邮广告、插页广告、电视购物广告等，它们被称为直接反应广告，即消费者可以将意见直接反馈给广告主的广告形式。互联网的飞速发展，为直接营销提供了更加广阔的空间，网购已成为现代生活的重要组成部分，网络直销广告成为广告策划的新宠儿。

3）广告策划与人员销售　人员销售是指通过人际传播的方式，与消费者直接互动销售产品或服务，比较典型的人员销售形式是上门推销。人员销售的根本原则是客户至上。据调查，消费者对懂得他们的需要并能尽力去满足的推销员十分欣赏，对能够把他们的长远利益放在心上的推销员非常信任。因而，销售人员要善于识别客户的需要，并能找出解决办法予以满足。人员销售是典型的关系营销，它不是以一次销售的完成为目的，而是要与消费者建立长久的利益合作关系，这种特点非常适合整合营销传播的思想与运作体系。对广告策划而言，销售人员是进行传播的直接媒介，在面对面的人际传播中，人员销售所具有的人性化更能使广告策划贯彻以消费者为中心的营销理念。同时，销售人员与消费者直接接触，他们是广告策划中进行深入的市场调查的最重要的信息来源之一。此外，销售人员还代表了企业组织，对树立企业形象具有重要作用。因此，在整合营销传播中，广告策划应把人员销售作为重要内容。

4）广告策划与销售推广　销售推广指除了人员推广、广告和公共关系等手段以外，企业在营销过程中，为了加速产品向消费者方向的运动、扩大销售，而采取的能迅速产生激励作用及刺激需求的手段。这是一种适宜于短期推销的促销方式。如折价券、赠送促销、抽奖促销、现场演示促销等都是常见的推广方法。销售推广可以在营销的各个环节使用。针对产品代理商的称为推式促销，主要有折扣、返点、津贴、推销奖金、经销商会议等形式。推式促销主要保证产品代理商的合作，维护与巩固销售市场。针对消费者的称为拉式促销，主要有POP（售点广告）、优惠券、折扣、现金返还、赠送、试用等方法。拉式促销主要为了激发消费需求和扩大销售量。销售推广与广告活动是市场营销中相互补充的两个重要方面。广告提供企业和产品信息，树立形象，塑造品牌，注重效果的长期性；销售推广提供销售激励，使企业在短期获得利润及市场占有率的提高，从而弥补了广告活动的局限，加强了广告活动的效果。因此，在整合营销传播中，广告策划要把销售推广放在重要的位置上，以达到广告与促销的整合。

## 实训篇

### 案例分析

#### 福特“野马”的广告策划

1962年，福特公司汽车分部经理李·艾柯卡通过大量的市场调查研究，发现第二次世界大战后，人口激增，战后几千万婴儿已长大成人，20～24岁的人将增加一半以上，未来10年是年轻人的世界。他预见未来10年内，汽车销售量会大幅激增，消费对象主要就是年轻人。艾柯卡根据调查提出了一个目标市场，适合这个市场的车应当是：车型要独树一帜，容易辨认；为便于妇女和新学驾驶汽车的人购买，要容易操纵；为便于外出旅行，要有行李箱；为吸引年轻人，外型要像跑车，而且要胜过跑车。

1964年，福特公司推出了这款为年轻人设计的新产品轿车。起初，新车被叫作猎鹰特号，后又有人想叫它美洲豹、雷鸟E型等，李·艾柯卡认为均不理想，于是委托广告公司代理人去底特律公共图书馆找目录。此公司从A到Z列出成千种动物，最后筛出一个——“野马”，这是一个激动人心的地道的美国名字。美国人对第二次世界大战中“野马式”战斗机印象极为深刻，用“野马”作为新型车的名字，不仅能显示出车的性能和速度，而且很适合美国人的个性。

福特公司在正式推出“野马”轿车之前，采用了多种多样具有轰动效应的广告宣传手段，真可谓奇招迭出。

第一步，在“野马”汽车正式投放市场前四天，公司邀请了报界100多名新闻记者参加从纽约到边尔本的70辆“野马”汽车大赛，这些车飞驰700英里无一发生故障，证实了“野马”车的安全可靠性。于是，几百家报纸都以显著位置刊出了关于“野马”的文章和照片。表面上看，这只是一次赛车活动，实际上是一次告知性广告，使“野马”成为新闻界的热门话题。

第二步，在“野马”车投放市场的前一天，福特在2 600种报刊上登了全页广告，并在数家电视台播出广告短片，广告画面是一部朴素的白色“野马”在奔驰，广告标题是一行简单的字“真想不到”，副题是“售价2 368美元”。新车照片还同时出现在《时代》和《新闻周刊》封面上，对于这两大杂志的惊人宣传效果，艾柯卡后来回忆说：“《时代》和《新闻周刊》本身就使我们多卖出10万辆！”

第三步，从“野马”上市开始，各大电视网每天不断播放“野马”广告，广告内容是一个渴望成为赛车手的年轻人驾驶着“野马”在奔驰。

第四步，福特公司还在全国15个最繁忙的机场和从东海岸到西海岸的200家假日饭店的门厅里陈列了“野马”。

第五步，公司选择最显眼的停车场，竖起巨型的广告牌，上书“野马栏”，以引起消费者的注意，激发人们的购买欲望。

第六步，福特公司向全国的小汽车用户直接寄发几百万封推销信，既达到了促销的目的，也表达了公司忠诚为消费者服务的态度和决心。

此外，公司大量上市“野马”墨镜、钥匙链、帽子、玩具车，甚至在面包销售的橱窗里贴上广告：“我们的烤饼卖得像‘野马’一样快。”

一系列精心的策划使野马汽车获得了汽车销售史上的巨大成功，订货单源源而来。据说，仅第一天就有400万人拥入福特专卖店，到1965年4月16日，即“野马”诞生一周年的时候，已售出418 812辆，创下了福特公司的销售记录。两年内，“野马”为福特公司创造了11亿美元的纯利润。

请运用本章所学习的知识从广告策划这一角度对此案例进行讨论、分析。

## ◘实践应用

以下是某广告公司广告策划工作流程表。请根据相关广告策划理论，对其内容与程序进行分析。

表 1-1　某广告公司策划工作流程

| 程序 | 工作流程 |
| --- | --- |
| 调查分析 | 第 1 步:成立广告策划小组<br>第 2 步:对产品进行分析,明确产品定位<br>第 3 步:对同类产品进行分析,明确竞争对手<br>第 4 步:对市场进行分析,明确目标市场<br>第 5 步:对消费者进行分析,明确广告对象<br>第 6 步:根据以上分析,写出市场调查报告 |
| 决策计划 | 第 7 步:对企业营销战略进行分析,明确广告目标<br>第 8 步:制订广告战略,明确广告重点<br>第 9 步:决定最佳促销组合方案<br>第 10 步:进行媒体选择,确定媒体策略<br>第 11 步:决定广告内容,确定创意构想<br>第 12 步:决定广告预算<br>第 13 步:制订广告策划草案并进行预评估<br>第 14 步:确定最佳广告策划方案 |
| 执行实施 | 第 15 步:根据广告策划方案,进行广告设计、创作<br>第 16 步:进行广告制作<br>第 17 步:确定广告发布地点、时间、发布量<br>第 18 步:进行事前测定,取得广告主认可<br>第 19 步:广告发布 |
| 评估控制 | 第 20 步:搜集广告反馈信息<br>第 21 步:测定广告发布效果<br>第 22 步:对计划进行调整<br>第 23 步:写出评估报告,加以总结 |

## ★思考题

(1)广告策划具有哪些特点,如何理解这些特点?

(2)广告策划的基本原则是什么?请从正反两个方面寻找一些广告案例加以讨论和分析,讨论其是如何遵循广告策划的原则的。

(3)如何理解整合营销传播的内涵?请查找一些整合营销传播的案例,分析广告策划在其中的作用。

# 2 市场分析与广告策划

## 导言

**本章学习目标**

通过本章学习，要求学生能够了解市场分析的内容和作用，以及市场调查的方法，理解、掌握宏观环境、微观环境分析的具体内容，充分认识消费者、产品、竞争者分析的内涵，并能掌握STP战略的具体内容。

**本章重点**

市场分析的内容　消费者行为分析　竞争者分析　STP战略

## 2.1 市场分析概述

现代营销学之父菲利普·科特勒认为市场营销就是在适当的时间、适当的地点以适当的价格、适当的信息沟通和促销手段,向适当的消费者提供适当的产品和服务的过程。广告策划要取得成功,实现市场营销的目标,就必须认识、把握好概念中的几个"适当",市场分析就是广告策划的开始。

### 2.1.1 市场分析的含义

市场分析,即对企业赖以生存的内外部市场环境的分析,指通过市场调查和供求预测,对社会各类宏观环境、竞争者、消费者以及产品本身等信息进行分析、判断,分析市场及其销售变化。市场分析为广告策划的进行提供了依据和决策方向。

理解市场分析的内涵需先了解市场的含义。营销学家菲利普·科特勒在界定市场含义时指出,市场由那些具有特定的需要或欲望,而且愿意并且能够通过交换来满足这种需要或欲望的全部潜在消费者所构成。通过这个概念我们可以看出,消费者是构成市场的核心要素。消费者生活在一定的社会环境之中,其消费行为和观念除受个性特征等内在因素影响外,还受社会政治、经济、文化、科技、家庭等诸多外在因素的影响。因此市场分析可分为狭义和广义两个层面。狭义的市场分析就是市场调查研究,它是以科学方法搜集消费者的购买和使用商品的事实、意见、动机等有关材料,并予以研究分析的手段。而广义的市场分析就是对从生产者到消费者这一过程中全部商业活动的资料、情报和数据,做系统搜集、记录、整理和分析,以了解商品的现实市场和潜在市场。因此,广义的市场分析不仅是单纯研究消费者的心理和行为,而且还对各种类型的市场营销活动的所有阶段的市场环境加以研究。本章市场分析内容的介绍侧重于广义的层面,即对影响广告策划的宏观环境和微观环境,以及市场调查的方法等相关内容一并进行介绍。

### 2.1.2 市场分析的内容

市场分析的主要内容包括:影响广告产生、发展的宏观环境分析,如政治环境、经济环境、社会环境、技术环境等;影响广告实施的微观环境,如企业、消费者、竞争者、社会公众等。微观环境与宏观环境之间并不是并列关系,而是主从关系,微观环境受制于宏观环境,微观环境中所有的要素都要受宏观环境中的各种力量的影响。对广告环境进行分析,需要做大量的调查研究,要能充分占有资料,在整理、分析、应用的基础上,对广告业所处的各类环境有较深刻的认识和把握。

### 2.1.3 市场分析的作用

广告是企业实现营销目标的重要信息宣传手段,广告活动需站在企业营销的高度去认识市场。市场环境是客观存在且企业不可控制的因素和力量,这些因素和力量是与企业营销活动及宣传策略息息相关的,并影响企业生存和发展的重要条件。任何企业都如同生物有机体一样,生存在一定的环境之中,企业所展开的任何和营销相关的活动都不可能脱离周围的环境而孤立进行。环境是企业不可控制的因素,企业一切营销活动要以环境为依据,主动地去适应环境,同时,企业也可以通过了解和预测环境因素,努力去影响外部环境,使环境有利于企业的生存和发展,有利于提高企业营销活动的有效性。因此,重视市场分析,是企业营销活动、广告宣传活动能有效开展的出发点和依据。



对于广告策划来说,市场分析的作用主要表现在以下几个方面。

1)市场分析是正确制订广告战略的基础　企业的广告战略决策只有建立在扎实的市场分析的基础上,并对影响需求的外部因素和影响企业购、产、销的内部因素充分了解和掌握以后,才能减少失误,提高广告战略的科学性和正确性。

2)市场分析是实施广告战略计划的保证　市场环境是瞬息万变的,企业在实施广告战略计划的过程中,可以根据市场分析取得的最新信息资料,检验和判断企业的广告战略计划是否需要修改,如何修改才能适应新的情况,从而保证广告战略计划的顺利实施。

3)市场分析是企业进行整合营销传播的需要　现代企业经营理念特别重视整合营销传播,整合营销传播的核心思想是将与企业进行市场营销有关的一切传播活动一元化,如广告、促销、公关、直销、CI、包装、新闻媒体等,强调全方位的信息交流。因此,只有在充分了解、分析市场的基础上,统筹安排不同的信息传递方式,优势互补,才能以最小的投入达到最好的宣传效果。

4)市场分析是进行有效广告创意的需要　广告具有科学性和艺术性的双重属性,任何一项广告活动,都包括两个阶段的作业内容:一是科学化作业阶段,二是艺术化作业阶段。这是科学决策代替经验决策的现代广告活动的基本特征。科学性主要体现在市场分析层面,艺术性体现在创意设计层面。市场分析必须为广告决策找到有利或不利的依据,为广告主题的寻求提供基本的方向,同时市场分析的过程也是广告创意的发源地。

总之,广告是整合营销传播的重要组成部分,是实现企业营销战略的重要手段,进行广告策划,必须综合分析广告活动所面临的各类环境,才能在激烈的市场竞争中有效地发布信息,把握市场机遇。

## 2.2 宏观环境分析

宏观环境又称一般环境,是指影响一切行业和企业的各种宏观力量。广告策划在前期调研的过程中会根据不同行业、企业的经营需要以及竞争性信息传播的需要,对宏观环境因素进行有针对性的分析。

PEST 分析方法是目前企业所处宏观环境分析常用的模型。PEST,即政治环境(political)、经济环境(economic)、社会环境(social)、技术环境(technological)。虽然在不同的市场状况下,分析的具体内容会有差异,但在分析一个企业集团所处背景和所面临的状况时,通常是对这四个因素进行分析,并评价这些因素对企业战略目标和战略制订的影响,以及这种影响所带来的广告机会。

1)政治环境　指对组织经营活动具有实际与潜在影响的政治力量和有关的法律、法规等因素。当政治制度与体制、政府对组织所经营业务的态度发生变化时,当政府发布了对企业经营具有约束力的法律、法规时,企业的经营战略必须随之做出调整。法律环境主要包括政府制订的对企业经营具有约束力的法律、法规,如反不正当竞争法、税法、环境保护法以及外贸法规等。政治环境实际上是和经济环境密不可分的一组因素。

2)经济环境　指一个国家的经济制度、经济结构、产业布局、资源状况、经济发展水平以及未来的经济走势等因素。构成经济环境的关键要素包括 GDP 的变化发展趋势、利率水平、通货膨胀程度及趋势、失业率、居民可支配收入水平、汇率水平、能源供给成本、市场机制的完善程度、市场需求状况等。由于企业是处于宏观大环境中的微观个体,经济环境决定和影响其自身战略的制订,经济全球化还带来了国家之间经济上的相互依赖性,企业在各种战略的决策过程中还需要关注、搜索、监测、预测和评估本国以外其他国家的经济状况。

3)社会环境　指组织所在社会中成员的民族特征、文化传统、价值观念、宗教信仰、教育水平以及风俗习惯等因素。构成社会环境的要素包括人口规模、年龄结构、种族结构、收入分布、人口流动性、消费心理、消费结构和水平、文化传统以及价值观等。其中人口规模直接影响着一个国家或地区市场的容量,年龄结构则决定消费品的种类及推广方式。

4)技术环境　指目前社会技术总水平及变化趋势,不仅仅包括那些引起革命性变化的技术发明,还包括与企业生产有关的新技术、新工艺、新材料的出现和发展趋势以及应用前景等。在 20 世纪后期,最迅猛的变化就发生在技术领域,像微软、惠普、通用电气等高科技公司的崛起改变着世界和人类的生活方式。科技不仅是全球化的驱动力,也是企业的竞争优势所在。

本章宏观环境分析内容主要参照 PEST 分析方法进行介绍。

### 2.2.1　政治环境

政治环境包括政治环境、法律法规环境及国际环境。政治环境的变化可以给企业带来生机,也能带来灾难。即使政治环境相对稳定,倘若政治气候出现细微波动,某一政治性事件的发生和处理,都会给产品的销售、宣传环境带来影响。

2011 年 11 月 28 日,广电总局下发《〈广播电视广告播出管理办法〉的补充规定》,决定自 2012 年 1 月 1 日起,全国各电视台播出电视剧时,每集电视剧中间不得再以任何形式插播广告。该规定引起电视观众的欢呼,但让电视广告从业者感觉"郁闷"。据此有人指出电视植入式广告肯定会增加。北京大学新闻与传播学院副院长陈刚评论说,受"限广令"冲击最大的是过于依赖电视剧的电视台,"这会逼迫电视台增加原创性节目和创新型广告,也算是推动优胜劣汰吧"。可以看出《〈广播电视广告播出管理办法〉的补充规定》的出台首先影响了很多企业广告的媒介策略。

### 2.2.2　经济环境

经济环境包括经济制度、经济发展阶段和购买力状况等内容。经济环境的好坏,对广告决策影响最大。广告是社会和经济发展的晴雨表,实际上就是反映了广告与经济环境的关系。广告活动如何展开,分析经济环境是最为重要的方面。

经济环境对市场营销和广告活动的影响,主要是指购买力的影响。对经济环境进行分析,应重点分析购买力。购买力主要是由消费者的收入、支出、储蓄和信贷等因素影响和决定的,这可从以下三个方面进行考察。

### 2.2.2.1 消费者收入的变化

市场消费需求指人们有支付能力的需求,仅仅有消费欲望,并不能创造市场。消费者的购买力来自消费者的收入,但消费者并不是把全部收入都用来购买商品或劳务,购买力只是收入的一部分。因此,在研究消费收入时,要注意以下几点。

1)人均国内生产总值　也即人均 GDP,是人们了解和把握一个国家或地区的宏观经济运行状况的有效工具。将一个国家核算期内(通常是一年)实现的国内生产总值与这个国家的常住人口(目前使用户籍人口)相比进行计算,得到人均国内生产总值,是衡量各国人民生活水平的一个标准。

2)个人收入　指个人从各种途径所获得的收入的总和。各地区居民收入的总额,可以用以衡量当地消费市场的容量,人均收入多少,反映了购买力水平的高低。

3)个人可支配收入　从个人收入中,减除缴纳税收和其他经常性转移支出后,所余下的实际收入,即能够作为个人消费或储蓄的数额。它构成消费者实际的购买力。

4)可任意支配收入　在个人可支配收入中,有相当一部分要用来维持个人或家庭的生活以及支付必不可少的费用。只有在可支配收入中减去这部分维持生活的必需支出,才是个人可任意支配收入,这是影响消费需求变化的最活跃因素,也是企业开展营销活动时所要考虑的主要对象。因为这部分收入主要用于满足人们基本生活需要之外的开支,一般用于购买高档耐用消费品、旅游、储蓄等,它是影响非生活必需品和劳务销售的主要因素。

### 2.2.2.2 消费者支出模式的变化

收入在很大程度上影响着消费者支出模式与消费结构。随着消费者收入的变化,支出模式与消费结构也会发生相应变化。19 世纪,德国统计学家恩格尔根据统计资料,对消费结构的变化得出一个规律:①随着家庭收入增加,用于购买食品的支出占家庭收入的比重就会下降;②随着家庭收入增加,用于住宅建筑和家务经营的支出占家庭收入的比重大体不变;③随着家庭收入的增加,用于其他方面的支出和储蓄占家庭收入的比重就会上升。

食品支出金额占个人消费支出总额的比重称为恩格尔系数。一般认为,恩格尔系数越大,生活水平越低;反之,恩格尔系数越小,生活水平越高。因此,一个国家越穷,每个国民的平均收入中(或平均支出中)用于购买食物的支出所占比例就越大,随着国家的富裕,这个比例呈下降趋势,即随着家庭收入的增加,购买食物的支出则会下降。

消费者的支出模式不仅与消费者收入有关,而且受以下因素影响。

(1)家庭生命周期所处的阶段　据调查,没有孩子的年轻人家庭,往往把更多的收入用于购买冰箱、电视机、家具、陈设品等耐用消费品上;而有孩子的家庭,则在孩子的娱乐、教育等方面支出较多,而用于购买家庭消费品的支出减少;当孩子长大独立生活后,家庭收支预算又会发生变化,用于保健、旅游、储蓄部分就会增加。

(2)家庭所在地与消费品生产、供应状况　如住在农村与住在城市的消费者相比,前者用于交通方面的支出较少,用于住宅方面的支出较多,而后者用于衣食、交通、娱乐方面的支出较多。

#### 2.2.2.3 消费者储蓄和信贷的变化

消费者个人收入不可能全部花掉,总有一部分以各种形式储蓄起来,这是一种推迟了的、潜在的购买力。消费者储蓄一般有两种形式:一是银行存款,增加现有银行存款额;二是购买有价证券。当收入一定时,储蓄越多,现实消费量就越小,但潜在消费量越大;反之,储蓄越少,现实消费量就越大,但潜在消费量越小。企业营销人员应当全面了解消费者的储蓄情况,尤其是要了解消费者储蓄目的的差异。储蓄目的不同,往往影响到潜在需求量、消费模式、消费内容、消费发展方向的不同。这就要求企业营销人员在调查、了解储蓄动机与目的的基础上,制订不同的营销策略,为消费者提供有效的产品和劳务。

我国居民有勤俭持家的传统,长期以来养成储蓄习惯。近年来,我国居民储蓄额和储蓄增长率均较大。据调查,居民储蓄的目的主要用于供养子女和婚丧嫁娶,但从发展趋势看,用于购买住房和大件用品的储蓄占整个储蓄额的比重将逐步增加。我国居民储蓄增加,显然会使企业目前产品价值的实现比较困难,但另一方面,企业若能调动消费者的潜在需求,就可开发新的目标市场。比如1979年,日本电视机厂商发现,尽管中国人可任意支配的收入不多,但中国人有储蓄习惯,且人口众多。于是,他们决定开发中国黑白电视机市场,不久便获得成功。当时,西欧某国电视机厂商虽然也来中国调查,却认为中国人均收入过低,市场潜力不大,结果贻误了时机。

消费者信贷,就是消费者凭信用先取得商品使用权,然后按期归还贷款,以购买商品。这实际上就是消费者提前支取未来的收入,提前消费。西方国家盛行的消费者信贷主要有短期赊销、购买住宅分期付款、购买昂贵的消费品分期付款、信用卡信贷等几类。信贷消费允许人们购买超过自己现实购买力的商品,从而创造了更多的就业机会、更多的收入以及更多的需求;同时,消费者信贷还是一种经济杠杆,它可以调节积累与消费、供给与需求的矛盾。当市场供大于求时,可以发放消费信贷,刺激需求;当市场供不应求时,必须收缩信贷,适当抑制、减少需求。消费信贷把资金投向需要发展的产业,刺激这些产业的生产,带动相关产业和产品的发展。

### 2.2.3 社会文化环境

社会文化环境是指市场营销和广告传播与社会文化的关系。市场营销成功与否,广告能否取得理想的传播效果,最终还是由人们的需求决定的。人们的需求状况和消费行为,受特定的社会文化环境的影响是很深的。广告要有针对性地向目标消费者进行诉求,必须研究文化、社会阶层、参照群体、社会运动等因素。

英国著名的马克思主义文化批评家雷蒙·威廉斯认为文化是物质、知识与精神所构成的整个生活方式。文化就体现在我们的衣、食、住、行等各个方面。物作为一种生活的主要元素,体现着人们的文化追求和文化水平。可见,文化是联系和区别人群的一种巨大的力量,它影响着人类行为的方方面面,包括消费者的行为以及他们对广告的反应,广告的创作、传播、接收和理解过程。为什么消费者要消费某些商品与服务?为什么他们要用某些方式进行消费?在广告主和广告创意人员思考这些问题的时候,他们实际上是在思考文化本身。文化透露出消费者对包括商品在内的一切事物的认识。

对社会文化环境的研究一般从以下几个方面入手。

1)教育状况　受教育程度的高低,影响到消费者对商品功能、款式、包装和服务要求的差异性。通常文化教育水平高的国家或地区的消费者要求商品包装典雅华贵、对附加功能也有一定的要求。因此企业营销开展的市场开发、产品定价和广告宣传等活动都要考虑到消费者所受教育程度的高低,采取不同的策略。

2)宗教信仰　宗教是构成社会文化的重要因素,宗教对人们消费需求和购买行为的影响很大。不同的宗教有自己独特的对节日礼仪、商品使用的要求和禁忌。某些宗教组织甚至对教徒购买决策有着决定性的影响。为此,企业宣传要注意到不同的宗教信仰,以避免由于矛盾和冲突给企业营销活动带来损失。

3)价值观念　价值观念是指人们对社会生活中各种事物的态度和看法。不同文化背景下,人们的价值观念往往有着很大的差异,消费者对商品的色彩、标识、式样以及广告宣传方式都有自己褒贬不同的意见和态度。企业广告宣传必须根据消费者不同的价值观念进行广告策划和创意。

4)消费习俗　消费习俗是指人们在长期经济与社会活动中所形成的一种消费方式与习惯。不同的消费习俗,具有不同的商品要求。研究消费习俗,不但有利于组织好消费用品的生产与销售,而且有利于正确、主动地引导健康的消费。了解目标市场消费者的禁忌、习惯、避讳等是企业进行市场营销、广告宣传的重要前提。

## 2.2.4　科学技术与自然环境

### 2.2.4.1　科学技术环境

科学技术的进步,对企业经营、消费者、广告行业都会产生巨大作用。

1)科技发展促进社会经济结构的调整　每一种新技术的发现、推广都会给有些企业带来新的市场机会,导致新行业的出现。同时,也会给某些行业、企业造成威胁,使这些行业、企业受到冲击甚至被淘汰。例如,电脑的运用代替了传统的打字机,复印机的发明排挤了复写纸,数码相机的出现夺走胶卷的大部分市场,等等。

2)科技发展促使消费者购买行为的改变　随着多媒体和网络技术的发展,出现了"电视购物"、"网上购物"等新型购买方式。人们还可以在家中通过"网络系统"订购车票、飞机票、戏票和球票。工商企业也可以利用这种系统进行广告宣传、营销调研和推销商品。随着新技术革命的进展,"在家便捷购买、享受服务"的方式还会继续发展,在这样的背景下我国未来直销行业的总体增长速度将有所提升,与之相适应的广告宣传策略也会逐渐成熟。

3)科技发展影响企业营销组合策略的创新　科技发展使新产品不断涌现,产品寿命周期明显缩短,要求企业必须关注新产品的开发,加速产品的更新换代。科技发展降低了产品成本,使产品价格下降,并能快速掌握价格信息,要求企业及时做好价格调整工作。科技发展促进流通方式的现代化,要求企业采用消费者自我服务和各种直销方式。科技发展使广告媒体更加多样化,信息传播更加快速,市场范围变得更加广阔,广告宣传应该更具灵活性,才能有效吸引日益"碎片化"的受众。为此,从生产到宣传都需要企业不断分析科技新发展,创新营销组合策略,适应市场的新变化。

4)新技术也会促使广告行业的发展进步　新技术的发展提高了广告作品的制作工艺,增强了广告的表现力,同时也加剧了同行业之间的竞争。

#### 2.2.4.2　自然环境

自然环境包括地理环境和物质环境两个部分，它的发展变化会给不同的产品造成环境威胁或市场营销机会。

1）地理环境　广告策划需要考虑气候、地理位置、地形地貌等地理因素。一般来说，广告目标市场的地理环境相对比较稳定。但是，一旦发生变化，就会对企业经营发生作用，影响到广告决策。比如气候冷暖变化，就会影响到农业、渔业、服装业、旅游业等多种行业，或造成破坏，或者形成机会。一些突变的自然灾害，如洪水、地震等，也会对市场、需求产生影响，甚至直接涉及广告活动。

2）物质环境　物质环境主要指自然资源状况。自然环境是指自然界提供给人类各种形式的物质资料，如阳光、空气、水、森林、土地等。随着人类社会进步和科学技术发展，世界各国都加速了工业化进程，这一方面创造了丰富的物质财富，满足了人们日益增长的需求；另一方面，又面临着资源短缺、环境污染等问题。从20世纪60年代起，世界各国开始关注经济发展对自然环境的影响，成立了许多环境保护组织，促使国家政府加强环境保护的立法。这些问题都对企业营销形成挑战。对营销管理者来说，应该关注自然环境变化的趋势，并从中分析企业营销的机会和威胁，制订相应的对策。广告策划，要了解企业经营决策中所面对的物质环境，如开发一种新产品，就要分析考察自然资源的紧缺程度，取得是否困难，生产与使用过程中是否造成污染，以及国家对自然资源的管理状况等情况，把握可能的营销机会。

## 2.3　微观环境分析

微观环境是指对企业营销和广告活动构成直接影响的各种因素的集合。包括企业内部环境、消费者、供应商、营销中介、竞争者和社会公众等与企业具体营销业务密切相关的各种组织与个人。

### 2.3.1　企业内部环境分析

企业开展营销活动要充分考虑到企业内部的环境力量和因素。企业是组织生产和经营的经济单位，是一个系统组织。企业内部一般设立计划、技术、采购、生产、营销、质检、财务、后勤等部门。企业内部各职能部门的工作及其相互之间的协调关系，直接影响企业的整个营销活动。

销售部门与企业其他部门之间既有多方面的合作，也经常与生产、技术、财务等部门发生矛盾。由于各部门各自的工作重点不同，有些矛盾往往难以协调。如生产部门关注的是长期生产的定型产品，要求品种规格少、批量大、标准订单、较稳定的质量管理，而营销部门注重的是能适应市场变化、满足目标消费者需求的“短、平、快”产品，则要求多品种规格、少批量、个性化订单、特殊的质量管理。所以，企业在制订营销计划，开展营销活动时，必须协调和处理好各部门之间的矛盾和关系。这就要求进行有效沟通，协调、处理好各部门的关系，营造良好的企业环境，更好地实现营销目标。

## 2.3.2 消费者分析

### 2.3.2.1 消费者分析的必要性

消费者是指使用进入消费领域的最终产品或劳务的消费者和生产者，也是企业营销活动的最终目标市场。我们常说“消费者是上帝”，可见消费者是市场的主体，任何企业的产品和服务，只有得到了消费者的认可，才能赢得这个市场，现代营销强调把满足消费者需要作为企业营销管理的核心。

### 2.3.2.2 消费者分析的市场类型

1）消费者市场　指为满足个人或家庭消费需求购买产品或服务的个人和家庭。

2）生产者市场　指为生产其他产品或服务，以赚取利润而购买产品或服务的组织。

3）中间商市场　指购买产品或服务以转售，从中赢利的组织。

4）政府市场　指购买产品或服务，以提供公共服务或把这些产品及服务转让给其他需要的人的政府机构。

5）国际市场　指国外购买产品或服务的个人及组织，包括外国消费者、生产商、中间商及政府。

上述五类市场的消费者需求各不相同，要求企业以不同的方式提供产品或服务，它们的需求、欲望和偏好直接影响企业营销目标的实现。为此，广告策划要注重对消费者进行研究，分析消费者的需求规模、需求结构、需求心理以及购买特点，这是企业营销活动的起点和前提。

## 2.3.3 供应商分析

供应商是指对企业进行生产所需而提供特定的原材料、辅助材料、设备、能源、劳务、资金等资源的供货单位。这些资源的变化直接影响到企业产品的产量、质量及利润，从而影响企业营销计划和营销目标的完成。

## 2.3.4 营销中介分析

营销中介是指为企业营销活动提供各种服务的企业或部门的总称。营销中介对企业营销产生直接的、重大的影响，只有通过有关营销中介所提供的服务，企业才能把产品顺利地送达到目标消费者手中。营销中介的主要功能是帮助企业推广和分销产品。

## 2.3.5 竞争者分析

### 2.3.5.1 竞争者分析的必要性

竞争是商品经济的必然现象。在商品经济条件下，任何企业在目标市场进行营销活动时，不可避免地会遇到竞争对手的挑战。即使在某个市场上只有一个企业在提供产品或服务，没有“显在”的对手，也很难断定在这个市场上没有潜在的竞争企业。在商品越来越同质化的今天，商业广告宣传更多意义上是一种“竞争性”的存在，服务于企业的市场竞争需要。

企业竞争对手的状况将直接影响企业营销活动。如竞争对手的营销策略及营销活动的变化就会直接影响企业营销,最为明显的是竞争对手的产品价格、广告宣传、促销手段的变化,以及产品的开发、销售服务的加强都将直接对企业造成威胁。为此,企业在制订营销策略前必须先弄清竞争对手,特别是同行业竞争对手的生产经营状况,做到知己知彼,有效地开展营销活动。

#### 2.3.5.2 竞争者分析的内容

一般来说,企业在营销活动中需要对竞争对手了解、分析的情况有:①竞争企业的数量有多少;②竞争企业的规模和能力的大小强弱;③竞争企业对竞争产品的依赖程度;④竞争企业所采取的营销策略及其对其他企业策略的反映程度;⑤竞争企业能够获取优势的特殊材料来源及供应渠道。

### 2.3.6 社会公众分析

#### 2.3.6.1 社会公众分析的必要性

社会公众是企业营销活动中与企业营销活动发生关系的各种群体的总称。公众对企业的态度,会对其营销活动产生巨大的影响,它既可以有助于企业树立良好的形象,也可能妨碍企业的形象。所以企业必须处理好与主要公众的关系,争取公众的支持和偏爱,为自己营造和谐、宽松的社会环境。

#### 2.3.6.2 社会公众分析的对象

1)金融公众　主要包括银行、投资公司、证券公司、股东等,它们对企业的融资能力有重要的影响。

2)媒介公众　主要包括报纸、杂志、电台、电视台等传播媒介,它们掌握传媒工具,有着广泛的社会联系,能直接影响社会舆论对企业的认识和评价。

3)政府公众　主要指与企业营销活动有关的各级政府机构部门,它们所制定的方针、政策对企业营销活动或是限制,或是机遇。

4)社团公众　主要指与企业营销活动有关的非政府机构,如消费者组织、环境保护组织,以及其他群众团体。企业营销活动涉及社会各方面的利益,来自这些社团公众的意见、建议,往往对企业营销决策有着十分重要的影响作用。

5)社区公众　主要指企业所在地附近的居民和社区团体。社区是企业的邻里,企业保持与社区的良好关系,为社区的发展做出一定的贡献,会受到社区居民的好评,他们的口碑能帮助企业在社会上树立形象。

6)内部公众　指企业内部的管理人员及一般员工,企业的营销活动离不开内部公众的支持。应该处理好与广大员工的关系,调动他们开展市场营销活动的积极性和创造性。

## 2.4 消费者行为分析

### 2.4.1 消费者行为分析的意义

广告传播的主要目的,是有效地与消费者进行沟通,刺激消费者的购买动机,引导消费者采取购买行动。但是，消费者为什么要购买？他们是如何作出行动的？影响他们购买的因素有哪些？这些都需要对消费者进行分析。

广告传播不可能以全体消费者为对象，而要依据企业的目标市场进行选择，并在此基础上确定广告主题和诉求方式。这些策划内容都需要深入分析消费者的消费行为。

## 2.4.2 消费者行为的主要影响因素

消费者生活在纷繁复杂的社会之中，其购买行为受到很多因素的影响。广告策划要有效实现其营销目标，必须分析影响消费者购买行为的有关因素。

### 2.4.2.1 个人因素

1）经济因素　经济因素指消费者可支配收入、储蓄、资产和借贷的能力。经济因素是决定购买行为的首要因素，决定着消费者能否发生购买行为以及发生何种规模的购买行为，决定着消费者购买商品的种类和档次。因此经济因素直接代表了消费者的购买能力如何，比如低收入家庭的消费支出主要在生活必需品方面，满足温饱的需要，因此物美价廉的商品更受青睐。另外市场供求关系如何，物价水平怎样，都会对消费行为产生影响。

2）生理因素　生理因素指消费者年龄、性别、健康状况、嗜好、外貌特征等生理特征的差别。生理因素决定着消费者对产品款式、构造和细微功能的不同需求。这也是产品进行市场细分和广告定位的一个依据。

3）个性特征　个性指一个人的心理特征。个性导致对自身所处环境相对一致和连续不断的反应。个性特征有很多类型，如外向与内向、细腻与粗犷、谨慎与急躁、乐观与悲观、领导与追随、独立性与依赖性等。消费者的个性差异影响着消费需求的不同。例如，独立性强的人对市场营销因素敏感度低，不轻信广告宣传，而依赖性强的人更容易接受别人的意见和广告宣传；外向的人更容易接受市场最新的商品类型和款式，而内向的人对新事物的接受往往比较晚。

4）生活方式　生活方式是指一个人或集团对消费、工作和娱乐的特定习惯和态度。人们追求的生活方式不同，对商品的爱好和需求也就不同。市场营销是向消费者提供特定生活方式的一个过程，它使消费者有可能按照自己的爱好，选择适当的生活方式，如有的人喜欢登山，有的人喜欢旅游，有的人喜欢体育，有的人喜欢听音乐、看电影等。不同的生活方式其实也代表了不同的文化认同和文化表现。

5）职业　不同职业也决定着人们的不同需求和兴趣。广告策划需首要分析哪些职业的人对营销的产品和劳务有兴趣。如不同户外活动的人受紫外线照射的程度不同，对防晒霜防晒指数的需求也不同。

### 2.4.2.2 文化因素

文化是人类在社会发展过程中，所创造的物质财富和精神财富的总和，是人类创造社会历史的发展水平、程度和质量的状态。文化因素是影响消费者需求的最基本因素。每个人都处在一定的文化环境之中，接受着共同的价值观念、道德规范、风俗习惯等。因此，文化因素对消费者的购买行为有着广泛而又深远的影响。

1）文化　文化是人类欲望和行为最基本的决定因素。人在成长过程中，通过家庭和社会，接受一定的文化教育，形成了相应的价值观、信仰、态度、道德和习俗等，并由此产生一定的喜好和行为。比如，西方人喜好西餐，中国人偏好中餐；欧美人就餐用刀叉，中国人进餐用筷子。文化的认同感，会直接影响到对产品、对广告诉求的接受程度。

很多人认为，最有效的广告就是那些用最好的方式表达并加强核心价值观的广告。如"孔府家酒"围绕"家"文化进行广告创意的深度演绎，其品牌核心价值"家"文化迎合了目标消费群体的心理需求。春节是中国人最为注重的传统节日，中国移动通信就利用中国人在春节中走亲访友、彼此间沟通情感的习俗，进行广告创意：用中国传统红色剪纸作为贺岁主题烘托气氛，用春节最为得宠的吉祥符号代言产品，如财神爷、守门神、大阿福等。可口可乐在中国春节期间的广告创意更是迎合离家在外的中国人都要回家过年，团团圆圆这一概念，运用中国象征吉祥的红色，采用中国传统版画中的儿童形象，把喜庆、欢笑和团圆随着可口可乐这一产品传递给千家万户。

广告作为一种文化形式，在传播的过程中，不同国家的传统文化与民族尊严应得到尊重，任何民族的广告文化都受其本民族传统文化、习俗与民族心理的影响，加强文化的沟通与理解是广告创意中必须谨慎把握的。2004 年 9 月，立邦漆系列广告之"龙篇"中的"立邦漆滑倒中国龙"的创意被中国的消费者质疑并加以排斥。在中国人的潜意识中，传统的龙、凤、石狮、长城、故宫都有其厚重的符号指向意义。如果漠视这种民族情感而随意创意，损害的只能是沟通的基点及广告主的利益。因此，广告创意中文化运用应是一种"共享"的模式，建立在大家共同认同的文化基础之上。

2）亚文化　每一个国家的文化中又包含若干不同的亚文化群，包括民族、宗教、种族和地域等。亚文化对于消费者行为的影响更为明显。

（1）民族群体　每个国家都存在不同的民族，每个民族在漫长的历史发展过程中形成了独特的风俗习惯和文化传统。我国有 56 个民族，在饮食、服饰、居住、婚丧、节日等都各有特点。

（2）宗教群体　许多国家都存在不同的宗教，每种宗教都有自己的教规或戒律。宗教信仰不同，会产生相应的偏好和禁忌，也会影响其购买行为和消费方式。

（3）种族群体　一个国家可能有不同的种族，不同的种族有不同的生活习惯和文化传统。如美国的黑人与白人相比，购买的衣服、个人用品、家具和香水较多，食品、运输和娱乐较少。他们更重视商品的品牌，更具有品牌忠诚度。

（4）地域群体　世界上处于不同地理位置的不同国家，同一国家的不同省份或地区都有着不同的文化和生活习惯。如我国的南方或北方、城市或乡村，山村或平原、沿海或内地等不同地区，由于地理环境、风俗习惯和经济发达程度等的差别，构成不同的生活方式和爱好，这些都对消费行为产生影响。

3）社会阶层　所谓社会阶层，即是指一个社会中具有相对的同质性和持久性的群体。是社会学家根据职业、收入来源、教育水平、价值观和居住区域对人们进行的一种社会分类。

社会阶层具有以下特点：①同一阶层的成员具有类似的价值观、兴趣和行为，在消费行为上相互影响并趋于一致；②人们以自己所处的社会阶层来判断各自在社会中占有的高低地位；③一个人的社会阶层归属不仅仅由某一变量决定，而是受到职业、收入、教育、价值观和居住区域等多种因素的制约；④人们能够在一生中改变自己的社会阶层归属，既可以迈向高阶层,也可以跌至低阶层,这种升降变化的程度随着所处社会的社会层次森严程度的不同而不同。

2004 年中国社会科学院“当代中国社会阶层结构研究”课题组推出了《当代中国社会流动》一书。在这本书中,中国社会被划分为十大阶层,由上至下分别是:国家与社会管理者、经理人员、私营企业主、专业技术人员、办事人员、个体工商户、商业服务业人员、产业工人、农业劳动者、城市无业或失业及半失业者。

每一阶层的成员都有着相似的价值观、兴趣和行为。调查结果显示,33% 的人希望自己能够加入国家与社会的管理者阶层,28% 的人愿意成为私营企业主群体中的一员,还有 21% 的公众渴望成为经理人员。也就是说,82% 的公众希望自己成为这 3 个社会阶层的群体中的一员。相比那些自认已经处于社会上层的 18% 的公众,更多的人(64%)表达了向社会上层流动的意愿。这个数字说明当前我国大多数公众在社会流动方面具有乐观和积极进取的心态,另一方面它也反映出当下我们的社会也为人们提供了较为开放的社会发展空间和相对丰富、畅通的社会流动途径。这样的社会心态为广告营销创造了很多的宣传机会。

#### 2.4.2.3 社会因素

影响消费者行为的社会因素主要有参照群体、家庭、社会角色与地位等一系列因素。

1)参照群体

(1)参照群体的概念与分类　参照群体是对个人的态度和行为有直接或间接影响的所有群体。参照群体可分为直接参照群体和间接参照群体。

直接参照群体又称为成员参照群体,即某人所属的群体或与其有直接关系的群体。直接参照群体,又分为首要群体和次要群体两种。首要群体是指与某人直接、经常接触的一群人,一般都是非正式群体,如家庭成员、亲戚朋友、同事、邻居等。次要群体是指对其成员影响并不很经常但一般都较为正式的群体,如宗教组织、职业协会等。

间接参照群体是指某人的非成员群体,即此人不属于其中的成员,但又受其影响的一群人。间接参照群体,又分为向往群体和厌恶群体。向往群体是指某人推崇的一些人或希望加入的集团,例如体育明星、影视明星就是其崇拜者的向往群体。厌恶群体是指某人讨厌或反对的一群人。一个人总是不愿意与厌恶群体发生任何联系,在各方面都希望与其保持一定距离,甚至经常反其道而行之。

某种相关群体的有影响力的人物称为“意见领袖”,他们的行为会引起群体内追随者、崇拜者的效仿。对消费者行为进行分析的时候,要能准确判断出目标消费者的参照群体,从中发现意见领袖,有重点地与他们进行沟通和交流,使参照群体能发挥更大的影响。

(2)参照群体对其成员的影响程度　参照群体对其成员的影响程度取决于多方面的因素,主要包括以下几方面:

①产品使用时的可见性。一般而言,产品或品牌的使用可见性越高,群体影响力越大,反之则越小。最初的研究发现,商品的“炫耀性”是决定群体影响强度的一个重要因素。后来的一些研究探索了不同产品领域参照群体对产品与品牌选择所产生的影响。其中,拜尔顿(Bearden)和埃内尔(Etzel)的研究从产品可见性和产品的必需程度两个层面将消费情形分类,然后分析在这些具体情形下参照群体所产生的影响。

②产品的必需程度。对于食品、日常用品等生活必需品,消费者比较熟悉,而且很多情

况下已形成了习惯性购买，此时参照群体的影响相对较小。相反，对于奢侈品或非必需品，如高档汽车、时装、游艇等产品，购买时受参照群体的影响较大。

③产品与群体的相关性。某种活动与群体功能的实现关系越密切，个体在该活动中遵守群体规范的压力就越大。例如，对于经常出入豪华餐厅和星级宾馆等高级场所的群体成员来说，着装是非常重要的；而对于只是在一般酒吧喝喝啤酒或在一个星期中的某一天打一场篮球的群体成员来说，其重要性就小得多。

④产品的生命周期。亨顿认为，当产品处于导入期时，消费者的产品购买决策受群体影响很大，但品牌决策受群体影响较小。在产品成长期，参照群体对产品及品牌选择的影响都很大。在产品成熟期，群体影响在品牌选择上大而在产品选择上小。在产品的衰退期，群体影响在产品和品牌选择上都比较小。

⑤个体对群体的忠诚程度。个人对群体越忠诚，就越可能遵守群体规范。当参加一个渴望群体的晚宴时，在衣服选择上，我们可能更多地考虑群体的期望，而参加无关紧要的群体晚宴时，这种考虑可能就少得多。

⑥个体在购买中的自信程度。研究表明，个人在购买彩电、汽车、家用空调、保险、冰箱、媒体服务、杂志书籍、衣服和家具时，最易受参照群体影响。这些产品，如保险和媒体服务的消费，既非可见又同群体功能没有太大关系，但是它们对于个人很重要，而大多数人对它们又只拥有有限的知识与信息。这样，群体的影响力就由于个人在购买这些产品时信心不足而强大起来。除了购买中的自信心，有证据表明，不同个体受群体影响的程度也是不同的。自信程度并不一定与产品知识成正比。研究发现，相比那些购买新手，知识丰富的汽车购买者更容易在信息层面受到群体的影响，并喜欢和同样有知识的伙伴交换信息和意见。新手则对汽车没有太大兴趣，也不喜欢搜集产品信息，他们更容易受到广告和推销人员的影响。

(3)参照群体的影响方式　人们总希望自己富有个性和与众不同，然而群体的影响又无处不在。不管是否愿意承认，每个人都有与各种群体保持一致的倾向。看一看班上的同学，你会惊奇地发现，除了男女性别及其在穿着上的差异外，大部分人衣着十分相似。作为个体，我们并未将这种行为视为从众。尽管我们时常要有意识地决定是否遵从群体，通常情况下，我们还是无意识地和群体保持一致的。参照群体对消费者的影响，通常表现为三种形式，即规范性影响、信息性影响、价值表现上的影响。

①规范性影响。规范性影响是指由于群体规范的作用而对消费者的行为产生影响。规范是指在一定社会背景下，群体对其所属成员行为合适性的期待，它是群体为其成员确定的行为标准。无论何时，只要有群体存在，无须经过任何语言沟通和直接思考，规范就会迅即发挥作用。规范性影响之所以发生和起作用，是由于奖励和惩罚的存在。为了获得赞赏和避免惩罚，个体会按群体的期待行事。广告商声称，如果使用某种商品，就能得到社会的接受和赞许，利用的就是群体对个体的规范性影响。

②信息性影响。信息性影响指参照群体成员的行为、观念、意见被个体作为有用的信息予以参考，由此在其行为上产生影响。当消费者对所购产品缺乏了解，凭眼看手摸又难以对产品品质做出判断时，别人的使用和推荐将被视为非常有用的证据。群体在这一方面对个体的影响，取决于被影响者与群体成员的相似性，以及施加影响的群体成员的专长性。例如，某人发现自己的好几位朋友都在使用某种品牌的护肤品，于是她决定试用一下，因为这

么多朋友使用它，意味着该品牌一定有其优点和特色。

③价值表现上的影响。价值表现上的影响指个体自觉遵循或内化参照群体所具有的信念和价值观，从而在行为上与之保持一致。例如，某位消费者感到那些有艺术气质和素养的人，通常是留长发、蓄络腮胡、不修边幅，于是他也留起了长发，穿着打扮也不拘一格，以反映他所理解的那种艺术家的形象。此时，该消费者就是在价值表现上受到参照群体的影响。个体之所以在无须外在奖惩的情况下自觉依照群体的规范和信念行事，主要是基于两方面力量的驱动。一方面，个体可能利用参照群体来表现自我，来提升自我形象。另一方面，个体可能特别喜欢该参照群体，或对该群体非常忠诚，并希望与之建立和保持长期的关系，从而视群体价值观为自身的价值观。

(4)参照群体的运用

①名人效应。名人或公众人物，如影视明星、歌星、体育明星，作为参照群体对公众尤其是对崇拜他们的受众具有巨大的影响力和感召力。对很多人来说，名人代表了一种理想化的生活模式。正因为如此，企业花巨额费用聘请名人来促销其产品。研究发现，用名人做支持的广告评价较不用名人的广告评价更正面和积极，这一点在青少年群体上体现得更为明显。运用名人效应的方式多种多样。如可以请名人做产品或公司代言人，即将名人与产品或公司联系起来，使其在媒体上频频亮相；也可以用名人做证词广告，即在广告中引述广告产品或服务的优点和长处，或介绍其使用该产品或服务的体验；还可以采用将名人的名字使用于产品或包装上等做法。

②专家效应。专家是指在某一专业领域受过专门训练，具有专门知识、经验和特长的人。专家所具有的丰富知识和经验，使其在介绍、推荐产品与服务时较一般人更具权威性，从而产生专家所特有的公信力和影响力。当然，在运用专家效应时，一方面应注意法律的限制，如有的国家不允许医生为药品做证词广告；另一方面，应避免公众对专家的公正性、客观性产生质疑。

③"普通人"效应。运用满意消费者的证词、证言来宣传企业的产品，是广告中常用的方法之一。由于出现在荧屏上或画面上的证人或代言人是和潜在消费者一样的普通消费者，这会使受众感到亲近，从而使广告诉求更容易引起共鸣。如宝洁公司、北京大宝化妆品公司都曾运用过"普通人"证词广告，应当说效果还是不错的。有一些公司在电视广告中展示普通消费者或普通家庭，如何用广告中的产品解决其遇到的问题，如何从产品的消费中获得乐趣等。由于这类广告贴近消费者，反映了消费者的现实生活，因此，它们可能更容易获得认可。

④经理型代言人。自20世纪70年代以来，越来越多的企业在广告中用公司总裁或总经理作为代言人。例如，克莱斯勒汽车公司的老总李·艾柯卡(Lee Iacocca)在广告中对消费者极尽劝说，获得很大成功。我国广西三金药业集团公司，在其生产的桂林西瓜霜上使用公司总经理和产品发明人邹节明的名字和图像，也是这种经理型代言人的运用。

2)家庭

家庭是最有影响的首要群体。特别是我国，家庭在人们生活中占有重要的位置，在广告策划时，对我国现有家庭的模式和影响消费的因素，要做深入的探讨研究。

(1)家庭生命周期　1947年美国人类学学者P. C.格里克首先提出家庭生命周期的概

念。任何一个家庭因为年龄、婚姻状况、子女状况的不同都有一个成长周期,要经过单身、新婚、满巢、空巢、鳏寡等阶段。处在不同阶段的家庭,消费观念和行为模式是不一样的,广告活动应该经常把目标市场确定在某一个阶段的家庭群体上。家庭生命周期阶段以及相应的消费行为特点主要包括以下几方面。

①青年单身期。处于单身阶段的消费者一般比较年轻,几乎没有经济负担,消费观念紧跟潮流,注重娱乐产品和基本的生活必需品的消费。

②家庭形成期。一般家庭形成期经济状况较好,具有比较大的需求量和比较强的购买力,耐用消费品的购买量高于处于家庭生命周期其他阶段的消费者。

③家庭成长期(Ⅰ)。家庭成长期(Ⅰ)指最小的孩子在6岁以下的家庭。处于这一阶段的消费者往往需要购买住房和大量的生活必需品,常常感到购买力不足,对新产品感兴趣并且倾向于购买有广告的产品。

④家庭成长期(Ⅱ)。家庭成长期(Ⅱ)指最小的孩子在6岁以上的家庭。处于这一阶段的消费者一般经济状况较好但消费慎重,已经形成比较稳定的购买习惯,极少受广告的影响,倾向于购买大规格包装的产品。

⑤子女教育期。子女教育期指夫妇已经上了年纪但是有未成年的子女需要抚养的家庭。处于这一阶段的消费者经济状况尚可,消费习惯稳定,可能购买富余的耐用消费品。

⑥家庭成熟期(Ⅰ)。家庭成熟期(Ⅰ)指子女已经成年并且独立生活,但是家长还在工作的家庭。处于这一阶段的消费者经济状况最好,可能购买娱乐品和奢侈品,对新产品不感兴趣,也很少受到广告的影响。

⑦家庭成熟期(Ⅱ)。家庭成熟期(Ⅱ)指子女独立生活,家长退休的家庭。处于这一阶段的消费者收入大幅度减少,消费更趋谨慎,倾向于购买有益健康的产品。

⑧退休养老期(Ⅰ)。退休养老期(Ⅰ)尚有收入,但是经济状况不好,消费量减少,集中于生活必需品的消费。

⑨退休养老期(Ⅱ)。退休养老期(Ⅱ)收入很少,消费量很小,主要需要医疗产品。

(2)家庭特点　消费者往往是以个人或家庭为单位购买商品,家庭成员和其他有关成员在购买活动中往往起着不同的作用并且相互影响。家庭不同成员对购买决策的影响往往是由家庭特点决定的,家庭特点可以从家庭权威中心点、家庭成员的文化与社会阶层等方面分析。

①家庭权威中心点。社会学家根据家庭权威中心点不同,把所有家庭分为四类:各自做主型,指每个家庭成员对自己所需的商品可以独立做出购买决策,其他人不加干涉;丈夫支配型,指家庭购买决策权掌握在丈夫手中;妻子支配型,指家庭购买决策权掌握在妻子手中;共同支配型,指大部分购买决策由家庭成员共同协商做出。家庭权威中心点会随着社会政治经济状况的变化而变化。如随着社会教育水平的提高和女性就业增多,妻子在购买决策中的作用越来越大,一些耐用品的广告中女性作为诉求对象正说明了这个问题。

②家庭成员的文化与社会阶层。家庭主要成员的职业、文化及家庭分工不同,在购买决策中的作用也不同,相对来说,文化程度越高的家庭,妻子的决策权相对要重一点。

3)身份和角色　每个人的一生要参加许多群体,如家庭、学校、俱乐部、工作单位及其他各种类型的组织,在每种群体中都会有相应的身份,以及由个体在各社会群体中的位置所决定的角色。角色是个体认为周围人如何评价自己身份或自己想象自己的形象的一种感受。每一角色都伴随着一种地位,反映了社会对他的总评价。在不同的场合,人们充当不同的角色,而个体的每一个角色对个体的购买行为都会产生影响作用。人们往往结合身份、地位做出购买选择。许多产品、品牌,由此成为一种身份和地位的标志。



#### 2.4.2.4 心理因素

消费者的购买行为受到动机、感觉、学习等主要心理因素的影响。

1)动机　每个人都有许多需要,动机源于需要,当需要升华到足够强度时就成为动机。动机能够驱使人们去寻找满足需要的目标。当人们的某种需要未得到满足时,人体内便出现一种紧张状态,形成一种内在动力,促使人们采取行动,就是动机。

(1)精神分析理论　精神分析理论的创始人为奥地利精神学家、心理学家弗洛伊德。他认为人的精神活动,包括欲望、冲动、思维、幻想、判断、决定、情感等会在意识、前意识和潜意识不同的意识层次里发生和进行。他的这一学说,在西方社会生活、思想意识和科学文化等领域都产生了广泛而深远的影响。

弗洛伊德认为,如果把人的精神比作一座冰山,意识是露在冰山的一角,前意识介于水面部分,随海水的起落时隐时现,潜意识是在冰山下面的主体,在人的精神生活中处于基础性地位。潜意识虽然不被直接感知,但它总是在不停地、积极地流动着,并以各种形式表现:梦、过失、冲动、精神病都是通往潜意识的曲径,并进而在不知不觉中影响人的行为。造成人类行为的真正心理力量大部分是无意识的,人在成长和接受社会规范过程中有很多欲望受到抑制,因此,人们往往不能真正了解自己的真实动机。因此理解人的行为只分析意识和前意识层次是不够的,应深入到潜意识。

潜意识最早用来影响人的行为是在 1957 年,当时维卡里(Vicary)在新泽西一家电影院做了一个投影实验,他在电影的放映中使用了一种特别的投影机,这种机械在一般电影机放映电影时,每隔 5 秒就将写有“吃爆米花”和“喝可口可乐”的潜意识消息投放到同一电影银幕上。每则消息在银幕上闪烁的时间只有 1/3000 秒。据他说,爆米花的销售因此增加了 57.5%,而可口可乐的销售增长了 18.1%。这次实验引起了人们关注潜意识的强烈兴趣,并引发了热烈持久的科学上和伦理道德上的讨论。2000 年美国总统大选的时候,布什和共和党的广告策划专家们在竞选对手戈尔陈述医疗制度改革方案的电视片段中加入了一个极短的、人们无法感觉到的镜头,上面写着一个很大的单词“RATS”(欺骗)(如图 2-1),以此来影射戈尔的政策是在欺骗民众。

在商品宣传中也常通过提供人难以意识到的广告信息达到说服的目的,如植入式广告。植入式广告就是将产品或品牌具有代表性的视觉符号策略性地融入电影、电视、报纸、杂志、网络游戏、手机短信、小说等各种媒介内容中,通过场景再现,让观众留下对产品及其品牌的印象,继而达到营销目的的一种广告方式。

国外最早的植入式广告是 1929 年在美国卡通片《大力水手》中为一种菠菜罐头做了广告。随着大力水手那句经典台词“我很强壮,我爱吃菠菜”的流行,该公司的菠菜罐头也随之热卖。国内植入式广告的开端是 20 世纪 90 年代初“百龙矿泉壶”在《编辑部的故事》情节中的出现。植入式广告因为其隐蔽性更容易被消费者所接受,所以现代影视剧作品中越来越多的产品信息被植入。但是随着消费者媒介素养的提升,以及对广告宣传方式的了解,植

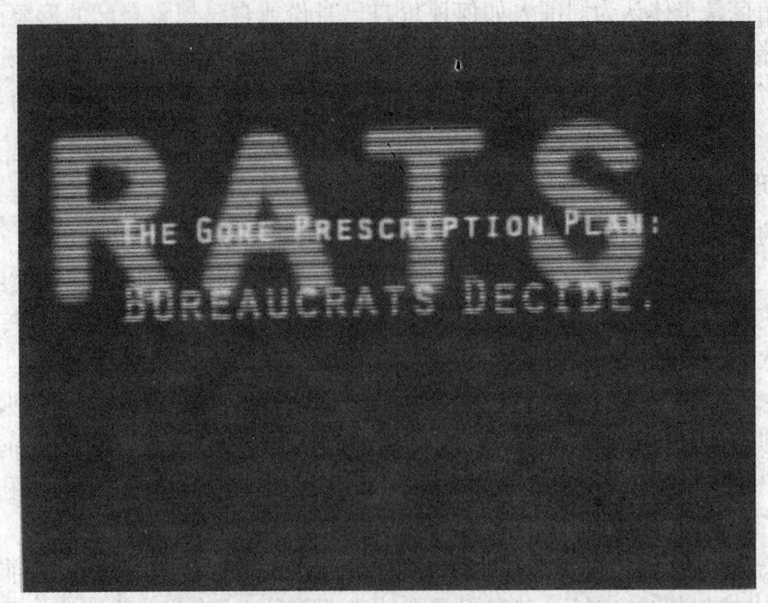


图 2-1　2000 年美国总统大选电视宣传利用潜意识传播画面

入式广告的隐蔽性在逐渐降低。

精神分析理论对分析消费者行为的意义主要体现在以下几个层面：人的动机由潜意识支配，从内心深处研究行为；消费者确有冲动和不理智的行为，无法用理性人解释；消费者需求许多是不知道或潜意识的；广告宣传就是要激活目标受众心中最深的渴望。

(2)需求分层次理论　经济水平、文化水平等的差异都会导致人们对于物质的需求产生差异。如在温饱阶段，人们的消费更多在于满足基本需求上，消费者选购商品的标准是物美价廉，质量好，使用时间长，维修方便，价钱尽可能地便宜，这时的消费水平往往很难接受新产品。当基本需求得到满足以后，需求开始出现个性化，每个消费者都以各自的兴趣、爱好、个性特征等去选择商品或服务，不仅追求物质的满足，还希望实现心理需求的满足，构成多层次、人性化、针对性等消费特点，如赶潮流、追名牌等。当物质生活更加丰富的时候，人们的购买和消费将完全个性化，标新立异的消费。

美国著名心理学家马斯洛认为人类的需要是分层次的，从低级到高级、从物质到精神逐渐发展，依次是：生理需要—安全需要—社会交往需要—尊重需要—自我实现的需要。后来他又在尊重需要和自我实现需要之间添加了认知的需要和审美的需要。马斯洛认为需要的层次越低，越具有原始自发性；需要层次越高，受后天的教育、经验的影响越大。一般而言，人不断追求需要的满足，较低层次的需要得到满足后，会继续出现较高层次的需要。

需求分层次理论对分析消费者行为提供了很多有益的启示，如消费者的需要有多种，低级需要满足后才会有高级的需要，越低级的需要，动机越明确，高级需要如尊重如何满足消费者不完全清楚，这意味着企业有更多的机会去细分市场，满足消费者某一方面的需要，越高级的需要越难满足，是无限的，人们在体验愉快的满足时，会产生更高的需要。

2)感觉　感觉是刺激物的反应。人们对同样的事物、同样的情境，往往会产生不同的感觉,这主要是因为有以下三种感觉过程在起作用。

(1)选择性注意　人们在日常生活中会接触到大量的信息刺激,特别是在现今的信息时代,铺天盖地的广告信息使人应接不暇。据统计,广告发达的国家和地区,人们平均每天要接触1 500多条广告,但实际上绝大部分要被过滤掉。能被注意到的信息大概有三种:一是与当前需要有关的刺激,当对某类信息有需要时,消费者往往由被动变主动去寻找、接受信息;二是所期盼的刺激,每个人都有自己的兴趣点,喜欢的、关注的信息往往会被首先注意到;三是超出正常刺激规模的刺激,好奇是人的天性,人们往往会对新奇的东西感兴趣。

(2)选择性曲解　消费者注意到的刺激,并不一定都接受。人们往往把所获取的信息与自己的意愿结合起来,按自己现有的思维模式,来决定是否接受。因此在市场竞争特别激烈的情况下,广告的责任不仅在于吸引人们关注产品的信息,还在于说服人们接受、认可产品的诉求点。

(3)选择性记忆　对于接触过的信息,人们一般只记住那些符合自己的态度和信念的信息,而其他则可能被遗忘。人们自身都有一套筛选、处理周围信息的机制。在信息大爆炸的时代,注意力更是成为稀缺资源,"眼球"之争将更加白热化,广告要想取得理想的效果,将面临着更大的从策略到创意的挑战。

3)学习　内在需要引起购买某种商品的动机,这种动机可能在多次购买之后仍然重复产生,也可能在一次购买以后立即消失。为何会消失或重复,心理学家认为来自"后天经验",可用"学习的模式"来表述。

(1)驱使力　驱使力是指存在于人体内驱使人们产生行动的内在刺激力,即内在需要。心理学家把驱使力分为原始驱使力和学习驱使力两种。原始驱使力指先天形成的内在刺激力,如饥渴、逃避痛苦等。学习驱使力指后天形成的内在刺激力,如恐惧、骄傲、贪婪、担心财产安全、交通安全等都是在后天环境中学习得到的。

(2)刺激物　刺激物是指可以满足内在驱使力的物品。比如,人们感到饥渴时,饮料就是刺激物。如果内在驱使力得不到满足,就会处于"紧张情绪"中,只有相应刺激物可使之恢复平静。当驱使力发生作用并寻找相应刺激物时,就成为动机。

(3)诱因　诱因是指刺激物所具有的能吸引消费者购买的因素。所有营销因素都可成为诱因,如刺激物的品种、性能、质量、商标、包装、促销、广告等。

(4)人类行为大多来源于学习　在广告传播过程中,消费者由于需要,通过学习,获得有关消费信息,改变对某些商品的印象和态度,从而产生购买行为。

## 2.4.3　消费者的购买决策

消费者的购买决策过程是消费者购买动机转化为购买活动的重要环节。不同消费者的购买决策过程是不同的,只有针对消费者的购买决策过程进行分析,才能有针对性地对消费者展开广告宣传,满足消费者的需求,达成企业的营销目标。

### 2.4.3.1　消费者的购买角色

在日常生活用品的购买过程中,家庭成员可以扮演发起者、影响者、决定者、购买者、使用者等不同的角色。

(1)发起者　第一个提议或想到去购买某种产品的人。

(2)影响者　有形或无形影响最后购买决策的人。

(3)决定者　最后决定整个购买意向的人。

(4)购买者　实际执行购买决策的人。

(5)使用者　实际使用或消费商品的人。

消费者以个人为单位购买时,五种角色可能同时由一人担任,以家庭为购买单位时,五种角色往往由家庭不同成员分别担任。如油、盐、酱、醋一般是家庭主妇决定的;儿童用品则是儿童提出,家长决定。了解谁是购买决定者,是广告策划的重点,因为这是广告诉求的目标对象。

在产业市场中,购买组织中的成员可能扮演使用者、影响者、决定者、批准者、购买者和把关者六种角色。其购买过程与家庭不完全相同,但个人力量在其中所起到的作用是很大的,也要重视研究谁是决定购买行为的决定者。

#### 2.4.3.2　消费者购买行为类型

不同消费者购买过程的复杂程度不同,受很多因素影响,其中最主要的是购买介入程度和品牌差异的大小。购买介入程度指消费者购买风险大小或消费者购买活动的关注程度,如果商品的价值很高,消费者缺乏购买经验和产品知识,消费具有较大风险,这类购买行为称为高介入度购买。反之如果产品价值低,消费者有购买知识和经验,购买风险不大,称为低介入度购买。同样,同类商品的品牌差异大小也会影响消费者购买行为的变化,品牌差异小,消费者就无须在不同品牌之间仔细对比、选择,购买行为就会相对简单,但是品牌差异大的商品,消费者就需要花费更多的精力去了解、对比,满足自己的需求,商品的价值越贵,购买风险越大,消费者花费的精力也会越大,购买程度越复杂。例如消费者购买牙膏、手机、汽车的行为肯定是不同的。因此,不同品类产品的宣传策略要根据消费者购买行为的差异有针对性地制订。

阿萨尔根据购买者购买介入程度和产品品牌差异度区分出四种不同复杂程度的购买行为类型。

1)复杂性购买　复杂性购买指消费者购买的过程完整,要经历大量的信息搜集、产品评估、慎重的购买决策和认真的购后评价等各个阶段。一些经久耐用、价格昂贵的商品,如电视、空调、电脑、高档服装等,一般的消费者都不是专家,购买的风险相对较大,往往要对商品进行慎重的考查研究,因此参与程度会较高,特别是初次购买,更具复杂性。广告要实施相应策略,使目标消费者获得更多的商品知识,以详细了解商品的特点、性能、优缺点等信息,同时发挥群体以及意见领袖等的影响力,简化消费者的购买过程,影响其对品牌的最终选择。

2)和谐性购买　和谐性购买一般发生在消费者购买品牌差别不大的商品的场合,购买过程不需要广泛搜集相关信息进行对比研究,消费者主要关心价格是否优惠,购买时间与地点是否便利,购买过程迅速简单,但在购买之后会因为自己所购买商品具有的某些缺陷或其他同类商品的更多优点而产生失调感,不具和谐性,怀疑自己之前购买决策的正确性。像地毯、首饰以及某些家用电器等商品的购买大多属于这一类型。对于这类购买行为广告宣传要通过各种途径常提供有利于本企业和产品的信息,使消费者相信自己的购买决定是正确的。

3)多变性购买　多变性购买指消费者购买产品具有很大的随意性,消费者购买时参与程度低,并不深入搜集信息和评估就决定购买某一品牌,在消费时才加以评估,但经常变换品牌的选择,品牌间差别较大,寻求多样性的体验,不一定是对之前购买的商品不满意,这是消费者为追求新奇、时髦、风度等而采取的一种购买方式。这些商品价格一般比较便宜,需经常购买。对于这类购买行为企业一方面需要不断通过各类广告宣传来提醒消费者购买,进而形成习惯性购买行为;另一方面可以通过增加产品的科技含量、款式更新等方式提高消费者购买时的评估程度,拉开与其他品牌之间的水平差距,将多变性购买变为忠诚性购买。

4)习惯性购买　消费者的参与程度低,品牌之间的差别小,就会产生习惯性购买行为。消费者没有仔细搜集产品信息并评估品牌,只是习惯于购买自己熟悉的品牌。这主要针对一些价格低廉,需要多次重复购买的商品,比如食盐、肥皂、牙膏等,消费者在购买时一般不做思考,经常表现出习惯性。广告要在如何帮助消费者指名购买方面制订策略,如选用信息易于接受的媒体,广告诉求内容简明扼要,多次重复提醒消费者购买,加深记忆。

#### 2.4.3.3　购买决策过程

西方营销学者对消费者购买决策的一般过程做了深入研究,提出若干模式,采用较多的是五阶段模式:认识需要—信息搜集—评价方案—购买决策—购后行为。

1)认识需要　需要是购买的起点,也是人们采取购买行动的驱动力。需要可由内在需要和外在刺激产生。内在需要是指人体内部产生的驱使力,如饿、渴、冷、热等,人们由以前的经验学会如何应付这种驱使力,并受到内在的刺激去寻找能满足这种驱使力的物品,如食品、饮料、衣服等。外在刺激指的是外界的“触发诱因”刺激了人们潜在的需要,或者还不强烈、还不确定的需要。如衣服的款式、食物的香味、促销活动、销售现场的氛围等会唤起消费者的需要,外在刺激越强,越容易发生消费者购买行为。

对于广告策划来说,这阶段的主要任务就在于了解消费者现实或是潜在的需要,设计诱因,激发消费者的兴趣,并增强刺激,唤起需要,最终使消费者采取购买行为。

2)信息搜集　消费者的需要被唤起后,就进入选择商品满足需要的阶段。对于熟悉、购买风险不大的商品,消费者会根据日常的使用经验和品牌信息积累直接选择购买。对于不熟悉、缺乏购买经验和品牌信息的商品,以及比较昂贵,购买风险比较大的商品,消费者就会通过各种途径搜集信息,了解、对比品牌属性。

这一阶段广告策划要经营好广告信息发布的媒介策略,帮助消费者方便、有效地获取品牌信息。目前随着数字技术和通讯技术的发展,消费者接触到的媒介越来越多样化,相应地消费者群体也越来越呈现出“碎片化”的状态,有效地把商品信息最大化传递给目标消费者需要更多的媒介分析和消费者接触媒介习惯的调研。

3)评价方案　消费者在获得了有关商品信息后就会根据需求对不同品牌加以评价并决定选择。一般来说消费者会通过分析产品的特点、属性及品牌优劣等,以期最大化地满足需求。产品广告诉求与消费者的期望越相吻合,越能打动消费者。因此广告一定要了解、分析消费者的需求点,以便确定产品宣传的诉求点。

4)购买决策　消费者经过产品评估后会形成一种购买意向,但是从购买意向到实际购买行为还会有一些因素介入,如他人的影响、意外因素等。因此广告宣传一定要加强消费者的消费信念。

5)购后行为　消费者发生购买行为之后,会通过商品使用过程检验自己的购买决策是否正确,确认满意程度,作为以后类似购买活动的参考。企业不仅要关注消费者的购买决策过程,还要关注购后行为,因为这直接决定了品牌在市场上的美誉度,消费者使用商品的满意度高低不仅影响他自己日后的购买行为,还会影响他周围人的购买决策。因此广告要与企业的售后配合好,或者良好的售后可以直接成为商品的广告诉求点。海尔集团由国内市场走向国际市场很大程度上就在于其卓越的市场营销理念,在国内很多家电品牌都陷入价格战不能自拔时,海尔则宣传产品的质量优;当别的家电品牌转而宣传质量优时,海尔则宣传服务好。海尔一直把握着不同时期消费者对产品需求的核心点,进而才能引领国内市场,走向国际化市场。

## 2.5　产品分析

广告主要是传播产品信息,所以进行广告策划要进行完善的产品分析,才能准确选择广告诉求的重点。

### 2.5.1　产品概念的基本把握

#### 2.5.1.1　产品的含义

在现代市场营销学中,产品概念具有极其宽广的外延和深刻而丰富的内涵。产品是指人们向市场提供的能满足消费者某种需求的任何有形物品和无形服务,包括实物、服务、场所、组织、思想和主意等。有形产品是通过实体、品质、特色、式样、品牌和包装等体现出来的;无形产品是指给消费者带来的附加利益和心理上的满足感等。从概念中可以看出,和产品联系最密切的是“需求”,产品之所以能存在和发展就在于消费者需求的存在,在不同的时代背景下,随着消费者需求的变化,产品的外延也在不断发生变化,因此产品是一个内涵丰富、动态、有生命的概念。

现代营销学之父菲利普·科特勒等学者依次使用五个层次来表述产品的整体概念:核心产品、形式产品、期望产品、延伸产品和潜在产品。

1)核心产品　核心产品是指消费者购买某种产品时所追求的利益,是消费者真正要买的东西,在产品整体概念中是最基本、最主要的部分。消费者购买某种产品,并不是为了占有或获得产品本身,而是为了能满足某种需要的效用或利益。如买自行车是为了代步,买汉堡包是为了充饥,买化妆品是为了更美丽等。因此,企业在开发产品、宣传产品时应明确地确定产品能提供的利益,产品才具有吸引力。

2)形式产品　形式产品是核心产品借以实现的形式,即向市场提供的实体或服务的形象。如果形式产品是实体物品,它在市场上通常表现为产品质量水平、外观特色、式样、品牌名称和包装等。产品的基本效用必须通过某些具体的形式才得以实现。在所追求的利益能得到有效满足的情况下,消费者会把质量、款式、特色、包装等作为选择的重要标准。

3)期望产品　期望产品是购买者购买这种产品时通常期望和赞同的与产品密切相关的一组属性和条件。不同的人对这种期望是不同的。例如,购买洗衣机的消费者,一般所期望的是洗涤、甩干功能以及合适的价格和优良的质量,而另外一些消费者追求的不仅仅是以上的属性和条件,还有其他的期望,诸如洗衣机的消毒、烘干功能等。消费者取得了满意的期望产品,将形成良好的品牌形象,从而真正认知并认可品牌。

4)延伸产品　延伸产品是指消费者购买形式产品和期望产品时,附带获得的各种利益的总和,包括产品说明书、保证书、安装、维修、送货和技术培训等。美国学者西奥多·莱维特曾经指出:"新的竞争不是发生在各个公司的工厂生产什么产品,而是发生在其产品能提供何种附加利益(如包装、服务、广告、消费者咨询、融资、送货、仓储及具有其他价值的形式)。"能够正确发展延伸产品的公司必将在竞争中赢得主动。

5)潜在产品　潜在产品是指产品最终可能所有增加和改变的利益。它是在核心产品、形式产品、期望产品、延伸产品之外,能满足消费者潜在需求的,尚未被消费者意识到,或者已经被意识到但尚未被消费者重视或消费者不敢奢望的一些产品价值。潜在产品指出了现有产品的可能的演变趋势和前景。如彩色电视机可发展成为录放映机、电脑终端机等。潜在产品是产品整体概念当中的最高层次,潜在产品的良好开发将使企业在竞争中处于绝对领先地位。

对产品整体概念的深入认识,有助于多方面、多层次地把握商品。也就是了解商品的直接效用、间接效用、附加效用和潜在效用,发掘最恰当的广告诉求点。

分析产品的概念对于广告策划具有以下几方面的启示。

(1)产品整体概念是一个动态的概念　随着市场消费需求水平和层次的提高,市场竞争焦点不断转移,这对企业产品提出更高要求。为适应这样的市场态势,产品整体概念的外延处在不断向外延的趋势当中。当产品整体概念的外延再向外延伸一个层次时,市场竞争又将在一个新领域展开。

(2)对产品整体概念的理解必须以市场需求为中心　产品整体概念的五个层次,清晰地体现了一切以市场要求为中心的现代营销观念。衡量一个产品的价值,是由消费者决定的,而不是由生产者决定的。

(3)产品的差异性和特色是市场竞争的重要内容　产品整体概念五个层次中的任何一个要素都可能形成与众不同的特点。企业在产品的效用、包装、款式、安装、指导、维修、品牌、形象等每一个方面都应该按照市场需要进行创新设计,任何一个要素都能够成为产品的市场竞争点。

#### 2.5.1.2　产品的分类

按照不同的分类标准,产品可以分为不同的类别。

1)按照产品的耐用性和是否有形分类　按照产品的耐用性和是否有形分类可分为非耐用品和劳务。

(1)耐用品　耐用品一般是指使用年限较长、价值较高、购买频率较低的有形产品,如电冰箱、汽车、电视机、机械设备等。耐用品的广告宣传需要调动消费者更高层次的需求和情感,如身份认同、价值体现等,在广告宣传的同时还要结合许多的人员推销和服务等在销售终端促进购买行为的发生。

(2)非耐用品　非耐用品是指在正常情况下一次或几次使用就被消费掉的有形物品,如文具、手纸、糖果、牙膏等。这类产品单位价值较低,消耗快,消费者往往经常、反复购买,大量使用,绝大部分日常生活用品都属于此类。此类商品的广告宣传要增加媒体上出现的频次，提醒消费者购买并形成习惯，同时也要通过增加品牌的核心价值和附加价值提高品牌忠诚度。

(3)劳务　劳务指为出售而提供的活动、利益或满意，如理发、修建、护理等。劳务是无形的，一般来说，需要更多的质量控制，以及相互之间的信任。

2)消费品分类　消费品可分为便利品、选购品、特殊品和非渴求品四种类型。

(1)便利品　便利品是指消费者频繁购买或只肯花最少的时间和精力去购买的物品，如日用小百货商品。便利品都是非耐用品，并且多半是消费者日常生活必需品，单价较低，购买频繁，因此售点广告对销售会起到较大的促进作用。

(2)选购品　选购品是指消费者对适用性、质量、价格和式样等基本方面要做认真权衡比较的产品，如家具、服装、家用电器和大的器械等。选购品占到产品的大多数，消费者往往对选购品缺乏专门的知识，比较注重产品的品牌与产品的特色，所以在购买时间上的花费也就比较长，广告宣传往往会把理性需求和感性需求结合起来进行诉求，通过多种途径提供给消费者更多的信息。

(3)特殊品　特殊品是指那些具有独特的品质特色或拥有著名商标的产品。消费者对这类产品非常注重它的商标与信誉，而不注重它的价格，在购买时，愿意努力去搜寻。如皮尔·卡丹西服、劳斯莱斯汽车等即属此类产品。这类商品的宣传更多在于品牌形象的塑造。

(4)非渴求品　非渴求品是指那些消费者不知道，或虽然知道但一般情况下也不会主动购买的商品。传统的非渴求品有人寿保险、工艺类陶瓷以及百科全书等，刚上市的、消费者从未了解的新产品也可归为非渴求品。非渴求品并不是终身不变的，特别是新产品，随着消费者对产品信息的了解，它可以转换为其他类别的产品。这类商品的宣传需引入时代、情感和人文关怀等元素以丰富消费者的体验需求，有效激发消费者对非渴求品的消费热情。

#### 2.5.1.3　产品的生命周期

美国哈佛大学教授雷蒙德·弗农 1966 年在其《产品周期中的国际投资与国际贸易》一文中首次提出了产品生命周期理论。产品生命周期(product life cycle，简称 PLC)，是产品的市场寿命，而不是使用寿命，即一种新产品从开始进入市场到被淘汰退出市场的全过程。产品生命周期的长短有两个重要的影响因素：一是科技的发展，科技发展促进产品的更新换代；二是消费者需求的改变，消费者没有需求商品就没有市场，该商品也就没有了市场生存的价值，必被淘汰退出市场。

典型的产品生命周期一般可以分成四个阶段，即介绍期(或引入期)、成长期、成熟期和衰退期。

1)介绍期　新产品投入市场，便进入了介绍期。此时产品品种少，竞争不激烈，产品没有知名度，消费者对产品还不了解，除少数追求新奇的消费者外，几乎无人实际购买该产品。企业常处于亏损或微利状态，为了扩大销路，需投入大量的促销费用，对产品进行宣传推广。

这时期的广告以创牌为目标，适宜采用开拓性广告，诉求重点是介绍新产品的特点。同时，培养一批广告产品的早期使用者，借以形成时尚，使新产品迅速打入市场。

2)成长期　当产品通过介绍期艰难的市场开发和宣传，越来越多的人购买，销售取得成功之后，便进入了成长期。成长期是指产品通过试销效果良好，消费者对该产品已经熟悉，逐渐接受该产品，产品在市场上站住脚并且打开了销路。这是需求增长阶段，需求量和销售额迅速上升。生产成本大幅度下降,利润迅速增长。与此同时,竞争者看到有利可图,将纷纷进入市场参与竞争,使同类产品供给量增加,价格随之下降,企业利润增长速度逐步减慢,最后达到生命周期利润的最高点。

此时期,广告宣传的模式是以说服为主。加深消费者对某一商品的印象,刺激其选择性需求。

3)成熟期　指产品大批量生产并稳定地进入市场销售,经过成长期之后,随着购买产品的人数增多,市场需求趋于饱和,潜在的消费者已经很少。此时,产品普及并日趋标准化,成本低而产量大。销售增长速度缓慢直至转而下降,由于竞争的加剧,导致同类产品生产企业之间不得不在产品质量、花色、规格、包装、服务等方面加大投入,增加促销费用,在一定程度上增加了成本。

本阶段广告策略:一是突出宣传产品的优越性和市场特殊地位(如质量、优质服务和方便等内容),建立品牌差异性。广告宣传的模式是以提醒为主,引导消费者认牌选购,巩固习惯性购买。二是针对产品的内部调整,及时告知消费者,提升品牌忠诚度。

4)衰退期　指产品进入了淘汰阶段。随着科技的发展以及消费习惯的改变等原因,产品的销售量和利润持续下降,产品在市场上已经老化,不能适应市场需求,市场上已经有其他性能更好、价格更低的新产品,足以满足消费者的需求。此时大量的竞争者退出市场,该类产品的生命周期也就陆续结束,以致最后完全撤出市场。

这一阶段的广告目标重点放在维持现有市场销量上,或延缓销售量的下降。企业可大幅削减广告费用。广告诉求重点应该突出产品的售前、售中和售后服务,维持老用户,仍然是以提醒为主。

产品生命周期理论是为了更好把握产品在市场上的表现而人为的一种划分,市场的实际情况与理论上的产品生命周期并不完全一致。企业应该根据实际情况,把握产品的市场寿命,通过发展新产品、开发新用途、寻找新市场等多种方式,使产品生命周期不断延长。广告策划也应根据产品不同的生命周期特点,确定不同的诉求重点。

## 2.5.2　品牌策划

品牌是一种识别标志、一种精神象征、一种价值理念。对产品进行分析,更重要的是要认识品牌,以便广告策划更好地体现品牌策略。

### 2.5.2.1　品牌的含义

菲利普·科特勒认为:"品牌是一种名称、术语、标记、符号或图案,或是它们的相互组合,用以识别企业提供给某个或某群消费者的产品或服务,并使之与竞争对手的产品或服务相区别。"

品牌是一个集合概念,包括品牌名称和品牌标志两个部分。品牌名称指品牌中可以用语言称呼的部分,如奥迪、海尔等,品牌标志指品牌中可以被认出、易于记忆但不能用语言称呼的部分,通常由图案、符号或特殊颜色等构成,如奥迪的四环标志。

品牌,就其实质来说,它代表着销售者对交付给购买者的产品的特征、利益和服务的一贯性承诺。久负盛名的品牌就是优质的保证。不仅如此,品牌还是一个更为复杂的符号,蕴涵着丰富的市场信息。可以从以下六个层面对品牌的内涵进行进一步分析。

1)属性　品牌代表着特定的商品属性。对品牌的认识,人们首先可能想到的就是某种属性。某个品牌的商品质量如何、性能如何以及有哪些用途等。

2)利益　消费者购买的是商品的利益,而不是属性。因此,品牌的属性需要转化为功能性或情感性的利益。如制作精良的属性使消费者获得安全的、可靠的利益,高档昂贵的属性可以得到自尊的、气派的利益,使用寿命长的属性可以取得经久耐用的利益。广告宣传要特别注意品牌可能带给消费者的特殊利益。

3)价值　品牌凝聚着生产者的一些价值,如声望、效率、用途等,"你购买 XX 牌,就买到了健康",这一广告诉求就抓住了品牌使购买者感兴趣的价值。品牌的价值感客观要求广告策划人员必须分辨出对这些价值感兴趣的消费者群体。

4)文化　品牌实际上也代表着一种文化。如可口可乐代表了一种美国文化,奔驰牌汽车意味着一种德国文化。

5)个性　每一个品牌都代表着某种特性,反映出一定的个性。

6)用户　品牌也体现出购买或使用产品的消费者类型。如"娃哈哈"就反映了儿童这一消费群体。

从这六个方面把握品牌特性,有助于我们从深层次上制订产品策略和广告策略。事实上,消费者更重视商品的利益,而许多经营者往往重视品牌属性,这样,就往往使广告诉求重点得不到准确把握。价值、文化和个性是品牌稳定的要素,构成品牌的实质,对如何进行品牌广告定位具有重要意义。

#### 2.5.2.2　从产品到品牌

产品有风格、式样、特点和价值,能够满足消费者对其功能与价值的期望,但只有这些,并不能完全征服消费者。著名的营销大师叶茂中提出,市场竞争有两个层面的竞争,一个层面是产品的竞争,另一个层面是品牌的竞争。产品的竞争是物质和技术层面的竞争,比如说糖果的口味、包装和价格,都属于物质层面的;品牌的竞争是一种心理感受,是明确指向的附加值,属于心理层面的竞争。产品好不一定卖得好,产品不好,也不一定卖得不好。工厂生产产品,消费者购买品牌。这就是品牌的价值。

从全球实践来看,品牌是一个企业成败的关键因素。品牌是一种复杂的符号,它是产品属性、名称、包装、价格、历史、信誉、广告方式等的总和,是有形与无形的融合,塑造了消费者对产品的全方位的体验和感受。每个品牌背后都有一个产品,但并非每个产品都可成为一个品牌。品牌体现出了商品独特的文化内涵,产品可以模仿但是品牌不易模仿,更容易被大众认同,可以说品牌是人类情感、文化与商业竞争三结合的产物。建立好品牌,产品就会自然销得很好。

#### 2.5.2.3　企业创牌过程

由于消费者主要是通过品牌知道企业的,所以,企业经营的实质就是创建品牌,特别是著名的品牌。品牌形象的建立,是一个不懈努力的过程。

1)品牌的建立　企业首先要给产品确定一个品牌名称。然后,决定如何来运用品牌名称。一般有以下四种情况。

(1)个别品牌名称　即一种产品使用一种品牌,不同产品使用不同品牌,如小天鹅洗衣机、幸福牌摩托车。

(2)统一品牌名称　所有产品都统一使用同一个品牌,又分为单一家族品牌和分类家族品牌。单一家族品牌是一家企业所生产的产品都用同一个品牌,如日本索尼公司的所有产品都是“SONY”。

(3)分类品牌名称　即对不同类别的产品,分别使用不同的品牌。例如美国的施乐百公司生产的家用电器类、服装类和家庭用品类三个系列的产品,分别用三种品牌名称。

(4)公司名称加个别品牌名称　即企业名称和单个产品名称相结合,不同产品使用不同的品牌名称。如新加坡杨协成饮料公司的杨氏豆沙汤、杨氏龙眼茶,西安太阳食品公司的阿香婆香辣牛肉酱、阿香婆香辣海鲜酱等。

要获得理想的品牌名称,不仅与产品有关,而且要考虑文化、人文特征、语言表达等,要与消费者的情趣爱好和利益走向联系起来,要有独特性,还要便于记忆、触发联想。

2)品牌的策略　企业还可以运用品牌策略,推动市场营销。可供选择的有以下四种方式。

(1)产品线扩展　企业在现有产品类别中增加新的产品项目,如新口味、新包装、新配方等,以同样的品牌名称推出。例如汇源果汁饮料,就有苹果汁、橙汁、荔枝汁、草莓汁等,以适应不同消费者的口味。

(2)品牌延伸　指企业利用已经获得成功的品牌名称,来推出新产品的策略。如本田公司就利用“本田”品牌,推出了汽车、摩托车、割草机等。采取品牌延伸,可使新产品迅速被市场承认和接受,有助于企业经营新的产品类别。

(3)多品牌　指同一种产品拥有多个品牌,彼此互相竞争,借以扩大市场。美国宝洁(P&G)公司生产的洗发剂,市场上就有飘柔、潘婷等不同品牌。

(4)品牌重新定位　某一品牌可能最初市场定位很好,随着时间推移,由于竞争对手和消费者的喜好发生了变化,也需要重新进行定位。日本朝日啤酒市场占有率不高,后来发现饮酒者的口味有变化,重新把啤酒确定为清爽、略带辛辣(刺激),很快成为国内第二品牌。但是这样做也有失败的,如可口可乐曾经把老配方换成了新配方,结果喜欢原来口味的消费者都转向了百事可乐,使可口可乐不得不把配方又换了回来。

3)品牌的管理　对品牌的管理,主要体现在以下四方面。

(1)提高质量　企业只有确保质量,才能赢得消费者的信任和认同,才能逐步建立起良好的品牌形象。例如山东的秦池大曲,是从四川购买酒精勾兑。在中央电视台做了1个亿的广告,声势造起来了,吸引了大量效法者,结果质量不行,导致彻底垮台。

(2)增强竞争意识　市场经济的核心就是建立竞争机制。品牌要想立于不败之地,就要在强手如林的竞争中脱颖而出,创造名牌。

(3)注重整合传播　要想在消费者心目中建立起品牌形象,仅有高质量的产品和服务还不够,还要有效地向目标消费者传递有关品牌信息,进行整合传播。例如我国有些国产品牌,如飞鸽、永久、凤凰等名牌自行车,由于不注意广告等传播活动,已逐渐被消费者淡忘了,而捷安特自行车却十分有声势。

4)广告与品牌　在很大程度上,产品需要通过广告来创立品牌形象和名气。广告策划其实就是策划品牌。广告是为推出品牌、树立品牌形象、扩大品牌的知名度服务的。所以企业在创牌过程中,应该借助广告等传播方式,加强与消费者的信息交流,加大品牌的影响,尽快创造名牌。

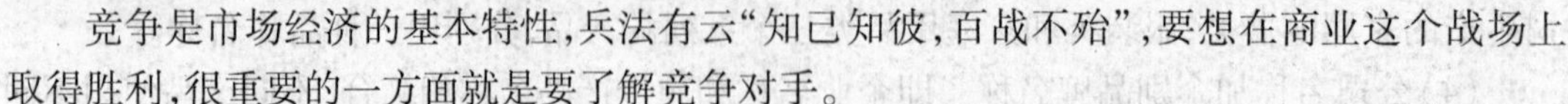

## 2.6 竞争分析

竞争是市场经济的基本特性,兵法有云"知己知彼,百战不殆",要想在商业这个战场上取得胜利,很重要的一方面就是要了解竞争对手。

### 2.6.1 竞争者分析

市场经济的基本特点是竞争,它有效地推动着企业不断开拓进取,促进了社会的进步发展。但是,竞争并不是盲目的,要十分注意自己的竞争对手。企业必须全面地、清晰地认识自己现实的、潜在的各种竞争者,尽可能寻找有关竞争对手的资料以了解、分析对方,包括竞争对手的名称、所处地域、实力、目标、优劣势、竞争策略等,经常与竞争对手在产品、价格、渠道、促销方面进行比较,只有完整地了解竞争对手,才能更有针对性地采取攻击或防守对策,以取得竞争先机。因此,企业必须能够识别出谁是他的竞争者;熟悉、了解并且确认竞争者的战略、优势及弱点,判断竞争者的反应模式。

#### 2.6.1.1 识别企业的竞争者

识别竞争对手时,并不是说行业内所有的其他厂商都是竞争对手,也不是只有行业内的龙头老大才是竞争对手。确切地说,竞争对手主要是指目前或将来有可能与企业战略定位相同或类似的那些企业,即对企业自身战略能产生重大冲击或影响的竞争对手。企业界定的主要竞争对手不同,最终决定采取的主导战略就会有所不同。

1)从产业角度来识别　竞争者主要包括现有厂商、潜在加入者、替代品厂商。

(1)现有厂商　现有厂商是指本行业内现有的与企业生产同样产品的其他厂家,这些厂家是企业的直接竞争者。

(2)潜在加入者　当某一行业前景乐观、有利可图时,会引来新的竞争企业,使该行业增加新的生产能力,并要求重新瓜分市场份额和主要资源。另外,某些多元化经营的大型企业还经常利用其资源优势从一个行业侵入另一个行业。新企业的加入,将可能导致产品价格下降,利润减少。

(3)替代品厂商　与某一产品具有相同功能、能满足同一需求的不同性质的其他产品,属于替代品。随着科学技术的发展,替代品将越来越多,某一行业的所有企业都将面临与生产替代品的其他行业的企业进行竞争。

2)从市场角度识别　竞争者主要包括品牌竞争者、行业竞争者、需要竞争者、消费竞争者。

(1)品牌竞争者　同一行业中以相似的价格向相同的消费者提供类似产品或服务的其他企业称为品牌竞争者。如家用空调市场中,生产格力空调、海尔空调、三菱空调等厂家之间的关系。品牌竞争者之间的产品相互替代性较高,因而竞争非常激烈,各企业均以培养消费者品牌忠诚度作为争夺消费者的重要手段。

(2)行业竞争者　提供同种或同类产品,但规格、型号、款式不同的企业称为行业竞争者。所有同行业企业之间存在彼此争夺市场的竞争关系。如家用空调与中央空调的厂家、生产高档汽车与生产中档汽车的厂家之间的关系。

(3)需要竞争者　提供不同种类的产品,但满足和实现消费者同种需要的企业称为需要竞争者。如航空公司、铁路客运、长途客运汽车公司都可以满足消费者外出旅行的需要,当火车票价上涨时,乘飞机、坐汽车的旅客就可能增加,相互之间争夺满足消费者的同一需要。

(4)消费竞争者　提供不同产品,满足消费者的不同愿望,但目标消费者相同的企业称为消费竞争者。如很多消费者收入水平提高后,可以把钱用于旅游,也可用于购买汽车,或购置房产,因而这些企业间存在相互争夺消费者购买力的竞争关系,消费支出结构的变化,对企业的竞争有很大影响。

#### 2.6.1.2　确定竞争者的战略与目标

1)判定竞争者的战略　公司最直接的竞争者是那些处于同一行业同一战略群体的公司。战略群体指在某特定行业内推行相同战略的一组公司。战略的差别表现在目标市场、产品档次、性能、技术水平、价格、销售范围等。

竞争对手会采取什么样的竞争战略,可以通过迈克尔·波特的三种基本竞争战略来判断。

(1)成本领先战略　成本领先战略是指通过有效的途径,实现成本降低,以实现竞争优势的战略。这种战略要求企业努力取得规模经济,严格控制生产成本和间接费用,促使企业总成本下降。处于较低成本地位的企业通过让利消费者或在相同价格下获得更多的赢利而处于市场优势地位。

(2)差异化战略　差异化战略是指企业设法使自己的产品或服务有别于其他企业,在行业中起别具一格的经营特色,从而在竞争中获取有利地位。实施这一战略成功的关键是在消费者感兴趣的方面和环节树立自己的特色。比如,航空公司的乘客最关心的是什么呢?第一位的是安全,然后是便利。消费者关心的产品环节可能不止一个,企业在执行差异化战略时也就有多种选择。

(3)集中战略　集中战略是指企业将经营范围集中于行业内某一有限的细分市场,使企业有限的资源得以充分发挥效力,在某一局部超过其他竞争对手,赢得竞争优势。

2)判定竞争者的目标　竞争者的最终目标当然是追逐利润,但是每个企业对长期利润和短期利润重视程度不同,对利润满意水平的看法不同。有的企业追求利润"最大化"目标,不达目的决不罢休。有的企业追求利润"满足"目标,达到预期水平就不会再付出更多努力。企业的战略目标多种多样,如获利能力、市场占有率、现金流量、成本降低、技术领先、服务领先等,每个企业都有不同的侧重点和目标组合。了解竞争者的战略目标及其组合可以判断他们对不同竞争行为的反应。比如,一个以低成本领先为目标的企业对竞争企业在制造过程中的技术突破会做出强烈反应,而对竞争企业增加广告投入则不太在意。竞争者的目标由多种因素确定,包括企业的规模、历史、经营管理状况、经济状况等。

#### 2.6.1.3　判断竞争者的实力与反应

1)评估竞争者的优势与劣势　竞争者能否执行和实现战略目标,取决于资源和能力。评估竞争者主要通过三个步骤:首先,搜集信息,主要是搜集竞争者业务上最新的关键数据;

其次，对信息进行分析评价，即根据所得资料综合分析竞争者的优势与劣势；再次，优胜基准，指找出竞争者在管理和营销方面的最好做法作为基准，然后加以模仿、组合和改进，力争超过竞争者。

2）评估竞争者的反应模式　竞争中常见的反应类型有以下几种。

（1）从容型竞争者　这类竞争者对某些特定的攻击行为没有迅速反应或强烈反应。它可能深信消费者的忠诚，也可能待机行动，或仅因为反应迟钝，还可能缺乏反击的能力，如缺乏做出反应所必需的资金条件等。为此，企业采取进攻行动时关键在于弄清这一类型竞争者行为的具体原因。

（2）选择型竞争者　这类竞争者只对某些类型的攻击做出反应，如有的竞争者对产品更新、质量创优反应强烈，而对削价竞争不予理会，或者对降价行为做出针锋相对的回击，而对增加广告费用则不做反应。企业对这类竞争者的攻击要在具体分析的基础上选择竞争的方向。

（3）凶狠型竞争者　这类竞争者对所有的攻击行为都做出迅速而强烈的反应。这类竞争者多属实力强大的企业，意在警告其他企业最好停止任何攻击，对它的任何攻击都将徒劳无益，以使其他公司轻易不敢发动攻击。

（4）随机型竞争者　对竞争攻击的反应具有随机性。

## 2.6.2　竞争对象与战略原则的确定

### 2.6.2.1　确定攻击对象和回避对象

在了解竞争者之后，企业要确定与谁展开最有力的竞争。主要包括以下几种。

1）强竞争者与弱竞争者　攻击强竞争者可以提高自己的生产、管理和促销能力，更大幅度扩大市场占有率和利润水平，但会付出更大的代价；进攻弱者相反。

2）近竞争者与远竞争者　多数公司重视同近竞争者对抗并力图摧毁对方，但会导致更难对付的竞争者出现。

3）好竞争者与坏竞争者　好的竞争者遵守行业规范，按行业发展特点制订策略，但坏竞争者违反行业发展特点，打破行业平衡，不利于行业的有序发展。因此，要支持好的竞争者，攻击坏的竞争者。

### 2.6.2.2　企业市场竞争的战略原则

企业市场竞争的战略有以下几种原则。

（1）创新原则　根据市场需求开发适销对路的新产品。

（2）优质原则　产品在质量上优于竞争对手。

（3）廉价原则　同类同档次产品比竞争对手更便宜。

（4）技术制胜原则　技术制胜致力于发展高新技术，实现技术领先。

（5）服务制胜原则　服务制胜即提供比竞争者更完善的售前、售中、售后服务。

（6）速度制胜原则　速度制胜即比竞争对手更快的速度推出新产品和新的营销战略。

（7）宣传制胜原则　宣传制胜即运用广告、公共关系、人员推销和销售促进等方式大力宣传企业和产品。

## 2.6.3 市场领导者战略

### 2.6.3.1 市场领导者的含义

市场领导者是指在相关产品的市场上占有率最高的企业。该类企业一般在价格变动、新产品开发、分销渠道建设和促销战略等方面处于领导地位,被同行所认可。它是市场竞争的先导者,也是其他企业挑战、效仿或回避的对象,市场领导者所具备的优势包括消费者对品牌的忠诚度高,营销渠道的建立及其高效运行,营销经验的迅速积累等。

### 2.6.3.2 市场领导者的战略

市场领导者如果没有获得垄断地位,必然会面临竞争者的无情挑战,因此,必须保持高度的警惕并采取适当的战略,否则,就很可能丧失领先地位。市场主导者为了维护自己的优势,保住自己的领先地位,通常可采取三种战略:扩大总需求、保护市场份额、扩大市场份额。

1)扩大总需求　当一种产品的市场需求总量扩大时,受益最大的是处于领先地位的企业。扩大总需求的途径是开发产品的新用户、寻找产品的新用途和增加消费者使用量。

2)保护市场份额　处于市场领先地位的企业,必须时刻防备竞争者的挑战,保卫市场阵地。最好的防御方法是发动最有效的进攻,市场主导者任何时候也不能满足于现状,必须在产品的创新、服务水平的提高、分销渠道的畅通和降低成本等方面真正处于该行业的领先地位。领导者也应该在不断提高服务质量的同时,抓住对手的弱点主动出击。

3)扩大市场份额　市场份额是市场领导者地位的主要标志,市场份额的扩大意味着市场领导者的统治力的不断加强。

## 2.6.4 市场挑战者战略

市场挑战者指那些在市场上处于次要地位,并积极争取市场领先地位的企业。

### 2.6.4.1 确定战略目标和挑战对象

战略目标同进攻对象密切相关,对不同的对象有不同的目标和战略。通常情况下挑战目标多是增加市场份额和利润。一般来说,挑战者可在下列三种情况中进行选择。

1)攻击市场主导者　这种进攻是风险很大的,但吸引力也是很大的。挑战者需仔细调查研究领先企业的弱点:有哪些未满足的需要,有哪些使消费者不满意的地方。找到领导者的弱点,就可作为自己进攻的目标。此外,还可开发出超过领先企业的新产品,以更好的产品来夺取市场的领先地位。

2)攻击与自己实力相当者　挑战者对一些与自己势均力敌的企业,可选择其中经营不善而发生亏损者作为进攻对象,设法夺取它们的市场阵地。

3)攻击地方性小企业　对一些地方性小企业中经营不善、财务困难者,可夺取它们的消费者,甚至是这些小企业本身。这种情况在我国比较普遍,许多实力雄厚、管理有序的外资或合资企业一进入我国市场,就击败了当地资金不足、管理混乱的弱小企业。

### 2.6.4.2 选择进攻战略

在确定了战略目标和进攻对象之后,挑战者还需要考虑采取怎样的进攻战略。选择挑战战略应遵循"密集原则",即把优势兵力集中在关键的时刻和地点以达到决定性的目的。

有以下五种进攻战略可供选择。

1)正面进攻　向对手的强项而不是弱项发起进攻。

2)侧翼进攻　寻找和攻击对手的弱点。寻找对手弱点的方法是分析对手在各类产品和各个细分市场上的实力和绩效,把对手实力薄弱或绩效不佳或尚未覆盖而又有潜力的产品和市场作为攻击点和突破口。

3)包围进攻　在多个领域同时发动进攻以夺取对手的市场。

4)迂回进攻　进攻对手尚未涉足的业务领域和市场。

5)游击进攻　向对手的有关领域发动小规模的、断断续续的进攻,逐渐削弱对手,使自己最终夺取永久性的市场领域。

### 2.6.5　市场跟随者战略和补缺者战略

#### 2.6.5.1　市场跟随者战略

市场跟随者指那些在市场上处于次要地位,且安于次要地位,在产品、技术、价格、渠道和促销等大多数营销战略上模仿或跟随市场领导者的企业,希望在"共处"状态下求得尽可能多的收益。

市场跟随者的战略主要有以下几种。

1)紧密跟随　指在各个细分市场和产品、价格、广告等营销组合战略方面模仿市场领导者,完全不进行任何创新的公司。

2)距离跟随　指在主要方面,如目标市场、产品创新、价格水平和分销渠道等方面追随领导者,但是在包装、广告等方面与领导者保持一定差异的公司。

3)选择跟随　指在某些方面紧跟市场领导者,在某些方面又自行其是的企业。它们先接受领导者的产品、服务和营销战略,然后有选择地改进它们,避免与领导者正面交锋,并选择其他市场销售产品。

#### 2.6.5.2　市场补缺者战略

市场补缺者指精心服务于市场的某些细小部分,而不与主要的企业竞争,只是通过专业化经营来占据有利的市场位置的企业。

选择补缺基点的主要战略是专业化市场营销,即在市场、消费者、产品和渠道等方面实行专业化。通过某一点上的专业化弥补市场上的"沙眼",展现出自己的特点,打造自己的品牌,在市场的"大蛋糕"上切下属于自己的"那一块"。

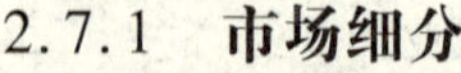

## 2.7　目标市场营销战略

### 2.7.1　市场细分

市场细分(segmenting)指根据消费者的需求差异,把某一产品的市场整体划分为若干个消费者群的市场分类过程。市场细分是一种求大同存小异的市场分类方法,不是对产品分类,而是对同种产品需求各异的消费者进行分类。市场细分的基础就在于同一产品的消费者需求具有差异性。



#### 2.7.1.1 市场细分的作用

市场细分的作用有以下几方面。

1)有利于发现新的市场营销机会,实现市场开拓创新　市场细分,是一个以调查研究为基础的分析判断过程。经过细分的市场,目标消费者集中,容易发现未被满足(或未被充分满足)的消费需求,从而为企业提供新的市场营销机会,开辟新的市场经营渠道。

2)有利于中小企业开拓市场　中小企业财力有限,在整体市场或较大的细分市场上,难以同大企业抗衡,为了求得生存和发展,中小企业可采用"见缝插针"或"钻空子"的办法,细分出几个分市场,占领为大企业所忽视的市场空隙。

3)有利于发挥本企业的优势,提高企业竞争能力和应变能力　在每个细分市场上,竞争者的优势与弱点能明显地暴露出来,企业只要看准时机,针对竞争对手的弱点,利用本企业的资源优势,推出更适合消费者需要的产品,就能用较少的资源把竞争对手的原有消费者和潜在消费者转变为本企业产品的购买者。

4)有利于企业发掘隐性的市场营销机会,及时调整营销策略　市场需求是瞬息万变的,在整体市场中各个细分市场的变化又是不同的,通过市场细分,企业就能较好地掌握每个细分市场的变化特点,及时调整市场营销策略,使企业有较强的应变能力。

#### 2.7.1.2 市场细分的变量

1)消费者市场细分　主要依据人口因素、地理因素、心理因素和行为因素等四大类。

(1)人口统计细分　所谓人口统计细分因素,就是企业按照人口变量来细分消费者市场,它包括年龄、性别、收入、职业、教育水平、家庭规模、家庭生命周期和种族等。人口变量很久以来一直是细分消费者市场的重要变量,这主要是因为人口比其他变量更容易测量,用人口变量细分市场简单易行。

(2)地理细分　是指按照消费者所处的地理位置、自然环境等对市场进行细分。具体变量包括国家、地区、城市、农村、地形气候和交通运输等。

地理细分的主要理论根据是:处在不同地理位置的消费者对企业的产品各有不同的需求和偏好,他们对企业所采取的市场营销战略,对企业的产品、价格、分销渠道、广告宣传等市场营销组合各有不同的反应。

(3)心理细分　是指按照消费者的生活方式、个性特点等心理变量来细分消费者市场。在同一人口统计群体中的人可能表现出差异极大的心理特性。尤其是在生活多样化、个性化、质比量更受到重视的时代,市场不只是要在性别、年龄、职业等方面加以细分,更重要的是要通过生活方式、价值观、兴趣爱好、个性、交友关系等来进行心理上的区分。

(4)行为细分　是指企业按照消费者对产品的了解程度、态度、使用情况或反应等来细分消费者市场。其行为变量包括时机、利益、使用者地位、使用率、忠诚状况、消费者待购阶段和消费者对品牌的态度。

2)生产者市场细分　变量主要有以下几点。

(1)用户要求　在生产者市场上,不同用户对同一种产品往往有不同的要求和不同的使用目的,从而会在产品的规格、型号、品质、功能、价格等方面提出不同的要求。

(2)用户规模　用户规模的不同对产品及售后服务等也会有不同的要求,企业需要有不同的市场营销组合和对应措施。

(3)用户地点　任何一个国家或地区,由于自然资源、气候条件、社会环境、历史遗留等方面的原因,以及生产的相关性、连续性和科学技术的发展,都要求一个合理的生产力布局,并相应地形成若干产业地区。企业按用户的地理位置来细分市场,并选择较为集中的用户作为自己的目标市场,可以节省促销费用和物流成本,取得更好的经济效益。

#### 2.7.1.3　市场细分的原则

1)可衡量性　可衡量性是指细分出来的市场范围,应当比较清晰,市场容量的大小可以大致判断。为此,需要恰当地选择市场细分变量,这些变量应当是可以识别和衡量的。

2)实效性　实效性是指细分后的市场需求,必须足以实现企业的目标。因此,企业在市场细分时必须考虑,选用某一细分变量后市场上消费者的数量及其购买能力和购买特点。

3)可进入性　可进入性是指细分后的市场,应是企业的市场营销活动能够通达的市场。主要表现在三个方面:一是企业具有进入这些细分市场的资源条件和竞争能力;二是企业能够把产品信息传递给该市场的众多消费者;三是产品能够经过一定的销售渠道抵达该市场。

4)反应差异性　反应差异性是指细分出来的各个子市场,对企业市场营销组合中任何要素的变动,都能做出差异性的反应,如果反应相同,说明细分无效。

5)社会性　社会性是指市场细分必须符合社会道德,符合社会整体利益。

### 2.7.2　目标市场营销

目标市场指企业打算进入的细分市场,或打算满足的具有某一需求的消费者群体。在现代市场经济条件下,任何产品的市场都有许多消费者群,他们各有不同的需求,而且他们分散在不同地区。因此,一般来说,任何企业(即使是大公司)都不可能很好地满足所有的消费者群的不同需求。目标市场营销(targeting)策略大致可分为以下三个类型。

#### 2.7.2.1　无差异市场营销

指企业在市场细分之后不考虑各子市场的特性,而只注重子市场的共性,决定只推出单一产品,运用单一的市场营销组合,力求在一定程度上尽可能多地满足消费者的需求。这种策略的优点是产品的品种、规格、款式简单,有利于标准化与大规模生产,有利于降低生产、存货、运输、研究、促销等成本费用。

其主要缺点是单一产品要以同样的方式广泛销售并受到所有购买者的欢迎,几乎是不可能的,企业一般不宜长期采用。这是因为:第一,大多数产品的市场需求是千差万别并不断变化的,一种产品很难长期满足这种需求;第二,当众多企业都采用这种策略时,就会形成整体市场竞争异常激烈,而小的细分市场上的需求却得不到满足的局面,这对市场营销者、消费者都不利;第三,采用这种策略的企业,容易受到其他企业发动的各种竞争的伤害。

#### 2.7.2.2　差异性营销策略

指在市场细分的基础上,企业选择两个以上乃至全部细分市场作为自己目标市场,并为每个选定的细分市场制订不同的市场营销组合方案,多方位地开展有针对性的市场营销活动。

采用这种市场营销策略，其明显的优点：第一，针对不同的目标市场，制订不同的市场营销方案，这种针对性较强的市场营销活动，能够分别满足不同消费者群的需求，市场营销活动易于收到较好的效果；第二，选择两个以上目标市场，还可以使企业取得连带优势，提高企业的知名度。当然，实行差异性市场营销策略，会使企业的生产成本、管理费用、销售费用等大幅度增加。因此，实施差异性市场营销策略要求所带来的收益超过所增加的成本、费用，并且要求企业具有较为雄厚的财力、物力和人力条件。

#### 2.7.2.3 集中性营销策略

集中性营销策略是指在市场细分的基础上，选择其中一个细分市场作为企业的目标市场，集中力量为该市场开发一种理想的产品，实行高度专业化的生产和销售。这种市场营销策略主要适用于资源力量有限的中小企业。中小企业无力与大企业抗衡，在一些大企业尚未或不愿顾及的小细分市场上全力以赴，往往易于取得成功。这一策略的不足之处是风险较大，一旦目标市场发生变化，会对企业产生很大的有时甚至是致命的打击。因此，采用这一策略的企业，要密切注意目标市场的动向，提高应变能力。

### 2.7.3 市场定位

市场定位(positioning)又称产品定位或竞争性定位。根据竞争者现有产品在细分市场上所处的地位和消费者对产品某些属性的重视程度，塑造出本企业产品与众不同的鲜明个性或形象并传递给目标消费者，使该产品在细分市场上占有强有力的竞争位置。即，市场定位是塑造一种产品在细分市场上的位置。差异化是竞争的有效工具。

#### 2.7.3.1 市场定位的作用

市场定位的作用有以下几种。

(1)确认现在所处的地位，即产品、品牌能在多大程度上对应市场需求。

(2)比较评价竞争者与本企业的产品和品牌在市场上的地位。

(3)抢先发现潜在的重要市场位置。

(4)了解和掌握应该追加投放新产品的市场位置，以及现有产品重新定位或放弃的方向等。

(5)设法在自己的产品、品牌上找出比竞争者更具竞争优势的特性或者创造与众不同的特色，从而使其产品、品牌在市场上占据有利地位，取得目标市场的竞争优势。

#### 2.7.3.2 市场定位的方式

1)产品差异定位　以产品与同类产品最主要的差异为定位。如高露洁牙膏的广告定位是：双氟加钙配方。

2)使用者定位　以有号召力的使用者为定位。如力士香皂的广告定位是：国际著名影星使用的香皂。

3)使用时机定位　以使用产品的特定环境和时机为定位。如绿箭口香糖的广告定位是：当你需要口气清新的时候。

4)与某品类分离定位　以产品不属于某品类为定位。如七喜的广告定位是：非可乐型饮料。

5)竞争者定位　直接突出作为某品牌竞争者的地位。如艾维斯出租车的广告定位是:我们排名第二。

6)专家定位　将品牌定位为某一领域专家。如肯德基家乡鸡快餐的广告定位是:烹鸡专家。

7)利益定位　以产品带给消费者的突出利益为定位。如 VOLVO 汽车的广告定位是:安全。

8)价格和品质定位　以价格和品质特性为定位。如铂金的广告定位是:珍贵稀有。

9)生产工艺定位　以生产工艺的优势为定位。如帝陀表的广告定位是:瑞士手工制造。

10)技术定位　以技术优势为定位。如思科系统公司的广告定位是:互联网的推动者。

11)历史定位　以产品或企业的历史优势为定位。如泸州老窖的广告定位是:1573,国宝窖池酿造。

12)文化象征定位　以产品包含特定的文化内涵为定位。如孔府家酒的广告定位是:家文化。

13)消费者心理定位　突出产品与消费者特定心理的联系。如百事可乐的广告定位是:新一代的选择。

## 2.8　市场调研

### 2.8.1　市场调研的含义

市场调研是运用科学的方法,有目的、有计划、系统地搜集、整理和分析研究有关市场营销方面的信息,提出解决问题的建议,供相关管理人员了解营销环境,发现机会与问题,作为市场预测和营销、宣传决策的依据。

市场研究与市场调查是相互依存又相互独立的两种行为方式,独立的调查行为可以为管理决策提供最基础性的数据支持,而独立的研究结论同样为管理决策带来更深入、更细致、更系统的视角。但是没有研究结论的市场调查是浅薄的,而没调查的市场研究是没有基础的,市场研究是"思考",市场调查是"行动"。

因为市场调研的结果会直接影响企业的营销决策以及商品的市场表现,因此调研的过程一定要讲求科学性、客观性,即是要"寻找事物的本来面目,说出事物的本来面目"。

### 2.8.2　市场信息系统的构成

市场信息是指在一定的时间和条件下,同企业营销活动及与之相联系的服务有关的各种消息、资料、数据、情报等的统称,是对市场各种经济关系和营销活动的客观描述与真实反映。

#### 2.8.2.1　市场信息搜集

市场信息搜集一般包含以下几方面的内容。

1)宏观市场环境发展状况　企业跟踪最新的政治、经济、社会、文化发展动态,如人口增长率、消费支出数量、收入增长情况等数据。

2)市场需求　市场需求总量、企业的市场占有率、企业销售额、市场需求增长率、企业市场占有率的增长率等。

3)竞争状况　竞争企业的数量、竞争对手的市场占有率、相对市场占有率、价格、成本等。

4)企业内部营销信息　订单数量、销售量、存货水平、生产成本费用、生产进度、现金流量、应收应付账款等。

### 2.8.2.2　营销信息系统

许多企业都有自己搜集信息的完整系统,用以了解、把握宏观环境和微观环境的变化,称为营销信息系统,指由人、设备和程序组成的一个持续的、彼此关联的结构。其任务是准确、及时地对有关的信息进行搜集、分析、评估和分发,供营销决策者运用,以便使营销计划、执行和控制具有高度的科学性和准确性。在这个系统里,企业通过四种途径来搜集信息,包括内部报告系统、营销情报系统、营销调研系统、营销决策支持系统。

1)内部报告系统　内部报告系统是以内部会计系统为基础同时辅之以销售报告系统,它的主要作用是报告企业的订货、库存、销售、费用、现金流量以及应收应付款等方面的数据资料。其主要工作内容是"订单—发货—收款"的循环,即接到客户订单之后,将订单副本分送到各有关部门,仓储部门迅速组织发货,财务部门进行结算,得到付款通知后,做出收款账务,然后定期向主管部门递交报告。

营销人员通过分析内部报告系统的信息,可以发现一些新的问题或新的机会,及时比较实际业绩与预测目标的差异,进而采取切实可行的改进措施,掌握时机,使企业在竞争中处于有利地位。

2)营销情报系统　营销情报系统的主要作用是向市场营销决策部门提供外部环境发展变化的情报信息。因此,营销情报系统可以概括为营销人员用以了解有关外部环境发展趋势的信息的各种来源与程序。内部报告系统为管理人员提供结果数据,而营销情报系统则为管理人员提供正在发生的数据。

企业内部营销经理大多数自行搜集情报,他们常通过阅读书籍、报刊和同业公会的出版物;与消费者、供应商、分销商或其他外界人员交谈,同公司内部的其他经理和人员谈话等方法来搜集市场信息。但这种方法带有相当的偶然性,一些有价值的信息可能没有抓住或抓得太迟,导致对一个竞争活动、一种新的消费者需求或某一经销商问题知道得太晚而不能做出最好的反应。经营灵活的公司会采取进一步的步骤改进其营销情报的质量和数量。

(1)训练和鼓励销售人员去发现和报告新发展的情况　销售代表是公司的"眼睛和耳朵"。他们在搜集信息上处于一个有利的地位,是其他方法不能取代的。但是他们非常忙和常常不能把重要的信息及时转告。所以,公司必须向销售员"推销"一个观念,作为情报来源,销售员是最重要的人。销售员也应该知道各种信息应送给什么负责人。

(2)鼓励分销商、零售商和其他中间商把重要的情报报告公司　经销商是对商品在市场上的反应了解最直接的人,往往他们通过和消费者的直接交谈,可以了解消费者对产品的态度和意见。因此通过他们可以获得市场第一线新鲜的信息。

(3)企业向外界的情报供应商和信息研究公司购买信息　这些调研公司搜集事例与消费者数据比公司各自搜集信息的成本要小得多。

(4)建立内部营销信息中心　信息中心专业搜集和传送营销情报,由职能人员审阅较重要的出版物,摘录有关新闻,并制成新闻简报送给营销经理参阅。信息中心建立相关信息档案,由职能人员协助经理们分析评估,这大大改进了可供营销经理使用的信息质量。

3)营销调研系统　营销调研系统的主要职能、任务是根据企业营销工作面临的主要问题,即对某项具体的营销决策相关的信息进行系统地搜集、分析和报告的过程。

4)营销决策支持系统　营销决策支持系统是分析营销数据的统计模型和统计数据,即用一些先进的技术和方法来分析市场营销信息,以更好地进行营销决策。营销决策支持系统是一个组织,它通过软件与硬件支持,协调数据搜集、系统、工具和技术,解释企业内部和外部环境的有关信息,并把它转化为营销活动的基础。

### 2.8.3　市场营销调研的作用

市场营销调研是企业营销活动的出发点,其作用十分重要。

1)有利于制订科学的营销规划　通过营销调研,分析市场、了解市场,才能根据市场的需求及其变化、市场规模和竞争格局、消费者意见与购买行为、营销环境的基本特征,科学地制订和调整企业营销规划。

2)有利于优化营销组合　企业根据营销调研的结果,分析研究产品的生命周期,开发新产品,制订产品的生命周期各阶段的营销策略组合。如根据消费者对现有产品的接受程度、对产品的偏好,综合运用各种营销手段,加强促销力度、广告宣传和售后服务,增进产品的知名度和消费者满意度。

3)有利于开拓新的市场　通过市场调研,企业可以发现消费者尚未满足的需求,测量市场上现有产品及营销策略满足消费需求的程度,从而不断地开拓新的市场。营销环境的变化,往往会影响和改变消费者的购买动机和购买行为,给企业带来新的机会和挑战,企业可以根据这些信息确定或者调整发展方向。

### 2.8.4　市场调研的类型和内容

#### 2.8.4.1　市场调研的类型

按照不同的标准,市场调研可以分为不同的类型,如按调研时间分类,可分为一次性调研、定期性调研、经常性调研、临时性调研;按调研目的分类,可分为探测性调研、描述性调研、因果关系调研。下面主要就调研目的分类加以分析。

1)探测性调研　属非正式调查,它是当调查者对所要调查的课题不甚明确时,通过探测性调查摸底,找出问题的症结所在,然后确定调查重点的调查方式。有些比较简单的问题,如果探测性调研已能弄清其来龙去脉,解决问题,也可不再做进一步调研。

2)描述性调研　属正式调查,它是调查者对所调查的问题进行认真地搜集、记录、分析和调整调查资料的一种调查方式。往往是在探测性调查的基础上进行的。一般要进行实地调查,搜集第一手资料,摸清问题的过去和现状,进行分析研究,寻求解决问题的办法。

3)因果关系调研　是在描述性调查的基础上,为了进一步分析各变量之间的相互关系,寻因索果的一种调查方式。

#### 2.8.4.2 市场调研的内容

市场调研根据调研目的的不同,可能涉及营销活动过程的各个方面。其主要内容包括以下几点。

1)产品调研　包括对新产品设计、开发和试销,对现有产品进行改良,对目标消费者在产品款式、性能、质量、包装等方面的偏好趋势进行预测。

2)消费者调研　包括对消费心理、消费行为的特征进行调查分析,研究社会、经济、文化等因素对购买决策的影响,这些因素的影响作用到底发生在消费环节、分配环节,还是生产领域。还要了解潜在消费者的需求情况,影响需求的各因素变化的情况,消费者对品牌偏好及对本企业产品的满意度等。

3)销售调研　涉及对企业销售活动进行全面审查,包括对销售量销售范围、分销渠道等方面的调研,如潜在消费者的需求情况,包括需要什么、需要多少、何时需要等,产品的市场潜量与销售潜量市场占有率的变化情况,以及对本企业相对于竞争对手的优劣势进行评价。

4)促销调研　主要对企业在产品或服务的促销活动中所采用的各种促销方法的有效性进行测试和评价,如广告目标、广告设计及效果等。

### 2.8.5 市场调研的步骤

市场调研的过程,通常包括五个步骤:确定问题与调研目标、拟定调研计划、搜集信息、分析信息、提出结论。

#### 2.8.5.1 确定问题与调研目标

为保证调研的成功与有效,首先要明确所要调研的问题,既不可过于宽泛,也不宜过于狭窄,要有明确的界定并充分考虑调研成果的实效性。其次在确定问题的基础上,提出特定调研目标。探测性调研,目的在于搜集有关调研问题的初步资料,以进一步确定问题和建立假设;描述性调研,目的在于描述实际的情况;因果关系调研,目的在于论证有关因果关系的假设。

#### 2.8.5.2 拟定调研计划

设计有效地搜集所需要的信息计划,包括概述资料来源、调研方法和工具等。如资料来源是第一手资料还是第二手资料,调研方法是观察法、访问法、调查法、实验法等。

由于搜集第一手资料花费比较大,调研通常从搜集第二手资料开始,必要时再采用各种调研方法搜集第一手的资料。调查表和仪器是搜集第一手资料采用的主要工具。

#### 2.8.5.3 搜集信息

制订调研计划后,可由本企业调研人员,或委托调研公司搜集信息。面谈访问,必须争取被访问者的友好和真诚合作,才能搜集到有价值的第一手资料。进行实验调查时,调研人员必须注意使实验组和控制组匹配协调,在调查对象汇集时避免其相互影响。

#### 2.8.5.4 分析信息

从已获取的有关信息中提炼出适合调研目标的调查结果,在分析过程中,可将数据资料列成表格,制订一维和二维的频率分布,对主要变量计算其平均数等。

#### 2.8.5.5 提出结论

调研人员向营销主管提出与进行决策有关的主要调查结果。调研报告应力求简明、准确、完整、客观,为科学决策提供依据。如能使管理决策减少不确定因素,则此项营销研究就是富有成效的。

### 2.8.6 市场调研的方法

#### 2.8.6.1 确定调查对象的方法

调查对象的代表性直接影响调查资料的准确性。因此根据调查目的以及人力、财力、时间的情况,要适当地确定调查样本的多少和确定调查对象。

1)普查和典型调查　普查是对调查对象进行逐个调查,以取得全面、精确的数字资料,信息准确度高,但是耗费时间长,人力、财力花费大。典型调查是选择有代表性的样本进行调查,据以推论总体,样本代表性强,调查方法得当的话,可以取得事半功倍的效果。

2)抽样调查　当调查对象多,范围广,而人力、财力、时间又不允许进行普查时,可依照同等可能性原则,在所调研对象的整体框架内抽取一部分作为样本进行调研,根据调研结果来推论整体。常用的抽样方法有单纯随机抽样、系统抽样、整群抽样、分层抽样等。

#### 2.8.6.2 搜集资料的方法

市场资料可以分为第一手资料和第二手资料。第一手资料,也称原始资料,它需要通过实地调查取得。第二手资料是别人已经进行记录整理、分析计算、总结成文的资料,又包括内部资料和外部资料两种:内部资料可以从企业内部报表、年度总结等取得,外部资料可以从报纸、杂志、书籍及省市统计局查取等方法来获得。

第一手资料可以通过定性调查和定量调查的方式获得。定性调查指小范围的非正式访问,旨在产生一些初始想法并形成假设。定量调查指从有代表性的样本那里有结构性地搜集资料,即通过上门询问或采取问卷调查等方式来搜集意见和建议。

## 实训篇

### 案例分析

#### 黑妹牙膏

广州牙膏厂位于广州市西南部,是中国南方最有名气的牙膏厂之一。早在20世纪70年代,它生产的各种牙膏就占有广东、广西等地的大部分市场份额。不过,那时它的产品是通过国家商业部门统一进行销售的。

1984年8月，焦荣典从广州日用品公司来到广州牙膏厂担任厂长。那时，正是中国实行改革开放政策的第四个年头。他的上任，真可以说是临危受命：当时广州牙膏厂的经营状况异常严峻，全厂四百多名职工对企业的未来忧心忡忡。该厂虽有二十多种牌子的产品，但没有几种是销路好的。从1983年以来，销售量逐年下降，到1984年，该厂产品市场占有率在情况最好的广东省内也只有30%，年销售量约为3 300万支。这对于每支牙膏仅能赢利几厘钱的广州牙膏厂来说，无疑是到了亏损的边缘。

常言道"新官上任三把火"，可是焦荣典只烧了两把火，就把广州牙膏厂烧红了，把全厂职工的心烧热了。来到该厂不久，焦荣典就烧了第一把火，他在上级领导部门的支持下，建立了一个强有力的领导班子。黄本坚就是由他建议提拔起来的年轻干部。此后他又烧了第二把火，组织开发了具有时代特色的"黑妹"牙膏，使全厂职工看到了希望。

"黑妹"牙膏的开发始于1985年。在同年的2月，基本完成了新领导班子建设的焦荣典开始将注意力转向企业外部，转向市场。他与厂里干部经过仔细讨论，决定对全国牙膏市场，尤其是广东牙膏市场进行调查研究，以寻找市场机会。

市场调查人员首先将牙膏市场分为药物牙膏和普通牙膏两部分市场，又根据消费者对香型的要求不同，将普通牙膏市场进一步划分为留兰香型和水果香型两个更细的市场，然后对各细分市场进行分析研究。在分析研究过程中，他们发现普通牙膏市场上的产品，几十年来没有多大变化，香型平淡单一，消费者对此颇为不满，纷纷以药物牙膏取而代之。

这些调查人员还通过调查分析了当时消费者心理和需求变化的趋势：

1）改革开放以来，消费者生活水平大大提高，吃香味食品的越来越多，因而以往香味淡的牙膏已不能适应需要，消费者需要香味更加浓郁的牙膏。

2）人们的社交活动增多，对口腔卫生更为重视，他们愿意以较高的价格购买质量好、洁齿能力强的牙膏。

3）中高档的、装潢美观的商品越来越受到消费者欢迎，牙膏也不例外。

基于以上认识，市场调查人员指出，普通牙膏市场之所以不景气，是因为市场上商品陈旧，不能满足消费者要求的缘故。所以，如果能够推出新型产品，在普通牙膏市场上，未必就没有前途。

焦荣典认为，调查人员的这种观点是非常有创意的。他联想到药物牙膏市场竞争激烈，"洁银"、"两面针"、"田七"等龙争虎斗，各踞一方的情形，不由得在心里说，"看来，开发一种非药物型的具有时代风貌的新产品是广州牙膏厂的最佳选择了"。

新产品开发构想确定后，下一步就是要采取行动将它迅速付诸实施。

焦荣典知道，就广州牙膏厂当时的情况来看，完全靠自己的力量开发出符合上述构想的新产品，是一件不容易的事，而企业家一个重要的特质就是善于借助社会上的各种力量达到自己的目标。他和同事们通过各种渠道积极与社会合作。例如，他们借助某些外国公司的帮助，对香港、台湾等地市场上的名优产品进行研究，又从法国一家化妆品公司处获得了有关牙膏生产技术和原料供应方面的支持。

1986年,是广州牙膏厂人难忘的日子,经过一年的艰苦努力,他们终于开发出了具有国际香型,内含口洁素的新型产品。他们满怀希望地给这个产品取名为"黑妹"。这个名字的"妹"字来源于该厂悠久的历史。这"黑"字则代表着庄重和高贵,而且"黑色"反衬"白色",这意味着使用本产品可以使牙齿洁白如玉。

当"黑妹"牙膏开拓出来之日,也正是药物牙膏势头有所减弱之时。某些医学专家撰文指出,健康人士不宜长期使用药物牙膏。因为牙膏中的药物成分不但可以消灭牙齿上的病菌,同样也会破坏口腔中有益的微生物成分。这种观点给曾经一度占有全国80%以上牙膏市场份额的药物牙膏造成了相当大的冲击。广州牙膏厂抓住这个时机,迅速将"黑妹"投入市场。当时采取的"黑妹"牙膏开拓市场的宣传和广告策略如下:

(1)选择广播、电视作为主要媒介,将绝大部分的广告费用(80%以上)投放到这两种媒体上。广播、电视广告节目形式多样,短小精悍,一天播出多次。

(2)广告宣传,着重突出"黑妹"牙膏独树一帜的特点,例如"国际香型"、"清新爽口"、"内含口洁素"等。说明这些特点的广告语不但出现在广播、电视上,还出现在产品包装上。

(3)在派销售人员与各商业部门、各商店接触的同时,也动员本厂职工到工矿企业以优惠价进行销售,请公众试用。

(4)利用产品鉴定会和展销会的机会,大力向社会传播"黑妹"牙膏的有关信息。

广州牙膏厂认为,上述"黑妹"牙膏的宣传和广告手段与"黑妹"牙膏的产品特点是非常吻合的,也比较适合于1986年企业财政拮据的状况。

广州牙膏厂对"黑妹"牙膏的定价方法也做了一些调整,与过去厂里习惯的定价策略有很大不同。首先,该厂以较高的单位产品利润率来定价,将"黑妹"牙膏视为中高档产品。其次,该厂决定不采取按销售批量作价的方法,而是按中间商类型作价,将中间商分三级,各级之间加价8%,具体加价情况如表2-1所示。

**表2-1 中间商作价类型表**

| 级别 | 一级 | 二级 | 三级 |
| --- | --- | --- | --- |
| 价格 | 1.7 | 1.84 | 1.99 |
| 销售对象 | 国营百货公司<br>百货店、大商店 | 市内区级批发站<br>公司、中型商店 | 供销社、个体户<br>小商店 |

这样做,明显减少了个体摊贩和小商店对国有商店的市场压力,从而使国有商店对销售"黑妹"牙膏兴趣大增。

"黑妹"牙膏最终被消费者接受,并在市场上树立了自己的品牌地位。

请运用本章理论对这一案例进行分析。



## ◘实践应用

为你学校周边的商铺或者本地某种产品做一个市场分析,并做出广告策划。

## ★思考题

(1)影响市场需求的因素有哪些?

(2)企业在进行经济环境分析时,主要考虑哪些经济因素?

(3)试述社会文化环境对市场营销的影响。

(4)简述消费者购买决策过程的主要阶段。

(5)试述市场竞争战略。

# 3　广告策略与广告策划

## 导言

### 本章学习目标

通过本章学习，要求学生能够系统了解广告策略的概念、作用，理清广告策略和广告策划之间的关系，从而掌握广告策略的制定方式和程序；通过对著名广告策略理论的学习借鉴，能够具有独立制定广告策略的能力。

### 本章重点

广告策略制定七步骤　经典广告策略理论及其运用

## 3.1 广告策略概述

### 3.1.1 广告策略的含义

"策略"顾名思义就是计策,谋略,是为了实现某一个目标,预先根据可能出现的问题制订的若干计划或方案。这样,在实现目标的过程中,可根据特定问题、特定条件来选择相应的方案加以应对,也可根据新情况制订新的应对措施,从而最终实现目标。广告策略(advertising strategy)是广告策划的重要内容,体现于广告策划的各个环节上。它特别着重于广告活动的目标和定位方面,"去确认最好的目标市场以发展并明白地表达本产品或劳务所能提供最重要之消费者利益"①,以此为基点制订出具有针对性的广告实施策略、媒介策略等。综合而言,广告策略是指依据企业的营销战略和广告目标,在市场调查研究的基础上,针对消费者利益需求和价值体验提出的广告整体运动计划的核心方法和手段。换言之,广告策略是将产品和服务所包含的购买者利益,以有效的方法与步骤,传达给目标市场,能够让商品从成千上万的广告信息中脱颖而出,打中消费者脑海中那个促成购买的"红心"的战术原则。它可以分为产品策略、市场策略、媒介策略和广告实施策略等。

### 3.1.2 广告策略包含的要素

广告策略的制订须服从于企业的营销策略,是为了配合企业营销,将产品、企业信息做正确的整合,并通过传播渠道针对目标市场做有效沟通,并最终达到促进销售,树立品牌等营销目标。在整个广告策划活动中,广告策略肩负着确定广告运作方向、提供创意资讯、指引品牌发展的重任,为此所有广告策略都在找寻下列四样东西:

对谁说? Whom to say——消费者是谁? 喜欢什么? 厌恶什么? 有什想法?

说什么? What to say——(创意卖点、支持点)传递什么样的讯息可以让消费者相信或感动并产生影响(观念改变、购买运行)?

如何说? How to say——如何确立调性,创意表现?

什么时候在哪里说? When & Where to say——媒介策略是什么?

#### 3.1.2.1 对企业的营销策略应有非常清楚的描述与认知

广告策略是企业营销策略的一个部分,广告活动的目的在于为企业创造更为明晰、优化的企业形象,争夺更多的市场份额和更有利的市场地位。为此,广告策略的制订必须要有全局观念,既要能够体现营销的总体战略意图,又要能够创造性地服务于企业营销策略,注意企业长期目标和短期目标的统一。在构建广告策略时应全面考虑企业整体发展策略,并进行相对应的描述。要在广告调查的基础上,结合市场发展方向、消费者心理行为特点、竞争

① [美]丹·E.舒尔茨:《广告运动策略新论(下)》刘毅志译,中国友谊出版公司1991年版。

者动态、产品特点制订广告策略。

作为美国文化和美国精神的象征,可口可乐公司从20世纪90年代开始进行了广告策略中国化的转变。在国人共同关注的重要事件发生的非常时期,例如2001年北京申奥成功,2001年中国足球队打入韩日世界杯,可口可乐都及时推出庆典金罐可乐;在春节等传统节日期间,可口可乐推出注重营造喜乐祥和氛围的广告,1999年的"风车篇",2000年的"舞龙篇",2001年的"阿福篇"都表明可口可乐开始亲近中国传统;众多的文体明星也在可口可乐的广告片里频繁出现。可口可乐广告大打中国牌,融入中国本土因素,其中国本土化的广告策略是其全球营销重心转移到亚太地区的营销策略的具体表现。

#### 3.1.2.2 广告策略必须包含明确的市场定位策略

市场定位是市场细分方法在广告策划中的具体运用,是将产品定位在最有利的市场之上。任何企业,无论其规模如何,它都不能同时满足所有消费者的所有需要,而只能为自己的产品销售选定一个或几个特定的目标市场,为自己的产品选择某个范围内的特定消费者,这就是市场定位。企业的目标市场定位不同,销售策略不同,广告策略也不一样。从广告策划的角度来看,目标市场就是广告传播活动的目标对象。也就是说,在广告策略中必须包含有"对谁说(Whom to say)"这一要素。

20世纪50年代,美国市场学家温德尔·斯密提出了市场细分理论,让市场定位更为科学有效,也让广告策略的对象变得十分具体而明确。按照消费者欲望与需求,把因规模过大导致企业难以服务的总体市场划分成若干具有共同特征的子市场,处于同一细分市场的消费群被称为目标消费群,相对于大众市场而言,这些目标子市场的消费群就是分众。进行市场细分的主要依据是异质市场中需求一致的消费者群,实际就是在异质市场中求同质。市场细分的目标是为了聚合,即在需求不同的市场中把需求相同的消费者聚合到一起。市场细分的结果是,让我们在一个市场上找到有可识别的相同的欲望、购买能力、地理位置、购买态度和购买习惯的大量人群,这个人群就是产品的潜在消费者,他们正是广告传播的对象。细分市场一般可以从如表3-1所示的几个方面进行考虑。

**表3-1 市场细分标准**

| 细分标准 | 考虑因素 |
|---|---|
| 地理细分 | 国家、地区、城市、农村、气候、地形、交通运输等 |
| 人口细分 | 年龄、性别、职业、收入、教育、家庭人口、家庭类型、家庭生命周期、国籍、民族、宗教等 |
| 心理细分 | 社会阶层、生活方式、个性特征等 |
| 行为细分 | 时机、追求利益、使用者地位、产品使用率、忠诚程度、态度等 |
| 受益细分 | 追求的具体利益、产品带来的益处,如质量、价格、品位等 |

在进行市场定位时,我们要根据产品引入期、成长期、成熟期、衰退期这四个生命周期各个阶段在市场中的不同特性,运用不同的广告策略,做不同的广告宣传,这样才能更好地满

足不同消费者的需求。

在产品的引入期和成长期前期,新产品刚进入市场,产品的品质、功效、造型、结构等都尚未被消费者所认知。在这一阶段,用告知为主作为广告策略,突出新旧产品的差异,使目标消费者对新产品有所认识,从而引起兴趣,产生信任感,并大力宣传产品的商标和牌名,不断扩大知名度。在成长期和成熟期这一阶段,广告策略以品牌美誉度为目标,巩固已有的市场和扩大市场潜力,展开竞争性广告宣传,引导消费者认牌选购。广告策略必须具有强有力的说服力,突出本产品同其他同类产品的差异性和优越性,巩固企业和产品的声誉,加深消费者对企业和商品的印象。广告的对象则转化为广大消费者。在产品进入饱和期和衰退期之后,广告目标应重点放在维持产品市场上,采用延续市场的手段,保持产品的销售量或延缓销售量的下降。其主要做法是运用广告提醒消费者,以长期、间隔、定时发布广告的方法,及时唤起注意,巩固习惯性购买。诉求重点应该突出产品的销前和售后服务,保持企业荣誉,稳定产品的忠诚消费者。

#### 3.1.2.3 广告概念要独特而明确,具有生命力

广告概念实际上就是"说什么(What to say)"和"如何说(How to say)",也就是吸引消费者的卖点到底是什么,通过何种创意把其表现出来。广告犹如孔雀开屏,要把商品最美丽的一面展现给消费者。但在广告信息爆炸的时代,每一个广告能传递的产品信息是有限的。广告"说什么"和"怎么说"就显得尤为重要,如果诉求的内容缺乏吸引力,没有能力触动消费者的利益价值,就很难影响消费者。确定了广告所要传播的内容之后,就要选择表现手法和诉求方式,量体裁衣。在斟酌究竟哪一种表现方式对特定的商品最合适、效果最好时,要加以科学地评估,综合考虑品牌形象、市场定位、信息强度、受众心理等各种复杂因素,将这个广告概念表现出来。

每一个成功的广告策略里都可以找到一个生命力强、持久的广告概念。甲壳虫汽车的"Think Small(想想还是小的好)",苹果公司的"Think Different(非同凡响)",诺基亚公司的"科技以人为本"都是能够成为大创意的广告概念。广告概念应该"表现出你能够表述出来的、你的产品或服务中最强有力的、独一无二的特征。它应该与你的目标受众最广泛、最有意义的诉求相呼应。一旦你决定了此讯息,你就一定能依靠它生存。你必须保证他足够强有力以便活动中的每一则广告都保持同样的中心主题"①。

"绝对"伏特加酒的系列广告可以称得上是将重复性审美规律运用得出神入化的经典之作,其成功之处就在于整个广告策略紧紧抓住了一个核心主题。一提起伏特加,人们就会把这种烈性酒与俄罗斯联系在一起。1978 年当瑞典品牌"绝对"伏特加酒进入美国市场时,人们都认定它要"绝对"失败,因为伏特加历来都是俄罗斯的囊中之物。然而"绝对"伏特加的美国代理公司 Carillon 公司却坚信,只要有正确的策略就可以把绝对伏特加做成一个成功的品牌。Carillon 公司委任 TBWA 广告公司为"绝对"伏特加做广告。TBWA 意识到,品牌要成功,广告就不能随波逐流,必须冲破一般酒广告的传统模式,必须创造它的附加价值。他们独辟蹊径,一反传统烈酒使用硬汉、美女为广告诉求形象的套路,创造性地将酒瓶本身作为

① [美]迈克尔·贝尔奇:《广告与促销:整合营销传播视角》,张红霞、庞隽译,中国人民大学出版社 2006 年版。

创意表现的出发点,用各种材料组成瓶形,视觉效果非常突出。同时,以"absolut(绝对)"为首字,并以一个表示品质的词居次,例如"绝对完美"、"绝对清澈"、"绝对创意"与视觉关联的标题措辞与引发的奇想赋予了广告无穷的魅力与奥妙。这个用名字和酒瓶形状的独特性来表现质量和时尚的广告概念为广告创意打开了无限的想象空间,获得了消费者的青睐。TBWA决定将这种创意形式延续下去,从1980年分别遵循自然景观、古典绘画、想象空间、现代建筑等不同主题陆续推出这种品牌名称与酒瓶形象巧妙结合的作品,如"绝对的梦露"、"绝对的定义"、"绝对的威尼斯"、"绝对北京"、"绝对吸引力"等,迄今已逾五百幅。消费者对这种形式非常感兴趣,于是这种既重复又不失变化的广告创意,使这一瑞典品牌在美国伏特加酒市场位居前列。独特而明确的广告概念为绝对伏特加带来了具有丰富文化内涵和较大规模效应的广告活力,始终洋溢着创意的活力。(图3-1)

图3-1 绝对伏特加系列广告

### 3.1.2.4 广告策略必须包含有效的媒介传播策略

在同质化的市场中,唯有传播能创造出差异化的品牌竞争优势。而有效的传播必须要一个以消费者欲求为出发点的"轴心"概念。有了独特明确的广告概念后就要考虑如何将概念通过一定的渠道最大化地传播出去,即"When & Where to say(什么时候在哪里说)"。

所谓的媒介策略就是针对广告使用哪些媒介、不同的媒介如何配置、广告发布的时间和频率怎样安排等问题进行事先的安排。媒介传播策略是依据预期广告目标、广告受众、广告概念信息等因素,选择最佳信息载体及其运作方式的总体规划。随着整合营销传播时代市场竞争的日益加剧,广告争夺消费者眼球的大战也是愈演愈烈,媒体投入因此占了广告投入的绝大部分,媒体策略承担的功能越来越大。

媒介传播策略由媒介目标和媒体计划组成。媒介目标是广告信息经过媒介传播后对目标受众形成的到达程度、影响程度,包括媒介的接触范围和频繁程度、接触目标对象的数量和次数,一般会通过到达率、收视率、认知效果、销售效果等指标来体现。媒体计划是在一定费用内对广告传播媒介进行的策划,需要根据媒介目标确认目标受众,根据受众喜好和现实情况制订具体的媒介选择和媒介组合方案。

1）确定媒介传播对象　这是媒介计划的重要内容，只有精准地找到了传播对象，分析传播对象接受广告信息的喜好，才能将广告概念通过针对性的广告创意变现出来；只有明确了广告信息传播的对象和媒介接触习惯，才能选择适合有效的媒介，制订合适的媒介组合方案，把广告信息准确地传达到目标对象。日本电通公司在为三得利罐装咖啡上市进行推广策划时，就是通过大概 9 300 份问卷调查和实际口味测试来确定罐装咖啡的重量级目标受众。针对 25 ~35 岁的男性出租车司机、卡车司机、营业人员和工人的喜好和媒介接触情况重新制订传播策略，从而让三得利"BOSS"咖啡的上市获得成功。

2）确定传播媒介和媒介组合　确定广告信息传播渠道是媒介计划的关键内容，要根据媒介目标的要求和传播对象的实际情况，确定媒介的种类、媒介载体以及媒介单位、媒介经费。例如，是选择印刷媒体还是电波媒体？是全国性媒体还是区域性媒体？选择哪一份报纸，哪一家电视台，哪一家网站？是要 1/2 版还是整版？是 30 秒还是 15 秒时长？是门户网站还是专业网站？只有解决了这些问题才能解决传播渠道中的选择问题。选择媒介可以进行如下考虑：选择能够到达潜在消费者率的媒介；选择交流效果大的媒介；选择能用低成本达到预期目标的媒介。

为了争夺更多的目标消费者，现在的广告信息往往选择多种媒介进行整合传播，形成媒介组合。媒介组合是一种综合性的媒介现象，是未来媒介产业发展的一种趋势，特别是多媒体和互联网络的出现，加快了媒介组合化的步伐。所谓媒介组合，是指在同一时间段内发布同一广告信息时运用两种或两种以上的媒介，或者是同一种媒介的两种以上的发布形式、不同的发布时间的组合。媒介组合应该将产品特性和产品发展阶段充分考虑媒介之间的优势互补，发挥媒介 1+1>2 的效果。媒体组合不仅使广告对象接触广告的机会增多，还能造成一种大的声势，因而容易引人关注。

媒体组合策略可以分为两种形式：集中的媒体组合策略（concentrated media mix）和多样的媒体组合策略（assorted media mix）。

（1）集中的媒体组合策略　集中的媒体组合策略是指广告主集中在一种媒体上发布广告。它主要影响被进行特别细分的受众，集中的媒体组合策略能精准地在特定的消费人群中形成产品或品牌的知名度、影响力。在高视觉性媒体上采用集中性策略，比如在电视的黄金时间购买广告时段，或者在高档杂志中购买大版面，能激发消费者对产品或品牌的忠诚度。对于广告主来说，集中购买媒体在价格上也可以获得较大的优惠。

（2）多样的媒体组合策略　多样的媒体组合策略是指选择多种媒体到达目标受众。这种策略对那些有着多样市场细分的商品或服务更加有效，可以通过不同的媒体对不同的目标受众传达不同的信息。运用多样的媒体策略，可以增加广告信息的到达率；不同媒体的不同信息到达同一目标受众可以加强其对信息理解的效果。不同的媒体需要不同的创意和制作效果，可能导致成本增加，增大制作费用比例。

媒体组合的方式多种多样，可以在同类媒体中进行组合，也可以用不同类型的媒体进行组合，每种组合方式均有其独特的长处，而最佳媒体组合是通过使各种媒体科学地协调搭配，取长补短，取得最佳效果。

3）确定媒介发布时间　当确定了选择哪几种媒介和如何组合之后，面临的首要问题就是选择一个怎么样的时机，如何将这些粗略的原则和设想变成明确具体的媒介计划，也就是说要根据媒介目标和传播对象，确定广告发布的具体时间和方式，特别是要根据广告预算的多少来考虑不同的媒介组合，制订具体的广告投放排期表。

现今社会信息爆炸，每天都会有新的品牌及其广告出现，在制订媒介计划，发布广告信息时，一定要选择一个合适的时机，这样才能最大限度地吸引消费者注意。媒介发布时机和方式可以从以下几个方面考虑。

(1)地区性因素　广告主必须决定广告是在全国推广，还是只在某些地域、地区出现。若以全国范围为目标市场，就应在全国范围内展开广告宣传，媒体的选择应寻求覆盖面大、影响面广的传播媒体。若以特定细分市场为目标市场，则此时考虑的重点是传播媒体能够有效地覆盖与影响这一特定的区域目标市场。如果广告预算不够，广告推广规模不大，则应选择目标对象分布较为集中的最高机会地区推出。当然，随着大众传播媒介的发展，媒介传播在地域方面的局限已越来越不明显。但是消费者细分日趋精细，目标对象因地域不同也会出现差异，在制订媒介计划时仍然必须重视广告发布在地域上的策划。

(2)季节性因素　有的商品存在着明显的季节性，在决定发布方式上就必须加以考虑。夏季是冰激凌、饮料、空调等商品的重要发布时机。但也并不是说这些广告一定要到盛夏发布，其实在盛夏来临之前，就应开始让广告在媒介上出现。这样是为了有一个提前预热阶段，给消费者以决定购买的时间。

(3)时间性因素　这主要是指在限定时间内使用媒介的频率，以及广告量在较长时期内的分布，这应和企业的总体营销策略相联系。如果要开拓新的市场，就必须有一段时间采用高频率的发布方式，或辅以持续式的发布才能使新市场中的消费者迅速建立对产品和品牌的印象，从产品的生命周期来看，如处于导入期，广告应适当集中，如处于成长期，广告可适当减少，以充分利用已有的知名度，如进入激烈竞争的成熟期，广告量又应适当回升。

4)媒介计划的撰写　撰写媒介计划要注意把握媒介策略的重点，媒介计划的构成要素，媒体投放的具体日期，让客户能够非常清楚的了解媒介计划的核心和要点。具体的格式如下。媒介计划的内容主要包括标题、内容简述、目录、媒介计划的背景分析、媒介计划的目标确定、媒介发布的对象分析、媒介选择策略、媒介组合方式、媒介发布时间策略、媒介发布排期表、媒介预算、预期效果及效果评估。

## 3.2　广告策略制订七步骤

广告活动是一个创造性很强的过程，广告策略的制订更需要遵循一定的原则和程序，在整个广告活动中起到轴心和统率的作用。一般来说，广告策略制订应该遵循全局性、可行性、调试性、科学性的原则，按照以下几个步骤来进行。

### 3.2.1　广告目标的确定

广告目标(advertising objective)指企业进行广告活动所要达到的目的，是整个广告策略中至关重要的起步环节。广告目标要描绘出具体的沟通目标，例如，提高知名度、克服偏见、增加消费者使用频率等。广告目标要切合实际，不要期待它能够解决掉所有的问题，最好只有一个。一般来说，广告目标的确定一定要精确、具体。例如，在上市期间的头三个月，达到

15%的市场份额;在本年度本产品的销售目标为1 000万,较上一年增长5%;经过为期一周的宣传,提高企业在某社区40%的知名度。

#### 3.2.1.1 广告目标分类

按照广告效果来分,广告目标可以分为以下三大类。

1)促进销售　这是企业进行广告活动最直接和最希望达到的目标。主要包括增加消费者对品牌的购买率;维持和扩大广告品牌的市场占有率;在销售现场进行示范性广告宣传,促使消费者缩短决策过程,产生直接购买行为;增强消费者对产品和品牌的忠诚度,维持市场销售率或增加产品的销售;劝诱潜在消费者到销售现场或展览宣传场所参观,以提高对产品的认知,增强购买信心。

2)改变消费者态度和行为　当广告不直接以销售量作为测定时,可以以消费者某种活动类型和行为上的变化作为测量指标。例如强生公司在其婴儿洗浴用品的策略就是通过扩大定位来改变消费者的态度,婴儿皂是"让你拥有婴儿般的肌肤",洗发精是"宝贝你的头发适合天天洗发的你",沐浴液则是"宝宝用好,你用也好"……这里包括如下方面:加强新产品的宣传,普及新产品知识,介绍新产品的独特之处,让消费者认识新产品;提高商品的知名度和认知度;加强社会公众对企业和商品品牌的印象;纠正社会公众对于企业和品牌的认知偏差;提高企业的美誉度,树立企业良好的形象。

3)争取企业内外的良好社会效果　广告还可以向社会公众传播企业和品牌、企业经营和服务的信息;以广告宣传扩大影响、造就声势,鼓舞企业推销人员的士气以提高工作的积极性和创造性;创造流行,推进社会文化潮流的发展。

#### 3.2.1.2 广告目标制订的DAGMAR理论

美国广告学家罗素·科利在1961年出版了《制订的可测量广告效果的广告目标》(*Defining Advertising Goal for Measured Advertising Results*),在书中最早提出了要制订区别于营销目标的广告目标,并提出了DAGMAR模式,这一把广告目标转变为具体可测量目标的方法。他认为广告目标是用简洁、可测定的词句写成,其基准点的决定是依据其所完成的事项能够测量而制订,应该以对市场及各种购买动机方面精湛的知识为基础。

科利提议采用"商业传播"的四阶段理论去研究、分析消费者在知觉、态度或行动上的改变,从而达成广告最后说服消费者去行动的目标。

1)知名(awareness)　潜在消费者首先一定要对某品牌或公司的存在"知名"。

2)了解(comprehension)　潜在消费者一定要了解这个品牌或企业的存在,以及这个产品能为他做什么。

3)信服(conviction)　潜在消费者一定要达到一定的心理倾向并信服想去购买这种产品。

4)行动(action)　潜在消费者在了解、信服的基础上经过最后的激励产生购买行为。

### 3.2.2 广告背景分析

制订广告策略时要对相关资料背景进行搜集和分析,主要包括:市场分析、企业分析、商品分析、竞争分析、消费者分析和广告分析。

1)市场分析　市场分析是对市场规模、位置、性质、特点、市场容量及吸引范围等调查资料所进行的经济分析。进行广告策略制订时要分析市场大小、主要品牌占有率及销售量、整个产业的生命周期、成长趋势、季节性、产品普及率、外在政治与经济环境对行业与企业所带来的影响、铺货率、通路状况等内容。

2)企业分析　企业分析主要研究企业的发展历史,了解企业的知名度和美誉度,原有产品和新产品的推广和销售情况,企业形象与地位,经营理念与发展方针,企业员工对企业的看法等。

3)商品分析　商品分析分为产品分析和品牌表现两部分。产品分析主要包括商品原材料、用途、产地、功能等属性的特征分析,产品的生命周期,产品优缺点,产品库存,独特的差异点和魅力,产品的包装,在生活中扮演什么角色,满足什么需求,商品的价格和通路等。品牌表现是指3~5年或近期内销售量、营业额及达成状况,占有率的变化,铺货率等消长的原因。

4)竞争分析　竞争分析从消费者的观点看,有哪些产品、品类、品牌、竞争?谁又是主要竞争者?它们营销上的优势和劣势是什么?消费者认知的产品利益与形象是什么?对手在说什么?在消费者脑海中占有什么地位?

5)消费者分析　消费者分析要了解分析消费者的购买实态,他们对商品的购买动机、考虑因素、频率、购买量;要分析消费者的角色扮演,家庭中谁是影响者、决策者、购买者、使用者,以及他们的互动关系;要了解消费者对商品的态度,包括忠诚度、满意度、偏好度、商品评价、下次购买意愿;消费者使用时间、地点、场合、频率、使用方式、实态;消费者对各个品牌的整体印象等。如果商品销售出现问题,要着重分析消费者是由于什么原因不购买本商品:对商品的看法是正面的还是负面的?是否对商品了解不够?有误解或扭曲吗?在广告沟通上,有哪些机会可以利用和排除障碍?

6)广告分析　商品广告量多少及频率、广告表现、诉求重点,广告主张是否具有说服力和吸引力,表现手法是否具有冲击力等。

### 3.2.3　广告需要解决的消费者重大问题

这是确定广告策略关键的一个重要步骤。这个部分应该一心一意地从消费者的立场把一切有关产品、市场、竞争、用途等的资讯整理出来。换言之,哪一件事致使消费者不买本产品或劳务,或者不给本品牌适当的考虑。一定要确认使消费者转向购买或考虑本产品或劳务的广告所能克服的唯一要素或唯一问题;而且,问题一定要是一个广告能解决的问题。同时要以消费者的观点而不是广告主的观点陈述。广告是一种沟通活动,越单纯,效率越高,效果越好。确定问题是整个广告动作的关键点。许多广告活动的失败并非广告本身不好,而是问题界定的错误。要将问题限定在与消费者沟通有关的问题上,决定哪一个消费者问题才是最重要的“KEY FACT”。

如何界定消费者的重大问题?从背景分析及消费者认知分析找出问题,用归纳法归并关联性的问题。问题列出来后要依逻辑思考模式按解决时间先后,排出问题的优先顺序,依问题的轻重缓急加以机动调整,强化有利的机会点。

### 3.2.4 促进销售的思路

广告的最终目的就是为了促进销售。要促进销售，就要促进消费者对商品的购买，包括增加现有使用者的购买，也可以说服非使用者的购买，或者是诱使竞争者的消费者转换品牌。

促进现有使用者购买的广告沟通手法主要有：①增加商品新用途，例如手机不再仅仅是为了通话，还可以听音乐、上网；②增加使用率，例如早上喝牛奶改为早晚各1次，或者是提倡各个时间段喝不同的牛奶；③增加每次使用数量，例如倡导牙膏要一次从牙刷头挤到牙刷尾；④增加使用时机，例如节假日、运动过后，甚至平时任何时候都可以喝可口可乐；⑤增加购买量，这是超市常用的策略，例如2 000毫升特大瓶，多罐连卖等。

对于"非使用者"的购买，主要有以下几种情况：①对于既有市场的非使用者，尤其是产品普及率较高的产品可以采取市场渗透策略，例如对于不使用香水或化妆品的女性，可以由其身旁的朋友亲戚去进行"口碑传播"的影响，并通过各种渠道的广告宣传为这些女性营造需要化妆和香水的"消费空间"；②对于新市场的非使用者，特别是一些普及率较高的产品就可以采取新市场策略，例如针对不使用香水与化妆品的男性，就可以采取高频度的广告宣传，并着重宣传出某种化妆品或香水能够给男士带来何种新体验和新人生；③对于竞争品牌的消费者，通常使用比较性广告的手法，凸显自身优势，让消费者自己选择，例如奥妙洗衣粉的对比性广告，采用深入消费者生活，让消费者自己用新奥妙洗衣粉试验，然后得出新洗衣粉更去污的结果，增强可信度的同时也让看过广告的消费者进行了选择。

### 3.2.5 描绘目标受众

广告像营销活动的其他任何环节一样，必须建立在对消费者充分研究和把握的基础上才能真正有效。广告应该建立在深刻洞察消费者能力和优势的基础上，因此，制订广告策略时要对目标消费者有清晰的认识，可以通过消费者名片等方式对目标消费者进行详细地描绘。

#### 3.2.5.1 人口统计特征

这种方式可以对目标受众，也就是目标消费者进行量化的整体描述。可以通过市场调查对受众的年龄、性别、职业、收入、婚姻状况、受教育程度、宗教信仰、子女数目、社会阶层、家庭生命周期等指标状况信息进行搜集和数据统计，以此反映出对应受众的总体特征。

#### 3.2.5.2 生活型态

这里指在现实生活中的不同消费群体的生活样式或类型。了解消费者尤其是目标受众的生活型态就是从消费者的生活轨迹中发现市场、发现需求，从消费者的生活主张中发掘商品概念和营销概念，根据消费行为和消费方式进行区隔，深度破译目标消费对象的需求密码，在同质化的激烈市场环境中发现和找到不同企业的市场位置和目标群体，从而有针对性地展开营销活动。不同社会地位、制度条件、生存条件、生活观念的阶层或人群表现出不同的消费形态和方式，这也就决定了消费者能够划分成很多的部分，如月光族、草莓族、蚁族、小资、中产等不同的族群。对目标受众生活型态的分析可以从态度、信念、意见、期望、畏惧、动机、活动、偏见等特质和其对时间、精力及金钱的支配方式来进行区分。

生活型态的分析可以用 VALS 架构(values and life style)来完成。Value and Lifestyles(生活价值观)是美国斯坦福咨询研究所于 1978 年提出的,是用来给客户展示消费者群体的变化和这些变化将怎样影响客户的广告战略。这个架构的理论前提是:个人的生活方式受"自我导向"和"个人资源"两方面因素制约。"自我导向"指人们自我社会形象形成的活动和态度,可以分为三种形式:原则为导向——以原则为导向的人群的行为方式是以他们的信仰和他们自己认定的为人处世的原则来行为的,他们并不受感觉、欲望等因素左右;地位为导向——这一群人期望在有价值的社会背景下寻找一个安全的地位;行为为导向——这种人期望广泛参与社会性的或者是能身体力行的各类活动,甚至是冒险活动,从而去影响社会。"个人资源"指一个人的收入、受教育程度、自信心、健康、购买力和能力水平。主要反映的是个体在追求自我意识导向中获得的必要的资源能力。它反映了从心理、生理、地理以及消费者所需求的资源内容。资源控制一般来说从青年到中年是增加的,然后趋于稳定,最后随着年纪的增大而逐渐减少。

#### 3.2.5.3 媒体使用习惯

广告最终是通过媒体到达目标受众的。现在的媒介市场不再是报纸、杂志、电视、广播等传统媒体一统天下的时代了。但是,无论是大众媒体还是小众媒体,无论是报纸还是网络,也无论是电视还是手机,广告媒介的策略都应该是以目标受众为中心的。

调查和研究目标消费者喜欢接触电波媒体还是印刷媒体,一般会在什么时段去使用媒体,看什么类型的电视、什么频道的哪档电视栏目,喜欢看什么报纸和杂志,是否经常看电影,自己开车时是否经常听广播等。目标消费群体高频率使用的媒体将是广告推广媒介的重要选择,媒体的区分一定要细分,不能简单以电视、报纸、广播、网络来进行区分。要在广告预算允许的情况下,根据不同媒体自身属性的优缺点,确定不同传播优势最大的媒介组合,并选择最合适的发布时机和媒介排期策略。

### 3.2.6 确定利益点和卖点

#### 3.2.6.1 为消费者寻找购买的理由

广告策略最核心的就是要将本产品或劳务可以提供消费者的基本利益或解决问题的方法表现出来,从而为消费者寻找去购买商品的理由。它应对潜在消费者说:你如果买了本产品,你将得到这种利益,或你将解决此类问题。广告策略可以写成为一项消费者利益或解决消费者问题的词句,而且一定要强到足以激发消费者采取行动。将产品或品牌对消费者最有利的吸引点说出来,就有可能改变消费者的态度与行为。广告的利益点在很大程度上就是广告的卖点。

对消费者来说,卖点是商品满足目标受众的需求点,给消费者一个消费的最强理由。

1)解决消费者心目中的问题　例如海飞丝洗发水的"头屑去无踪"。

2)满足消费者的需要与欲望　例如福特嘉年华的"大空间的小型车"。

3)要独具特色,具有与他人一较长短的竞争能力　例如 M&M 巧克力的"只溶你口,不溶你手"。

4)能够有效影响目标受众　例如澳大利亚昆士兰旅游局面向全球招聘大堡礁看护员并称之为“世界上最好的工作”:“在碧海间潜水喂鱼,住海景豪华别墅,拿高额月薪”,“时薪相当于1400多美元”,“每月工作12小时”,这一“钱多事少,睡觉睡到自然醒”的爆炸性信息,吸引了全世界人民的眼球,共有3.4万竞职者,数亿人关注此事。昆士兰旅游局以170万美元的低成本,却收获价值1.1亿美元的全球宣传效应,成功进行了一次超值的旅游营销。“世界上最好的工作”就有效地抓住了很多人的眼球,并成功影响他们关注此事和大堡礁的旅游。

5)落脚于产品的最终利益　不应仅仅围绕在销售特点或产品特性。

6)一次只提出一项主张、一个承诺或一个消费者利益　卖点必须单纯,把与对手不同的差异化说出来;若利益相同(同质化),在对手未说出之前就把它说出来。

#### 3.2.6.2　将产品特性转化为消费者利益点

产品特性指产品表现出来的功能、外观、配件、资质、原材料等方面的特点,以及给人的感知和氛围。例如,衣服的材料是棉、麻、丝、混纺,录像机具有定时录像的功能,汽车流线型的设计等。

每一样产品都有其特性,而产品的利益点则是指产品特性中能够满足消费者需求的利点,如棉质的衣服能吸汗,毛质的温暖,丝质的较轻;传真机有记忆装置,能自动传递到设定的多个对象;组合的隔间能随时移动拼接,方便消费者对空间的不同需求等。产品特性是生产者赋予产品的,能够满足目标市场消费群体的喜好。但不可否认的是,每位消费者都有不同的购买动机,真正影响消费者购买决定的因素,绝对不是因为商品优点和特性加起来最多。商品有再多的特性与优点,若消费者不认,再好的特性及优点对消费者而言,都不能称为利益。也就是说,我们要掌握将特性转换成特殊利益的技巧,也就是要站在消费者角度,阐述产品能带给消费者的特殊需求。例如,“怕上火,就喝王老吉”、“六十岁的人,三十岁的心脏”(海王银杏叶片)、“有空间就有可能”(别克公务商务旅行车)。

### 3.2.7　广告策略的反省与检验

广告策略制订出来后要进行反省和检验,看其是否与市场上同类商品已有的策略雷同或者切入点相似,看策略的目标对象是否准确,是否能够吸引目标消费者,广告策略中目标对象是否与产品无关,商品扮演的是什么角色等。

## 3.3　经典广告策略

用什么样的广告策略最可能影响目标受众去购买产品或劳务,这对于广告策划来说是至关重要的一环。不同凡响的广告策略究竟是怎样形成的?前人归纳总结出来的理论又能带给我们何种启迪?以下的经典广告策略能够为我们找到答案。

### 3.3.1　一般性策略

一般性策略不特别强调商品与其竞争品牌的差异,或是突显出本商品的优越性而是传播出商品所属种类或行业的通识性信息,以增强消费者对某一类商品的一般性认识,提高该类商品的总体销售量,从而扩大整个品类的市场量来增加自身的销售量。

一般性策略适用于某一领域中的领导性品牌和市场中特别创新的商品,处于次要地位或者跟随地位的品牌就不适用这一策略。行业中的领导品牌在这一领域中已经占据了垄断地位或者明显的优势地位,不需要考虑市场竞争的因素;市场中的创新商品几乎没有竞争品牌,属于行业中的独占品牌。在这两种情况下,商品广告只需要简单地告知消费者这一产品的特长和运用范围,往往就可以取得良好的销售效果。

Jeep 是 20 世纪 40 年代为了满足美军军需而设计生产出的一款车型。战争结束后,Jeep 生产商威利斯公司意识到这个名称中无限的商机,而将 Jeep 正式注册为商标品牌,并配以"在强有力的吉普面前,太阳永远不会落下"的经典广告词,拉开了吉普车商战的序幕。在当时,由于这种车型的独特性,让人们将 Jeep 看成了四轮驱动车的代名词,使其在很长一段时间里都处于市场独占地位,并得到消费者的认可和追捧。宝洁公司曾经和中国健康协会合作推出了"天天洗头"的广告运动,宝洁公司聘请了明星来拍摄"我天天洗头,你呢?"为主题的广告,但是画面中却始终找不到宝洁公司的影子。其深层逻辑在于,虽然广告宣传中不见宝洁的品牌和名字,但是随着洗发水市场的扩大,作为洗发水领域中的龙头企业,获益必然是最大的。

### 3.3.2 优先权申明策略

这种广告策略的关键是通过宣传品牌或产品的差异点来预测或战胜竞争对手。利用这种策略往往是在估计到竞争品牌或产品可能提供相似的利益或者具有相似的属性,但他们还没有宣传这些利益或者属性。这样,通过抢先提出声明来占有这些利益或者属性,使其成为专属,给消费者造成一种品牌独有的印象。这一策略主要运用在产品的导入期或成长期。因为,成熟期后,同类产品各品牌之间的竞争就会趋于白热化,能够用于与对方进行区分的差异点如果还没有被强化,那可能就意味着消费者不需要。

喜立兹啤酒率先声明,他们的啤酒瓶是经过高温蒸汽消毒的,虽然当时很多啤酒厂家的啤酒瓶都同样利用高温蒸汽来消毒,但因为从来没有品牌把它作为一项独特的差异或优势提出来,这样当喜立兹啤酒率先提出并广为宣传时,就给消费者造成了一种印象:只有喜立兹啤酒才具有这道工序,因而喜立兹啤酒比其他啤酒品牌更卫生更安全。利用这种策略有助于使消费者相信广告主的产品和品牌的优势。

纯净水刚开始流行时,所有纯净水品牌的广告都说自己的纯净水纯净。消费者不知道哪个品牌的水是真的纯净,或者是更纯净的时候,乐百氏纯净水最早提出了"二十七层净化"概念来表现水的纯净,让消费者印象深刻,并先入为主地认为只有乐百氏才经过了这么多道工序净化水源。这个系列广告在众多同类产品的广告中迅速脱颖而出,"乐百氏纯净水经过 27 层净化"很快家喻户晓。"27 层净化"给消费者一种"很纯净,可以信赖"的印象。

要做到"优先",需要制订策略时具备敏锐的洞察力,在对手尚未清晰认识到这一利益点的价值时通过广告变成自己的专属。脑白金在其他保健品还在强调功效的时候,最早将自己定义为针对中老年人的礼品。这种独树一帜的策略再配合铺天盖地的广告使其获得了较高的知名度。"今年过年不送礼,送礼就送脑白金"的广告语也成就了脑白金成为当时保健品的第一品牌。当某种利益或属性被优先声明后,其他品牌再跟进宣传,就显出一种市场地位上的劣势,扮演了市场追随者的角色。

### 3.3.3 独特性表现策略

#### 3.3.3.1 USP 理论

独特性表现策略即"独特的销售主张"(unique selling proposition)或"独特的销售卖点",简称 USP。20 世纪 50 年代,罗瑟·瑞夫斯撰写了非常有影响力的书《广告实效奥秘》,第一次提到了这个对后世影响深远的理论。"独特的销售主张"(USP)的主要观点是:一个广告中必须包含一个向消费者提出的销售主张。这个主张要具备以下三个要点。

1)明确的利益承诺　强调产品有哪些具体的特殊功效和能给消费者提供哪些实际利益。不只是单纯的言辞,不只是对产品的自我吹嘘,也不只是巨幅的广告,而是消费者能够感知并认可的概念。每一则广告一定要对每一位读者说:买本产品,你将得到此种明确的利益……

2)独特　这是竞争品牌无法提出或没有提出的。必须是其他品牌未能提供给消费者的最终利益,它必须能够建立一个品牌在消费者头脑中的位置,从而使消费者坚信该品牌所提供的最终利益是该品牌独有的、独特的和最佳的。

3)强而有力促进销售　任何建议都必须对销售者有所促进和帮助,否则再独特也是无效的。它必须是对消费者的需求有实际和重要意义;必须能够与消费者的需求直接相连,导致消费者做出行动;必须是有说服力和感染力,从而能为该品牌引入新的消费群或从竞争品牌中把消费者赢过来。

在实际应用中,每个 USP 必须对目标消费者做出一个主张——一个清楚的令人信服的品牌利益承诺,而且这个品牌承诺是独特的。在同质化严重的感冒药市场,"白加黑"上市仅 180 天销售额就突破 1.6 亿元,在拥挤的感冒药市场上分割了 15% 的份额,登上了行业第二品牌的地位,在中国大陆营销传播史上堪称奇迹。一般而言,在同质化市场中,很难发掘出"独特的销售主张"(USP)。感冒药市场同类药品甚多,市场已呈高度同质化状态,而且无论中成药、西药,都难于做出实质性的突破。康泰克、丽珠、三九等"大腕"凭借着强大的广告攻势,才各自占领一块地盘。"白加黑"的出现却在感冒药市场掀起了"黑白旋风"。它只是把感冒药分成白片和黑片,并把感冒药中的镇静剂"扑尔敏"放在黑片中,看似简单,实则不简单。它不仅在品牌的外观上与竞争品牌形成很大的差别,更重要的是它与消费者的生活形态相符合,达到了引发联想的强烈传播效果。为了更好地显示出产品的特性,"白加黑"在广告传播中确定了干脆简练的广告口号"治疗感冒,黑白分明",所有广告传播的核心信息是"白天服白片,不瞌睡;晚上服黑片,睡得香",产品名称和广告信息都在清晰地传达产品概念。再如羚羊感冒片,广告语为"治感冒用羚羊,得安详",从中我们不难发现同样是感冒药,跟"白加黑"相比,二者相差甚远。羚羊感冒片并没有把自己的独特之处表达出来,只是说了感冒片都有的特点——治感冒。细细想来,这似乎跟没说一样,落入俗套。像这样的广告又怎能吸引消费者呢,更别说去购买了。

#### 3.3.3.2 如何确定 USP

随着商品同质化程度的加剧,产品之间的差异逐渐缩小,从产品本身及其为消费者的提供的利益点去寻找差异已经越来越难。但是,我们仍然可以有很多种办法确定一个商品的独特性,USP 策略可以从以下方面进行卖点的提炼。

1)最特殊的产品　USP 这一策略重在对产品的聚焦,要么是在产品身上找差异;要么调整,制造产品差异;实在无法找到差异,就强化产品的某一个方面的特点。例如,"在 1 小时 60 迈的劳斯莱斯车中,最大的噪声来自于电子钟"、"金龙鱼调和油的'1∶1∶1'"。为此,USP 通常由分析产品而产生,可以来自产品的功能、原材料、产地、价格、销售渠道等众多方面,而且差异化的主张一旦产生,就必须一再地重复使用。

2)最低的价格　低价是消费者普遍喜欢和接受的承诺,但是这一卖点却不能随便使用。许多企业试图依靠成为"低价领袖"而获取成功,但是除非企业在生产成本或运营成本的控制上远超他人,否则这样的主张将难以圆满履行。沃尔玛于 2002 年雄居"财富 500 强"首位,它的秘诀之一就是薄利多销。不论你走进哪里的沃尔玛,"天天低价"是最为醒目的标志。为了实现低价,沃尔玛想尽了招数,其中重要的一法就是大力节约开支,绕开中间商,直接从工厂进货。统一订购的商品送到配送中心后,配送中心根据每个分店的需求对商品就地筛选、重新打包。这种类似网络零售商"零库存"的做法使沃尔玛每年都可节省数百万美元的仓储费用。

3)最高的质量　拥有最高的质量是市场上的一个卖点。这里面的关键是,不要只对消费者说商品有最高最优的质量,而是告诉他们这对其生活意味着什么,他们的感受将会发生什么变化,他们的哪些需求被满足了。

4)独家提供者　这一点要看产品是否含有较高的技术含量并且能够填补市场的空白,从而成为人们某种欲望和需求的独家满足者。例如,苹果公司的 iPad 平板电脑,在 2010 年 iPad 问世之前,市场上几乎没有这样的产品。其定位介于苹果的智能手机 iPhone 和笔记本电脑产品之间,通体只有四个按键,提供浏览互联网、收发电子邮件、观看电子书、播放音频或视频等功能。iPad 一上市,就受到众多消费者的追捧。iPad2 开始售卖时,在北京出现排长龙等候购买的情景。作为 iPad 独家提供者的苹果公司自然也受到多方面关注。目前,苹果公司在中国市场平板电脑中的占有率已经超过 95%。

5)最佳的客户服务　为消费者提供世界一流的客户服务,能够让消费者将你同竞争者区分开来,这是商界一个简单而深刻的真理。"不满意就退还"是国美电器打出的一个口号。如果没有质量问题,其他的商家一般是不给消费者退换货物的。国美郑重向消费者承诺,只要消费者对所购买的商品不满意,哪怕是对颜色不满意,7 天之内包退,30 天之内包换。花旗银行有一句全球统一的营销口号:花旗永远不睡觉。这明确表达了花旗有关客户服务的核心价值,体现了花旗对客户服务的承诺,如果成为花旗的客户,就有权利说在每一天 24 小时内的任何时刻期望的服务必须得到满意的响应。

有了广告的卖点方向后,应该从何种路径去发掘有效的 USP? 我们可以按照图 3-2 的方式去提炼 USP。

只知道 USP 提炼的路径是远远不够的,就如同只知道一个销量,并不能说明销售工作的综合质量一样。有效的 USP,往往来自于其严谨的推导过程,依次为七大步骤。如图 3-3 所示,USP 的提炼过程就如同一只漏斗,下端是许多层滤网,从漏斗的上端装入原始产品资料,然后顺次漏下、滤出,直到确定适合的 USP。

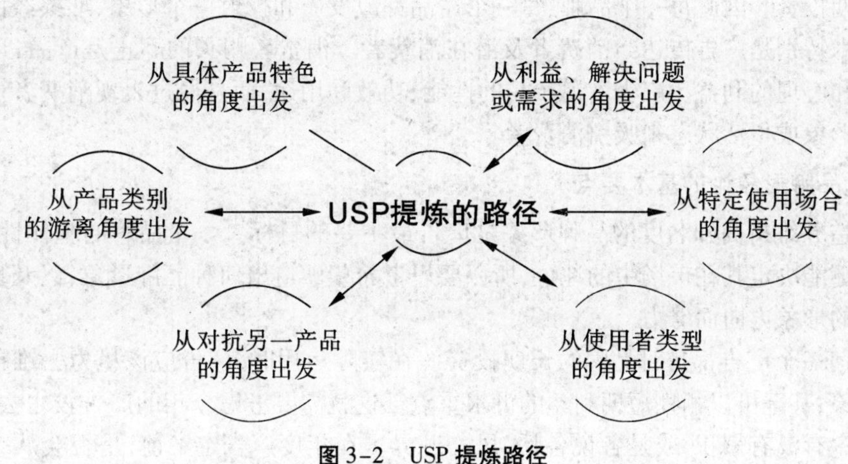

图 3-2　USP 提炼路径

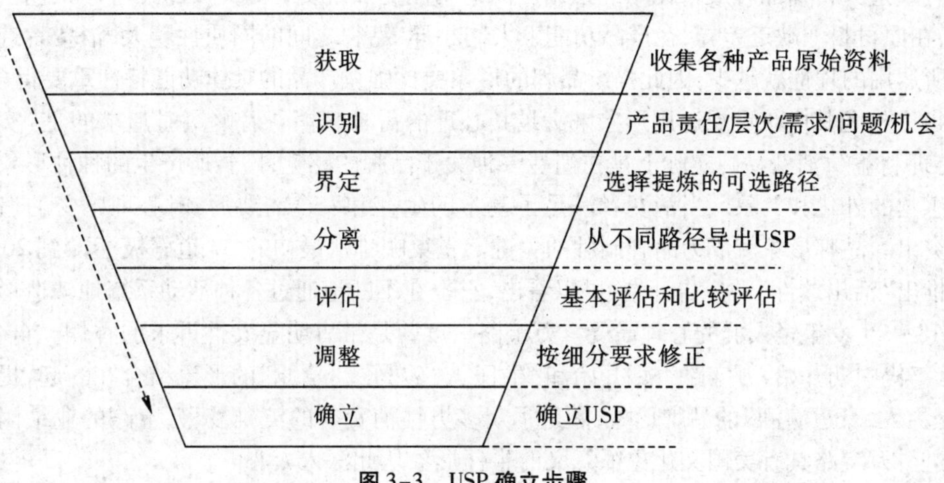


图 3-3　USP 确立步骤

## 3.3.4　品牌形象策略

品牌形象论(brand image)是大卫·奥格威在 20 世纪 60 年代中期提出的创意观念,是广告策略理论中的一个重要流派。他认为威士忌、香烟、啤酒等商品,竞争产品之间很难看出较大的差异,那么广告要如何进行表现呢?广告应培植品牌形象,使消费者保持对品牌长期的信任度和好感,从而确立品牌的优越地位。随着市场经济的迅速发展和科技力量的逐步壮大,同一行业同类产品不同品牌之间的差异逐步缩小。新产品一问世,众多企业都会迅速跟进并且抢占市场。消费者选择商品的重心从产品本身特性转变为产品带来的感受和价值,所以差异化的品牌开始被大家认可。

品牌形象不是产品固有的,而是消费者联系产品的质量、价格、历史等条件对品牌的整体印象,它是由广告策划人员根据产品特性和消费对象的审美情趣设计出来的,广告就需要对这种设计出来的形象进行推销,让消费者认同。这一策略认为每一则广告都应是对整个品牌的长期投资。因此每一个品牌、每一个产品都应发展和投射一个形象,形象经由各种不同推广技术特别是广告传达给消费者及潜在消费者。消费者购买的不止是产品,还购买承诺的物质和心理的利益。广告不说产品的性能、功效和用途,而是通过表现消费者享用这种产品时的形象或生活状态来吸引消费者。

#### 3.3.4.1 品牌形象论的基本要点

1)塑造并维持高知名度的品牌形象是广告最主要的目标　一个品牌的整体性格,比产品的差异更能决定其在市场中的地位,所以要思考希望塑造出何种品牌形象,以及现在是否向着既定的形象方向而努力。

2)任何一个广告都是对品牌的长期投资　在实际运用时,广告应该尽力去维护一个好的品牌形象,甚至可以牺牲短期利益的诉求重点。这就需要考虑今年的广告较之去年、前年的广告究竟有没有累积,或是各说各话,风格迥异。在年度广告定案前,是否会从企业品牌形象的观点检视一下,它们是否具有一致性。

3)塑造并传播品牌形象比单纯强调产品的功能更加重要　同类产品在生产工艺上没有区别,在原材料上缺乏差异,在产品功能上大同小异,品牌之间的同质性越大,消费者选择品牌时所运用的理性就越少,因此描绘品牌的形象要比强调产品的具体功能特性重要得多。

4)广告尤其应该重视运用形象来满足其心理的需求　消费者购买时追求的是"实质利益+心理利益",消费品牌实际上是在消费一种关于品牌的感觉,广告所产生的种种形象就是品牌感觉的外化和具象。当消费者满足了基本的生存和安全需要后,对心理感受的追求就更加突出。品牌形象就成为品牌制胜的关键。雀巢咖啡从最初的"味道好极了",到2012年全面推出"活出敢性"的广告计划,可以看出,它也在不断地通过各种活动系统地塑造形象来满足18~25岁年轻人群的心理需要。万宝路一度曾是带有明显女性诉求的香烟。自20世纪50年代中期开始,万宝路香烟开始和"牛仔"、"骏马"、"草原"的形象结合在一起,提出了"我是男人,豪迈潇洒"的品牌形象,满足了众多男性消费者的英雄梦,万宝路的业绩因此突飞猛进。万宝路具有美国文化象征意义的牛仔形象从此深入人心。

#### 3.3.4.2 塑造品牌形象的经典类型

1)将企业主或产品营销者自己的形象赋予产品之上　一个老人的笑脸,花白的胡须,白色的西装,黑色的眼镜,这就是著名快餐连锁店"肯德基"的招牌和标志——哈兰·山德士上校。作为这个著名品牌的创造者,山德士上校亲自做广告,树立肯德基爷爷的形象。

2)借助于合适的模特　这个模特可以是人物,也可以是动物或者物品拟人化后的吉祥物,通过模特形象在消费者心目中占据一定的地位。奥格威在为哈撒韦衬衫创作广告时,采用了戴黑眼罩的男人形象,以一个英俊男士戴上眼罩传达出浪漫、独特的感觉。这一品牌形象使默默无闻110年的哈撒韦衬衫在数月之内名噪全美。

3)运用名人代言　早在20世纪20年代,力士香皂的平面广告中就运用了影星的照片。随着传播技术的发展和传播影响的加大,影视、体育、文娱等行业的明星越来越为普通消费者所接受和喜爱,名人代言也在品牌形象塑造中被广泛使用。2003年,"中国移动动感地带"正式向全国推出,并一举取得成功。目前动感地带已经成为中国移动三个子品牌中影响力最大最广泛的品牌,使中国移动在国内通信领域成为无可撼动的霸主。动感地带突破了传统品牌名称的正、稳形象,通过周杰伦这个代言人赋予了其“时尚、好玩、探索”的品牌个性,同时,动感地带推出了一系列像“我的地盘我做主”等能彰显现代年轻人自我、独立、与众不同的广告语,与目标消费体产生情感共鸣。

4)聘请普通人做广告　名人代言是一把双刃剑,它能够在目标受众群体中带来影响力和号召力,也会因为名人的信任度下降而影响整个品牌在消费者心中的形象,还会让普通人产生产品与自己的距离感。为此,有些企业开始采用普通人为其产品树立形象。汰渍洗衣粉广告采用了普通家庭主妇亲身试验洗衣粉功效的方式,拉近了产品与老百姓之间的距离,增加了洗衣粉的销售量。法国一个洗衣机广告邀请一位80岁的洗衣老妇充当广告主角,让这位形如圆桶、满脸皱纹的老太太成了大明星,洗衣机的销售额也从全国第四升至第二。

## 3.3.5　定位策略

定位(positioning)策略是由著名的美国营销专家艾尔·里斯与杰克·特劳特于20世纪70年代早期提出的。定位指的是确定品牌和产品在消费者心目中的位置,就是用消费者的眼光来看产品,以独特的方式把产品打入消费者的心里。该位置一旦建立之后,每当消费者需要解决的特定问题发生时,他就会考虑该产品或品牌。因此,不必对特定产品的那些优点做广告,定位策略是在特定的产品类别中,寻求使得品牌符合消费者的全部需要或欲求。通过定位,产品在消费者心目中占据的位置越重要,越不同于其他产品,定位也就越成功。这一理论是继USP、品牌形象论之后又一具有里程碑意义的广告策略理论。20世纪末,营销学大师菲利普·科特勒仍将“定位理论”列为20世纪70年代兴起的最为重要的营销概念。2001年,“定位理论”被美国营销协会评为“有史以来对美国营销影响最大的观念”。定位策略的基本内容包括:广告活动的基本目标是使品牌在目标受众心目中占据地位;广告创意不是刻意地表现产品功能的差异,而是表现出品牌之间的区别;用“第一”说话,为消费者寻找记住品牌的理由。

### 3.3.5.1　定位的前提

定位,是从产品开始,可以是一件商品、一项服务、一家公司、一个机构,甚至于是一个人,也可能是你自己。定位并不是要你对产品做什么事情,定位是你对产品在未来的潜在消费者的脑海里确定一个合理的位置,也就是把产品定位在你未来潜在消费者的心目中。定位可以看成是对现有产品的一种创造性试验。“改变的是名称、价格及包装,实际上对产品则完全没有改变,所有的改变,基本上是在做着修饰而已,其目的是在潜在消费者心中得到有利的地位”。沃尔沃汽车公司发现,汽车的购买者当中,看重汽车安全性的消费者构成了相当规模的一个市场细分,而当时还没有汽车企业注意到这一点,于是沃尔沃采用“最安全的汽车”作为它的定位。

定位的真谛就是“攻心为上”,消费者的心灵才是营销的终极战场。在进行定位之前,要先了解消费者的心理状况。

1)消费者只能接收有限的信息　在超载的信息中,消费者会按照个人的经验、喜好、兴趣甚至情绪,选择接受哪些信息,记忆哪些信息。因此,较能引起兴趣的产品种类和品牌,就拥有了打入消费者记忆的先天优势。通过广告创造出品牌和产品的“第一说法、第一事件、第一位置”。“第一”是最短进入人心智的途径,如果一个产品能在进入消费者大脑中占据第一的位置，该产品无疑就具有了巨大的市场优势。

2）消费者喜欢简单，讨厌复杂　在各种媒体广告的狂轰滥炸下，消费者最需要简单明了的信息。广告传播信息简化的诀窍，就是不要长篇大论，而是集中力量将一个重点清楚地打入消费者心中。一句"怕上火，喝王老吉"的广告语，让全国人民都将"王老吉"与"败火"画上了等号，王老吉摇身一变成为了"败火"的代名词。正是这样一个准确而又鲜明的定位，一针见血地抓住了消费者的潜在需求，从而使以前不温不火的凉茶饮料开始迅速走红。

3）消费者缺乏安全感　由于缺乏安全感，消费者会买跟别人一样的东西。所以，人们在购买商品（尤其是耐用消费品）前，都要经过缜密的口碑调查。而广告定位传达给消费者简单而又易引进兴趣的信息，正好使自己的品牌易于在消费者中传播。

4）消费者对品牌的印象不会轻易改变　这就是先入为主的心理状态在起作用。虽然新品牌有新鲜感较能引人注目，但是消费者真能记到脑子里的信息，还是耳熟能详的东西。所以明确的定位能使品牌在目标受众心目中占据一席之地，而这种认知也就会成为其购买行为的前提。正如消费者心目中已经习惯认为可口可乐是世界上最大饮料生产商，格兰仕是中国微波炉第一品牌一样，购买饮料或者微波炉都会想到这两个品牌。

5）消费者的想法容易失去焦点　虽然盛行一时的多品牌战略、扩张生产线等措施促进了品牌多元化，但是却使消费者模糊了原有的品牌印象。

了解消费者的心理状况，还要综合市场、产品的信息来产生定位。艾尔·里斯与杰克·特劳特在《广告攻心战略——品牌定位》一书中指出，如果想要为一个产品定位，就必须首先弄清以下问题：目前，本产品在消费者心目中处于什么位置？我们将希望获得一个什么样的位置？要想得到这个位置，我们需要超越哪些竞争者？我们是否有足够的费用来获得并保持这一位置？我们能否始终如一地坚持这一定位？我们的表现手法与这一定位策略相匹配吗？

#### 3.3.5.2　定位的种类

根据产品的特性与特点，以及在市场上的占有率、竞争的激烈程度等的不同，定位的情况也有所不同。由于现今市场上产品的品种繁多，门类庞杂，所以在实施具体的广告定位时，我们可以从以下各个不同的方向入手，以找到合适的切入点。

1）产品新异特性定位　市场竞争的加剧让满足消费者需求的产品不会只有一类也不会只有一种品牌。为此，企业必须为自己确立一种独具特色和新异性的产品并通过广告充分表现出来，以吸引消费者。要提高产品在消费者心中的地位，首先就必须要有针对性地进行产品的研究、开发、生产与制造工作，使自己的产品在实体上就有一个清晰的定位，并通过广告来刻意强化这一定位，使之引起消费者的注意、理解与记忆，进而引导消费者进行有明确目标的购买。

它主要强调其实体上的差异性，如高科技含量、先进的设备、精湛的工艺等，突出产品的品质、价值、功效、服务等方面的特点，刻意强调其独一无二、不可为其他同类产品所替代的特性。借此增加产品对于消费者的影响力，促使其产生刻骨铭心的印象与感受。

2）产品象征性定位　将一种产品所具有的特点综合起来，使其具体象征某类人或事，使消费者记住这一象征性形象，从而使消费者更容易辨认所喜爱的这种产品。使用这种方法时，要将选定的象征形象与同类竞争产品的形象严格加以区别，同时又要能符合目标市场中尽可能多的消费者的心理需要，如“麦当劳叔叔”这一形象就和“肯德基爷爷”有明显的区别。

3）产品功能及质量定位　充分突出产品的卓越功效和优秀品质，从而吸引潜在的需求者。这一定位就是在广告活动中突出商品独特的功能和质量，使其在同类商品中有明显的区别，以增加其竞争力。

突出产品能给消费者带来同类产品所不能给予的利益和好处，是功能及质量定位的一种常见的形式，也可以称之为“利益定位”。利益定位就是根据产品所能满足的需求或所提供的利益、解决问题的程度来定位。如洗发水中飘柔的利益承诺是“柔顺”，海飞丝是“去头屑”，潘婷是“健康亮泽”等。

4）使用者价值定位　每一种产品都有自己的确定消费人群，他们往往会在自觉不自觉中从众或者模仿别人的消费行为。在广告表现上可以通过明确指出其产品使用者的方式达到吸引特定消费者的目的。

产品能给消费者的心理上的价值定位，突出产品无形的精神功能和给人心理享受和满足，以刺激消费者的购买欲望。如在汽车广告中说“一切尽在掌握”、“一路上遥遥领先”、“成功自有非凡处”、“享受驾驶的快乐”等，突出产品的高级豪华，让消费者觉得体面气派，烘托其高贵的地位与身份，使其获得一种辉煌的心理满足感。

5）产品观念定位　观念定位是赋予产品以新的意义，以此改变消费者的心理习惯，树立新的产品观念。观念定位在使用时可分为“逆向定位”与“是非定位”两种。一般的企业在进行广告产品的定位时都是采取正向定位的策略，即在广告中突出本企业的产品在同类产品中突出的优点，以争取消费者的购买。而逆向定位则是采取相反的定位方向提出一种新观念，唤起消费者对产品或劳务的重新关注和全新认识，以“填补空白”的方式占据市场中的有利位置；是非定位是在广告中注入一种新的消费观念，并通过新旧观念的对比，让消费者明白是非，接受新的消费观念。例如某企业在其柔软剂的广告中，向消费者提问：“您真的会洗衣服吗?”刻意冲击旧观念，借此输入新观念。当一个市场挑战者在为其竞争对手重新定位的时候常常会采用这个方法。“七喜”进入市场时直接打出“非可乐”旗帜，从观念上改变人们对饮料市场的看法，与可乐竞争从而迅速提升自己的市场位置。

6）形象定位　这是一种突出表现商品独特形象的定位方式。可以从商品的许多特点，如产品的风格、造型的美感、和谐的尺寸与比例、时代感和潮流感、企业的高水准、产品的高档次等方面去考虑，主要表现为商标定位、造型定位与色彩定位。

（1）商标定位　广告宣传中重点突出企业商标的位置是形象定位的重要一环。商标的重要职能是用于区别其他同类商品。在实际的购买过程中，消费者往往很重视运用商标识别来选购商品。商标不仅代表了商品的品质和声誉，更是企业形象的象征。

（2）造型定位　造型定位就是在广告的活动中，集中力量来告诉消费者，该项产品在外观造型上与其他产品有什么不同之处，以美观、新颖、奇特、时髦的造型来诱发消费者的喜爱，进而激发他们对商品的购买欲望。农夫山泉在刚进入瓶装水市场时，就是以特别的瓶形设计而吸引消费者的。

（3）色彩定位　色彩定位是在广告宣传中运用色彩表现产品之美感，使消费者从产品及其外观的色彩上辨认出商品的特点。例如中国移动的蓝色，中国联通的中国红与水墨黑，大到店面的设计，小到营业员的服装，色彩的力量无不体现出这两个企业的品牌个性，也影响着消费者的购买行为。

在广告史上，威廉·伯恩巴克为甲壳虫做的广告可谓定位策略运用成功的经典案例。（图3-4）威廉·伯恩巴克是国际广告界所公认的一流大师，是广告文学派的代表，倡导广告创意的先锋，是DDB广告公司的创始人之一，与大卫·奥格威、李奥·贝纳并称为美国广告“创意革命”时代的三大旗手。20世纪60年代的美国汽车市场是大型车的天下，大众的甲壳虫刚进入美国时根本就没有市场，伯恩巴克通过调查发现了甲壳虫价格便宜、马力小、油耗低的优点，是与美国汽车完全不同的车型，提出“Think Small”的主张，采用反传统的逆向定位手法，运用广告的力量，正话反说引出甲壳虫的优点，改变了美国人的观念，使美国人认识到小型车的优点。从此，大众的小型汽车销量稳居全美之首，直到日本汽车进入美国市场。这个定位对产品没有进行任何功能上的介绍，只是从现实情况中会遇到的情况入手，在改变消费者观念的同时对品牌做了很好的推广。甲壳虫这一定位甚至沿用到了今天。

图3-4　甲壳虫汽车广告

**Think Small**

我们的小车不再是个新奇事物了。不会再有一大群人试图挤进里边。不会再有加油生问汽油往哪儿加。不会再有人感到其形状古怪了。事实上，很多驾驶我们的“廉价小汽车”的人已经认识到它的许多优点并非笑话，如1加仑汽油可跑32英里，可以节省一半汽油；用不着防冻装置；一副轮胎可跑4万英里。也许一旦你习惯了甲壳虫的节省，就不再认为小是缺点了。尤其当你停车找不到大的泊位或为很多保险费、修理费，或想为换不到一辆称心的车而烦恼时，请你考虑一下小甲壳虫车吧。

### 3.3.6　共鸣策略

共鸣策略是20世纪80年代在美国广告界出现并广为应用的理论。这一策略依赖目标受众对一种品牌的喜爱或肯定的记忆、感觉，通过怀旧等方式唤起诉求对象珍贵的、难以忘怀的生活经历、人生体验和感受，激发其内心深处的回忆和情感共鸣，同时赋予品牌特定的含义和象征意义，建立其目标对象的移情联想，从而产生互动的传播效果。

共鸣策略最适合很难具备与竞争品牌明显区分特征的大众化的产品或服务。通过建立诉求对象的移情联想使之产生有利于品牌的情绪情感，通过广告情节或观念与诉求对象生活经历的共鸣作用而获得良好的广告效果。在拟定广告主题内容前，必须深入理解和掌握目标消费者的价值观念和生活方式。通常选择在诉求对象中盛行的或推崇的生活方式加以模仿。运用共鸣策略取得成功的关键是要构造一种能与目标对象所珍藏的经历相匹配的氛围或环境,使之能与目标对象真实的或想象的经历连接起来。其侧重的主题内容通常是儿时的回忆、纯真的爱情、温馨的亲情、真挚的友情等。例如,在电视广告里,同事将咖啡冲入杯中的情景;妈妈带着孩子在公园漫步。这些表现并没有强调商品的利益,而是把商品使用的情景与消费者的生活体验相融合,亲近消费者。戴比尔斯钻石就利用了人们对永恒爱情的向往而提出了"钻石恒久远,一颗永流传"的广告语,获得了人们尤其是青年男女们极大的认同和共鸣,从而成功地改变了中国长久以来以黄金、玉石来定情的传统观念。

共鸣策略的价值在于它是形象和品牌联想在消费者心目中不断重复的一种非常普遍的方法。这样的策略适合于拥有一定积淀的著名品牌,在对消费者非常了解的基础上唤醒消费者的经历;同时,也比较适用于在生活形态分析上,可以反映生活场景的商品和广告比较能够引起消费者的共鸣。

### 3.3.7 比较性策略

比较性策略是将不同企业的相同商品或同一企业的系列商品进行分析比较,从而调动消费者信赖度的一种方法。比较性策略主要有以下四种方式。

#### 3.3.7.1 功效对比

这一策略多用于某一商品使用前后的功效比较上。在进行广告策划活动时,要保证商品前后功效的真实性,要用事实本身说话,不能为了吸引消费者而夸大功效,否则会使消费者产生怀疑而失去信任度。这一策略多用于洗发水、洗衣粉、减肥药等产品,例如海飞丝洗发水使用前后,头屑"去无踪"的对比。

#### 3.3.7.2 商品结构对比

要告诉消费者新商品与老商品的不同之处,可以是功能上的增减、色彩上的改变、大小的变化、价格上的出入、包装标志的变更等,主要目的是为了突出新商品的特点,让消费者在购买时有所选择。这一策略适用于商品成熟期后段,推出新商品的时候,运用时还要注意对原有商品的重视。

#### 3.3.7.3 质量对比

用两种商品的内在质量做对比,从而突出自身产品的优点,吸引消费者进行购买。如前一台洗衣机以铁皮烤漆为外桶,后一台以不锈钢为外桶;前一台每次只洗 3 千克,后一台可洗 5 千克等。

#### 3.3.7.4 参照对比

这种策略是先寻找出市场中占有量和名气都很大的品牌,追随其名声,肯定别的商品好,自己只是第二,因此要不断努力。通过这样的方法引来消费者的关注。美国曾有"买四台福特车一定能胜过奔驰"的广告语,就很有说服力。

## 案例分析

### 雀巢咖啡广告策略三部曲

成立于1867年的瑞士雀巢集团,以创始人亨利·雀巢的名字命名,德语意思是小小雀巢。如今,小小雀巢已经成为世界上最大食品公司的代名词。雀巢产品主要涉及咖啡、矿泉水、猫狗食品、冰激凌,在同行业中均处于领先地位。此外在奶粉、调味品、巧克力糖果、眼科医疗用品等产业也享有较高声誉。尽管生产线很广,涵盖很多类食品,但在消费者眼中,雀巢就是速溶咖啡的代名词。

雀巢咖啡的成功来自于它成功的广告策划,其广告策略经历了三个时期的转变。

第一个时期:二十世纪三四十年代,速溶咖啡刚刚面世,雀巢欣喜于工艺的突破给传统咖啡饮用方式带来的革命。为此,雀巢以这个饮用方式的革命作为卖点,在广告中注重强调咖啡速溶特点,突出速溶咖啡与传统咖啡相比的便利性。未曾料到这与许多家庭妇女的购买心理有悖——买速溶图方便?是否表明自己不够贤惠?这可不是男人期望的妻子形象。因为当时处于男尊女卑的三四十年代,妇女思想还没有彻底地解放,缺乏自信,她们把照顾丈夫和孩子作为生活中的要务。这导致当时速溶咖啡的销售并不是很好。

第二个时期:二十世纪五六十年代,随着产品导向型广告的流行,以及妇女的解放,速溶咖啡这种既方便又能保持原味的优势终于大放光彩,受到广大家庭主妇的欢迎,尤其对家里没有磨豆器具的家庭而言更为喜爱。1961年,雀巢咖啡进入日本市场时,采取的是产品导向的广告战略。电视广告首先打出"我就是雀巢咖啡"的口号,朴素明了,反复在电视上出现,迅速赢得了知名度。1962年,雀巢根据日本消费者以多少粒咖啡豆煮一杯咖啡来表示咖啡浓度的习惯,开展了"43粒"的广告运动,可谓典型的USP(独特的销售主张)策略。广告片中唱着"雀巢咖啡,集43粒咖啡豆于一匙中,香醇的雀巢咖啡,大家的雀巢咖啡"。由于其旋律优美,竟变成了大街小巷的儿歌。

雀巢这一时期的广告着重强调咖啡的纯度、良好的口感和浓郁的芳香。世界各地分支机构都采用了产品导向的广告,开始突出品牌,强调雀巢咖啡才是"真正的咖啡"。

第三个时期:二十世纪七八十年代,当人们逐渐认可"咖啡就是雀巢咖啡"后,雀巢咖啡广告策略的重点转变为生活型态导向,广告尤其注重与当地年轻人的生活型态相吻合。例如,在英国的广告中,雀巢金牌咖啡扮演了在一对恋人浪漫的爱情故事中一个促进他们感情发展的角色。

雀巢咖啡(Nescafe)这个名称,用世界各种不同的语言来看,都给人一种明朗的印象,和消除紧张、压力的形象结合在一起(尤其在汉语中,雀巢给人一种温馨的感觉,和“家”有强烈的相关性)。二十世纪七十年代在日本,“了解差异性的男人”的广告运动表达这样的概念:雀巢金牌咖啡所具有的高格调形象,是经过磨炼后的“了解差异性的男人”所创造出来的。广告营造了“雀巢咖啡让忙于工作的日本男人享受到刹那的丰富感”的气氛,至今让许多日本人印象深刻。

经过广告策略“三部曲”后,雀巢迅速成长成一个国际性的知名品牌,在中国市场也有着上佳的表现。二十世纪八十年代,雀巢产品进入中国,在宣传策略上强调使用中国人的形象。一句经久不变的广告语“雀巢,味道好极了”拉近了雀巢与中国民众的距离。广告以味道好极了的朴实口号作为面市介绍,劝说国人也品品西方的茶道。当初雀巢在中国推出速溶咖啡的时候,面对中国人传统的喝茶的习惯,雀巢首先做的是培养中国人喝咖啡的习惯。那时候,对于许多年轻人,与其说他们是品尝雀巢咖啡,还不如说他们是在悄悄体验一种渐渐流行开来的西方文化。“味道好极了”的广告运动持续了很多年,尽管其间广告片的创意翻新过很多次,但口号一直未变。直到今日,说起“味道好极了”,人们就会想到雀巢咖啡。

通过第一时阶段广告宣传,雀巢咖啡逐渐地被人们所认知和接受,雀巢咖啡开始走入人们的生活,到了二十世纪九十年代前后,中国的年轻一代开始渴望成功,不甘落后,每天都在为自己的梦想拼搏着,但在忙碌的同时他们却忽略了自己的家人。雀巢咖啡紧紧抓住年轻人的这一变化,喊出了“再忙,也要陪你喝杯咖啡的”广告口号,呼吁广大年轻人多花点时间陪陪自己的爱人和家人,哪怕是只有喝一杯咖啡的时间,对于对方来说也是一种关爱。结合这一主题,迅速推出了一系列的平面广告和影视广告,并且频频出现在电视媒体上,这一系列的宣传活动引起了强烈反响,获得了非常好的销售,雀巢咖啡的知名度在这一时期迅速扩大,一时间传遍了大街小巷!

二十世纪九十年代后,中国年轻人的生活形态发生了变化。一是年轻人渴望做自己的事,同时又保留传统的伦理观念;二是意识到与父辈之间的差异,也尊敬他们的家长;三是渴望独立,并不疏远父母;四是虽然有代沟,但有更多的交流与理解;五是有强烈的事业心,也要面对工作的压力和不断的挑战,这就是当今年轻人的生活形态。雀巢敏锐地感受到年轻一代的生活形态的微妙变化,广告口号变成了“好的开始”。广告以长辈对晚辈的关怀和支持为情感纽带,以刚刚进入社会的职场新人为主角,传达出雀巢咖啡将会帮助他们减轻工作压力,增强接受挑战的信心。

2011年12月1日,雀巢咖啡携手奥美互动北京发布了“活出敢性”的数字营销活动,雀巢咖啡新的广告运动又一次拉开帷幕,一场品牌重塑活动由此展开。随着咖啡品类的增长以及消费者对咖啡认知的转变,雀巢公司意识到仅仅强调产品特性已经不能满足市场的消费需求,现在要做的是要培育一种咖啡文化,而与年轻消费群体建立情感联系,使品牌理念在他们中间得到渗透是一个重要的切入口。年轻群体需要挣脱固有观念的束缚,勇敢地去争取和实现自己的梦想,这已成为中国年轻一代的行为和思考特点。于是,雀巢咖啡鼓励他们拿出勇气,跟随自己的内心,为了积极的目标,追寻自己的梦想,活出自己的“敢性”人生。在“活出敢性”新策略的传播下,雀巢咖啡不再只是一杯时尚饮品,更多是激发灵感和“敢性”态度的源泉。

在年轻消费者中具有极大影响力的韩寒被请来做雀巢咖啡代言,由其主演、香港著名导演关锦鹏执导的广告片出街,以“活出敢性”为主题的品牌活动也有声有色地开展起来了,并在电视、户外、网络、校园、销售终端等领域展开了全面传播。雀巢咖啡与新浪微博合作建立活动平台,并邀请消费者加入百日“敢性挑战”。每周将有两项挑战通过新浪活动站点和新浪微博对网友进行发布。参与者可通过上传视频、分享自创音乐、记录“敢性”博客等方式展现他们的个性。随着这场广告运动的深入,“活出敢性”的新策略也逐渐被年轻人认识和接受。

(根据MBA智库相关资料汇编而成)

## ◘实践应用

(1)到当地超市进行市场调查,寻找出不同品牌洗发水的广告策略,并且说出围绕这一策略,产品采取的措施和表现。

(2)以当前即将推出的一部电影为广告产品,针对目标受众群体设计并制订出这部电影推出的广告策略。

(3)以大学毕业3年内的年轻人作为主要受众推出房地产楼盘。请为这个楼盘设计广告策略,注意使用组合媒体以力求发挥出最大效果。

## ★思考题

(1)广告策略包含的要素有哪些?

(2)目标受众应通过什么方式选择和描述?

(3)媒介策略包括哪些内容?

(4)定位策略包括哪些内容?

(5)如何确定产品的卖点?

(6)请为品牌形象论、定位策略、USP策略各自寻找一个案例进行分析。

# 4 广告策划书

## 导言

**本章学习目标**

通过本章学习，学生应了解广告策划书的分类及写作模式，掌握广告策划书撰写要点及广告策划专项方案。

**本章重点**

广告策划书的撰写要点

# 4.1 广告策划书的基本介绍

## 4.1.1 广告策划书的分类

广告策划书具有以下两种形式。

一种为表格式,如表4-1所示。这种形式的广告策划书包含有广告主现在的销售量或者销售金额、广告目标、广告时限、诉求重点、诉求对象、广告地区、广告内容、广告表现战略、媒体战略以及其他促销策略等栏目。其中广告目标栏又分为知名度、理解度、喜爱度、购买意愿等小栏目。这种广告策划书比较简单,使用率较低。

表4-1 表格式广告策划书样式

| 商品售量 | 广告目标 | | | | 广告时限 | 诉求重点 | 诉求对象 | 广告地区 | 广告内容 | 表现战略 | 媒体战略 | 促销策略 |
|---|---|---|---|---|---|---|---|---|---|---|---|---|
| | 知名度 | 理解度 | 喜爱度 | 购买意愿 | | | | | | | | |
| | | | | | | | | | | | | |

另一种是以书面语言叙述的广告策划书,应用广泛。这种把广告策划意见撰写成文字形式的广告计划,又称广告策划书。本书重点介绍的就是此种形式的广告策划书。

## 4.1.2 广告策划书的作用

广告策划书是广告策划项目专项小组将整体广告运动建议撰写出来,提供给广告客户审核认可,为广告运动提供每一步策略指导和具体实施计划的应用性文件。在广告公司内部,广告策划书的撰写标志着广告策划专项小组对整体广告策划运作思考的结束,撰写广告策划书是为了将广告策划运作的内容和结果整理成正规的提案,提供给广告客户,客户审核通过后将会具体执行。广告客户可以通过策划书了解广告公司策划运作的结果,检查广告公司的策划工作,并根据广告策划书判定广告公司的广告策略和广告计划是否符合自己的要求。

对于整个广告运动,经过客户认可的广告策划书是广告运动唯一依据。广告活动的创意策略、表现策略、媒介策略等方面的部署都将按照策划书的具体计划一步步完成。

## 4.2 广告策划书的写作模式



广告策划书会根据广告运动的具体情况有不同的格式要求，但是一般来说，一份完整的广告策划书应包括封面、广告策划小组名单、目录、前言、正文、附录等。

1）封面　一份完整的广告策划书应该包括一个版面精美、要素齐备、赏心悦目的封面，要给阅读者以良好的第一印象。封面包装不需要豪华，但纸张要与内文纸有所区别。封面内容由标题、署名及日期构成。策划书的标题可以是主题+副题的形式，如真的海——雅居乐海南清水湾可行性媒介策划专案，创新黄梅　唱响再芬——安庆再芬黄梅艺术剧院营销推广方案。也可以是单一主题形式，如海尔集团年度市场战略企划及整合传播方案。标题里要体现策划书的核心重点，即项目名称、广告策略中心、方案类型等信息。广告策划书题目案例。

2）广告策划小组名单　策划书翻开第一页应提供广告策划小组的名单，并提供每人的分工情况。这可以向广告主显示广告策划运作的正规化程度，也表示对策划结果负责的态度。

3）目录　在广告策划书的目录部分，应该列举广告策划书各个部分的标题，必要时还应该将各个部分的联系以简明的图表体现出来，一方面可以使策划书显得正式、规范，另一方面也可以引导阅读，让阅读者了解整个广告策划书的框架，也能根据目录方便地找到想要阅读的内容。如《创新黄梅　唱响再芬》目录：

基础篇：市场营销环境分析

（一）市场分析　……

方略篇：整体营销推广思路

（一）营销推广目标　……

形象篇：再芬剧院品牌打造

（一）内——继承与发展　……

策略篇：具体营销推广实施

活动策略——贯彻市场细分+公关活动随行

……

执行篇：活动执行手册

（一）营销推广活动及经费一览表　……

附录篇：调查问卷及调查报告

（一）调查问卷　……

4）前言　前言又称为执行摘要。即整个计划的概要。在这一部分应该概述广告策划的目的、进行过程、使用的主要方法、策划书的主要内容，广告策划运动的主要策略亮点，以使广告客户可以对广告策划书有大致的了解。如《P 客天下绘玩到底——友基科技数位绘图板 2008 广告策划案》

前　言

P 到底是什么？P 是 Play、Picture、Pop、Painter、PK、Pink、Photoshop……的统称。代表

……由此引出的所有心理活动及行为表征。

我们在进行本次策划的过程中搜集了大量翔实的资料……制定了以下战略方向：

1. 全程参与"P 客"群体的划分与发展，达成树立"绘玩科技"的品牌形象，提高产品销量的目的。

2. 重点进攻北京……四个创意产业发达城市，通过非传统传播方式为主的各种宣传活动引导潮流，以潮流带动销售（此案为第二届全国大学生广告艺术大赛策划类一等奖作品）。

5）正文　第一部分：市场分析

第二部分：广告策略

第三部分：广告计划

第四部分：广告活动效果预测及监控

6）附录　在策划书的附录中，应该包括因广告策划而进行的市场调查中使用的应用性文本和其他需要提供给广告主的资料。如市场调查问卷、访谈提纲和市场调查报告等。

## 4.3　广告策划书的正文写作

广告策划书的正文包括市场分析、广告策略、广告计划、广告活动效果预测及监控四个部分，是整个广告策划书的核心部分。在不同类型策划书的实际编写过程中，可以根据需要对这四个部分的具体内容进行灵活运用。

### 4.3.1　市场分析

#### 4.3.1.1　营销环境分析

1）企业市场营销环境中宏观的制约因素　首先是企业目标市场所处区域的宏观经济形势，包括总体的经济形势和总体的消费态势；其次是市场的政治、法律背景，即产业的发展政策对产品市场、产品营销产生的正面或负面影响；再次是市场的文化背景，即目标市场的文化背景特色，产品文化与目标市场的文化背景是否冲突。

2）企业市场营销环境中的微观制约因素　企业市场营销环境中的微观制约因素包括企业的供应商与企业的关系，企业营销中间商与企业的关系。

3）市场概况　市场概况包括市场规模、市场构成、市场的特性三部分。其中，市场规模包括整体销售额的变化趋势、市场可能容纳的最大销售额、消费者规模及购买量变化趋势及未来的市场规模趋势；市场构成包括行业领域里的品牌发展状况、各品牌的市场份额、竞争品牌的概况及未来市场构成的变化趋势；市场的特性包括是否具有时间性和暂时性、是否受季节的影响、目标市场是否为特定人群及其他市场特性。

营销环境分析可总结为 SWOT。S 指优势（strength）：产品的优势是什么？是否有新技术和新改变？与其他同类产品的区别是什么？消费者为什么喜欢？最近有哪些成功的地方？W 指弱势（weakness）：竞争对手与本产品相比的优势是什么？本产品缺乏什么技术？不能满足何种消费者？最近有什么失败的地方？O 指机会（opportunity）：市场中有哪些合适的机会？可以提供什么新技术和新服务？可以吸引哪些新消费者？可以有哪些与众不同？T 指威胁（threat）：是否有什么事威胁到企业的存亡？政策经济环境改变是否影响企业？竞争者的新举动是什么?市场有什么不可预测的变化?

4.3.1.2 **消费者分析**

1)消费者的总体消费态势 消费者的总体消费态势包括本产品现有的消费趋势和各类消费者消费本类产品的特点。

2)现有消费者分析 现有消费者分析包括现有消费群体的构成和其消费行为态度的分析。其中现有消费群体的构成包括年龄、职业、收入、受教育程度、区域分布等。现有消费群体的消费行为包括购买的动机、时间、频率、数量、地点等。现有消费群体的态度包括对品牌的认知程度、对产品和品牌的忠诚度、使用后的满足程度和没有满足的需求等。

3)潜在消费者分析 潜在消费者分析包括潜在消费者的构成、现有的购买行为和被本品牌吸引的可能性。其中潜在消费者现在的购买行为即现在购买的是何种品牌的同类产品?有无新的购买计划?是否有可能改变计划购买别的品牌?潜在消费者被本品牌吸引的可能性即对本品牌的态度和满足程度如何?本品牌产品是否有吸引他们的卖点?

4)消费者分析的总结 消费者分析的总结目标消费者的特性包括其构成情况、性格特征和生活消费习惯等;目标消费群体的共同需求;本品牌如何满足目标消费者的需求等。

这一部分应在广告策划专项小组对消费者问卷调查分析的基础上,结合消费者的特性、消费行为和态度进行分析。可以是以上每一项的分析,也可以根据实际情况进行总结归纳。

**案例1:**

## P客天下 绘玩到底

——友基科技数位绘图板2008年广告策划案

SWOT分析

S:1.技术处于国内领先地位,产品性能优秀。

2.产品造价低,价格回旋余地大。

3.与IT厂商的合作状况良好。

W:1.进入市场时间较晚。

2.品牌知名度与产品认知度不高,企业形象模糊。

3.铺货渠道缺乏系统化建设,销售点分布不合理。

4.部分关键技术被外资企业独占,不利于产品发展。

O:1.高科技发展,使新型电子科技设备深受消费者欢迎。

2.电脑用户普及,是成为外设产品销量增长的前提。

3.动漫产业发展,使数位板市场扩大。

4.数码技术提高,专业设计人员更需要专业化设计工具。

5.创意设计产业的发展带动手写输入设备特别是数位绘图板的需求。

6.国家法律法规的鼓励性措施有助于数位电子产品行业的发展。

T:1.零关税导致国内市场竞争更加激烈。

2.数位板行业发展潜力巨大导致市场竞争进一步加剧。

3. 成熟品牌，拥有多项技术专利，专业地位不可动摇。

4. 外资企业占据大量的市场份额。

5. 电子产品将目光投向手写输入市场，使低端市场鱼龙混杂。

**消费者分析**

主体消费群特征：年龄结构年轻化。

消费者总体态势：数位板产品的消费群体正在向非专业化发展。

潜在消费者预计：因专业需求而购买的消费者，仅综合创意设计从业人员和美术学院在校学生来看，数量估计可超过一百万人。从个人电脑的拥有总量来看，非专业需求的购买者预计可以超过一千万人。

**目标消费群名片**

目标消费群：前卫的伪美术家

年龄：18～40 岁

性别：男女不限

爱好：绘画或与设计有关

月收入：两千元以上的上班族+富裕的学生族

特写：喜欢手绘，喜欢使用绘画表达；拥有个人或办公计算机，与数码类产品接触频繁；品牌忠诚度较强，数位板使用率高

消费：个人购买

特征：信任数码卖场和品牌专卖店；对数位板仍是跟风消费；购买前搜集大量信息；注重体验

## 案例 2：

### 真的海

——雅居乐海南清水湾可行性媒介策划专案

此作品是第四届全国大学生广告艺术大赛策划方案一等奖作品。它将消费者调查和分析的特点集中在一个代表人物“王先生”身上，将他对媒介的使用情况通过饼状图（图 4-1）将调查数据表现出来：

**目标消费者名片**

年龄：42 岁

工作性质：企业高管

经济情况：善于理财，资产超过五千万

家庭状况：三口之家

职业情况：在一线城市已有两处房产

教育情况：大学本科毕业，MBA 工商管理硕士

兴趣爱好：旅游、登山、摄影、古典音乐、高尔夫等



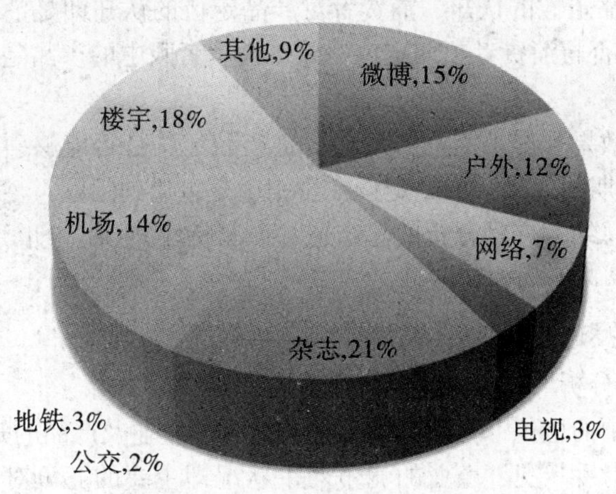


图 4-1　王先生平时关注媒体分析

4.3.1.3　**产品分析**

1）产品特征分析

（1）产品性能的分析　产品性能的分析包括外观、色彩、功效、材质、原材料、生产工艺等方面有何突出之处？最适合消费者的性能是什么？哪些性能还不能满足消费者需要？

（2）产品质量的分析　产品质量的分析包括消费者对产品质量是否满意？产品质量能持续保持或者有继续提高的空间吗？

（3）产品价格的分析　产品价格的分析包括产品价格在同类产品中属于何种档次？产品价格是否与产品质量相配合？消费者对产品价格的认知如何？

（4）产品外观与包装的分析　产品外观与包装的分析包括是否与产品的形象相称？在同类产品中是否引人注目？对消费者是否具有吸引力？消费者对产品的外观及包装有何评价？

（5）分析与同类产品的比较　分析与同类产品的比较包括在性能、质量、价格、外观与包装上有何优势？有何劣势？在消费者的认知和购买上有何优势？有何劣势？

2）产品生命周期分析　分析产品现在处于其生命周期中创始期、成长期、成熟期、衰退期的哪一阶段。企业对所处阶段有何应对措施。

3）产品的品牌形象分析

（1）企业赋予产品的形象　对企业赋予产品的形象的分析包括企业是否有形象意识？产品现有的形象如何？企业通过何种渠道将现有的产品形象信息传达给消费者？

（2）消费者对产品形象的认知　对消费者对产品形象的认知的分析包括消费者眼中的产品形象如何？产品形象是否满足消费者预期需求？消费者眼中的产品形象是否与企业设定的形象吻合？

4)产品定位分析

(1)产品的预期定位　产品的预期定位即是企业设想的产品定位是什么？企业设想的产品定位受否合理？企业是否向消费者传达了产品定位信息？

(2)消费者对产品定位的认知　消费者对产品定位的认知即是消费者预期的产品定位是什么？产品定位是否与消费者预期定位一致？消费者眼中的产品定位是否与企业设定的定位吻合？

(3)产品定位的效果　产品定位的效果即是产品定位是否能够引来消费者的关注？产品定位是否达到了预期的效果？产品定位在营销中是否遇到问题？

(4)产品分析的总结　产品分析的总结包括产品特性、生命周期、形象、定位各方面的优势与劣势,产品方面呈现出的主要问题。

#### 4.3.1.4　企业和竞争对手的竞争状况分析

1)竞争基本状况分析

(1)企业在竞争中的地位　企业在竞争中的地位即企业及产品的知名度、市场占有率。

(2)企业的竞争对手状况　企业的竞争对手状况即主要的竞争对手是谁？竞争对手的优势与劣势分别是什么？竞争对手的策略如何？

(3)企业与竞争对手的比较　企业与竞争对手的比较即产品相比之下存在的主要问题是什么？

2)企业与竞争对手的广告分析

(1)企业和竞争对手以往的广告的目标市场策略　即与广告活动针对的目标市场是否一致？广告活动在目标市场的效果对比结果如何？

(2)企业和竞争对手的产品定位策略有何区别　即企业和竞争对手的产品定位策略中有何不同？

(3)企业和竞争对手以往的广告诉求策略　即双方产品的诉求对象、诉求重点以及诉求方法的对比。

(4)企业和竞争对手以往的广告表现策略　即双方产品的广告主题、广告创意优劣势对比。

(5)企业和竞争对手以往的广告媒介策略　即产品的媒介组合是否合理？是否有区别？广告发布频率如何？

(6)广告效果　即广告在改变消费者态度、消费者行为、直接促销、收益等方面的效果对比,优势劣势分别是什么？

第七届学院奖策划方案一等奖作品《凝固的瞬间——珍视明营销策划案》中,就对珍视明滴眼液的竞争品牌:新乐敦、珍珠明目、润洁、闪亮在品牌形象、诉求、优势、不足上进行了对比,如表4-2所示。

表4-2 《凝固的瞬间——珍视明营销策划案》的企业和竞争对手的竞争状况分析

| 品牌 | 分析 |
| --- | --- |
| 新乐敦 | 品牌形象:时尚感、清凉感、都市感。高品质、高科技、国际化企业。<br>诉求:产品——缓解眼睛疲劳及不适感;<br>人群——年轻的群体,白领、学生及年轻的工薪阶层;<br>广告——“让眼睛深呼吸”。<br>优势:品牌形象鲜明,消费者忠诚度高。曼秀雷敦公司誉满全球实力雄厚,在一线城市有明显的竞争优势。<br>不足:价格偏高,部分消费者因为价格的关系放弃选择该品牌。<br>小结:时尚感。小资、白领的定位,但仍让人感到有很多束缚,没有真正完全的放松自己,释放压力,并没有满足消费者的深层次心理需要。 |
| 珍珠明目 | 品牌形象:中成药制剂,价格低廉的保健品。以珍珠明目作为产品名的药品厂家非常多,其实是一个产品类别,而不是品牌名。<br>诉求:产品——缓解眼睛疲劳;<br>人群——师生、青少年、白领;<br>广告——几乎不投入。<br>优势:中成药不良反应少,价格低廉。<br>不足:价格相对较低,而投入较大;缺乏全国性 OTC 市场营销渠道;产品包装档次不高;中药有效成分研究和提取、剂型改进及市场营销上都差得很远。<br>小结:平民感。品牌形象弱,缺乏与消费者的有效沟通。 |
| 润洁 | 品牌形象:专业、柔和、健康,给人高品质的联想。滴眼液的专业生产企业。<br>诉求:产品——缓解视疲劳;<br>人群——师生、青少年上网的人群、办公室用电脑的人群;<br>广告——上网,看电视,用润洁。<br>优势:“缓解视疲劳”的功能利益性定位明确;正大福瑞达销售网络遍布全国。<br>不足:管理手段太过传统,难以实现需求的快速响应,客户群流失现象严重。<br>小结:专业感。功能性利益强,情感上对消费者的满足不够。消费者抱着“治疗”而不是“放松”的态度。 |
| 闪亮 | 品牌形象:年轻、时尚、活力。品质一般的国产企业。<br>诉求:产品——缓解眼睛疲劳,结膜充血以及眼睛发痒等症状的保健品;<br>人群——初中生、高中生等追求时尚的年轻人群;<br>广告——“谁用谁闪亮”。<br>优势:广告攻势大,在特定时期到达率高。采用周杰伦做代言人,在一定程度上鼓动了一部分消费者。<br>不足:负面新闻,给品牌可信赖度造成一定影响;明星效应只能带来短期效应,存在风险;部分消费者反应不良反应大。 |

小结:校园感。单纯依靠产品代言人的明星效应,可信赖度差。

#### 4.3.1.5 对市场状况做简要的小结

综合市场分析的各方面内容,简明扼要地指出产品和品牌目前在各个方面出现的问题,为下一步的广告策略做准备。

## 4.3.2 广告策略

### 4.3.2.1 广告的目标

1)企业提出的目标 如《创新黄梅 唱响再芬——安庆再芬黄梅艺术剧院营销推广方案》营销推广目标是扩大黄梅戏的观众群,扩大黄梅戏的知名度和美誉度;以创新的姿态建立"黄梅戏=再芬剧院黄梅戏"的品牌联想。

2)根据市场情况可以达到的目标 如《坐井观天下——龙之媒读书网营销与广告策划书》形象目标是借助龙之媒现有的知名度、美誉度和其他一切资源,竭力传播龙之媒读书网。在新媒体(网络)环境下,巧妙地利用目标受众的好奇心和网络游戏参与度,以电子书与实体书产品广告病毒式植入。建立龙之媒读书网是为能够满足广告人丰富知识与能力提升需求的创意传播、互动娱乐游戏平台的良好形象。提高产品形象的认知度、美誉度,建立龙之媒读书网品牌的忠诚度。使认知度在目标受众中提高20%,美誉度提高16%,忠诚度提高12%。

### 4.3.2.2 目标市场策略

1)企业原有市场观点的分析与评价 企业原有市场观点的分析与评价包括原有市场观点是否符合市场的规模和特性;原有市场观点有哪些机会与威胁,优势与劣势;重新进行目标市场策略决策的必要性。

2)市场细分 市场按照什么样的标准进行细分?各个细分市场的特性如何?对企业最有价值的细分市场是哪里?企业针对这一细分市场应该采取何种措施?针对目标市场的选择理由和实施策略是什么?

### 4.3.2.3 产品定位策略

1)企业原有定位策略的分析与评价 企业原有定位的策略是什么?定位策略的效果怎么样?

2)新的产品定位策略 新定位的必要性包括消费者需求、产品竞争、营销效果等角度解析。对产品定位的描述;新定位的依据和优势在什么地方?

如江中牌健胃消食片的案例。面对"消化不良"药品市场竞争激烈,吗丁啉一枝独秀的局面,成美广告公司将新的品牌定位在"日常助消化用药"上,避开与吗丁啉"专业胃药"的竞争,通过广告反复告知消费者江中健胃消食片是什么,起什么作用,就可以在需求未被满足的消化酶空白市场不断吸引消费者尝试和购买。成美广告公司为江中健胃消食片制订了"胃胀,腹胀,不消化,请用江中牌健胃消食片"的广告语,在传播上凸显产品作为"日常用药"的特点,广告风格也相对轻松和生活化。针对"食欲不振"的儿童群体,他们在原有定位下进行推广"孩子不吃饭,快用江中牌健胃消食片"的理念。广告也邀请和品牌定位风格一样亲和的演员郭冬临来演绎了"成人"、"儿童"两个版本,加强广告之间的联系。

### 4.3.2.4 广告诉求策略

1)广告的诉求对象 广告的诉求对象包括诉求对象的表述,诉求对象的特性与需求。

2)广告的诉求重点 广告的诉求重点包括对诉求对象需求的分析,对所有广告信息的分析,广告诉求重点的表述。

3)诉求方法策略　诉求方法策略包括对诉求方法的表述和依据。

#### 4.3.2.5　广告表现策略

1)广告主题策略　广告主题策略即广告主题是什么?选择这一主题的理由是什么?

2)广告创意策略　广告创意策略创意和主题的相关联系是什么?广告创意的核心内容和广告创意的说明。

3)广告表现的其他内容　包括广告表现的风格和各种媒介的广告表现。

#### 4.3.2.6　广告媒介策略

广告媒介策略有以下几方面:媒介策略的总体表述;媒介的地域;媒介的类型;媒介的选择,包括选择媒介的依据和选择的主要媒介及特点;媒介组合策略;广告发布时机策略;广告发布频率策略。第四届全国大学生广告艺术大赛策划案一等奖作品《气泡来袭》针对可口可乐公司"积极乐观,美好生活"可持续发展的公益选题,将目标人群聚焦到校园"宅"人群,对他们的生活轨迹进行梳理,表现出"宅"的危害性,从而提出广告策略:从"每周断网一小时"开始,给生活一个改变的契机;在"气泡一小时"的这段时间里,摆脱网络束缚,通过参与户外活动充分释放自己的青春活力,感受网络之外的丰富,发现更多生活的精彩。这个策略虽然是让目标人群离开网络,但是起步却在网络,通过微博交流上传每个人的活动计划,充满了运动的活力;同时,运用手机媒体,让目标人群晃动手机,设定了一系列捕捉气泡、戳破气泡、绽放烟花的手机效果,体现了广告策略的年轻化,也让"气泡来袭"这一策略得到充分体现,同时在倡导校园环境的行动基础上,增强了"气泡"来自可口可乐的独特印象。

### 4.3.3　广告计划

这一部分要详细说明广告实施的具体细节。应把具体的广告营销计划、广告创意表现、广告活动安排、媒介计划、费用预算等内容清晰、完整而又简短地设计出来具体包括。

1)广告目标　前面已述,此处不再叙述。

2)广告实施时间　前面已述,此处不再叙述。

3)广告的目标市场　前面已述,此处不再叙述。

4)广告的诉求对象　前面已述,此处不再叙述。

5)广告的诉求重点　前面已述,此处不再叙述。

6)广告表现　广告表现包括广告的主题,广告的创意,各媒介的广告表现(如平面设计、文案、电视广告分镜头脚本等),各媒介广告的规格和各媒介广告的制作要求。

7)广告发布计划　这部分一般至少应该清楚地叙述所使用的媒体、使用该媒体的目的、媒体策略、媒体使用计划以及各类媒体的刊播应该如何交叉配合。还包括广告发布的具体媒介、所用的广告规格、广告媒介发布排期表等。

8)其他活动计划　其他活动计划包括促销活动计划、公共关系活动计划及其他活动计划。

9)广告费用预算　这部分要根据广告计划的内容详细列出媒体选用情况及所需费用、每次刊播的价格,通过表格的形式可以列出调研、设计、制作的费用。具体包括广告的策划

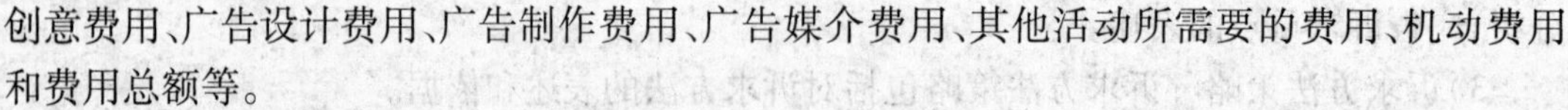

创意费用、广告设计费用、广告制作费用、广告媒介费用、其他活动所需要的费用、机动费用和费用总额等。

### 4.3.4 广告活动的效果预测和监控

广告活动的效果预测和监控主要是告诉广告主,如何保证广告计划的实施,而且达到的效果是否和之前确定的目标任务相一致。

1)广告效果的预测　它包括广告主题测试、广告创意测试、广告文案测试、广告作品测试。

2)广告的监控　它包括广告发布的监控、广告活动执行的监控、广告效果的测定。

## 4.4 广告策划书的撰写要点

撰写广告策划书的过程,蕴涵着广告策划专项小组对整个广告运动的整体把握和细节考虑。在最初的分析市场、竞争对手、消费者市场状况中,总结出产品和品牌面临的问题,提出初步构想,逐步形成广告策略,形成完整的广告策划书并最终说服广告主,广告策划的过程需要一定合理有效的技巧。

### 4.4.1 以解决问题为核心

广告策划活动的目的是要为企业解决目前出现的问题。为此,一份成功的广告策划书首先要看其是否明确地找到了企业广告战略及策略上的问题点,有无解决对策。

策划书主要包括以下几点。

(1)策划书要有明确的产品定位。

(2)策划书应符合市场和产品实际,准确巧妙地设定并抓住产品概念、目标受众等问题。策划专项小组对市场产品和消费者的实际掌握情况要通过策划书表现出来。由于消费者的价值观对消费行为影响较大,因此,应把握住策划书对其购买动机和生活形态进行研究的程度。

(3)策划书中广告诉求主题和表现方法应当清晰简洁。

(4)策划实施策略要体现成本低、效果好的最佳方案。

(5)策划书要具有可操作性。

### 4.4.2 策划书应量化、具体

1)目标设定明确　策划书中涉及的营销目标(如销售额、市场占有率、购买率等)和传播目标(如知名度、认知度、理解度等)都应明确地设定出来。

2)工作指标量化　策划书中的各工作指标标准要量化和具体,必要时用数字来表示。如广告活动中目标受众人数、覆盖地区数量、广告活动的目标购买率、增长率等都须有量化的数据指标。

3)实施中的有效监控　广告策划中不仅要体现实施成果,更要体现确保成果实现的管理监督、控制手段措施及广告实施后的成果评审检验方法。

4)策划方案中的执行方案应非常精细　策划人在策划方案的总构想思路上往往倾注了

较多的心血,也常有较好的点子和大胆的创意产生,但执行方案往往不够细致。优秀的构想必须通过精细的执行才能充分发挥功效。所以“做”跟“说”同样重要,如果执行方案太粗糙即可判定整个策划方案不合格。



### 4.4.3 策划书应简洁明确,重点突出

撰写广告策划书一般要求简洁明确,避免冗长。应围绕课题中的重要内容、重点问题和重要的策略进行论证及阐述。广告策划以解决问题为目的,广告策划书在每一部分的开始最好有一个简短的摘要,把重点问题、关键文字提在每个部分的开头进行简要地描述,引起阅读者的注意并加深记忆。在每一部分要说明所使用资料的来源,增强策划书的可信度。企业评价一个广告策划书的好坏,不会仅以内容多少、装帧精美来作为评判标准,重要的还是其实质内容。

## 4.5 广告策划专项方案

### 4.5.1 广告运动策划方案

#### 4.5.1.1 广告运动的内涵与分类

广告运动(advertising campaign),也称为广告战役,是指广告主在一段明确的时间里(如一年),围绕相对独立的广告目标,推出一系列拥有共同主题或信息相关联的广告或广告活动,以期建立广告信息的累积效果,塑造品牌与企业一致的形象,并给予目标受众持续而深刻的刺激与冲击。广告运动是广告活动日益复杂、内部分工日益细致的必然产物,它是一个动态的过程。对于受众来说,广告运动就是一系列有着相似信息的广告或广告活动。

广告运动策划是指相对独立的、阶段性的、目标明确的广告、广告活动的系列策划。可以是品牌策略发生变化,为了帮助新品上市,或是为了进入一个新的细分市场而开展系列广告活动;也可以是针对特殊时期(如节假日、纪念日、反季节、特殊事件等)进行广告宣传以吸引消费者注意、刺激销售或塑造品牌形象等采取的系列活动。

按照目的,广告运动可以划分为促销广告运动、形象广告运动、观念广告运动、解决问题广告运动四种类型。

1)促销广告运动　促销广告运动的目的就是直接促进销售,集中投入较多费用,要求在最短的时间里达到最大的促销效果。2009 年王老吉饮料年销售量达 170 亿元,成为市场营销的经典案例。加多宝公司围绕“怕上火,喝王老吉”的定位,在开辟销售渠道时,寻求新的突破口,不仅进入传统的商场、超市等,还进入餐饮店、酒吧、网吧等场所。并且把这些消费终端场所也变成了广告宣传的重要战场,设计制作了电子显示屏、红灯笼等宣传品免费赠送。在给渠道商家提供了实惠后,加多宝公司迅速进入餐饮渠道,成为渠道中主要的推荐饮品。

在针对中间商的促销活动中,加多宝公司除了继续巩固传统渠道的“加多宝销售精英俱乐部”外,还充分考虑了如何加强餐饮渠道的开拓与控制,推行“火锅店铺市”与“合作酒店”的计划,选择主要的火锅店、酒楼作为“王老吉诚意合作店”,投入资金与他们共同进行节假日的促销活动。

2)形象广告运动　形象广告运动的目的是树立品牌新的形象或者是增强产品品牌在消费者心目中的固有形象,增强消费者对产品品牌的知名度和忠诚度。一般形象广告运动时间较长,见效较慢,需要持续投入固定费用。

3)观念广告运动　观念广告运动是指要通过广告或广告活动强化产品和品牌要传播的信息,增强消费者信任的目的是传达观念。NIKE公司"just do it"这一品牌核心观念,就是通过一系列的明星代言广告和针对青年朋友的具体营销活动等来强化的,例如,Freestyle酷炫之王全国大搜索活动、三人制篮球比赛等。

4)解决问题广告运动　解决问题广告运动的目的是说服受众直接解决紧迫问题,采取一系列广告或者公关活动直接使问题顺利解决。一般来说这一广告运动持续时间短,见效快,集中投入费用较多。

#### 4.5.1.2　广告运动策划流程

广告运动策划强调广告、广告活动主题、强化广告的表现力,以系列化的广告创意来强化广告所传播的概念,从而打动消费者,达到良好的广告效果。广告运动着重于在具体的广告活动上,也是由前期调研、制订策略、表现创意、媒体发布、效果测定等几大部分组成。

广告运动策划流程主要包括如下流程:

(1)广告主和广告公司商讨确定广告传播目的。

(2)广告公司提供市场简报和创意简报。

(3)广告主认可后广告公司进行公关、直销、促销活动及媒介组合的想法。

(4)广告主确认后开始进行项目作业:3~5个创意概念或创意方向,初步媒介策略。

(5)广告公司内部进行评估并确认配合策略方向。

(6)广告公司向广告主进行提案。

(7)广告主提供修改意见。

(8)广告公司完成详细方案及创意策略。

(9)客户审核同意。

(10)具体制作并交送媒体。

#### 4.5.1.3　广告运动策划工具

要策划大规模、持续时间长的广告运动,必须坚持一个广告信息诉求主题。以丰富的创意能力,在这个信息主题的基础上不断变化诉求方式,以多个相同诉求点的不同广告创意作品来最大限度地促进消费者的认知,累积传播效果,达到将这一信息主题深入人心的目的。

2004年7月21日,中国移动全球通召开了以"点燃我能时代"为主题的新闻发布会,并对"我能"这一品牌理念进行了新的诠释,随后一系列广告和广告活动也紧锣密鼓地展开了:全面提升国际漫游品质,赞助雅典奥运助威团,开辟"烽火雅典"数据业务,推出了为全球通客户专门定制的"新奇特"手机、电视、平面、户外等媒体,所有全球通广告业上出现了"我能"这个新标签,不同性格、不同职业但同样为全球通客户的成功人士现身说法,抒发"我能"的意愿。同时,在各种热点事件、活动中叶不断有热门成功人物以实际行动演绎"我能"的理念。2005年4月,中国移动发布了"全球通人生活难题征集中……"这一引起多方关注的广告,直到5月17日世界电信日才揭晓,全球通将以优质的服务和业务解决全球通客户的一切通信难题。2010 年,他们又推出了“做人生的赢家,我能”有奖活动,在网站上对有趣或值得关注的话题进行探讨并以抽奖的方式进行奖励。“我能时代”和“我能时刻”的广告运动策划最终帮中国移动将全球通成功地从产品定位转向了客户定位,获得了客户的极大认同。

策划有效的广告运动,需要借助有效的工具,通过对产品或品牌所面对的市场和消费者事实的研究,来确定广告运动的定位、方向、主题、方法等。智威汤逊公司的广告运动计划循环表(表 4-3)要求对客户的现状、造成的原因、品牌与广告的目标、传播建议和对广告传播的检验等方面进行思考,并对整个广告运动进行了规范要求。

**表 4-3 智威汤逊公司广告运动计划循环表**

| | | |
|---|---|---|
| 我们在哪里? | 1. 社会和经济因素 | |
| | 2. 市场状况 | (1)市场本身 |
| | | (2)市场上的产品状况 |
| | | (3)市场上的人 |
| | 3. 竞争性产品的定位 | |
| | 4. 公司政策 | |
| 我们为什么在这儿? | 1. 过去的品牌和竞争性广告分析 | |
| | 2. 对产品的描述和评估 | |
| | 3. 消费者:态度和感觉 | |
| | 4. 影响品牌销售的因素 | |
| 我们要到哪里去? | 1. 品牌目标 | (1)营销投资 |
| | | (2)营销手段和目标 |
| | | (3)市场份额目标 |
| | | (4)使用者的变化 |
| | | (5)用法的变化 |
| | 2. 品牌定位 | |
| | 3. 品牌策略 | |
| 我们如何到那里? | 1. T-计划(创意简报) | |
| | 2. 创意建议 | |
| | 3. 媒体建议 | |
| | 4. 调查建议 | |
| 我们正在去那儿吗?(广告运动 6 个月后检查) | 1. 建议检查的日期 | |
| | 2. 与目标相比实际的销售成绩 | |
| | 3. 消费者调查评估 | |

## 4.5.2　公关策划方案

### 4.5.2.1　公关策划的含义

公关策划(public relation planning)是公共关系人员根据组织形象的现状和目标要求,分析现有条件,谋划并设计公关战略、专题活动和具体公关活动最佳行动方案的过程。公关策划的目的在于建立和传播企业的良好形象和信誉,提高社会组织的内在凝聚力和对外吸引力,通过社会效益的获得追求经济效益。

公关策划常见的活动类型有以下几种。

(1)危机型公关　危机型公关包括召开新闻发布会,公布危机事实真相,与公众沟通对话。

(2)宣传型公关　宣传型公关包括记者招待会、策划新闻事件、制作宣传刊物和视听资料、联谊招待会、座谈会、工作餐、交谊舞(晚)会。

(3)活动服务型公关　活动服务型公关包括展览会、公众参观活动、公益事业、赞助活动、开业庆典与周年活动、社会文化活动、售前售中售后服务。

(4)文化导向及文化包装型公关　文化导向及文化包装型公关包括民族文化仪式活动、节日文化活动、体育文化活动、推广价值观念、推广新型生活方式。

(5)诊断开发型公关　诊断开发型公关包括生产、管理、营销、广告、员工等方面的专题诊断;产品开发咨询、市场拓宽战略咨询。

(6)CI 型公关　CI 型公关包括 MI 开发、BI 规范、VI 设计。其中,MI(理念识别)开发,包括经营哲学、企业文化、企业标语、企业精神、企业理念的确定;BI(行为识别)规范,包括企业内部生产、管理、开发行为的规范,外部营销、广告等行为的规范,员工行为规范;VI(视觉识别)设计,包括标准字、标准图、标准色的设计及运用设计。

### 4.5.2.2　公关策划书的格式

公共关系策划书是公共关系活动方案的规范载体,一份完整的公共关系策划书应当具备 5W、2H、1E。5W 即:Why(为什么)——策划的缘由,Who(谁)——策划人、策划方案针对的公众,What(什么)——策划的目的、内容,Where(何处)——方案实施地点,When(何时)——方案实施时机;2H 即 How(如何)——方案实施形式,How much(多少)——活动经费预算;1E 即 Effect(效果)——活动实施效果预测。

1)公关策划书的封面　公关策划书的封面由标题、署名及日期组成。

(1)标题　公关策划书的标题要让人一目了然,具体明白。具体可以按照以下几种形式完成标题的制作:①公关主体+事由+文种,如海尔集团“雅典奥运倒计时”活动方案书、百货大楼首届香水文化节策划书、中信银行开业庆典策划书、巨能钙公司消除“双氧水事件”影响的公关活动策划书。②事由+文种,由组织内设公关机构策划公关活动方案,其策划书一般用这种形式的标题。如华力奖学金计划 10 周年纪念活动策划书、大学生心理健康知识宣传活动策划书。③主标题+副标题+文种,这也是公关策划书的主要标题形式。主标题一般是公关活动主题,副标题即常用策划书名称。如“感恩生活,关注心理健康——心理健康知识宣传活动策划书”、“节奏狂飙炫音魅影——百事可乐炫音飞车音乐活动计划书”。

(2)署名及日期　策划书的署名为策划人的单位和个人名字，日期为具体策划方案的完成时间。

2)前言　介绍策划本次公关活动的指导思想、主要目的、理论依据、事实依据和相关背景，主要包括组织面临的公关问题及环境特征、组织的发展历史及组织立场、实现组织既定目标需要克服的障碍、开展公关活动的原因、开展公关活动的目的动机等。

3)形象分析　公关策划的主要目的就是为了树立和传播企业的良好形象，所以对企业目前的形象状况进行分析是进行活动策划之前必要的一个环节。形象分析主要是通过公共关系调查活动，对产品形象、人员形象、企业管理形象和知名度、美誉度、忠诚度等进行分析。其中包括企业经营状况，市场环境与市场需求分析，企业与产品形象分析，公众消费意识、经济条件与物质需求分析，企业在开发设计、生产管理、市场销售、公关信息传播、社会公共事业等方面存在的问题，公众对企业的形象预期等方面。

4)目标战略　这一部分要重点介绍公共关系活动的目标设想、阶段工作任务和活动安排、目标公众定位、整体形象塑造、市场营销建议等方面的内容。其中目标设想包括公共关系总目标，阶段性活动目标、具体的传播目标；目标公众定位要关注到企业公关活动的首要公众、重要公众和次要公众；市场营销建议可以从包装、渠道和营销方式上进行。

5)创意说明　主要介绍公共关系活动创意的独特性和合理性。包括的内容主要有：指导思想、活动主题、活动总名称、阶段项目活动名称、创意亮点和创意思路、广告宣传品、标语和饰物。其中广告宣传品包括主要陈述电视宣传作品的分镜头脚本、报纸杂志宣传作品的设计图、POP 广告的设计图等；饰物包括介绍营造现场主题气氛所使用的装饰物，如吉祥物、彩旗、现场色调、音乐、音响等。

6)媒介策略　公关活动所用媒体的分配安排、媒介选择理由、选用方式、频率、日期和媒介组合安排等方面的内容。其中分配安排包括媒体分配、地理分配、时间分配和内容分配四个方面。

7)总体计划　这是公关策划书的重点内容，重点介绍公共关系的整体运作方案。主要介绍公关活动推出的时机、活动主题、时间安排、战术布置、活动亮点、各项目负责人、地点等。其主要内容有以下三个方面。

(1)选择时机　时机是公关计划的重要内容之一，公关活动可以选择的时间包括节假日、重大社会纪念日、企业开业或者周年庆、新项目、新技术、新产品发布之际、企业重大调整，做出重大决策之时、企业推出社会公益事业和公益赞助活动、产品畅销之际、企业受到领导人、重要人士参观之际。

(2)日程安排　即介绍公共关系项目从承接项目任务开始到完成公共关系活动所涉及的工作进度安排。

(3)活动布置　介绍公共关系各个主体活动与后援活动的项目名称、实施时间、地点、运作步骤、程序方案，其中运作步骤、程序方案一般表现为"节目单"形式，采用表格形式表述。

8)经费预算　公关活动的经费预算可以用表格的形式来表示(见表 4-4)。

9)效果展望　效果展望就是对活动实施效果的预测。

表 4-4　公关策划项目预算表

| 项目 | 开支内容 | 具体费用 | 备注 |
|---|---|---|---|
| 公关调研费 | 问卷设计与印制费用 | | |
| | 实地调查 | | |
| | 资料整理 | | |
| | 分析研究 | | |
| 创意策划 | 创意研讨会议 | | |
| | 创意策略费 | | |
| | 总体规划服务费 | | |
| | 活动项目策划服务费 | | |
| 宣传品设计费 | 设计费 | | |
| | 印刷费 | | |
| | 摄制费 | | |
| | 工程费 | | |
| 宣传媒介租金 | 报纸/杂志 | | |
| | 电视 | | |
| | 广播 | | |
| | 网络 | | |
| | 户外 | | |
| 劳务费 | | | |
| 服务费 | | | |
| 公关礼品费 | | | |
| 机动费用 | | | |
| 总计 | | | |

### 4.5.3　媒介计划书

广告媒介的作用在于把产品的信息有效地传递到目标市场。广告的效果不仅与广告信息有关,也与广告主所选用的广告媒介有关。事实上,要使人们对某项产品产生好感,刺激人们决定购买,使产品的市场销售增加,这样的职责是由广告信息、广告信息的表现方式(广告作品)和适当的媒介共同承担的。同时,在广告宣传中,所运用的广告媒介不同,广告费用、广告设计、广告策略和广告效果等内容都是不同的。因此,在广告活动中要进行广告媒介的选择。媒体计划书是为了建立企业品牌,广告传播时所采取的媒体细节行为中的一种重要的沟通方式。

#### 4.5.3.1 媒介计划书撰写思考要素

持久有效的媒介策略，不单可以帮助客户建立品牌，更可帮助客户巩固品牌、积累品牌资产。媒介计划书包括媒体目标、媒体策略。

1）媒介目标　媒介目标是指通过媒介达到的目标。

2）媒介策略　媒介策略是指根据市场状况和竞争品牌的情况制订的策略，包括预算的制定、目标受众的确定、投放地区的确定、投放时间的确定、媒介选择和媒介组合、投放量的确定。其中，竞争品牌媒介分析包括：竞争品牌及同类媒介投放的季节性、媒介花费占有率、竞争对手媒介投放的主要市场、竞争对手主要的媒介投放时间地区、竞争对手主要媒介选择及媒介组合。

选择媒介时要从五个方面进行考虑：媒介与品牌定位是否合适？媒介与受众特点是否协调？媒介是否符合产品特点？媒介能否有效传达广告信息？此媒介的特征是什么？

#### 4.5.3.2 媒介计划书的格式

撰写媒介计划要注意把握媒介策略的重点、媒介计划的构成要素、媒体投放的具体日期，让客户能够非常清楚地了解媒介计划的核心和要点。具体的格式如下。

1）标题　即媒介计划书的题目。

2）内容简述　即对媒体计划的基本策略和内容进行概括性归纳。

3）目录　即媒介计划书的目录。

4）媒介计划的背景分析　指对产品状况和目标传播区域的媒介进行系统地研究分析，从而发现有价值的媒介和有效率的传播方法。

5）媒介计划的目标确定　指确定媒介计划目标的方法。

6）媒介发布的对象分析　①消费者是如何接触媒介的，即对消费者媒介接触习惯的分析，对目标消费者一天的媒介接触情况进行描述；②消费者处于什么样的媒介环境中，如有多少种媒介，这些媒介的影响范围有多大等；③消费者如何消费这些媒介；④怎样利用这些媒介成功地影响消费者，如参考过去有效利用媒介的案例所使用的方法、总结以及推荐媒介等。

7）媒介选择策略　媒介选择的基本任务是制定媒介在类别与载体的选择方向。总的来说，媒介选择可以从三方面考虑：选择覆盖面最广的媒介以确保知名度；根据广告预算选择最适合目标受众群体的媒介；选择能够最好传达广告创意信息的媒介。

8）媒介组合方式　随着媒介形式的多样化发展，媒介组合也呈现出多样化的局面，综合而言，可以有如下几种方式。

（1）视觉媒体与听觉媒体的组合　视觉媒体指借助于视觉要素表现的媒体，如报纸、杂志、户外广告、招贴、公共汽车广告等，视觉媒体更直观，给人以一种真实感；听觉媒体主要借助听觉要素表现的媒体，如广播广告、音响广告，听觉媒体更抽象，可以给人丰富的想象；电视和网络是听觉、视觉都运用的媒体，所以运用较广泛。

（2）瞬间媒体与长效媒体的组合　瞬间媒体指广告信息瞬时消失的媒体，如广播、电视等电波电子媒体，由于广告一闪而过，信息不易保留，因而要与能长期保留信息，可供反复查阅的长效媒体配合使用。长效媒体是指那些可以较长时间传播同一广告的印刷品、路牌、霓虹灯、公共汽车、户外招牌等媒体。

(3)大众媒体与促销媒体的组合　大众媒体指报纸、电视、广播、杂志等传播面广、声势大的广告媒体,其传播优势在于“面”。但这些媒体与销售现场相脱离,只能起到间接促销作用;促销媒体主要指邮寄、招贴、展销,户外广告等传播面小、传播范围固定,并具有直接促销作用的广告,它的优势在于“点”,若在采用大众媒体的同时又配合使用促销媒体能使点面结合,可以起到直接促销的效果。

(4)其他　不同电子媒介的组合,不同印刷媒介的组合,电子、印刷与其他媒介的组合。

9)媒介发布时间策略　即媒介发布时间的策略和计巧。

10)媒介发布排期表　媒介排期表是对媒介的发布时间先后次序,每一次的间隔,乃至对制作广告稿及送稿时间的明确规定,以保证广告的正常发布。常见的有连续式、栅栏式、脉冲式(见图4-2)。

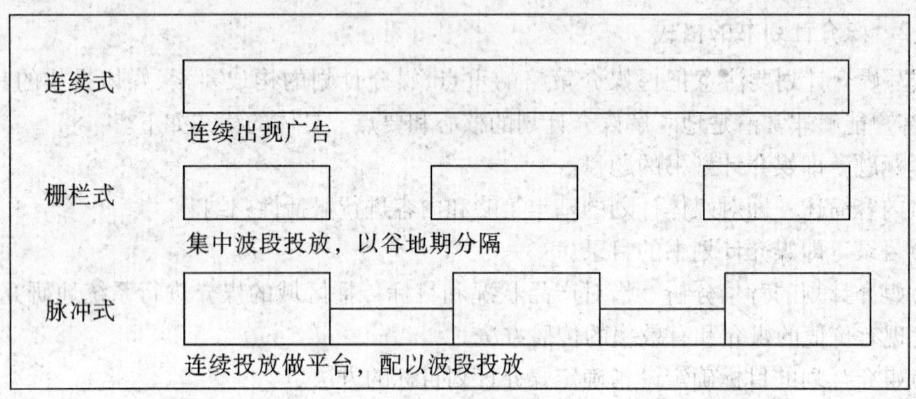


**图4-2　常用的媒介排期**

11)媒介预算　根据媒介策略和媒介组合中所运用不同时段,不同类型的媒介价格综合起来,把广告活动使用媒介的费用进行预算分配。

媒介计划必须考虑媒介的成本,通常的概念是CMP(平均千人到达成本),做广告前不仅要考虑广告目标市场上的接触范围和接触频率,也就是说向百分之几的市场传播几次,还必须考虑平均每人用多少成本。由于大众传播媒介覆盖面广,所以用平均每一千人为计算单位。

12)预期效果及效果评估　即对媒介策略的效果进行预测并对将产生的效果进行评估。

## 实训篇

### 案例分析

#### 康师傅广告策划案

康师傅方便面在中国家喻户晓。"康师傅"塑造了一个可爱的动画人物形象，以讲究健康的美食专家形象在中国市场建造了"康师傅"食品王国。大学生是方便面的重要消费群体，本次策划活动通过对产品市场的综合调查分析，以提高康师傅方便面在某高校的市场占有率为主要目的做了一整套营销策略方案。

**一、市场分析**

1. 销售环境分析

大学生是方便面的重要消费群体。就我们学校而言，学校周一到周五实行封闭式管理，学生的活动范围基本都是在校园里，我们食堂条件单一，且吃饭时间集中。同学们在厌倦了食堂那永远不变味道的食物和挤食堂抢饭的烦恼时自然会选择实惠方便的方便面。

2. 品牌对比分析

康师傅方便面品质精良、汤料香浓，碗装面和袋装面一应俱全，更重要的是康师傅是国内最大的方便面品牌，根据我们在学校的市场调查问卷得知，很多人在买方便面时首选是康师傅。购买原因，一是因为品牌效应，二是因为好吃。而校园外全国近期内的市场调查是这样的数据：冠军——康师傅的市场综合占有率保持在34%以上。亚军——统一。其他受大家欢迎的品牌有华龙、福满多、华丰、今麦郎、好劲道等。

3. 消费者分析

学生一般都离不开方便面，而学生一般又会在什么情况下选择方便面呢？

经过分析，大学生通常在以下情况下会选择方便面：惰性、想要节省、整天用电脑、形单影只、不喜欢单独去食堂吃饭。

既然这些学生会更多地选择方便面，那我们怎么样才能更抓住这些人的注意，让他们在买方便面时更多的购买康师傅方便面呢？

**二、广告媒介方案**

最终确定把康师傅品牌信誉度高、品牌形象亲切和"好吃看得见"这几个诉求点强化突出。既然这是一个老的知名品牌，我们在广告策略上侧重于深化康师傅这个可爱的动画人物给我们带来的亲切感，在品牌上加入人文关怀的因素，让同学们在看到听到这个品牌时就觉有温馨的感觉，就可以强化它的品牌效应。而强调它的好吃，我们就可以在网络上做突出康师傅方便面十分好吃这点特色的 flash 广告。我们推广的目标市场是高校,我们就要针对这个环境特点选用最合适的广告策略,和使用尽可能少的广告费用。

1. 广播

首先,我们选用的媒体是广播。在下课(特别是吃饭)的时间,无论我们身处校园的哪个角落都能听见广播。我们选在吃饭的时间在校园广播上推出一个介绍健康饮食知识的小栏目,比如说康师傅友情提示在炎热的夏天我们应该多吃点水果或吃西红柿有美容作用等,以增加其健康的良好形象。

然后我们可以抓住大学生网络生活占很多的课余时间这个特点,在校园网上制作一个点击网页弹出式 flash 广告,这个 flash 广告最主要是突出了康师傅的美味。另外我们可以在我们校园网上发布一个由康师傅公司赞助的康师傅网页和 flash 设计大赛,其实这比赛就是一个很好的促销手段,因为对赛事有兴趣的同学们就会自然而然为了更进一步了解康师傅这个牌子的方便面而去更多地品尝,我们比赛的奖品可以设为第一名可以得到在康师傅公司打暑假工的机会及获奖证书,第二名可以做康师傅校园销售代表及获奖证书,优秀奖奖品为康师傅方便面一箱及获奖证书。

2. 其他媒介组合

(1)据调查:买方便面的同学有70%的属于冲动型购买,在去超市之前不会计划好要买什么品牌。因此,可以在学校的几个超市在摆放康师傅方便面的地方贴上带有康师傅动画形象的 POP 指示牌,突出易看、易取、易买的目的。

(2)户外。在校园里设置自行车免费充气点。即摆放一把印有康师傅标识的大遮阳伞配备一个自行车电动充气设备。

(3)促销。针对燥热的夏季,从人文关怀的角度出发,进行买五袋装的康师傅方便面就可获赠一把印有康师傅字样的漂亮纸扇作为促销活动。

(4)设置临时售点。可以在每幢宿舍楼都设一个临时销售点,开通一个免费电话和一个销售网页。学生想吃方便面了,一个电话打来或者一个信息发进来,面和水就一起送上门来。这样又进一步扩大了康师傅方便面的销售。

另外我们还可以再使用一些无成本的、非常规的方式来加深康师傅的品牌。我们可以在游戏上打广告,因为玩游戏的人是吃方便面的第一大群体。比如,可以通过游戏中强者的身份和康师傅身份的对等来坚定康师傅的王者风范的印象;或者,把一些极品装备的命名和康师傅这几个字连上关系;又或者,在校园网上以康师傅名义为同学们提供一些学习用的软件等。当然,这些手段如果要采取的话,只能我们小组的成员自发的去做,才能保证无成本。

**三、广告总策划**

1. 广告目标

通过提高品牌形象扩大销售。希在本高校夏季销售量达到 3 000 箱(如果一箱方便面厂商大概纯盈利为 8 元,那么 $8\times3000=24\ 000$ 元)。

2. 广告时间

(1)POP 广告、广播、网络的广告时间为 6 月 1 ~31 日。

(2)临时售点的户外广告为6～7月。

(3)促销时间为6月1～31日的每周五下午。

3. 广告预算

POP广告100元

广播100元

网络(含奖品)200元

促销赠品:200元

临时售点150/月×2=300元

户外:100元

总费用:1000～1200元

分析康师傅的此次广告策划案的创意点和媒介方案。

## ◘实践应用

(1)请考察一家广告公司并对广告策划的实际操作流程进行描述。

(2)搜集完整的广告策划方案、广告运动方案、公关策划方案、媒介计划书,并对自己搜集的方案进行优劣点评。

(3)选择合适的人员组成广告策划项目小组,对本地的一个房地产项目进行策划方案编写训练:

①搜集市场资料,分析项目目前的状况及问题;

②确定目标受众及其相关资料;

③制订新的营销战略和传播策略策划;

④课堂提案;

⑤完成小组方案并上交。

## ★思考题

(1)概述广告策划书的基本内容。

(2)简要介绍一下广告策划书编写的注意事项。

(3)什么是广告运动?广告运动策划的四种类型是什么?

(4)一份完整的公关策划书要包括哪些内容?

(5)撰写媒介计划书要思考哪些方面内容?

# 5 广告效果评估与策划

## 导言

### 本章学习目标

通过本章学习，要求学生能够了解广告效果的含义、分类及特性，充分认识广告效果测定的意义，并能掌握广告传播效果测评、广告经济效果评估以及广告社会效果测定的方法。

### 本章重点

广告传播效果测评　广告经济效果评估　广告社会效果测定的方法

## 5.1 广告效果的含义、分类及特性

### 5.1.1 广告效果的含义

广告活动或广告作品信息传播出去之后对受众产生的所有直接或间接影响效应,以及带来产品销售、社会经济等相应的变化,就是广告效果。

广告效果有狭义和广义之分:狭义的广告效果是指广告所取得的经济效益,即广告传播促进产品销售的增加程度,也就是广告带来的销售结果。广义的广告效果则是指广告活动目的的实现程度,广告信息在传播过程中所引起的直接或间接变化的总和,包括广告的经济效益、心理效益和社会效益等。

### 5.1.2 广告效果的分类

#### 5.1.2.1 按产生效果的时间划分

一项广告活动展开后,从时间关系上看,广告产生的影响和变化,会有多种情况发生。

1)即时效果　广告发布后很快就能产生效果,如商场里的 POP 广告,会促使消费者立即采取购买行动。

2)近期效果　广告发布后在较短的时间内产生效果。通常是在一个月、一个季度、最多一年内,广告商品的销售额有了较大幅度的增长,品牌知名度、理解度等有了一定的提高。近期效果是衡量一则广告活动是否取得成功的重要指标。

3)长期效果　长期效果是指广告在消费者心目中所产生的长远影响。消费者接受一定的广告信息,一般并不是立即采取购买行为,而是把有关的信息存储积累,在需要进行消费的时候产生效应,广告的影响是长期的、潜在的,也是逐步积累起来的。

#### 5.1.2.1 按涵盖内容和影响范围来划分

广告效果可分为传播效果、经济效果和社会效果,这也是最常见的划分方法。

1)广告的传播效果　广告的传播效果也称为广告心理效果,是指广告传播活动在消费者心理上的反应程度,表现为对消费者的认知、态度和行为等方面的影响。广告活动能够激发消费者的心理需要和动机,培养消费者对某些品牌的信任和好感,树立良好形象,起到潜移默化的作用。

2)广告的经济效果　广告的经济效果也称为销售效果,是指广告活动促进产品或者劳务的销售,增加企业利润的程度。广告的经济效果是企业广告活动最基本、最重要的效果,也是测评广告效果的主要内容。

3)广告的社会效果　广告的社会效果是指广告在社会道德、文化教育等方面的影响和作用。广告能够传播商品知识,可以影响人们的消费观念,会被作为一种文化而流行推广等。

#### 5.1.2.3 按对消费者的影响程度和表现来划分

主要可分为到达效果、认知效果、心理变化效果和促进购买效果。

1)到达效果　广告能否被消费者接触,要看有关广告媒体的“覆盖率”如何。如印刷媒体的发行量、电子媒体的视听率等的测评,为选择广告媒体指出方向。

2)认知效果　测定消费者接触了广告信息后,对广告的印象和记忆的程度,反映广告受众在多大程度上“听过或看过”广告。这主要通过测评消费者对广告的知晓率、理解率、喜爱度、购买欲望率等。消费者接触广告时所产生的心理变化,只能通过调查、实验室测试等方法间接得到。

3)心理变化效果　在社会信息系统中,把单个人看作一个独立个体系统,那些形成个体内部的变量即为心理特质。心理特质决定着人们的通常行为,广告常常通过影响消费者的心理特质,如知觉、刺激反应、需求、异质性、从众心理等,来引导其心理变化。

4)促进购买效果　指消费者响应广告诉求所采取的有关行为。这是一种外在的、可以把握的广告效果。一般可以采取“事前事后测定法”得到数据。

#### 5.1.2.4 按广告活动中效果测定的早晚来划分

主要可分为事前效果评估、事中效果评估、事后效果评估。

1)事前效果评估　事前效果评估是指在广告活动实施之前对广告策划方案、媒体效果等进行评价,通常对局部市场进行访问或实验。

2)事中效果评估　事中效果评估是指在广告活动实施期间随时了解受众反应,通常采用回函测定等方法。

3)事后效果评估　事后效果评估是指在广告活动结束后广告公司、广告主或委托评估机构,运用访问、统计、实验等调研手段,全面考核广告效果,是最常用、最普遍的广告评估活动。

### 5.1.3 广告效果的特性

#### 5.1.3.1 时间推移性

广告大多是转瞬即逝的,随着时间的推移,广告效果在逐渐减弱,这就是广告效果的推移性。时间推移性使广告效果的表现力不够明显。了解这一特点,有助于我们认清广告效果可能是即时的,更多是延缓的,具有推移性。

广告效果的产生不是一个立竿见影的过程,由于受到多种因素的影响,许多广告往往是经过一段时间后才会发挥作用。从一般产品的销售曲线来看,销售量的峰值在广告投入量的峰值之后。如果把销售量的增加看成是广告的效果的话,相对于广告的投入,效果的出现总是要滞后一个时段。

#### 5.1.3.2 效果累积性

广告被消费者接触,形成刺激和反应,最后产生效果,有一个累积过程。这种积累有两种:一是时间接触的累加,通过持续不断的一段时间的多次刺激,才可能产生影响,做出反应;二是媒体接触的累加,通过多种媒体反复宣传,就能加深印象,产生效应。

#### 5.1.3.3 效果间接性

广告效果最直接的表现就是受众通过接触广告而产生欲望最终产生购买行为。然而,在许多情况下受众虽然已经接触到广告信息,并对广告建立了一定的认识,但没有实现购买行为,他们的表现可能是以后购买,也可能是介绍他人购买,这是广告效果的间接表现。

这种效果不是从广告中直接得来的,而是通过意见领袖间接得到的。某些消费者在使用了商品后,感觉比较满意,会向身边或亲近的人推荐,激发他人的购买欲望;有的是被广告打动,劝说亲朋好友采取购买行动。这就是由广告引起的连锁反应,产生了连续购买的效果。

#### 5.1.3.4 效果复合性

由于广告效果受到各种因素的制约和影响,往往呈现出复合的现象。广告不仅会产生经济效益,促进销售,还会产生心理效果,对社会文化等发挥作用。从广告自身来看,由于产品的生命周期不同,广告在不同的市场条件下所产生的效果也不一样。因而也不能简单地从是否提高销售量来测定广告效果。

#### 5.1.3.5 竞争性

广告的竞争性强、影响力大,就能加深广告商品在消费者心目中的印象,树立形象,扩大市场份额。由于广告的激烈竞争,同类产品的广告大战,也会使广告效果相互抵消。因此,也要多方面考虑广告的竞争力大小。

#### 5.1.3.6 效果耗散性

现代市场竞争极为激烈,众多同类产品为占领市场,都纷纷展开大规模的广告运动。这种广告大战,导致广告信息的膨胀,消费者对此会产生排斥心理,从而造成广告效果的损耗。

### 5.1.4 广告效果测定的意义

#### 5.1.4.1 有利于加强广告目标管理

通过对广告活动每个过程、每个阶段所产生的效果进行评估,与广告策划方案中的目标进行对照比较,衡量其实现的程度,全面而准确地掌握广告活动的现状,能够及时发现问题,总结经验,控制和调整广告活动的发展方向,确保广告活动能始终按照预期目标运行。

#### 5.1.4.2 有利于筹划广告策略创新

测定广告效果,是对广告活动的总结评价,通过检验广告目标、广告主题、广告媒体是否得当,与企业目标和营销目标、营销组合策略是否相符,使广告筹划建立在符合客观规律的基础之上。同时,也为今后的广告活动提供经验教训,为策划新的广告战略发挥指导的作用。

#### 5.1.4.3 有利于增强企业广告意识

对广告效果的评估,摈弃了单凭经验和感觉主观地判断效果的做法,使企业广告活动规范化、严密化、精细化,做到胸中有数;另外,通过具体的数据资料,使企业切实感受到广告所带来的效益,增强运用广告促进企业发展的信心。

## 5.2 广告传播效果测评

广告的传播效果是广告效果评估的关键内容。这是由于广告的传播效果最先产生，最好量化，而且对于大多数广告而言，良好的广告到达或接触效果也是其最直接的广告目的。广告的传播效果也称为广告的心理效果或接触效果，是广告刊播后对消费者所产生的各种心理效应。

广告传播效果是衡量广告有效性的重要指标，主要由广告作品效果测评、广告媒体组合效果测评和广告受众心理效果测评三大部分构成。

### 5.2.1 广告作品效果测评

根据广告作品在投放前后所处的不同阶段以及所测量的不同内容，作品效果的测量方法也不同。

#### 5.2.1.1 广告创意效果的事前预测

广告作品由创意到媒介投放要投入人力、物力和财力，对广告作品效果进行事前预测，可以提高广告作品质量，节约广告成本。广告作品效果的事前预测，不仅是对已完成的广告创意作品进行评价，以决定执行与否，还要从众多创意方案中，经过比较、评判和取舍，遴选出最佳方案，以保证最新颖、最具创造性、最能吸引受众并直接到达目标消费群的创意作品得以通过，从而使广告作品顺利付诸实施。因此，在投放之前要先对广告的创意信息进行测试，对消费者的反应进行推测。

这一阶段的效果测量可以从知觉、理解、反应三个方面进行。

(1)知觉　知觉是指人们了解到这是一个广告，其中包含某一个销售信息，这是广告传播要达到的最起码的目的。

(2)理解　理解是指所用的文字与图片是否切实地传达了销售信息，即消费者是否了解广告主正试图去传播的是什么，或者说，消费者从广告传播中所得到的信息与广告主想要传达的信息是否一致。

(3)反应　在事前预测中最后的测定，通常是测定消费者对广告的反应。如果消费者接触到这个广告并了解广告的主要内容，那么就需要测定他对这个广告的反应如何。

具体来说，广告作品效果事前预测的主要内容如下。

(1)概念测试　创意概念是广告创意最根本的核心，能把广告策略的长期目标和短期目标融合在一起，统一产品在广告宣传中的形象，比如，力士广告不同时期投放的广告的表现都统一在“名人使用”这个创意概念下。广告作品效果事前预测首先是概念测试，了解消费者能否接受所创造出来的新概念。

(2)沟通能力测试　主要监测广告作品所要传递的信息是否与预期的相符。沟通能力测试一般按小组进行，通过书面问卷和小组讨论这两种方式相结合来搜集数据。主要避免广告创意符号本身的多义性，特别是在跨文化传播中，一些符号容易引起歧义和误解。

(3)认知测试　测量广告所引起的消费者的具体认知。调查人员将受试者分成小组，让他们观看广告，广告结束后，调查人员便要求受试者写下他们在看广告时心里产生的所有想法，希望从中了解潜在受众如何理解广告以及做出何种反应。然后以字符计算制作得分记录表或简单的百分比等多种形式进行统计，了解受试者对广告的好恶，以及将自己与广告产生联系的次数。

(4)模拟广告媒介测试　对广告将要发布的媒介进行模拟投放，比如制作仿真的杂志或报纸，在其社会、新闻信息中插入一条或几条受试广告，然后要求所挑选的测试者像平时那样翻看，阅读完毕后，调查人员会询问一些与媒介内容和广告相关的问题，如测试者对测试广告的回忆度，以及对广告和产品的感觉。这种测试一般在消费者的家中进行，具有一定的真实感。

(5)态度变化调查　态度变化调查是指测量受试者在观看广告前、后的态度变化。调查人员从目标市场中选择一些受测者，记录下他们在接触广告前对广告商品和竞争品牌的态度，然后，让他们接受试广告和一些广告样本，在接触之后再一次测量他们的态度。由此推测特定的广告版本在改变品牌态度方面有多大的潜力。

广告作品效果事前预测的主要方法有以下几种。

(1)小组讨论测试法　从广告宣传的目标市场中，选择并邀请8～12人进行特定广告主题的讨论。为全面反映讨论的状况，可用现场录音的方法，通过对录音的整理，得到受测者对广告创意的看法，分析广告创意所要表达的意图是否与受测者的理解相一致。

(2)问卷测试法　根据所要了解的项目，设计出各种问卷，由受测者根据自己所看到或听到的广告进行答卷。问卷内容的设计，可根据具体问题来选择填空、判断、问答等各种形式。通过整理受测者的答案，从中发现问题，确定最佳的广告创意形式。

(3)比较测试法　把要测定的广告放在两个或两个以上的广告中间，让受测者将所有广告排列顺序，或让受测者从中指出自己最喜欢的广告，也可以让受测者先看几个广告，再让其说出记住了哪些广告内容。通过多个作品的互相比较，从中选出效果最佳的广告创意作品。

(4)补充测试法　有目的地给受测者一个不完整的广告，或缺少图片，或缺少文字，让受测者在几个可供选择的文字或图案中，按自己的意愿进行挑选，并填充到广告中，选择机会最多的部分理应是比较优秀的。在测试中要注意弄清受测者选择的原因，并作为以后创意的一种依据。

(5)仪器测定法　仪器测定法是指运用一些心理测试仪器进行广告效果评估的方法，主要是借助一些专门心理仪器对广告效果进行测定。这种技术的最大价值就在于受测试者无法控制无意识的反应，而这种无意识的反应能作为客观的反应被记录下来。

仪器测定法主要包括以下几种仪器：

(1)程序分析仪器　用于收听、收看广播电视时，在视听者旁边设置“+”(有意思)和“-”(没意思)两种按钮。这种方法用于广告表现唤起消费者兴趣的效果调查。

(2)瞬间显示器　这是一种以1/2秒或1/10秒为时间单位的短时间展示报纸广告的装置。种类有振子式、道奇式、哈佛式等。常用的是哈佛式，它是利用电源的接断刺激，放完一次后立即重放，用于测定广告作品中各构成要素受关注的程度和容易记忆的要素，得出消费者在观看广告时的瞬间记忆广度。

(3)反应测定仪　观众在回答问题时用按钮选择，结果通过计算机立刻显示出来，可以边看统计结果边测试实验内容。这种方法用于测定一般广告意见。

(4)眼动仪　人们的视线一般总是停留在关心或有兴趣的地方,越是关注,视线停留时间越长,这种装置用反射光捕捉眼球的运动,记录下被测试者对广告作品的关注点和注意时间,可以测定对象注意了哪些广告要素。

(5)皮肤反射测定仪　广告对象在观看作品时情感上的起伏使皮肤表面出现发汗变化,通过记录发汗变化所产生的电抵抗反应测定广告唤起兴趣的效果。

#### 5.2.1.2　广告创意效果的跟踪测定

广告作品效果的跟踪测定,指在广告投放期间或之后对广告的表现进行评估。广告投放期间的作品效果测定是在实践中进一步检验创意的可行性、有效性,验证创意作品是否发挥了其应有的效果,从而使得这一环节成为衡量创意作品的"试金石"。广告投放后的创意效果测定更多的是一种总结性的评价。

广告作品效果的跟踪测定,主要是依靠专业的调查公司来完成,但由于费用以及时效性等问题,企业也可以自行开展一些小规模的事中调查研究工作。

测试的内容主要包括回忆度测试、认知测试、知晓度和态度测试等,不同的测试内容适用不同的方法。

1)回忆度测试　了解受众记住了多少广告信息,人们记得最牢的广告应该是最有希望产生效果的广告。具体的操作为:从目标市场中挑选出来一定的受试者,让他们观看发布有受测广告的媒介内容,如电视频道、广播栏目或是某期的杂志、报纸等,第二天采用电话访问的形式问一些问题,如记不记得曾经看过一则手机广告;甚至就一些细节的问题进行提问,如受试者对广告标题、正文或图形的看法等。

回忆度测试分为纯粹回想法和辅助回想法两种。纯粹回想法是让消费者独立地对已推出的广告进行回忆,调查人员只如实记录回忆情况,不给消费者任何提示;辅助回想法是调查人员给消费者某种提示,记录消费者能够回忆出广告多少内容以及理解程度和联想能力。

2)认知测试　调查人员把广告拿给受测者,了解他们在看过特定的媒介内容后是不是对特定的广告内容还留有印象,记不记得其中有特点的信息,对广告信息或广告主是否还有印象。

认知测试比较有名的方法是斯塔夫阅读率调查法。即广告投放后,在报纸发行第二天,杂志下期出版之前的规定日期,对读者进行抽样调查。调查人员出示报纸或杂志,询问是否看过广告,然后将调查结果分为三类:①看过该广告,即能够辨认出曾看过该广告;②认真看过该广告,不但知道该商品和该企业,而且能够记得广告的标题或插图;③浏览并能够记得该广告的50%以上的内容。在此调查的基础上,统计各类被调查者人数,分别计算注目率、阅读率、精读率的百分比。

3)知晓度和态度测试　调查人员采用访问法或邮寄调查法等方法,有规律地对目标受众进行抽样调查,借以发现在广告投放之后,他们在意识或态度方面发生的正面的或是负面的信息。

态度测定法的具体形式有问卷、检查表测验、语意差别法等。其中语意差别是比较常用且简便易行的方法,是根据美国伊利诺斯大学奥斯古等的研究成果而来,它的原理是根据广告刺激与反应之间必有一个联想传达过程,通过对这种过程作用的测定,就可以得知消费者各具差异的言辞。

4)雪林(schwerin)测定法　雪林测定法是美国雪林调查公司根据节目分析法的原理,于1964年发明的测定广告心理效果的一种方法。该测定方法又分为节目效果测定法、广告效果测定法和基本电视广告测定法三种。

(1)节目效果测定法　节目效果测定法即召集一定数量有代表性的观众到剧场,广告策划人说明测验的标准以后,请观众按照个人的意见对进行测验的广告表演节目评分定级。评分的级别通常是:有趣、一般、枯燥无味。这种测验完毕之后,再请观众进一步说明喜欢或讨厌广告节目中的哪一部分,并阐明理由;或者征求观众对广告节目的意见、建议。广告策划人将节目改进的意见进行统计、汇总,以作为今后设计或制作广告节目的重要依据。

(2)广告效果测定法　广告效果测定法与节目效果测定法的内容基本相同,是通过邀请具有代表性的观众到剧场或摄影棚,欣赏进行测定的各种广告片。与节目效果测定法的不同之处是:在未看广告片之前,根据入场者持票号码,要求媒体受众选择自己喜欢的商品。这些选择的商品品牌中,既有将在广告片中播放的品牌,也有主要竞争对手的品牌。广告片播放完以后,请观众再一次做出选择,如果此次结果中所测验的广告商品品牌的选择度高,高出部分就是该广告片的心理效果。

测试完成后,通常将媒体受众所选择的商品赠送给他们。如果商品单位价值高,可以赠送给他们一些其他礼品。

(3)基本电视广告测定法　这种测定法的目的在于客观地评价和判断电视广告片的优劣,以及用标准化的程序测定电视广告的效果。基本电视广告测定的项目主要有:趣味反应、回忆程度、理解程度、广告作品诊断、效果评定、购买欲望、广告片的整体效果。这种测定法的优点是全面、客观,能真正反映媒体受众的心理活动状况,取得的资料可信度高;缺点是操作技术性强,成本高,具体推行起来有一定的局限性。

### 5.2.2　广告媒体组合效果测评

广告媒体组合测评主要是根据广告媒体的运作程序和一般规律来评价广告媒体组合是否是针对目标市场进行了有效的劝说。评价内容主要包括:广告媒体选择是否正确;重点媒体和辅助媒体的确定是否合理;媒体组合是否合理有效、具有竞争力,成本费是否较低;所选媒体的阅读率、视听率如何,近期是否有所变化;是否考虑到竞争对手的媒体组合情况;所选媒体是否适合目标消费者的使用习惯,在其心目中地位如何;广告发布的时间、频率是否得当;广告节目的空间位置是否适宜。

### 5.2.3　广告受众心理效果测评

广告受众心理效果测评主要是测评广告对消费者的影响程度,这种影响程度主要体现在消费者的感觉、知觉、情感、态度等心理因素的影响程度上。

#### 5.2.3.1　广告心理效果测定的心理学指标

广告心理效果的测定,即广告经过特定媒介传播后对消费者心理活动的影响程度。广告信息作用于消费者而引起的一系列心理效应,表现为受众对广告内容的感知反应、记忆效率、思维状态、情感激发程度和态度倾向等几个方面。对这几个方面进行测定的指标叫作广告心理效果测定的心理学指标。

1)感知程度的测定指标　主要用于测定广告的知名度,即消费者对广告主及其商品、商标、厂牌等的认识程度。可以分为阅读率与视听率两种。阅读率指标可以分为注目率、阅读率、精读率。视听率可以分为视听率和认知率。视听率指广告节目的视听户数占电视机(收音机)所拥有户数的百分比;认知率指认知广告名称人数占广告节目视听用户数的百分比。

2)记忆效率的测定指标　该指标主要是针对广告的记忆度,即消费者对广告印象的深刻程度,是否能记住广告内容、品牌、特性、商标等。消费者对于广告内容的记忆效率,一般是指对广告重点诉求保持记忆的能力与水平。

3)思维状态的测定指标　消费者对广告观念的理解,是消费者对广告思维状态的反映,也是对广告反映事物的本质掌握。思维状态的测定,即是测定消费者对广告观念的理解程度与信任程度。

4)情感激发程度的测量指标　好感度是测定情感激发程度的主要指标,又称为广告的说服力。主要是指人们对广告所引起的兴趣如何,对广告商品有无好感。好感的程度包括消费者对广告商品的忠实度、偏爱度以及品牌印象等。

5)态度倾向的测定指标　广告是一种信息传播的手段,旨在影响消费者对某种产品、某个品牌、某个生产厂家的态度倾向。对态度倾向的测定,主要包括购买动机和行动率这两项指标。购买动机是测定广告对消费者购买行为的影响,即了解消费者购买商品是随意的还是受广告的影响。行动率有两方面内容,由广告引起的立即购买行为和由广告唤起的购买准备。

#### 5.2.3.2　广告心理效果测定的客观性指标

消费者在接触广告之后产生的心理效应,同时客观地引起人体一系列的生理变化,人们用精密仪器测定这些生理变化,并作为衡量广告心理效果的指标。我们称这些指标为客观性指标。

广告心理效果的客观性指标多与机械测定方法相联系。

1)皮肤电反应指标　与皮电测量法相联系。人们由于接受广告信息时情绪卷入,出汗量增加,皮肤电阻发生变化,得到皮肤电反应指标。

2)瞳孔直径变化指标　与瞳孔扩散反应法相联系。人们接受广告信息产生不同的情绪,由瞳孔相应地放大或缩小程度判断广告心理效果。

3)眼动轨迹描记图　与视向测验法相联系。研究表明,人们在观看广告时,眼珠处在不断的运动中,这种运动就是眼睛对广告画面的不断扫描运动。使用视线扫描器将眼动轨迹记录下来就形成了眼动轨迹描记图,从中可以清楚了解消费者观看广告时眼睛的注视次序与重点部位。

4)脑电波图变化　根据人们观看广告时大脑产生的自发电活动,即经搜集、放大而记录下来形成脑电波图。当消费者完全被广告画面所吸引,会出现 14 ~ 25 Hz 的低幅快波($\beta$ 波);而不感兴趣时大脑中会出现一种 8 ~ 13 Hz 的高幅慢波($\alpha$ 波)。因此通过脑电波图可以测定消费者接触广告以后产生的心理感应。

5)视觉反应时　与瞬间显露测验相联系。视觉反应时是指消费者在观察或看清所广告对象所需的时间,同样可以作为广告效果测定的客观性指标。

6)瞬间记忆广度　利用速示器测验所得的指标。在极短时间内向消费者呈现广告后，要求消费者立即报告广告中某些对象的内容,从而得出消费者在观看广告时的瞬间记忆广度。报告的内容越多,瞬间记忆广度越大。



### 5.2.3.3　广告心理效果测评模式

1)AIDMA 模式　此模式也称有效广告模式,是把心理学理论和广告学理论相结合的产物。该模式认为广告效果的产生在于首先引起消费者心理上的变化。经实践检验,该模式不断地被修正,由四阶段发展到现今的五阶段划分法。

1898 年 E. St. Elmo Lewis 提出了 AIDA 模式,即引起注意(attention)→发生兴趣(interest)→产生欲望(desire)→引起行动(action)。1925 年 Edward K. Strong 在购买行为之前,又加进了 conviction,变成 AIDCA 模式,后来人们又进一步将 conviction 修正为 memory,成为现在的 AIDMA 模式,即引起注意(attention)→发生兴趣(interest)→产生欲望(desire)→记忆(memory)→引起行动(action)。

这种线性的模式虽然简单,却非常有效地描述了广告所引起的消费者心理变化。它是目前应用最广泛的模式,容易被人接受,但由于其简化,也引来颇多争议。

2)DAGMAR 模式　该模式又称传播扩散模式。1961 年,美国广告主协会出版了一本美国广告学家库利(Colley)研究广告效果测评的书,名为"*Defining Advertising Goals for Measured Advertising Result*",即《为能够衡量广告效果而确定广告目标》,DAGMAR 为书名的缩写,音译为"达格玛"。

库利认为,广告是经由知名、理解、确信、行为四个阶段来完成销售最终目标的。知名即认识品牌名称并产生印象;理解即了解产品的功能和特点,并产生喜欢或是厌烦的情感;确信即确立对选择品牌的信念;行动即购买该品牌的准备阶段和实施阶段,如索要说明书、去经销店等。如图 5-1 所示。

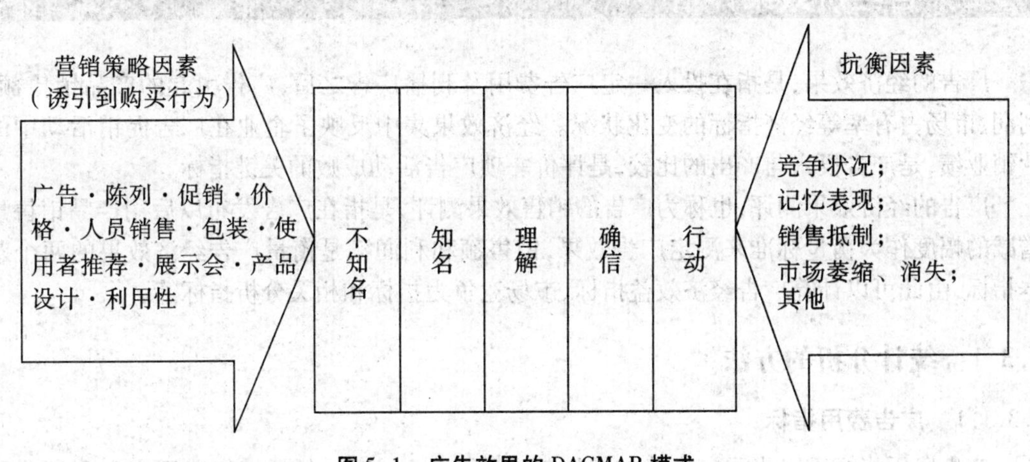


**图 5-1　广告效果的 DAGMAR 模式**

依据广告所执行的只是传播任务这一认识,库利极力说服广告主以传播效果来衡量广告效果是否合理,建立起广告传播的效果层级模式。主张每一阶段都必须确立能够加以科学测定的量化指标,以便最后测定和衡量广告传播效果。

因此该模式是用广告目标来管理广告,广告效果通过事先设定的广告目标来衡量。该模式的实施过程为:企业在广告活动之前设定一个广告目标,然后分别确定"知名"、"理解"、"确信"、"行动"所占的百分比,在广告活动期间定期反复实施同样的调查,与广告设定的目标相对比,以判断广告目标的达成程度。

其中设定广告目标是最重要的环节。每个企业根据自身阶段性的营销策略会设定不同的目标,但是根据商品的生命周期,按照广告目标的形式来划分,一般可以归纳为三种形式:第一种是信息型,在建立某一品牌的初期,通过信息型广告为该品牌产品建立基本的需求;第二种是说明型,在竞争阶段,说明型广告为该品牌培植选择性的需求,促使消费者对特定品牌加深印象,产生欲望并产生行动;第三种是提醒型,在产品的成熟期,提醒消费者不要忘记某一品牌,刺激其重复购买,主要用于消费者已形成购买习惯和使用习惯的商品广告。

DAGMAR 模式的优点在于,它在制定广告目标时,就能测定出传播效果。另外该模式也把广告效果与营销目标区分开来。也就是说,广告效果大小,不能只看营销额高低,关键要看广告诉求内容给予宣传对象带来什么影响。广告目标,是沟通的目标,而不是单纯的营业额目标。换言之,营业额目标是否能达成,并不是广告的目标,而能否到达信息传播的目标,则是广告的责任。

3)层级效果模式　罗伯特 J. 莱维奇和加里 A. 斯坦纳 1961 年提出"认知的(从知名到理解)—情绪上的(从喜爱到偏好)—意欲的(从信服到购买)"的"L&S 模式"。罗伯逊于 1971 年予以补充修订,提出"知名—了解—态度—认为合理—试用—采用"的层级模式。

在这一测定中,目标市场的成员都被认定已接触过广告信息,并对广告信息发生反应。消费者已知道所传播的品牌,并发展为偏好,并经过偏好阶段,现在准备去买或实际上已购买了某品牌。

## 5.3　广告经济效果评估

广告的经济效果,是指在投入一定广告费用及刊播广告之后,广告引起的产品销售额、利润、市场占有率等经济指标的变化状况。经济效果集中反映了企业在广告促销活动中的营销业绩,是广告投入与产出的比较,是评价一项广告活动成败的关键指标。

广告的经济效果测评,也称为广告的销售效果测评,是指在广告发布以后用产品销售量增减的幅度作为衡量标准来测定广告效果,销售额和利润额是衡量广告经济效果的两个基本指标,由此可以计算广告经济效益指标、市场竞争力指标和相关分析指标等。

### 5.3.1　统计分析的方法

#### 5.3.1.1　广告费用指标

广告费用指标用以表示广告费与销售额之间的对比关系,包括销售费用率和利润费用率,如式 5.1 所示:

$$E_1 = (C/Y) \times 100\%, E_2 = (C/L) \times 100\% \tag{5.1}$$

式中　$E_1$,$E_2$分别表示销售费用率和利润费用率;

$C$ 表示本期投入的广告费用；

$Y$、$L$ 表示广告后产品销售额和利润额。

销售费用率和销售利润率反映获得单位销售额或单位利润额要支出的广告费用，可以用来评价企业的广告总支出对产品总销量或总利润的影响，该指标的值越小，广告销售效果越好。

#### 5.3.1.2 广告效益指标

广告效益指标用以表明广告计划期内，每支出单位价值的广告费能使销售额或利润额增加的数量，包括广告销售效益（单位费用销售增加额）和广告利润效益（单位费用利润增加额）：

$$E_3 = \frac{\Delta Y}{C} \times 100\%, E_4 = \frac{\Delta L}{C} \times 100\% \tag{5.2}$$

式中 $E_3$，$E_4$分别表示广告销售效益和广告利润效益；

$\Delta Y$，$\Delta L$ 分别表示本期广告后销售额和利润额的增量；

$C$ 表示本期投入的广告费用。

广告效益指标反映广告费用与广告后销售增加额或利润增加额的对比关系，其值越大，广告销售效果越好。

#### 5.3.1.3 市场竞争力指标

市场竞争力指标一般通过市场占有率和市场占有率提高率来反映。市场占有率是企业某种产品在一定时期内销售量占市场同类产品销售总量的比率，即：

$$E_5 = \frac{\Sigma Y}{Y_{总}} \times 100\% \tag{5.3}$$

式中 $E_5$表示市场占有率指标；

$\Sigma Y$ 表示一定时期内本企业产品销售量；

$Y_{总}$表示一定时期内行业同类产品的销售总量。

企业市场占有率的提高，意味着产品竞争能力的增强和产品销售量的增加，因此还可以用市场占有率提高率来评价广告的销售效果：

$$E_6 = \frac{\Delta Y / C}{Y_{总}} \times 100\% = \frac{E_3}{Y_{总}} \times 100\% \tag{5.4}$$

式中 $E_6$ 表示市场占有率提高率。

$E_6$表示一相对评价指标，它表示单位广告费用销售增加额与行业同类产品销售总额的比率，市场占有率提高率取值越大，说明广告的市场拓展能力越强。

#### 5.3.1.4 理夫斯 UP 评估模型

"使用牵引率"（usage pull，UP），UP 评估模型是一种大样本抽样调查模式。其基本原理是，在全国范围广泛的领域内抽样，把所得大样本分为两类：一类是未受广告影响者，调查出那些不知广告却使用产品者，即对目前所实施的广告一无所知但却正在使用该产品的人，计算出该类人所占比例（如记为 $X\%$）；另一类是受广告影响者，调查出那些知广告而使用该产品者，即对所实施广告有深刻记忆而目前也正使用该产品的人，计算出该类人所占比例（如记为 $Y\%$）。这样，显而易见：如不做广告，只有 $X\%$ 的人购买商品；若做广告，则有 $Y\%$ 的人购买商品，其差额即$(Y-X)\%$的人是被广告影响或引导而购买使用该产品的，这个差值就称作“使用牵引率”。

按照理夫斯的说法，此模型是判断广告促销效果最为简便的算术计算法。

UP 评估模型计算方法，如式 5.5 所示：

$$UP = \frac{A}{A+C} - \frac{B}{B+D} \tag{5.5}$$

式中 $A$ 表示看过广告而购买的人数；

$B$ 表示未看过广告而购买的人数；

$C$ 表示看过广告而未购买的人数；

$D$ 表示未看过也未购买者人数。

#### 5.3.1.5 沃尔夫的“PFA”模型

沃尔夫“PFA”评估模型实际上是把理夫斯的“使用牵引率”模型进一步细化，它同样是通过询问调查方法，将被调查者划分为接触广告与非接触广告两大群体，进而甄别购买者与非购买者人数，由此测量“因广告而带来的销售效果”(Plus for Ad)。

在调查询问时，首先要确知消费者是否看到或听到该品牌的广告，然后再询问是否购买该品牌的产品，然后将所得数据列示出来，取得确切数据后，可计算 PFA 指标。

1）计算 PFA 指标

（1）PFA 的购买率　PFA 的购买率即因接触而购买的人数占接触广告者人数的比率与未接触广告而购买的人数占未接触广告者人数的比率之差，广告相当于理夫斯的“使用牵引率”。

（2）总体 PFA 比率　总体 PFA 比率即相当于全体人口的 PFA 购买率，它是 PFA 的购买率与接触广告者人数占全体人口百分比的乘积。

（3）PFA 购买者数　PFA 购买者数即全体人口中因广告牵引而购买的人数。

（4）所有购买者 PFA 比率　所有购买者 PFA 比率即全体人口中因广告牵引而购买的人数占所有购买者人数的百分比。

2）PFA 评估模型计算方法

$$\text{PFA 的购买率} = UP = \frac{A}{A+C} - \frac{B}{B+D} \tag{5.6}$$

$$\text{总体 PFA 比率} = \frac{A - (A+C) \times \left(\frac{B}{B+D}\right)}{N} \tag{5.7}$$

式中 $A$ 表示看过广告而购买的人数；

$B$ 表示未看过广告而购买的人数；

$C$ 表示看过广告而未购买的人数；

$D$ 表示未看过也未购买者人数；

$N$ 表示总体人数。

#### 5.3.1.6 斯塔齐的 NETAPPS 模型

纯广告销售效果(net ad produced purchases)，简称 NAPP 评估模型，指广告引起的购买者占总购买者的比率。这一比率由美国 Daniel Starch & Staff 公司提出,是以广告商品购买者为基数建立的模型。

斯塔齐的 NETAPPS 指标,同样是表示纯粹由广告引导而购买的效应,其分析思路与理夫斯的“使用牵引率”模型和沃尔夫的“PFA”模型思路基本上是一致的,只是比理夫斯、沃尔夫的分析更加清晰和精密化。

斯塔齐认为,看到广告与购买商品之间不一定有直接的因果关系,看过广告且购买广告商品的人中,有的是也有的不是受广告刺激而购买的。广告销售效果应剔除看到广告但非广告刺激而购买的情况。那么,这部分的百分比如何确定呢?斯塔齐的重要假设是:“看到广告而不受广告刺激购买者的比率”与“未看到广告而购买者的比率”相同。因此,从看到广告而购买者中减去未看到广告者中却采取购买行动的百分比,剩下的就是“纯广告销售效果”。

其操作原理就是:在“阅读广告而不受广告刺激购买者的比率和未阅读广告而购买者的比率相同”的假定下,依据统计分析结果,计算 NETAPPS 分值,以此测定广告的销售效果。

斯塔齐的“NETAPPS”评估模型计算方法:

$$\text{NETAPPS} = \frac{A - (A + C) \times \left(\frac{B}{B + D}\right)}{A + B} \tag{5.8}$$

式中 $A$ 表示看过广告而购买的人数;

$B$ 表示未看过广告而购买的人数;

$C$ 表示看过广告而未购买的人数;

$D$ 表示未看过也未购买者人数;

$N$ 表示总体人数。

假设前提:非广告因素购买率=未看广告群体购买率

第一步:将某商品广告刊登在报纸或杂志上,在一定期间(如一周内),调查计算出:读者中阅读过该广告的百分比(如40%),未阅读过该广告的百分比(如60%),阅读过该广告的人中购买该广告商品的百分比(如15%),未阅读过该广告的人中购买该商品的百分比(如10%)。

第二步:计算。阅读广告者中购买比率:40%×15%=6%。未阅读广告者中购买比率:60%×10%=6%。购买者比率:6%+6%=12%。

第三步:计算。阅读者中非因广告而购买者比率:40%×10%=4%。受广告影响而购买者比率:6%-4%=2%。

第四步:计算纯广告销售效果比率 NAPP 值,即受广告影响而购买者比率与购买者比率的比值:2%÷12%=16.7%。

NETAPPS 率事实上表达的是在影响销售的多种因素中,广告起到了多大的作用。这一比率可用于比较同一品牌不同时期的广告在销售方面的作用,也可以用作比较竞争品牌之间的广告对各品牌销售影响的大小,还可用于比较同一品牌不同媒体广告对销售影响的大小。

#### 5.3.1.7 消费者固定样本连续调查法

此种方法是研究消费者购买行为基本手段之一。如市场调查,按简单随机抽样方法,抽出所要调查的人或家庭,对被调查的人或家庭继续地长期从事调查。比如,对所选中的家庭主妇,分发购物日记簿,请她按照下列项目进行记录:每日所购买的日用品的品牌、包装单位、价格、数量、购物的店铺、所提供的赠品等;对其所阅读的报纸、杂志、收听的广播频率、收看的电视频道等媒体接触事项的记录。

调查员定期访问被调查的家庭,收回所记录的日记簿,收齐所有日记簿,加以统计。此项资料能表示出各种商品消费者的市场动向、需要量、长期动向、季节变动以及其他的短期变动。由于这种调查是针对同一家庭进行的连续调查,能较清晰地描绘出各商品品牌在某家庭里的使用率、市场占有率、品牌忠实度等。类似于个案研究调查。

消费者固定样本连续调查可以应用于广告效果评估中。如要研究某一报纸广告在某一段时期的效果,可将所有样本用户分为接触该广告的家庭和未接触该广告的家庭两组。在刊出广告前后,统计两组家庭购买该新产品的数值,若接触广告组购买率高时,即为广告的销售效果。实际上是一种消费者小组调查。

## 5.3.2 实验的方法

### 5.3.2.1 实验计划法

英国统计学者费雪于1935年所倡导的实验计划法(design of experiment),其构想发源于农业实验的苗圃。由肥料、土壤、气温等对幼苗的成长可能控制的因素做有计划的控制,借以明了增加收获的因素是什么。这一模式在许多领域被广泛应用。在广告研究上,这一构想也被加以重视并开始应用。其方式概要如下:

第一步,发现可能控制的因素。例如,电视插播广告有很多影响效果的因素,如文字数量、主要文字种类、商品包装有无等因子,在实验上是可以控制的因子。

第二步,设定因子标准。对可控制的因子,将其内容加以分类,决定标准数值。

第三步,设定模型构造及决定实验方法。在所欲测定的标志(何种内容的CM)和所设定的因子与非控制因子(偶然的因素)之间,设定某种构造式,并决定适合该构造模式的实验方式。

第四步,按构造模式进行分析。进行相当于上述模式的实验,用各种分析法,分析资料以达成初期目的。

探求一个变数对另一个变数的影响,用实验计划法是最佳途径。最单纯的做法是将两个等质的A、B市场对比,只向A市场刊播广告,比较两者销售情形。A市场销量减去B市场销量就是广告的销售效果。这就是“实验市场销售效果测定法”的基本原理。

实验市场销售效果测定法的典型实例,是美国杜邦公司在1960年用实验活动所做的销售效果测定,其特征在于追求广告费支出与销售额的关系。后来虽经过不断修订和改善,其研究方法仍然是销售效果测定的一个主要的构想与发展方向。简要说明如下。

广告费$A$元时,销售额为$Q(A)$。那么,$A$元的广告费支出所获得的利润$P(A)$,可以用下列方程式表示:

$$P(A) = U[Q(A)] - V[Q(A)] - FC - A \tag{5.9}$$

式中 $Q(A)$表示销售额;

$U$表示单位价格;

$V$ 表示每一单位之变动费；

$FC$ 表示固定费。

问题在于决定 $Q(A)$ 和 $A$ 之关系。

本法在选定广告实验市场及与其比较的非广告实验市场(控制市场)时要特别注意，“实验”和“控制”这个市场，其规模、人口素质、商品分配情形、竞争关系以及广告媒体等各方面不能有显著差异。

#### 5.3.2.2 分割测定法

在测试广告效果的时候，应注意广告效果可能来自广告效果本身，也可能来自媒介的效果，所以要掌握分割测定法(split run tests)方式。比如，在报纸或有线电视的情况下，就同一媒介的接触者，利用随机的方式分为几个组。在各个组的接触者中，分别插入个别不同的广告作品(以《人民日报》为例，假定其发行量为 100 万份，在其中 50 万份里刊登 A 广告作品，在其他 50 万份里刊登 B 作品)。然后，以组间的效果差异(就是接触 A，B 两种不同广告作品的两种不同读者群之间 A，B 两种广告作品信息接收效果的差异)作为作品效果的差异。

#### 5.3.2.3 回函测定法

回函测定法是一种征询测量法，常用于个别广告发布后的效果测定。消费者的回复率被假定为广告导致销售效果的客观标准。个别征询测量指标是消费者对广告做出反应的数量。免费试用样品的数量或商品目录索取量、悬赏的应征来函量均可被采用，来作为测定的指标。过去所做的效果调查资料与本次指标之间的相关分析，可以用来作为接触、认知、态度改进、行为改变的效果水准的简便推定方法。例如，某种商品的新发售广告活动推出之后，在来函索取商品目录的 30% 消费者中，有多少人采取了购买行为。这两者之间关系所形成的经验法则，可以利用来作为行为改变效果的推定根据。

## 5.4 广告社会效果的测定

广告不仅具有经济属性还具有文化属性，广告在传播商品知识的同时，还在影响着人们的消费观念，会被作为一种文化而流行推广。广告的社会效果，主要表现在广告对消费者产生的社会影响。广告社会效果的测定，要从法律规范、伦理道德、文化艺术、传统风俗习惯、宗教信仰等社会方面进行综合地考察、评估。由于广告所具有的特性，广告对社会所产生的效果是深远的，需要重视和引导。

广告发布之前，可对其产生的社会效果进行预测、评估，可用专家意见综合法。广告发布之后，其社会效果的测定要采用来函反响统计测定法进行。

### 5.4.1 广告社会效果的测评方法

广告社会效果的测评方法分为两种情况：一种是测量广告的短期社会效果，可采用事前、事后测量法。通过接触广告之前和之后的消费者在认知、记忆、理解以及态度反应的差异比较，可测定出广告的短期社会效应。具体的操作手段与测定广告传播效果的方法大体相同。另一种是测定广告的长期社会效果，这需要运用较为宏观的、综合的、长期跟踪的调查方法来测定。长期社会效果包含对短期效果的研究，但是还远不止这些，同时要考虑广告在复杂多变的社会环境中所产生的社会效果。这方面的研究更多属于人文科学范畴。

### 5.4.2 广告社会效果的测评依据

测定广告所产生的社会效果，应进行综合考察评估。其基本依据是一定社会意识条件下的政治观点、法律规范、伦理道德和文化艺术标准。不同的社会意识形态，调整、制约的标准也是不一样的。同时，测定广告社会效果，往往不能量化。因为社会效果不可能以简单的一些指标数字来表示衡量。这既要通过一些已经确定的或约定俗成的基本法则来测定和评价，又要结合其他的社会因素来综合考评。

广告社会效果测评的依据主要有以下几方面。

#### 5.4.2.1 真实性

广告所传达的信息内容必须真实，这是测定广告社会效果的首要方面，广告发挥影响作用，应该建立在真实的基础上，向目标消费者实事求是地诉求企业和产品的有关信息，企业的经营状况、产品的功效性能等，都要符合事实的原貌，不能虚假、误导。广告诉求的内容如果造假，那所形成的社会影响将是非常恶劣的。这不仅是对消费者利益的损害，而且反映了社会伦理道德和精神文明的水平。而真实的广告，既是经济发展、社会进步的再现，也体现了高尚的社会风尚和道德情操。所以，检测广告的真实性，是考察广告社会效果的最重要的内容。

#### 5.4.2.2 政策法规

广告必须符合国家和政府的各种政策法规的规定和要求。以广告法规来加强对广告活动的管理，确保广告活动在正常有序的轨道上运行，是世界各国通行的做法。法规管理，具有权威性、规范性、概括性和强制性的特点。一般来说，各个国家的广告法规只适用于特定的国家范畴，如我国于 1995 年 2 月 1 日开始实施的《中华人民共和国广告法》，就是适用于我国境内的一切广告活动的最具权威的专门法律。而有一些属于国际公约性质的规则条令等，则可国际通行，如《国际商业广告从业准则》就是世界各个国家和地区都要遵从的。

#### 5.4.2.3 伦理道德

在一定时期、一定社会意识形态和经济基础之下，人们要受到相应的伦理道德方面的约束。广告传递的内容以及所采用的形式，也要符合伦理道德标准。符合社会规范的广告也应是符合道德规范的广告。一则广告即使合法属实，如果可能给社会带来负面影响，给消费者造成包括心理和生理上的损害，这样的广告是不可取的，就不符合道德规范的要求。如暗示消费者盲目追求物质享受、误导儿童撒娇摆阔等产生。广告立意要能从建设社会精神文明的高度来认识，从有利于净化社会环境、有益于人们的身心健康的标准来衡量。

#### 5.4.2.4 文化艺术

广告活动也是一种创作活动，广告作品实际上是文化和艺术的结晶。从这方面对广告进行测评，由于各种因素的影响，不同的地区、民族所体现的文化特征、风俗习惯、风土人情、价值观念等会有差异，因而也有着不同的评判标准。总的来看，广告应该对社会文化产生积极的促进作用，推动艺术创新。一方面要根据人类共同遵守的一些艺术标准，一方面要从本地区、本民族的实际出发，考虑其特殊性，进行衡量评估。在我国，要看广告诉求内容和表现形式能否有机统一；要看能否继承和弘扬民族文化、体现民族特色、尊重民族习惯等；要看所运用的艺术手段和方法是否有助于文化建设，如语言、画面、图像、文字等表现要素是否健康、高雅；同时也要看能否科学地、合理地吸收、借鉴国外先进的创作方法和表现形式。



## 实训篇

### 案例分析

#### 传播效果不等于促销效果
#### ——绿之源在武汉高校的广告宣传

1998 年 10 月中旬，绿之源生物工程有限责任公司与武汉各大专院校学生会合作，由各校学生会派人把一种特殊媒介的广告宣传品——信箱广告，粘贴在每个学生寝室的门上。这个信箱由硬质纸做成，长 17.5 cm，宽 16 cm，厚 1 cm，可以插进书信、报纸、留言条等。信箱背面贴有一层胶面，只需往寝室门上一贴，就安装完毕。整个信箱做工精细、结实耐用、美观大方。信箱的上方印有一个横向的、与真实的饮料瓶外观一致的精美图案，并且根据男女生寝室的不同，分别设计不同的图案和文字。两种信箱都在醒目的位置上印出了产品名称："绿之源，螺旋藻饮品。"

这种信箱广告一贴出，同学们便争相观看，几个小时几乎所有的学生都知道了"绿之源饮品"，连平时喝惯了可乐、雪碧等碳酸性饮料的学生，也开始关注起"绿之源"。由于"绿之源"小信箱给同学们带来了具体的好处，自然使同学们对绿之源饮品及生产厂商产生了好感，在此情况下，学生们当然更乐于接受绿之源饮品，这对于提高绿之源饮品在广大学生中的知名度和美誉度起到了极大的作用。另外，绿之源饮品的生产厂商选择各高校学生会为合作对象，不但使活动顺利得到了校方的许可，而且极大地提高了工作效率。不少高校学生会安排成员两人一组把信箱贴到每个寝室门上，不到两个小时就完成了任务。事后厂家派人对这一工作进行检查，感到非常满意。

可以肯定的是这一广告活动是比较成功的。但这一活动仅仅是广告传播效果较好，经济效果却不理想。事后有关人员曾走访了校园内及附近的商店，销售饮料的老板们普遍反映，绿之源饮料较之过去有了一些提高，但提高不明显，主要的饮料销售还是"可乐"、"雪碧"、"芬达"等碳酸性饮料。究竟是何原因呢？经初步分析，主要是价格及其他品牌促销措施如瓶盖中奖更切合学生心理等。

请运用广告效果评估理论分析此案例。

## ◘实践应用

策划并进行一项广告效果评估的实践活动。

## ★思考题

1. 广告作品效果测评有哪些方法?
2. 广告经济效果评估有哪些方法?
3. 广告社会效果测评的依据有哪些?

# 6 广告创意概说

## 导言

**本章学习目标**

通过本章学习，要求学生了解广告创意的含义与功能，掌握广告创意的特征和表现手法。

**本章重点**

广告创意的特征　广告创意的表现手法

## 6.1 广告创意的含义与功能

在市场经济日益成熟、竞争日益激烈的今天，广告的作用无法忽视。广告给越来越多的企业带来丰厚的利润。但在铺天盖地的广告信息中，创意尤显重要。广告公司往往以其精彩的创意作为立足的根本点，广告主也常以创意方案的精彩程度来衡量广告公司的实力与水平。优秀的广告创意及其表现能吸引人们的注意，给人们以深刻的印象；能打破俗套，改变人们对某种产品或品牌的看法；能影响人们的行为，促使消费者去真正购买广告所宣传的产品或是服务。反之，有些广告由于缺乏创意而被消费者忽略或厌烦，造成千上万元的广告费打水漂。

### 6.1.1 广告创意的界定

"创意"一词，在当今的中国应用得非常广泛，凡认为某事做得巧妙、有新意者，皆曰"好创意"。在电视节目、大型活动中，也经常用到"创意"一词。有人认为"创意"是外来词，如复旦大学出版社出版，何修猛先生主编的《现代广告学》中认为广告创意是个舶来品，其英文是 create。但查《不列颠英汉词典》create 有创造、革新产品等内涵，独独没有"创意"这个词意。美国广告大师詹姆斯·韦伯·扬的名著《A technique for Ideas》被译成《产生创意的方法》。ideas 英文意思为思想、意见、想象、观念等。另外 create 的形容词形式 creative(创造力的)和名词形式 creativity(有创造力)有时也被译成"创意"，但"创意"在我国常被用作动词，个别时候用作名词。翻开《辞海》我们可以看到《辞海》中虽无"创意"词目，但对"创"和"意"的单独解释却非常详尽："创"有"创始、创造、独到的具解、初次出现、首创前所未成的事物"等意思；"意"有"意思、意味、意愿、意向、意境"等意思。从字面组合意思上来看，"创意"就是创造一种意思、创造一种意向、创造一种意境或对某种认知有独到的见解等。由此可见，"创意"的意义近于文学上的创作、构思。可以说，"创意"一词不是纯粹的舶来品，而是在当今社会大发展的条件下创造出来的一个带有时代色彩的语汇。创意使人类的创造力得到了最典型、最集中、最广泛的体现。

随着我国经济持续高速增长、市场竞争日益扩张、竞争不断升级，商战已开始进入"智"战时期，广告也从以前的所谓"媒体大战"、"投入大战"上升到广告创意的竞争，"创意"一词成为我国广告界最流行的词语。创意有广义和狭义之分。广义的广告创意泛指广告活动中一切带有创造性、与众不同的认知和想法。狭义的广告创意特指在广告艺术化阶段，为实现广告策划中广告主题视觉化的点子。

可以认为，广告创意是介于广告策划与广告表现制作之间的艺术构思活动。即根据广告主题，经过精心思考和策划，运用艺术手段把所掌握的材料进行创造性的组合，以塑造一个意象的过程，也称之为广告主题意念的意象化。

正所谓"平庸的广告能做到信不信由你，而出色的广告能做到不由你不信"。产生如此差别的原因除了设计、制作方面的因素外，广告创意水平的高低是一个极其重要的因素。众所周知,没有记忆度的信息不会导致购买行为,但兴趣却能。兴趣可以导致尝试,最终引起购买。能够挑动兴趣的只是一个有效的创意。

广告创意也可以从动态和静态的角度来看。从动态角度看,广告创意是指广告活动中广告人所进行的创造性的思维活动;从静态角度看,广告创意是指为了达到相应的广告目标,对广告的主题、内容和表现形式等提出创造性的"主意"。

20 世纪 60 年代,在西方国家开始出现了"大创意"的概念,并且迅速在西方国家流行开来。美国广告大师李奥·贝纳认为,所谓广告创意是如何运用有关的、可信的、格调高的方式,与以前无关的事物之间建立一种新的有意义的关系,而这种新的关系可以把商品某种新鲜的见解表现出来。李奥·贝纳的看法强调了广告创意是与以前无关的事物建立一种有新意义的关系。同时,值得一提的是,他强调了运用"可信的、格调高的方式",这对于今天许多喜欢信口开河、制造虚假广告的人是一种很好的告诫。

"创意是广告的灵魂",在广告界,广告创意求新求变更是广告创作者梦寐以求的目标,唯有新颖独特的广告创意,才能在今天的广告洪流中脱颖而出,赢得消费者的青睐。在 1991 年的首届全国广告学术研讨会上,智威汤逊广告公司的一位经理总结了公司 127 年的广告实践经验,深有感触地说:"创意能引导消费者以新的眼光去观察广告中的产品或服务。创意能使消费者停下来甚至目瞪口呆。在 127 年的公司历史中,我们一再地感受到,有'创意'的广告是真正起作用的,而且能经受住时间的考验。"由此可见,无论在广告活动的哪一个历史阶段,广告创意的核心地位从没有动摇过。

## 6.1.2 广告创意的功能

有人认为可以用一个公式来概括广告创意:广告创意=创异+创艺+创益。独特性、艺术性、功利(目的)性构成了广告创意的三个层面。这也体现出广告创意在广告活动中所发挥的重要作用。

### 6.1.2.1 有益于广告进行告知和劝服活动

优秀的广告使广告作品更形象、更生动,大量研究数据表明,生动的信息传播能更多更好地吸引受众的注意力、维持受众兴趣的持久性及启发受众的思维。如图 6-1 中可口可乐的广告创意和图 6-2 中耐克的广告创意,均以形象、夸张的手法使广告更生动和富有生命力。

图 6-1 可口可乐广告

"got milk?"是美国 Body By Milk 发起的一项公益活动,该活动总会邀请一些有影响力的娱乐界、体育界的明星以"牛奶胡子"的照片,向大众宣传喝牛奶的好处。从莱昂纳多·迪卡普里奥到姚明,从安吉丽娜·朱莉到成龙,从贝克汉姆到章子怡等诸多明星都曾经出现在这个广告里。就连可爱的皮卡丘、力大无比的绿巨人、加

图 6-2　耐克广告

图 6-3　轮胎人毕必登

图 6-4　QQ

菲猫、超人也上了牛奶胡子广告。不论广告里换了哪一位明星的脸，明星唇上永远都有一抹牛奶小胡子，多年来一直不变。在近十年的时间里让所有的美国人为之尖叫，被认为是有史以来最伟大的广告战役。"got milk?"正是借着奇丽变幻的明星阵营的盛大演出，成功地做到了让美国人喝牛奶上瘾。如今"got milk"在主页上又建立起了3D效果的牛奶岛大富翁游戏，"阿连契"一家人住在牛奶短缺的小岛上，都因为缺少牛奶的摄入而身患疾病，游戏者要赶往全岛唯一的牛奶山山顶取牛奶，帮助"阿连契"一家人。通过游戏中对牛奶重要性的成功植入，让受众感觉当口渴的时候打开冰箱，就是想喝到一杯冰镇牛奶。

人类本能的渴望促使了童话和传奇等的产生，其中不乏创造出虚幻的形象。广告创意人员也创造出许多新的童话来促使消费者采取某一态度，如身体好、强壮结实的米其林"轮胎人毕必登"（图 6-3）、我们最亲密的伙伴腾讯企鹅QQ（图 6-4）等。动漫形象往往造型简单，角色性格也典型化，具有一种特定的符号意义，而不像现实中的人，性情复杂而多变。在色彩方面，动漫形象大多色彩鲜明，通过色彩的搭配，除了吸引人的注意力外，还赋予角色特定的性情符号。从20世纪30年代美国迪士尼公司生产的电影动画《米老鼠和唐老鸭》风靡全球开始，到今天已有近百年的发展历史了。印有皮卡丘、米老鼠等动画图案的书包要比没有图案的同款书包价格上涨近两倍；同样是贺卡，上面印着史努比、蜡笔小新图案的，卖得就比风景图案的紧俏火爆。这都说明非文字信息元素对广告劝服力的强化作用是显而易见的。

#### 6.1.2.2　有助于广告达成预定目标

广告活动作为一种经济范畴的商业活动，最终自然以营利为目的。因此，广告创意必须有助于广告活动达到其预定目标，这也是衡量广告创意优秀与否的重要标准。

2003年"春节黄金周"，脑白金销售额高达1.1亿元，这一数字同时打破了三个纪录：打破了脑白金自问世以来的单周销售纪录；打破了中国保健品行业单品单周销售纪录；脑白金连续六年保持强劲势头，打破了通常保健品"旺销"最多三年的业内纪录。自脑白金播出其"礼品篇"广告以来就不断有人对其广告提出质疑甚至是嘲弄，认为其是再平庸不过的广告了。因此脑白金广告往往就成了他们进行批判的反面案例。就连在一些高校的广告专业课堂上脑白金的广告也往往被作为攻击的对象之一。

也许我们对脑白金广告的表现形式并不太感兴趣，但"脑白金"这一品牌以及"送礼还送脑白金"这一观念却深深地印在了我们的心里。在低参与度情况下，某一产品或品牌被消费者所接受，仅仅是因为其经常被重复。脑白金广告反反复复的"收礼只收脑白金，送礼还送脑白金"的广告语，使消费者对脑白金这一品牌在不知不觉中产生了感觉上的转变，就会认为脑白金更加流行，进而产生好感，再加上社会上送礼的风俗，脑白金的销量就可想而知了。

脑白金广告能产生明显效果的另一因素是其诉求信息的简单。在信息大爆炸的今天，越来越多的广告人认识到广告信息的简单化是一种获得受众注意的有效方法，它容易在受众心中留下记忆，脑白金广告就是用了这一点。如今就连刚刚学会说话的小孩看到电视上脑白金广告时也会说"脑白金、脑白金"。脑白金广告的影响可见一斑。

### 6.1.2.3 有助于广告进行提示活动

创新的广告创意可以使乏味的诉求脱胎换骨，变成耐人寻味的广告（图 6-5），这个相机的卖点 ultra zoom，广角超强、360 度，以致后面也能拍到。此广告以诙谐的偷拍情景，把产品特征体现得淋漓尽致，耐人寻味。广告创意就是如何通过艺术夸张手法来反复不断地提醒消费者关注并购买我们的产品。

图 6-5 相机广告

### 6.1.2.4 为广告增添"轰动"效应

广告作品的文本如果来源于集体无意识创作，又能够满足受众的期待视野，那么，这样的广告作品就能够产生轰动效应。这就是广告产生轰动效应的认知基础。

明星广告就是广告轰动效应的一种，正如美国学者 J・伯德利亚尔认为，现代社会的消费实际上已经超出实际需求的满足，变成了蕴涵"意义"的符号化的物品和符号化的服务。因此品牌的建立要求有一个和品牌相适合的形象代言人。所以目前，明星类广告备受推崇。

明星身上有非常重要的注意力资源或者说是"眼球经济"，明星崇拜已经是现代社会的一个重要特征，明星的生活习惯、行为举止受到受众的普遍关注，甚至会引起受众的关注、模仿。2003 年 4 月，中国移动和周杰伦签约，邀其出任"动感地带"品牌的形象代言人(图 6-6)。由于周杰伦名气的日益提高"动感地带"每 3 秒就会诞生一个新的客户，并且受众绝大多数都是青少年，究其原因是周杰伦的演唱风格正好迎合了广大青少年叛逆、挑战的心态。

图 6-6　动感地带广告

## 6.2　广告创意思维的特点

广告创意作为创造性的思维活动，具有抽象性、原创性、牵连性、多向性、跨越性和综合性等特点。

### 6.2.1　抽象性

所谓抽象性，是指广告创意是一种从无到有的精神活动。即是从无限到有限，从无向到有向、无序到有序、无形到有形的思维过程。广告创意的过程与艺术形象创意的过程极为相似，它也可以作为广告的"艺术化"活动。它是以有针对性地、采取不同的个性化的思维方式进行的，因创意对象、创意者而异。其表现形式大体可分为具象和抽象两种，抽象由于表达上的不确定性，反而使它具有广阔的、深远的、朦胧的、无限的和耐人寻味的想象空间，更能激发人的想象力。康德有句话，"模糊观念要比清晰观念更富有表现力"。模糊即抽象，抽象美是个不确定的模糊概念。正因如此，艺术是一种感觉，有时候一则创意好的作品，很可能连设计者都无法精确地说明它的全部艺术思想。美不是停留在表面一览无余的东西，美需要通过感情去解读。广告抽象的艺术形象在创意过程中，需注入美的元素，通过象征、诱导的心理感应，使抽象的形式美感在人们心中升华，美才能达到艺术的更高境界。抽象的形式美是艺术表现的高级形式，是艺术创作的一个普遍规律。例如 Dig2go 有声读物广告(图 6-7)，是说给耳朵戴上眼镜，让读者通过耳朵来阅读。

图 6-7　Dig2go 有志读物广告

## 6.2.2　原创性

广告创意思维的原创性主要表现在不与别人重复，独具慧眼，或在别人司空见惯的事物中能发现新意，在创意思维中需要发现其他人发现不了的视角。例如，1997 年第 44 届戛纳国际广告节平面全场大奖作品“刹车痕迹”（英国）是新款奔驰车 SLK 的一则广告，它用一个人们司空见惯的情景路边停车位上停着一辆新款 SLK 奔驰车，在它旁边的马路上，一道道的刹车痕迹让人产生很多联想。它把广告的诉求主题通过这种创意表现得淋漓尽致，看似很简单的场景，却体现了不一般的创意思维。广告创意中的原创性，可以通过主题的提炼与表现角度与表现手法的不同，体现原创独特的个性特征。

## 6.2.3　牵连性

思维的牵连性可以为广告创意提供一个很好的方式。创意思维需要互为关联的思维能力，即通常所说的由此及彼、由表及里、举一反三。思维的牵连性往往可以通过一些形象去传达，广告在这方面做得尤其突出。例如沃尔沃（VOLVO）汽车的广告，用一个我们大家都熟知的曲别针做成一个小汽车的模型，曲别针在西方也叫安全别针，这个车的诉求点在车的外壳钢特别好，碰车也不变形，这就是运用了两者的牵连性，使广告达到了意想不到的效果。这则广告获得了 1996 年第 43 届戛纳国际广告平面的全场大奖。这种思维方式，可以把很多看似相关或不相关的事物进行联系，让他们的关系成为合理，这在广告创意中不乏其例。

## 6.2.4　多向性

多向性思维，是善于从不同角度进行思考。这种思维方式需要我们去发现不同的视角，这些视角一定是别人没有想到或没有发现的。很多好的广告创意都具有这种特征，它可以更好地帮助我们做出不一般的广告创意作品。例如 M-zone 动感地带的平面广告，为了体现广告产品的信息流量大，广告创意的形象选用的是一条女性用的卫生巾，卫生巾的中间设计了一部手机的轮廓形象，给人一个意想不到的视角，既体现了产品的诉求，又让人有一种另类的感觉。这个作品曾经获得大学生金犊奖广告比赛的金奖，作者正是运用了一个新的视角，一种大家都没有想到，甚至不敢想象的形象传达了这种创意，这是多向思维形成的独特作品形态。

### 6.2.5 跨越性

跨越性思维通常也被称为跳跃性思维，很多艺术家普遍具有这种思维方式。这种思维往往表面上看不具有逻辑性，但却是创意思维的一种重要形态。例如一则公益广告，把很多濒危动物做成剪影效果，以视力表的形式表现出来。视力表与濒危动物从表象上看没有直接的联系，但是，视力表随着形象的变小，动物逐渐在我们人类的视觉中消失，暗喻了濒危动物的灭绝，呼唤人类对濒危动物的保护意识。这种创意思维的跨越可以说是非常成功地塑造了一件优秀的广告作品。

### 6.2.6 综合性

很多优秀广告的出现并不是一种思维能力的结果，往往是多种思维的结晶，因此，广告创意是一种综合的思维艺术。例如1999年索尼公司做的乳头广告，就是利用感觉推广索尼娱乐站，用乳头的感觉去联想娱乐站中体验触摸游戏键带给人的不同感受，这里面有广告创意的原创性、广告创意的牵连性、广告创意的多样性以及广告创意的跨越性，是一件综合性思维的广告创意作品。

## 6.3 广告创意的特征

### 6.3.1 具有极为丰富的想象力

著名广告人、上海梅明自得广告有限公司创意总监胡世震认为，评判广告创意的好坏很简单，原则就是"我怎么就没想到呢"。广告创意除了要有强大的创造力，更为重要的是通过创意给人们足够的想象空间。想象力是广告创意最基本也是最重要的特征，想象力也是评价广告创意人员素质及能力的标准之一。想象力无非是在事物之间搭上关系，用学术语言来说，就是寻求、发现、评价、组合事物之间的相关联系。更进一步地讲，想象力就是如何用有关的、可信的、格调高的方式，在与以前无关的事物之间建立一种新的有意义的关系，在原本无关的事物之间建立一种全新的联系，能给人一种新奇的感觉。国外一份报纸刊登了以"机器人"为题的广告："我处出租1966年出厂的完好机器人，该机器人会打扫房间，遛狗遛猫，能买食品，会干小型家务，具有会话能力，举止端庄，外表喜人。"一对中年夫妇相信了这个诱人的广告，出现在他们面前的却是一位20岁的小伙子，也正是这个小伙子的丰富想象力，让这对夫妇雇佣了这个"高智商"的"机器人"。既在情理之中，又在意料之外，这才是好的广告创意。

### 6.3.2 具有强烈冲击力和吸引力

广告作品必须具有一种震撼力量，才能使受众不得不予以注意，不能引起注意的广告就收不到好的广告效果。心理学研究表明，一个心理正常的人在从外界接受的信息中，有

8%~9%是通过视觉获得的，而广告的作用就在于产生引人注目的瞬间视觉效果。视觉效果对于视觉广告尤为重要。

法国克丽思汀·迪奥公司的一幅口红广告海报，为了获得具有视觉冲击力的构图，竟然连女模的整个脸部也简化掉了。一顶红帽子盖住了模特的脸部，也盖住了一般来说最富有表现力的眼睛，只露出了成为视觉中心的红红的嘴唇。模特的手指夹着一支标有克丽思汀·迪奥品牌的口红，把手指搁在肩上，模特的头部扭向这支口红的前方，使口红与红嘴唇形成了呼应。这个广告构图的高度简化，使"图底关系"获得了异常明确的分离，给人以强烈的视觉冲击力（图6-8）。

图6-8　法国克丽思汀·迪奥公司的一幅口红海报

具有动感的广告，能增强视觉冲击力。在空间关系要素方面，人们设计了动感的霓虹灯广告、电子反转盘广告、简易动感广告、旗帜广告等。设计制作优秀的霓虹灯广告，利用五彩缤纷的霓虹灯管的明灭变化，使造型瑰丽的广告产生了运动感觉，或放射，或旋转，或跳跃，或转换色彩和内容，扑朔迷离，鲜艳夺目。霓虹灯广告与黑暗的夜空产生了强烈的对比，视觉冲击力极强。

如图6-9，这个广告通过强烈的视觉冲击力让人印象深刻。因为当你把吸剩的烟头丢进这个垃圾桶的时候，一个空洞的眼球就会呈现在你面前，垃圾桶的上沿写着"Smoking Causes Blindness（吸烟导致失明）"的字样。这不是危言耸听，每年全球大概有2 000万~2 500万人罹患老年性视网膜黄斑病变，其中大约50%的患者最终失明。而吸烟人群视网膜黄斑的发病率，又比不吸烟的人群高出5倍。烟草中的重金属是导致这种病高发的罪魁祸首。所以，为了自己、为了他人，各位烟民还是考虑戒烟吧。

图6-9　垃圾桶上戒烟广告

### 6.3.3　具有让人心动的力量

广告创意除了要具备想象力和感官上的冲击力，更要以一种智慧的冲击深入到人们的内心，使人们产生心灵上的共鸣。

Hello Kitty 在青少年中掀起热潮。从毛绒玩具到贴纸、文具、挂饰，只要是 Kitty 猫的形象，就会受到欢迎。青少年尤其是女孩子，对它的宠爱到了无以复加的程度。调查结果显示，人们喜爱 Kitty 猫是因为它是天真、纯洁的象征，会让人觉得自己远离复杂的社会，回到童年的纯真。

雕牌洗衣粉有一则广告，画面中是一个可爱的小姑娘，样子乖巧懂事，踏着小板凳，拿起放得很高的洗衣粉。同时画外音出现："最近妈妈总是唉声叹气，我要给妈妈一个惊喜。妈妈说，雕牌洗衣粉只要一点点就能洗很多衣服，可省钱了。"这时画面中出现面带忧愁的母亲，身后是一则则招聘启事，显然她的妈妈下岗了。接着画面一闪，出现已累得满头是汗的小姑娘。"看我洗得多干净。"看着被洗得干干净净的衣服，她自豪地说。妈妈回来，小姑娘已经睡着了，留下一张纸条："妈妈，我能帮您干活了。"这时广告场景已将人们引进感人至深的情感世界。此时强调性的一句"雕牌洗衣粉，浙江纳爱斯"。加深了人们对这个品牌的记忆。这个广告可以说是成功的，它巧妙借助母女真情，表达了对下岗职工的关爱，很自然地将雕牌洗衣粉省钱的优点，展现给消费者。

Clima 自行车车锁广告(图 6-10),车身与栏杆浑然一体,再强大的盗贼也难把车偷走,选择这样的车锁怎能让你不放心呢?尽管人们对广告创意的理解和广告创意的特征各抒己见,但是不可否认,一个好的广告创意一定能发挥它自身的作用和社会的作用,让消费者眼前一亮,记住商品并产生购买欲望;并且能给企业的长期发展带来经济利益。

图 6-10　Clima 自行车车锁广告

## 6.4　广告创意的表现手法

广告如果只是将商品平铺直叙地介绍给消费者,是难以打动消费者的。广告需要灵活运用各种技巧和手法,创造出奇制胜的广告文案,还要在语言特点、文化背景、媒体策略等方面寻找突破口。

常用的广告创意表现手法有:互动式、意境式、幽默式、留白式、玄虚式等。

### 6.4.1　互动式

互动式表现手法的实质是充分尊重受众的选择权与主动性,通过富有创意的广告形式吸引受众主动地参与广告内容,增强了受众对商品或服务的好感与亲和力。互动式广告的应用范围较广,从具体商品的营销到品牌形象的塑造,到公益事业都可采用这种别开生面的形式。

如今,互动式广告表现手法更多运用在网络广告中,它比弹出式广告与浮动式广告更富人性化,其界面与创意设计风格得到人们青睐。比如,为了吸引更多人观看网络广告甚至将其内嵌于自己的网站当中,Google 正在测试一项新的服务名为“酷件广告”(Gadget ads)的广告格式。酷件广告允许企业制作出包括音频、视频、游戏在内的广告,看上去有点像网页当中的一个小网页,如其中一则尼桑汽车的广告,用户在其中键入美国邮政区号即可获得当地的交通状况信息。广告主可以通过“酷件广告”获得关于用户的详细数据信息,比如广告的浏览次数、独立访问量、交互次数等。

Google 声称,0.3%的“酷件广告”用户与其发生了互动。对于用户来说,“酷件广告”的一大好处是不必点击广告到另外一个网站。例如,一个天气“酷件广告”可以及时更新特定地区的天气预告。广告商利用这种特性可以设计出更多实时吸引用户的广告形式出来。

英国伦敦的 Filter 公司研制了一种新型户外互动式广告牌。它能够通过蓝牙向过往行人手机上发布广告。从而弥补了因行人对广告的漠视而对宣传造成的缺憾。每当有行人路过这种广告牌,他的手机就会收到一条短信,询问他是否愿意接收这则广告。如果行人表示愿意接收,他们就会收到进一步宣传产品的电影、动画、音乐或者静止图片。

### 6.4.2　意境式

意境是中国传统美学思想的重要范畴,在传统绘画中作品通过时空境象的描绘,在情与景高度融合后所体现出来的艺术境界。意境的构成是以空间境象为基础的,画家通过富有引导性和象征性的艺术语言和表现手法显示时间的流程和空间的拓展,给欣赏者提供了广阔的艺术想象的天地,使作品中有限的空间和形象蕴涵在无限的大千世界。广告创意同样能够运用意境式表现手法利用简短的时间表达丰富的创意思维。

重庆奥妮公司的"百年润发"电视广告通过京韵京腔的背景音乐,讲述了一个百年好合的爱情故事。男女主人公的相识、相恋、分别和结合,都借助周润发丰富的面部表情:爱慕状、微笑状、焦灼状、欣喜状表现了出来。周润发演绎的男主人公一往情深地给"发妻"洗头浇水。这种通过几个画面所构成的意境,在淋漓尽致地表达了人们白头偕老的情愫,同时也让人记住了"百年润发"。

意境式表现手法也可用潜在话语展现商品的特性,如白沙集团"鹤舞白沙,我心飞翔"的香烟广告,虽没出现香烟实物,但广袤的芦苇荡、展翅飞翔的白鹤、柔软的手势,表现出香烟让人飘飘欲仙的潜在意境。

### 6.4.3 幽默式

幽默是生活中不可缺少的精神食粮,在广告创意中采用幽默的手法往往能取得较好效果。如幽默式广告语是充满着智慧和想象力的一种有趣的或可笑的语句。幽默式广告语的特征之一,就是令人发笑,使人觉得有趣。幽默式广告语被人们广泛使用,原因主要是人类的心理需要轻松、开朗。因此,这种幽默式广告语常常具有感人的吸引力,能够使人们对广告产品产生浓厚的兴趣。

台湾润肤油广告"日晒后,让你的皮肤也来杯饮料吧!"的广告词将润肤油比作饮料,贴切、生动而幽默。有一则治"斑"、"痘"的药品广告文案是:"赶快下'斑',不许'痘'留。"、"只要青春不要痘"。广告词也具有一定的幽默感,既抓住了姑娘心中的苦恼,又说明了产品的特定用途。

现代广告采用幽默式保险手法,使人们在笑声中不自觉地增强了对产品的认同感,而放松了对广告的本质的警惕和排斥,在轻松愉快的情绪体验中,产生深刻的印象。不过我们同时应当看到,幽默式广告在实际应用时,最大的问题是幽默尺度较难把握。同样的一则幽默广告,某些人群会感到乐不可支,另一些人群可能会认为是低级趣味,甚至有人还会产生厌恶。因此,幽默广告需要把握合理的度。

### 6.4.4 留白式

"留白"一词源于中国画,是绘画中的一种构图方式或技法,具体指在构图时,预留部分空间不着笔墨而保留纸面本色,后来,这种形式上的"留白"发展为思想表达上的预留。它通过预先设计的画面构图,用黑与白、实与虚、确定与未知的对比来引导观众去领略作者的创作激情和目的所在。这种意味深长的布局给人宽广的思索范围,充满"暗示"的表达方式,以最简明的程式承载最精致的情感,让所要表达的内容含而不露,能达到"此时无声胜有声"的静态效果,让人心领神会,回味无穷。

大面积的版面空白,不但没有浪费版面,反而倍加引起读者注意,使所发布的广告能够在浩繁的媒体广告当中脱颖而出。在20世纪40年代,留白式广告在媒体人和广告客户眼里是浪费版面。美国报业巨子马孔·福布斯却认为:"杂志留白页看来虽然过于浪费,但是,它带来的震撼性一定会引起大家对《福布斯》的注意,这么做远比刊登两页广告或者一篇精彩的社论更受瞩目。”

广告版面上采用大量的留白手法,可以让你的图文更加突出和美观,品牌形象也更加鲜明。在任何一个平面中,留白量的多与少,直接影响着人们的记忆程度。好的广告,皆是把大量的空白留给消费者,将消费者的想象带入广告,完成二度创作。

奥美广告上海分公司,接受了“西泠空调”的平面创意:《文汇报》头版整个新闻版由一张白纸覆盖,白纸正中是一台“西泠空调”的立体画面,空调上方是和《文汇报》报名字体一样大小的 11 个字,“今年夏天最冷的热门新闻”,下面却是同样字体的 8 个大字,“西泠冷气,全面启动”。广告语读起来也十分动人:“正值严冬,却撩起了夏天的话题,因为西泠冷气要解放今年夏季。”西泠空调这幅广告在 1993 年 1 月 25 日《文汇报》头版刊出后,引起了中国新闻史和广告史上的轰动,许多报纸对这个大量留白的广告做了详尽的报道。当然,西泠空调的知名度和销售额迅速提高,效果惊人。可见,广告大量留白的艺术感染力,使得该产品成为人们津津乐道的热门话题。

有一则治疗脚气的药品平面广告,偌大一块版面上,仅仅在中央位置画有一个用药膏挤出的句号标志,下面有一行小字:“该给你的脚气画上句号了!”在版面的右下角,配有一副“999 选灵酮康唑乳膏”的产品样品图,图下一行字:“治脚气,功效久久久。”除此外,版面的其他部分全为空白,很容易跳进受众的视线。而简单的文案,远远胜过连篇累牍的自我夸耀,让人耳目一新。某保健品公司与保险公司合作刊出的一个广告“当晚霞消逝的时候……”留有想象余地的标题,提醒了人们会像消逝的晚霞一样,有自己的终点,因此每个人都要选择适当的保健品(该公司的一个产品),并要办理医疗保险。广告虽没有明确地把销售目标写出来,但实际上已经利用留白在消费者心中为自己的品牌备了案。

如果消费者对产品的特性已经有了一定的了解,而整体的广告策略也只是为了树立产品或企业的品牌形象,那么留白手法就可以发挥较大的作用。但如果推广的对象是一个新产品,性能、特点、功效等基本信息都还不广为人知,那么还是多用一些笔墨来介绍它为好,否则只会让消费者一头雾水,达不到促进销售的目的。

### 6.4.5 玄虚式

广告贵在创意。有创意,才有魅力。玄虚式表现手法就是制造悬念,有意隐去其“庐山真面目”,延长人们对广告内容的感受时间,诱导人们带着疑问弄个明白,迫不及待想早点看到“谜底”,为以后加深广告印象打下伏笔。

《经济日报》曾以整个版面刊登了一幅广告:画面上是众多人群在找“人”,其标题很醒目:“想知道谁在找你吗? 密切注意下星期报纸!”此广告既未点明产品,也未署单位,给人留下无法猜透的哑谜,从而驱使人们留心下星期报纸以解其谜。当该报后来以两个相连的版面贯以“想知道谁在找你吗? 摩托罗拉寻呼机告诉你”的大标题再刊出广告道出“摩托罗拉寻呼机随时随地传信息”时,人们才恍然大悟:噢,原来是在做寻呼机的广告。

美国纽约市有一家银行在刚开张时,为了迅速打开知名度,曾别出心裁地买下了纽约市各广播电台的最后 10 秒。播音员在广告一开头即说“从现在开始,播放由本市国际银行所提供的沉默时间”,然后整个节目突然中断 10 秒。听众在莫名其妙地被“戏弄”10 秒后,难免议论纷纷。于是几天的“沉默”终于换成了纽约市民茶余饭后最不“沉默”的话题。该银行在有限的广告时间利用沉默这种玄虚式的“欲擒故纵”法，使银行的知名度大大地获得了提高。

运用此法要注意的是：切忌噱头玩得太过，否则不仅不会引发受众的好奇心，反而会造成对产品诚信形象的伤害。保险的做法是，在玄虚过后，应把实在的广告信息传递给受众。

## 6.5 广告创意的原则

随着传播手段呈现出多样化的状态，人们在生活中对广告的阅读频率也在不断增加。无论是在旅途中奔波，还是在餐厅里用餐，精明的销售者都会见缝插针，用各种各样的广告来填补人们短暂的时间空当。一个成功的广告作品往往能够带来巨大的销售业绩，因此企业才不惜投入重金去制作一个优秀、成功的广告作品。那么，广告如何才能成功？这些收获成功的广告是否在创作上具有一些共通之处？广告创意的普遍性原则是什么呢？

### 6.5.1 简单原则

随着传播技术的日益进步，人们获取信息的过程变得越发容易和丰富起来。从报纸、广播电视到互联网，再到移动信息终端，人们无时无刻不在面对着各种杂乱的信息。它一方面给人们带来了信息沟通的便利，另一方面也产生了大量的信息“垃圾”，甚至为受众所抵触。面对这样一个嘈杂的“噪声”严重的传播环境，如何让广告与众不同、夺人耳目是广告创意的最终目标。

最简洁的描述往往拥有最强大的力量。正如戛纳广告节前首席评判马塞罗·塞帕所强调的那样：复杂比简单容易得多。简单是广告创意中最明确，而又常常被人们忽略的一个特征，广告中包含的信息量越多，能够把握住广告主旨的人就越少。简单法则是广告创意应遵循的一个重要原则。

这里说的简单不是指内容表述得长短，而是指将内容简洁化、语言精练化。它意味着简易明了和高度综合两个方面。也就是说，要用尽可能少的元素，传达出作者想要表达的内容。只有简单，才能使得广告直奔主题，一语中的。在现代广告竞争中，简单无疑是让广告作品脱颖而出的一把利器。

以我国脍炙人口的电视广告“怕上火，喝王老吉”为例，整部广告由吃火锅、通宵看球、吃油炸食品薯条、烧烤和夏日阳光浴几个简单的场景组成。画面中只有一句广告歌反复吟唱：不用害怕什么，尽情享受生活，怕上火，喝王老吉。这句简单的广告词足以介绍王老吉的产品功能，让消费者清晰地接触王老吉的产品特色，并且因为简单明了而令人记忆深刻。

又如 jeep 车的广告。整个广告画面只有一把吉普的车钥匙，但它将钥匙齿的部位设计成险峻的山脉，充分象征了恶劣的自然环境，突出了 jeep 的特性，简单而有意味。它暗示着，只要你驾驶这辆车就能翻山越岭，无惧于所有恶劣的路况。小小一把钥匙，就把吉普车所向披靡的冒险气质诠释得淋漓尽致。

### 6.5.2 定位原则

定位概念的核心就是要找到产品的消费者，让消费者找到产品。换句话说，就是重要的不是你的产品是什么,而是你的产品在消费者的心中是什么。这一概念成为有史以来影响最大的营销观念。最优秀的广告创意宣传的并不是产品或服务本身,而是尽力使品牌、公司或产品在消费者心中显得与众不同,无可取代。因此,广告创作者必须为产品在潜在的消费者心中确定一个适当的位置。

大体来讲,广告的定位原则可以从很多方面来进行,如文化定位、价格定位、服务定位、质量定位、观念定位等,以下选取两例简要分析。

#### 6.5.2.1 价格空隙

空隙的实质就是供给与需求之间的缺口。在竞争激烈的市场不会是严丝合缝无懈可击的,这个市场总是有一些空隙暂时未被人注意,等待着被伯乐发现。其中,价格区段的空白就是消费者心中最明显的空隙位置,也是最容易被填补的空隙之一。一般来说,消费者心中的价格空隙可以分为高价位、中价位、低价位三种,如果一个公司能同时拥有占据消费者心中这三个价格空隙的品牌,那么这个公司就已经在其行业中占有了难以撼动的地位。

以哈根达斯为例,它推出了冰激凌市场中价格最高的冰激凌系列,以高价优质成为冰激凌市场的高端品牌,从而使得哈根达斯成为全球最具人气的顶级冰激凌产品。

再以零售业巨头沃尔玛为例。该公司与哈根达斯的高端定位恰恰相反。沃尔玛一直倡导每日低价和为消费者节省每一分钱的经营理念,争取以低廉的价格争取到更多的消费者群体,其第一家店铺的招牌两旁就分别写有"每天低价"和"满意服务"的标语。也正是因为沃尔玛一直秉持自身的定位,从而成为全球零售业中的领航者。

#### 6.5.2.2 专营

专营在广告创意中的重要作用是毋庸置疑的。在目前的市场上,一些成熟的行业早已确立了业内最知名的品牌,那么在这些行业里,如何对产品进行专业的定位,以突出自己产品与众不同的特点就成为了摆脱同质化旋涡的关键。专营可以形成一股强大的力量,使得消费者无论是在选购产品或是选择服务时,如同本能反应一样联想到此企业的品牌,只要能做到这一步,企业的成功必然也离之不远。

过去的美国咖啡店就如同快餐店一样,不仅出售咖啡,而且还同时出售汉堡、薯条、热狗等食品。然而星巴克的定位就是专营。于是,全球第一家专门销售咖啡饮料的咖啡馆得以诞生,并迅速风靡世界。现在,无论是在亚洲,还是在欧洲,人们已经习惯了在购物之余,或者午后闲暇的时间去星巴克喝一杯咖啡,消磨一段时光。

### 6.5.3 情感原则

在市场上流行的理性营销思维中,消费者的消费行为长久以来一直被认为是一种纯理性的,仅仅追求技术性与功能性以及经济利益最大化的活动。在这种行为模式中,消费者的行为被划分为确认(注意与知觉)、过滤、定位、确定和满足等几个心理过程。这一理论模型完全依赖逻辑性极强的理性分析,将品牌和现实中的消费者完全隔离开来。然而,这种模式已经不适应消费者如今越发明显的个性化消费倾向。因此,一种融入情感、全新的体验式营销理论迅速崛起并受到广告与营销界的普遍重视。这一理论认为消费者所做的决定绝不是纯粹理性的,更多的是遵循情感与体验经历的影响。事实上也是如此,人类的思考过程是离不开情感的参与的。有调查表明，人们在超市选购物品的时候，做决定的时间不会超过12 秒，其中相当大一部分消费者，只会购买选定的品牌。

在商业广告中，作为广告目标受众的消费者并不是被动的客体，而是有自己的主见、观念和创造性的，具有强烈的文化能动性的思维客体。他们对广告有自己的看法、选择、想象和情感。在现代社会，品牌与品牌之间的产品性能差异可以在极短的一段时间内缩短或取消，因此与消费者建立情感差异成为很多公司在广告中的迫切需求。

那么，如何真正使得情感在广告中发挥作用呢?

#### 6.5.3.1 了解用户的愿望

想要通过情感打动消费者的内心，首先就必须了解用户的愿望是什么，最关心的是什么，最能打动他们心弦的是什么，从而做到有的放矢。

如 2003 年三菱汽车的广告语:“父爱如山，更如路，牵引着我们回家的方向。”汽车在品牌之间或许有差别，但是父爱，以及人们对于回家的渴望在全世界都是一样的。三菱公司的这个广告足以引起消费者内心深处的震颤。

#### 6.5.3.2 个性化表达

广告的个性化是指不能将所有的消费者都视为相同的个体，必须依据消费群体的特性，给予消费者专门的服务，带给消费者“为您量身定做，特意为您安排”的感觉。只有消费者感到自己受到了重视，感受到了自己的独特性，才更容易对产品产生情感依赖。

再以汽车为例。随着汽车的普及化，购车群体年轻化的趋势越来越明显。和中老年消费者追求的安全、豪华、舒适不同，年轻的消费者更在意汽车是否足够时尚、足够前卫。如大众汽车对 polo 系列设计的广告词“ru polo”，“ru”是年轻人在网络聊天时为了方便，缩减 Are you 的一种拼写方法。大众汽车采用这个广告用语，即刻拉近了和年轻消费者的心理距离，使得他们觉得驾驶这么一辆 polo 汽车本身就变成了一件时尚的事情。

### 6.5.4 艺术性设计原则

广告创意的艺术性是指艺术表现手法与技巧在广告中的具体运用。广告是一门科学，也是一门艺术。作为科学，它要反映商品流通的客观规律;作为艺术，就是广告创意可以采取各种各样的艺术手段和艺术方法，形象而生动地表现产品的内容，给人以和谐美好的感受。具体表现为:创意巧妙、耐人寻味、生动有趣、寓商品介绍于娱乐之中。

好的广告本身就是一种艺术品，没有艺术性的广告就不能称之为好广告。例如广西黑五类食品集团的“黑芝麻糊广告”。其创意不仅体现了广告创意的真实性，更体现了广告创意的艺术性。幽远的暖色麻石小巷，走来了挑担叫卖芝麻糊的母女。香气四溢的芝麻糊诱惑着一个小男孩，他拨开门闩，挤门而出。只见小姑娘在瓦盆里研芝麻，母亲热情地招呼食客，此时响起了淳厚的男声旁白:“小时候，一听到芝麻糊的叫卖声，我就再也坐不住了……”电视画面上的小男孩搓着小手，迫不及待地接过芝麻糊埋头狼吞虎咽，吃到最后仍意犹未尽，将碗舔得干干净净。望着这狼狈的情景，小姑娘捂嘴讪笑起来。母亲也被这场面所感动，怜爱地又给小男孩添了一勺，并轻轻地抹去小男孩脸上的残糊，小男孩默默地抬起头，目光中似羞涩、似感激、似怀想，意味深长，含蓄隽永。这时旁白恰到好处地点题:“一股浓香，一缕温暖，南方黑芝麻糊。”画面营造的温馨氛围和卖芝麻糊的母女身上显示的中国人的传统美德，让人感受到的的确确的“一缕温暖”。而小男孩的狼吞虎咽更透出了芝麻糊的品质淳美，体会到那“一股浓香”。

此广告的成功之处不仅在于朴实、传神地体现了真实性，还在于它含蓄地表达了中国人真挚、善良的情感之美，不但图文并茂、声情兼备，而且意味深长，更体现了高超的艺术性。其问鼎我国第三届全国广告评选大奖也就不足为奇了。

聪明的广告人常以人间温情、爱心来开启人们的心扉，使人们一听到、一看到或一读到这些广告时，就能感受到一种如冬日的阳光、夏天的微风一般的温情和爱心的抚慰，继而对商品产生好感。

古人云文无定法，所以以上所探讨的皆是成功广告作品的普遍原则，而非法则。法则是一个行业必须遵守的，而原则却是从大量的成功作品中总结出来的最本源的东西。掌握了这些原则，可以指导广告策划、广告创意和广告制作的全过程，可以使得广告定位更加准确，广告效果更加出众，赋予市场营销立竿见影的说服力，将信息直接快速地传递给受众。

## 6.6 广告创意的思维过程及方法

### 6.6.1 思维方式

逻辑思维是一种严密的科学性思维，通常是按照事物的各个组成部分，通过现象分析、判断和推理层层深入，找出事物的内在联系的思维过程。其特点是逻辑性强，所产生的结果准确性高，但遇到复杂的问题就显得费时费力。直觉思维与此相反，往往是不做细致分析，依靠大脑对客观事物直观感知的思维过程。

创意思维则是逻辑思维和直觉思维的有机结合，先深入研究思维对象的具体细节，获取对思维对象完整的理性认识，再运用意识与无意识的活动能力，充分发挥直觉、想象的作用，对已有的理性认识做进一步的分解组合，求得新的发现，最后再运用逻辑思维的能力对发现的新形象、新内容加以验证和扩展。

作为一种创造新意象、新意念、新意境的思维形式，广告创意思维是各种思维能力相互联系、共同作用的过程。它发挥了人脑的整合运作能力和潜意识活动能力，不但完整把握对象的内在联系，又不拘泥于现在的内容与细节，同时也不脱离思维对象的具体内容和直观特性。

### 6.6.2 思维过程

#### 6.6.2.1 创意思维四阶段说

创意思维是一种过程性思维，创意的获得需要经过一段艰难的心智历程，这种思维过程通常需要经过定向、沉思、成型、求证四个阶段。

1）定向阶段　这一阶段，创意者不断地搜集感性和理性的信息资料，进行初步的探索，运用较为自由的方式去思考和发现问题，以界定创意对象的性质及各个主要方面。

2）沉思阶段　在定向准备期所搜集的信息资料不是被动地堆积在头脑中，而是在此阶段集中精力,努力调动所有潜能,在问题意识的引导下按一种潜意识的方式在大脑中加工组织。这一时期,各种思维材料,包括形象、片语、记忆片断、抽象概念、声音、节奏和画面等都在重新进行排列组合。

3)成型阶段　通过上一阶段的深思熟虑,创意者常常会产生灵感和顿悟,进而豁然开朗,经过紧张的思维酝酿之后,新观点、新方法和新结论随之形成,创意由此诞生。

4)求证阶段　创意产生之初可能只是初具轮廓,并不十分完善,通常需要通过必要的验证和深化,使其更加丰满,更加鲜明,更加成熟。

#### 6.6.2.2　创意思维五阶段说

创意思维的各个阶段都是互相渗透、互相影响、互相制约的。就像著名广告大师詹姆斯·韦伯·扬在他的《产生创意的方法》一书中对广告创意思维过程的描述一样,创意各阶段的次序一般不会颠倒,前一阶段为后一阶段作准备,但往往后一阶段中包含前一阶段的诸多因素,甚至前后阶段无法明确区分而成为一个渐进融合的过程。他将这个渐进融合的过程描述为五个阶段。

1)搜集资料　蜜蜂筑巢需要尽可能多地采集花粉,创意也不是凭空想象、闭门造车得来的。优秀的创意必须搜集它所需要的依据和内容,这些依据和内容包括一般资料和特定资料两类。一般资料应该是生活中一切令你感兴趣的事情。詹姆斯·韦伯·扬认为:优秀广告创意人员首先应该做到普天之下,没有什么题目是他不感兴趣的;其次需要广泛浏览各学科中所有的信息。特定资料是指那些与当前产品或劳务直接相关的资料。创意者必须对这些资料有深入、具体的了解,唯有这样才有可能发现产品或劳务与消费者之间的特殊关联性,而这往往直接导致创意的产生。

2)咀嚼资料　詹姆斯·韦伯·扬指出,要带着问题意识,对所搜集的资料反复咀嚼,用不同的方式去研究分析所搜集的资料,探索其意义和内在联系:“现在你要做的是把已经搜集的资料,就好像用你心智的触角到处加以触试。你先把一件事实反复用不同的方式看,再用不同的看法见解来观察,以探索其意义。你再把两件事实放在一起,看它们如何配合”。

3)消化资料　当资料搜集完毕并已加以咀嚼,接下来就是消化阶段。“听其自然——但让胃液刺激其流动。”在此阶段,创意人员几乎可以不做努力,顺其自然,把问题放开,让其在潜意识下暗暗流动,让其在心智的潜流中孵化。唯此,才有可能让新的组合、新的意义真正呈现。

4)创意诞生　“突然间会出现创意。它会在你最不期望它出现的时机出现。当你刮胡子的时候,或沐浴时,最常出现于清晨半醒半睡的状况中。也许它会在夜半时刻,把你唤醒。”詹姆斯·韦伯·扬对创意的产生瞬间做了如上的精彩描述,灵光突现、创意诞生,但这只是表象的描述。真正创意灵感的产生,完全来自于前期的辛勤努力。

5)完善创意　现实世界的检验将会把刚刚诞生的创意不断完善、丰富。一般而言,创意灵感从内容与形式上都不可能尽善尽美,还需要耐心细致地加工处理,使其更适合现实的需要。对于创作人员来说,“批评与自我批评”是不可缺少的一个环节。

### 6.6.3　思维方法

创意思维是具有方向性的思维,其思维方向的表现形式是垂直思考与水平思考。这两种思考方向，形成了广告创意的两大技法：垂直思考法与水平思考法。

#### 6.6.3.1 垂直思考法

垂直思考法又称纵向思考法。是按照一定的思维路线，在一个固定的范围内，向上或向下进行纵向思考。是用现有的知识、经验和观念从问题的正面或反面角度垂直切入进行分析研究的一种思考方法。

垂直思考法在具体的创意活动中表现为：正向垂直思考法和逆向垂直思考法。

1）正向垂直思考法　正向思考法就是从创意问题的正面切入，从正向纵深延伸思维的方法，这种方法通常表现为传统的、有逻辑性的常规思路。在具体的广告创意中常常表现为从产品的好处等正面着手创意。绝大部分的广告创意都是运用这一常规手法。如通用公司的一则液体水泥广告，“它能黏合一切，除了一颗破碎的心。”尽管它运用的是正向思考法，但适度的夸张，仍然使广告在常规手法下显得不寻常，颇具魅力。再如“犹如第二层皮肤”的牛仔裤广告，“瞬间的记录”佳能自动相机广告都是正向思考运用的较佳结果。

2）逆向垂直思考法　逆向思考法就是逆着常规思路寻求问题解决办法的一种创意方法。运用此法时，常常不针对方式，而针对目标，“倒过来”思考问题，从事情的反面来考虑，从而收到意想不到的效果。

菲律宾国家旅游公司的广告正是逆向创意法的典范之作。该广告中不谈菲律宾旅游的各种诱人的好处，反而大谈菲律宾旅游所面临的“十大危险”。这“十大危险”有：一是小心买太多的东西，因为这里物价便宜；二是小心吃得过饱，因为一切食物质美价廉；三是小心被晒黑，因为这里阳光很好；四是小心潜在海底太久，要记住上来换气，因为海底美景使人流连忘返；五是小心胶卷不够用，因为名胜古迹数不清；六是小心上下山，因为这里山光云影常使人顾不了脚下；七是小心爱上友善、好客的菲律宾人；八是小心堕入爱河，因为菲律宾姑娘热情而美丽；九是小心被亚洲最好的酒店和餐厅宠坏了胃口；十是小心对菲律宾着了迷而忘了回家。这十个正话反说的“危险”，淋漓尽致地展现了菲律宾旅游胜地的极大吸引力。

#### 6.6.3.2 水平思考法

水平思考法又称横向思考法。水平思考时，思维不是垂直线性的，而是横向地向着多个方向发展的，是一种“不连续”思考。这种思考方法崇尚尽量摆脱既存观念，从另一个新的角度对某一对象重新思考。

水平思考法在具体的创意活动中最主要的表现为侧向思考法。

侧向思考法是指既不与一般思维方向相同，也不是正好相反，而是横向地从旁侧开拓出新思路的一种思维方法。这种方法利用其他领域的观念、知识、方法或现象等来寻求启示，从而产生创意。法国的一则席梦思广告以其反常规的侧向创意，创造了销售奇迹。它不像通常席梦思广告那样，强调席梦思的质地如何精良，如何舒适，也不去营造浪漫情调，而是在广告画面中展示了一条瞪着眼睛的毛毛虫。旁白说：“也许，这只喜欢温暖的毛毛虫，今晚就要跟你共眠。”从而传达出该种席梦思采用了不让毛虫存活的特殊材料，选用该品牌健康又安全的信息。

英国著名心理学家勃诺曾对垂直思考法和水平思考法进行了细致的比较，指出了两者的十点差异：

(1)垂直思考是有选择性的;而水平思考是生生不息的。

(2)垂直思考只在有了一个方向时才移动;而水平思考的移动则是为了产生一个新的方向。

(3)垂直思考是逻辑性的;而水平思考是激发性的。

(4)垂直思考必须步步正确才能形成正确结论;而水平思考则不必如此。

(5)垂直思考必须按部就班;而水平思考则可以不断跳跃。

(6)垂直思考要用否定,以封闭或减少思维途径;而水平思考则无否定可言。

(7)垂直思考要集中并排除不相关者;而水平思考则欢迎更多的新东西介入。

(8)垂直思考中,类别、分类和名称都是固定的;而水平思考则不必。

(9)垂直思考应遵循最可能的途径;而水平思考则力求最不可能的途径。

(10)垂直思考是无限的过程;而水平思考则是或然性的过程。

下面我们再运用两个创意个案来说明这两种创意技法的差异。

第一则是美国陆军部的"征兵广告"。

"如果是打传统的常规战争的话,不用担心你当了兵就会死。当了兵有两种可能:一个是留在后方,一个是送到前方。留在后方没有什么好担心的,送到前方又有两种可能:一个是受伤,一个是没有受伤。没有受伤不用担心,受伤了的话也有两种可能:一个是轻伤,一个是重伤。轻伤没有什么可担心的,重伤也有两种可能:一个是能治好,一个是治不好。能治好就不用担心了,治不好也有两种可能:一个是不会死,一个是会死。不会死的话,不用担心,死了嘛……也好,因为他已经死了,还有什么好担心的呢。"

第二则是俄罗斯《消息报》的"征订广告"。

"亲爱的读者:从9月1日开始征订《消息报》。遗憾的是明年的订户将不得不增加负担,订全年的费用为22卢布56戈比。订费是涨了。在纸张涨价、销售劳务费提高的新形势下,我们的报纸要生存下去,我们别无出路。而你们有办法,你们完全有权力拒绝订阅《消息报》,将22卢布56戈比的订费用在急需的地方。《消息报》一年的订费可用来:在莫斯科的市场购买924克猪肉,或在彼得格勒购买102克牛肉,或在车里亚斯克购买1 500克蜂蜜,或在各地购买一包美国香烟,或购买一瓶好的白兰地酒。这样的'或者'还可以写上许多。但任何一种'或者'只能一次享用,而您选择《消息报》——将全年享用。事情就是这样,亲爱的读者。"

前面"征兵广告"的案例是将战争与死亡的关系沿着一条直线来控制人们对战争导致死亡的联想,层次递进、环环紧扣,逐步将"死亡"的概率大大削减。正如丹·E·舒尔茨在其《广告运动策略新论》一书中所描述的那样,垂直思考就像是建炮塔,以一块石头稳定地置于前一块石头之上,或者像挖洞,把原有的洞再挖深下去成一个更深的洞。思维按一定的思路纵向进行下去。

后面的"征订广告"则如丹·E·舒尔茨在书中对水平思考法所描述的那样,是跳出原有洞穴,再去另外挖一个或更多的洞。22卢布56戈比的订费,还可用于购买"924克猪肉、102克牛肉、1 500克蜂蜜、一包美国香烟、一瓶好的白兰地酒或者……"

创意决定了广告的生命力。在将抽象概念具象化的广告制作过程中,只有认真地研究广告创意的手法、手段、技巧,创造性地运用语言,精致、巧妙地进行信息构建,利用多手法的运用表现形式,才能制作出高创意度的作品,激发人们审美动机和关注,在同质化竞争中脱颖而出,吸引受众日渐挑剔的注意力,促成其购买行为的发生,最终实现广告传播的目的。



## 实训篇

### 案例分析

#### 中国移动公司的广告创意

“沟通从心开始”,这是中国移动公司最初的品牌广告语,传达了中国移动公司向广大消费者伸出带有强烈社会责任意识的关爱之手,从社会公益角度出发,关注亲情,帮助人们更好地沟通,引起消费者共鸣,拉近移动与消费者的心理距离。

中国移动公司广告中的母女篇由一女性白领叙述矛盾开头,她希望自由,却又离不开妈妈的关爱,让中华文化中的伦理亲情在移动手机通话中得以展现。广告文字非常贴切,生活气息非常浓厚,述说的语气也同样无可挑剔,一句“不是离不开手机,是我离不开你”,说出了消费者的心里话,这也是这个广告的创意精华所在。

中华传统文化对于亲情的表达,总是比较含蓄,广告中以相对直白的话语,用含蓄的抱怨的语气道来,有着超强的说服力,很真实。广告最后出现的文字“手机接通的,不只是牵挂”,让这一情怀得到升华,留给观众无限想象的空间,耐人寻味。移动改变生活,生活因移动而更精彩,这样的理念,随着这一广告的推广而更加深入人心。

至于客户超亿篇、电信专家篇,也都是宣传移动的品牌优势,从中西文化两个不同的角度加以阐述,同样有着非凡的冲击力。其中电信专家篇,以外国董事会的争吵直到达成共识这一过程,展现中国移动公司强大的品牌优势,令人耳目一新,受众很容易就接受了中国移动公司是通信专家这一概念。但是,这一广告是以国人对于移动有着很好的品牌认知度的前提下才得以成功,对于其在海外开拓市场,我认为没有实质性帮助,因为移动通信是一个整体概念,外国人不容易很快明白这是中国移动公司的一个广告,甚至可能产生误解:这是中国整个移动通信业的一个广告。

请你结合本章所学内容,谈谈中国移动公司的广告创意的表现手法。

## 实践应用

请结合本章学习的广告创意的思维方法、表现手法,为“中国联通”设计一条广告。(要

求附带文案脚本)

## ★思考题

(1)请结合实例,谈谈广告创意的含义与作用。
(2)广告创意的特征是什么?
(3)请结合实例,谈谈广告创意的原则。

# 7 平面广告创意

## 导言

**本章学习目标**

通过本章学习，要求学生了解平面广告的起源、分类及构成要素。理解创意在平面广告中的运用。掌握平面广告创意的思维方法并提高创新思维能力。了解和学习平面广告创意的程序和内容，为未来实战奠定坚实的基础。

**本章重点**

平面广告的构成　平面广告的创意思维方法　平面广告的构思与表现

## 7.1 平面广告概述

### 7.1.1 平面广告的起源

北宋时期(960—1127),雕版印刷问世,现收藏于中国历史博物馆的北宋"济南刘家功夫针铺"的四寸见方的雕刻铜版,上面刻有"白兔商标"及"上等钢条"、"功夫细针"等广告文句,是目前世界上发现的最早的印刷广告文物。木版印刷在元明有很大发展。1980 年,我国考古工作者在新疆发现了用雕刻木版印在金箔佛教用品包装纸上的广告。1985 年,我国文物考古工作者又在湖南沅陵县发掘一座元代的古墓,发现了两张包装纸广告,其正、反面皆印有清晰的图案、花边和文字,全文为:"潭州(今长沙市)升平坊内的塔街大尼寺相对位,危影(店主姓名)自烧洗无比鲜红紫艳上等银朱、水花二朱、雌黄、坚实匙筋。买者请将油漆试验,便见颜色与众不同,四远主顾请认门首红字高牌为记。"在西方,1473 年,英国印刷家威廉·凯克斯顿印出了第一张出售祈祷书的广告,在伦敦张贴。广告一词,最早出现在 1645 年 1 月 15 日英国出版的《每周报道》上,但广告词下编排的却是新闻。正式使用广告一词,是从 1655 年 11 月 1 ~8 日的苏格兰《政治使者》报开始,从此便沿用至今。1615 年,法国开始发行弗克法特杂志,但杂志成为广告媒体,则兴盛于 19 世纪的美国。

### 7.1.2 平面广告的定义与分类

#### 7.1.2.1 平面广告的定义

平面广告就其形式来说,是传递信息的一种方式,是广告主与受众间的媒介。若从空间概念界定,现有的以长、宽两维形态传达视觉信息的各种广告媒体的广告,都叫作平面广告;若从制作方式界定,可分为印刷类、非印刷类和光电类三种形态;若从使用场所界定,又可分为户外、户内及便携式三种形态;若从设计的角度来看,它包含着文案、图形、线条、色彩、编排等诸要素。平面广告因为传达信息简洁明了,能瞬间抓住人心,从而成为广告的主要表现手段之一。平面广告在众多广告形式中是不可缺少的,我们的日常生活中随时都会接收到平面广告的信息,如翻开报纸、打开杂志、商场内的 POP 海报、网上冲浪等都会看到平面广告的存在,它已经渗透到我们生活中的方方面面。

#### 7.1.2.2 平面广告的分类

在广告大家族中,平面广告通常有报纸、杂志、海报、招贴、宣传单、路牌等形式,我们可以把它分为以下几种类别。

1)报纸广告　报纸广告利用报纸所具有的认知功能,在其上面刊载各种广告内容,达到信息传播的功能。报纸广告是否能引起人的注意,主要是依据广告版面的大小和位置来决定的。而且报纸广告不受时间和空间的约束,可以在任何时候阅读,并且还可以对其进行长期保存。

2)杂志广告　杂志广告是刊登在各种杂志上的广告,它与报纸广告不同的是,杂志广告有自己特定的读者群,可以针对特定的受众进行行业信息交流。杂志广告的亮点往往出现在彩印部分,因此在选择杂志广告时,需要根据杂志的整体形式进行广告创意和设计,以突出广告效果,达到宣传的目的。

3)户外广告　户外广告是室外广告,它独立或依附于建筑和公共设施,是较为常见的一种广告形式。户外广告充分体现了视觉设计的特点,与人们的生活息息相关,是美化城市的重要因素。户外广告必须达到突出醒目的视觉效果,所以户外广告的创意设计应当尽量简化、单纯生动、主题突出,达到一目了然的效果。在户外广告中,最具有代表性的是路牌广告和立柱广告。

4)招贴广告　招贴广告是平面广告的重要形式之一,同样也是现代广告设计的主体。招贴广告的应用范围较广泛,可以应用于室内、室外各种场所中。招贴广告可以通过商品表现出一种文化内涵,可以抽象表现也可以具象表现。从整体观念上来说,招贴广告分为服务广告、商业广告、社会公益广告和文化广告。

5)POP 广告　POP 广告,也被称为卖点广告、售点广告、即兴广告。也就是销售现场的广告。POP 广告包括生产厂家提供的宣传品以及商家为开展促销活动而制作的标牌、吊旗等。POP 广告多以平面的形式为主,但特殊情况下也存在立体的、活动的。POP 广告从功能和展示位置上来说,可以分为店外 POP 和店内 POP 两大类。

## 7.1.3　平面广告的构成要素

平面广告除了要在视觉上给人一种美的享受外,更重要的是向广大的消费者传达一种信息、一种理念,因此在平面广告中应当注重视觉上的美观,还应该考虑到信息传达性。现在的平面广告主要是由图形、文案、色彩三个基本要素构成的,无论是报纸广告、杂志广告还是户外广告、商店 POP 等都是由这些要素巧妙地安排组合而成的。

### 7.1.3.1　图形要素

1)具象图形　具象图形是平面广告的主要视觉形式之一。它表达广告主题的不同意境和格调,体现出比较直观的视觉效果。在平面广告中,充分利用具象图形的特征,可以形成独特的格调和强烈的视觉效果,同时因为具象图形的艺术感染力,可以被广泛应用于平面广告设计的各个领域。

2)抽象图形　抽象图形是高度概念化的表现,具有原创性。抽象图形在平面广告创意过程中不受任何表现对象和技巧的约束,也没有时间与空间的限制,通常与具象图形相结合,作品的形式更为丰富。抽象图形在表现广告内容或产品时,效果往往简洁、明快、强烈,同时也可以增强作品的表现寓意。

3)影像式图形　影像式图形多以摄影技巧为造型手段,适合应用于表现具有真实感和写实性的平面广告作品当中,能够准确地表现物体的外貌和细节部分,充分展现各种产品的特性。影像式图形作品是广告与摄影等现代技术的结合,有效地传达种种信息,以真实的形象和巧妙的寓意表达出平面广告中的主题。

### 7.1.3.2　文案要素

1)标题　是表现广告主题的短句,是广告文案的一部分,应放置于能够被快速注意的位置。标题具有图形的视觉效果以及文案的说明效果。可以根据广告不同的主题,配合图形造型的需要,选用不同的标题表达广告主题的文字内容,应具有吸引力,能使读者注目,引导读者阅读广告正文,观看广告插图。标题是画龙点睛之笔。因此,标题要用较大号字体,要安排在广告画面最醒目的位置,应注意配合插图造型的需要。字体、字号,运用视觉艺术语言,引导公众的视线自觉地从标题转移到图形、正文上。

2)正文　正文即为广告要传播的商品说明文,基本上是标题的发挥。它详细地叙述了商品内容,具体地叙述事实,使读者心悦诚服地走向广告宣传的目标,具有说明、释疑、鼓动、号召的作用。正文内容的撰写要采用日常语言,简单易懂,表达生动、贴切、形象、扣人心弦,让公众信任商品,以达到传播信息的目的。正文编排时以集中为宜,一般置于版面的下方,也可以置于左方或右方位置。

3)广告语　广告语也称标语,是配合广告标题、正文加强商品形象的短语,通常在整体广告策划的某个阶段内反复使用的,用以体现企业精神或宣传商品特征,以吸引公众注意的专用宣传语句。广告语的文字必须易读好记、押韵顺口、富有情感。广告语编排时可以放在版面的任何位置,但要位居广告标题之后,不能本末倒置。

4)附文　附文是指广告发布者的公司名称、地址、邮编、电话号码、传真号码等,方便公众与广告发布者取得联系,以购买商品。它一般置于版面的下方或次要的位置。

#### 7.1.3.3　色彩要素

色彩是把握人们视觉的第一个关键因素,也是一幅平面广告表现形式的重点所在,它与公众的生理和心理反应密切相关,公众对广告的第一印象是通过色彩得到的。色彩感觉影响着公众对广告内容的注意力。鲜艳、明快、和谐的色彩组合会使公众产生时尚感;陈旧、破碎的用色会导致公众产生历史感。因此,色彩在平面广告中有着特殊的诉求力。

现代平面广告是由图形、文案、色彩三大要素构成的,图形和文案都离不开色彩的表现,色彩传达从某种意义来说是第一位的。运用不同的色彩会为广告带来不同的感观效果。广告创作者通过在广告中运用不同的色彩,表现出广告的主题创意,充分展现色彩魅力。首先必须认真分析研究色彩的各种因素,由于受众的性别、年龄、文化背景、风俗习惯和生理反应有所不同,所以存在一定的主观性,但对颜色的象征性、情感性的表现,人们又存在着共性。色彩的冷暖对比、明暗对比、面积对比等都会影响平面广告的创意表现。色调的组织要保持画面的均衡、呼应和色彩的条理性;广告画面要有明确的主色调,还要处理好图形色和底色的关系;另外还要明确色彩定位。广告定位在突出商标时,要考虑企业的个性特征和形象色,通过色彩定位来强化公众对它的认可。

## 7.2　平面广告的创意

### 7.2.1　平面广告创意的概念

平面广告创意是平面广告制作人员在对市场、产品、消费者三方面进行调查分析的基础上,围绕广告产品(服务)的销售目的,对抽象的产品诉求概念予以具象、艺术化的表现创造性思维活动。在当今商业社会中,平面广告充斥着每一个角落,有些广告平庸无奇,有些却表现独特、清新怡人。造成这些差别的原因，除了设计、制作方面的因素外，广告创意水平的高低是一个极其重要的因素。平面广告的特点和优势之一，就是能够做到“诗画结合”。一则优秀的平面广告，必然是通过充满创意的平面设计，配以巧妙的语言起到画龙点睛的作用，使画面和语言相互支持，相得益彰。更高明的平面广告甚至不需要言语，完全靠形象与画面激发人们的无穷遐想，达到无声胜有声的效果。

国际广告大师詹姆斯·韦伯·扬曾经说“所谓创意就是将旧的元素做新的组合”，即应用各种技术手段将旧元素创造出新结果。通常人有两种心理因素，知觉映象和记忆表象。知觉映象是对当前客观事物的直接反映。记忆表象是指人们曾感知过的，并在头脑中存储的客观事物，由于特定条件的刺激在头脑中的再次展现。因此，广告创意要借助各种元素的心理暗示来完成广告信息的传递。这是平面广告创意的内在依据，即通过图画、文字的知觉映像，激发、唤起受众的记忆，有效传达广告诉求。平面广告创意的核心问题就是如何对图像、文字、色彩等元素加以“组合”，使之产生对受众的强有力的冲击，这是对平面广告创意者能力的挑战。

### 7.2.2　创意在平面广告中的作用

评判一则平面广告作品的好坏，一般来说有两个标准：一是平面广告创意本身，另一个则是广告效果。创意本身需要具备原创性、关联性和震撼力，发别人所未发，想别人所未想，用与众不同的方式把信息传达出去，达到吸引或说服目标受众的目的。

#### 7.2.2.1　注意力

创意使平面广告备受注意，即增加注意力。注意是消费者对广告认知的第一步，是使消费者理解、信任、偏爱、购买的基础，当今时代是注意力经济和眼球经济的时代，能够第一时间吸引和抓住受众的眼球，使自己的广告脱颖而出，就要依靠广告创意的新、奇、趣。例如，彪马运动鞋的平面广告中小小的蜜蜂和蝴蝶竟然可以拿起比自己大好几倍的鞋子，以此可以看得出这只鞋子是非常轻巧，广告运用了动物的特点和产品进行了对比，不仅直接反映出了产品特点，动物形象的运用也增加了广告的注意力。图 7-1 所示。

7-1　彪马运动鞋广告

#### 7.2.2.2　识别性

创意增加平面广告的理解力，即识别性。消费者只注意到广告是远远不够的，还要能充分理解广告所要表达的内容。广告创意不仅要考虑到目标消费者的知识领域和层次，还要考虑到目标消费者由于国家、地域、民族不同所引起的文化上的差异。贝纳通有一则平面广告,广告主题是"贝纳通的色彩联合国",目的在于反对种族歧视,虽然肤色不同,但是心脏的颜色是一模一样的。在大部分国家,这则广告被认为是以另类、大胆的手法传达广告的核心,具有相当震撼的效果,但是在阿拉伯国家却被禁止刊登,因为阿拉伯国家认为暴露人体的内部器官是色情的,心脏也不例外。这种因为文化背景、风俗习惯不同造成的理解上的差异性,是国际广告创意必须重视的问题。

#### 7.2.2.3 感染力

创意使平面广告受到消费者的喜爱,即感染力。要让消费者对平面广告当中的产品产生喜爱之情,让其认为广告中的产品与其他同类产品相比是最好的。做到这一点除了较强的说服力外,还要依靠广告的感染力,使消费者能够产生幸福感和愉悦感,形成良好的视听感受。好的广告能够使消费者产生情感的共鸣,实现与消费者的面对面的对话。例如养生堂朵而的平面广告,与其说是广告,还不如说是与女性消费者一场心灵的对话:"有些事只有我们才能懂,有些话只有我们之间才能说,有些笑容只有我们才能理会,有些梦只有我们两个人才能分享。每个人都有自己的心情故事,在你最美丽的时候,遇见了谁呢?"似美丽的琴弦轻轻拨动,似亲密的朋友在耳边窃窃私语,怎能不令女性消费者为之动容呢?

#### 7.2.2.4 有效性

创意促成消费者的最终购买力,即有效性。这是每一则广告的最终目的。一则广告,它的目标可能是提高产品的知名度、认知度、美誉度、忠诚度等,但最终还是要促成消费者的购买行为,实现产品销量的增长,扩大市场份额。只有消费者心甘情愿地为广告中的产品或者服务买单,就需要广告创意使消费者在不知不觉中被打动,记住广告中产品的优点,并最终付诸于购买行为。

真正优秀的平面广告,需要通过创意来诠释产品,需要创意来增添广告作品的表现力,需要创意来沟通消费者的心灵,真正想消费者之所想。让消费者满意的广告才是真正的好广告,打动消费者是优秀广告创意的出发点,也是归宿。

### 7.2.3 平面广告创意的原则

#### 7.2.3.1 准确性原则

任何产品的广告宣传首先应确定其自身内容的真实性,然后依据客观事物进行广告创意,切不可夸大或扭曲地表现客观事物。

#### 7.2.3.2 创新性原则

不同的人对同一事物的认知是不同的。所谓创新性原则是指广告的立意观点即创意点要新颖,不要墨守成规。与众不同的创意能迅速吸引大众眼球,给人耳目一新的感觉。创新性的广告创意具有极强的心理突破能力。

#### 7.2.3.3 实效性原则

广告创意能否达到促销的目的,取决于广告信息的传达效率,这就是广告创意的实效性原则,也是广告的目的。在进行广告创意时,要在"创新性"的立意观点和"易理解"的相关事物间寻找到最佳结合点，使广告创意中的意向组合和广告主题内容紧密联系在一起。



## 7.3 平面广告创意的方法

创意就是富有新意的"点子"，也就是具有新颖性和创造性的想法，对特定的人、事、物提出崭新见解或行动。创意总是来无影去无踪，往往是灵光一现，是突如其来的思想火花。可能是在公车上，可能是在浴室里，亦有可能是在半梦半醒中，大部分是转瞬即逝。但在平面广告创意的实践中，我们不可能总是被动地等待那"灵光一现"，如何激发富有创造力的思想，创意思维的方法和技巧的掌握同样重要。

### 7.3.1 创意思维的方法

广告创意是由灵感激发出来的，但是每一个资深广告人都会告诉你，灵感这东西是靠不住的。我们不能守株待兔，面对截稿日期的迫近，我们还得如期交出广告创意作品。这就需要我们清楚平面广告创意的基本思维方式。思维方式因人而异、多种多样，并不是什么公式化的东西，只是一些激发想象力并获得主意的方式，如果我们能够专心地按照这些思维方式去工作，灵感就会源源不断地浮现在我们的脑海中。

#### 7.3.1.1 直线性联想思维

20 世纪中叶，美国哈佛大学艺术心理学教授鲁道夫·阿恩海姆首次提出了"视觉思维"的概念。所谓的"视觉思维"是指对视觉形式的感受方式，借助于形式语言进行思考的方式，运用图形媒体语言对所见所思进行描述的方式。俗话说，"眼睛是心灵的窗户"。事实上我们是通过视觉形象，用大脑在观察世界。

1）直线性联想思维的概念　直线性联想思维也称近似联想思维。它是对性质、外形有某种相似的事物表象进行联想。在思维心理学领域中，它是指思维沿着逻辑思维调控—发散思维定向—联想思想提供材料—想象产生成果，这一串线性单向的方式进行心理加工。直线性联想思维是一种规律性较强，比较冷静、理智的思维方式，它的特点是直线性，也就是说不做横向或反方向的思维活动。但是我们要注意不要把直线联想思维理解为仅凭直觉感觉，没有什么道理，没有任何依据的联想。这不是主观的臆想，而是建立在坚实理论基础、丰富实践经验之上的。

2）直线性联想思维是一个重要的心理过程　直线性联想思维是艺术家主体对客体经过思维之后的提炼和升华。在艺术创作和艺术设计中我们所看到的其实只是我们心里所想到的，然后通过艺术化的表现手段将这种"人工"的艺术表象再次植入作品当中，从而使观众透过视觉的表象形式感受到作者所要传递的艺术思想，进而达到心灵的沟通。

3）直线性联想思维如何引导设计师　直线性联想思维就是让一个想法引发出另一个想法，一个词包含另一个词的意思，一个形象产生出另一个形象的过程。谁都无法限制他人的直线性联想思维，因为我们头脑中的思维脉络是极为个性化的。如图 7-2 所示。

图 7-2　可口可乐广告

### 7.3.1.2　逆向性联想思维

1)逆向性联想思维的概念　逆向性联想思维,也有求异思维的说法。这是一种反方向的、对性质相反或外形有鲜明对比的事物表象进行的联想。逆向性联想思维实质上是打破了直线性联想思维的一般规律,其思路不是直线,也不是曲线,而是反其道而行之。表现在广告创意上,往往采取和正常思维相悖的方式。

2)逆向性联想思维的重要性　要学会多视角看问题,主张采用360°的方法。我们绕着问题思考一圈,从每一个不同的方向观察问题,探索每一种可能的解决办法。你不可能用同一个视角去处理每一个问题,如果你局限自己的思想,你的解决方法也受到了局限。如果你想提高自己的"逆向性联想"技巧,如果你想有越来越多的不同创意,你就应该学会多视角看问题。与其他任何技术一样,逆向性思维能力的提高靠的是实践和悟性。

3)逆向性联想思维如何引导设计师　在创作过程中,当设计师看到、听到、想到或接触到某个事物的时候,为了让思路打破常规、标新立异,就会有意识地摒弃常规和常理,让自己的思路逆向运行,达到出其不意、使人过目难忘的效果。一个优秀的设计师就是一个魔术师,就要有点石成金、化腐朽为神奇的本领。如图 7-3 所示。

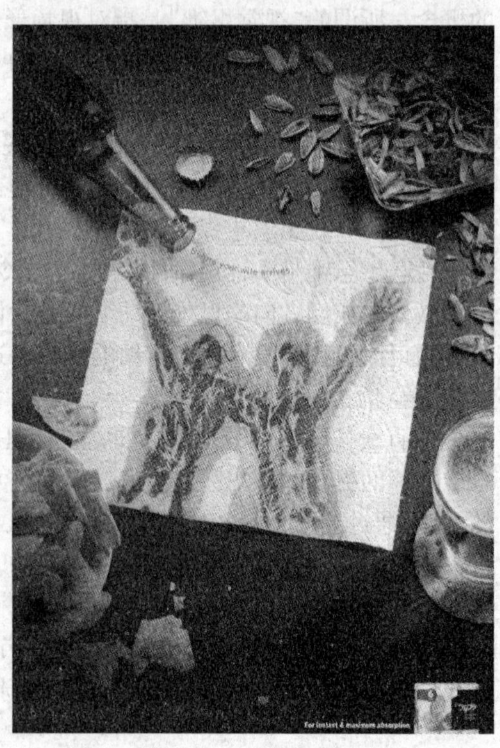

图 7-3　日本-薯片的广告

#### 7.3.1.3 交叉性联想思维

1)交叉性联想思维的概念　交叉性联想思维,心理学界也称为发散性思维,还有专家称之为"幻觉思维"、"超常思维"。所谓"超常思维"顾名思义,它已不是一种正常的思维方式,所谓的不正常是指它脱离了日常生活中那种按部就班、循规蹈矩的"正常"。

2)交叉性联想思维的主要特征　创造性思维的核心是"交叉性思维",它的主要特征表现在流畅性、灵活性、独到性和精致性上。流畅性,在短时间内能连续地表达出观点和设想的数量;灵活性,能从不同角度、不同方面灵活地思考问题;独创性,具有与众不同的想法和独出心裁地解决问题的思路;精致性,能想象和描绘事物或事件的具体细节。交叉性思维可把性质、外形、质感等完全不同,甚至完全相反,完全没有任何联系的不同元素、不同客体、不同事物综合起来进行联想。

3)交叉性联想思维如何引导设计师　交叉性联想思维是极具创造性的一种思维方式,它打破了具象和抽象之间的束缚,超越了时间和空间的概念,冲破了各种材料的限制,调动了一切必要的手段以服从设计的需要,将设计师的激情、灵感直接激发出来。

设计师要习惯于在交叉联想思维与直线想象、逆向性联想思维之间不断转换。三者是相互补充的:你必须从肤浅的表象之外去寻找创意,接着你就必须让它们发挥作用。在想出创意并进行反复锤炼的过程中,注意自己是如何转换思维方式的——幻想和判断、虚构和加工、松散思考和严密思考、宽宏大量和冷酷无情。

### 7.3.2 创意思维的表现技巧

#### 7.3.2.1 直接展示法

这是一种最常见的表现手法。它将产品或主题直接如实地展示在广告版面上,充分运用摄影或绘画等技巧的写实表现能力。细致刻画,着力渲染产品的质感、形态和功能用途等,将产品精美的质地逼真地呈现出来,给人以现实感,使消费者对所宣传的产品产生一种亲切感和信任感。

这种手法由于直接将产品推到消费者面前,所以要十分注意画面上产品的组合和展示角度,应着力突出产品的品牌和产品本身最容易打动人心的部位,运用色光和背景进行烘托,使产品置身于一个具有感染力的空间,这样才能增强广告画面的视觉冲击力。一般来说,直接展示法比较适用于家用电器、电子产品、汽车等产品的宣传,这些产品本身操作比较复杂,容易对消费者的使用造成干扰,而消费者也比较关注这类产品的基本属性与功能等方面,希望能从广告中获取足够的信息,可以作为挑选的依据。

#### 7.3.2.2 对比衬托法

对比是对立、冲突的艺术美中一种最突出的表现手法。它把作品中所描绘的事物的性质和特点放在鲜明的对照和直接对比中来表现,借彼显此,互比互衬,从对比所呈现的差别中,达到集中、简洁、曲折变化的表现。通过这种手法更鲜明地强调或提示产品的性能和特点,给消费者以深刻的视觉感受。

作为一种常见的行之有效的表现手法,可以说,一切艺术都受惠于对比表现手法。对比手法的运用,不仅使广告主题加强了表现力度,而且饱含情趣,扩大了广告作品的感染力。

对比手法运用得成功，能使貌似平凡的画面处理隐含着丰富的寓意，展示了广告主题表现的不同层次和深度。

#### 7.3.2.3 富有幽默法

幽默法是指广告作品中巧妙地再现喜剧性特征，抓住生活现象中局部性的东西，通过人们的性格、外貌和举止的某些可笑的特征表现出来。幽默的表现手法，往往运用饶有风趣的情节，巧妙地安排，把某种需要肯定的事物，无限延伸到漫画的程度，营造一种充满情趣，引人发笑而又耐人寻味的幽默意境。幽默的矛盾冲突可以达到意料之外，又在情理之中的艺术效果，勾引起观赏者会心的微笑，以别具一格的方式，发挥艺术感染力的作用。如图 7-4 所示。

图 7-4　Fresh Step 的广告

广告采用幽默化的创意策略，则可以有效克服枯燥、严肃、目的性过强等弊端，用轻松、诙谐、愉快的方式让消费者在哈哈大笑的过程中不知不觉地接受广告中的产品、服务或观念，大大地削弱广告的强制性，增强广告的娱乐色彩，使广告变成消费者休闲娱乐的一部分，从而乐于接受。

但是幽默也不是万能的，幽默化的创意策略只有与广告中的产品、服务或观念结合紧密、相映成趣的情况下，才会受到消费者的喜爱和欢迎，否则只会使人觉得生硬、无趣，让人心生厌恶。创作幽默广告，需要广告人具有较高的智慧、丰富的想象力、大量的生活经验的积累，需要从辽阔的生活空间中寻找合适的幽默题材，将其转化成广告创作的元素，好的幽默广告往往来源于严肃、严谨、严格的创作过程。

#### 7.3.2.4 合理夸张法

夸张是一种比较常用的广告创意手法。所谓夸张，就是借助想象，对广告作品中宣传对象的品质或特性的某个方面进行过分夸大，以加深或放大这些特征。通过这种手法能更鲜明地强调或揭示事物的实质，加强作品的艺术效果。一般中求新奇，按夸张表现的特征，可以将其分为形态夸张和神情夸张两种类型，前者为表象性的处理品，后者则为含蓄性的情态处理品。通过夸张手法的运用，为广告的艺术美注入了浓郁的感情色彩，使产品的特征鲜明、突出。

对于夸张来说，最难把握的就是“度”的问题。一方面，广告是需要夸张的，这是由广告的传播目的所决定的。广告本身就是通过媒体进行自我宣传、自我推销的一种信息传播活动，其目的是激发消费者的购买欲望，最终促成消费者的购买行为。运用夸张的创意手法，可以使产品的销售主张更加突出，使消费者一下子就能抓住广告的主题，把注意力转移到广告作品上来，从而加强广告的艺术效果。任何一种创意手法都要讲求策略性，夸张也不例外，消费者能够意识到这是一种夸张，但是又不得不被这样的夸张所打动和吸引，那么，你的"夸张"就成功了。如图 7-5 所示。

#### 7.3.2.5 借用比喻法

比喻法是指在设计过程中选择两个互不相干，而在某些方面又有相似性的事物，"以此物喻彼物"，比喻的事物与主题没有直接的关系，但是某一点上与主题的某些特征有相似之处，因而可以借题发挥，进行延伸转化，获得"婉转曲达"的艺术效果。如图 7-6 所示。

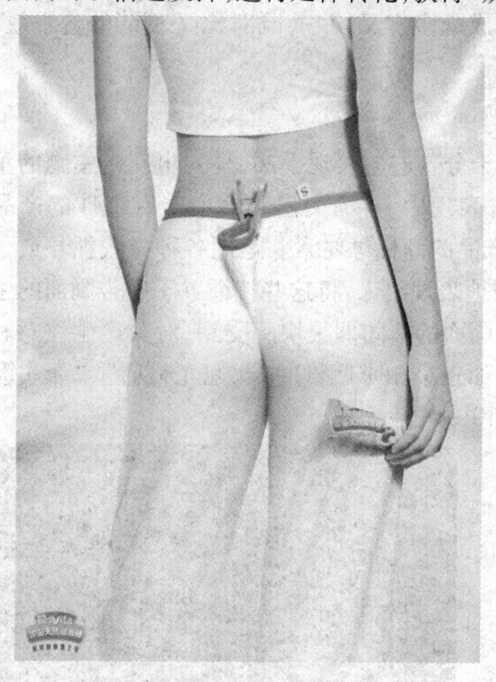

图 7-5 雀巢广告

图 7-6 "印象来了"广告

与其他表现手法相比，比喻手法比较含蓄隐伏，有时难以一目了然，但一旦领会其意，便能给人以意犹未尽的感受。

在平面广告作品中，可以看到很多用比喻来进行广告主题的诉求。这样做可以把复杂的事物用一个大家都熟悉的事物来表达，让大家更容易理解这个事物的特点，方便广告主题的传达。比如，"印象来了"的平面广告作品，一方面来讲，如果只是单纯地去看这个广告标题，让人难以理解其意。另一方面来讲，如果单纯地去看画面，相信这些大家都非常熟悉的美术大师也不会赋予这则广告太多的新意。但是，这则广告在标题和正文之间很好地运用了比喻法，即将这些印象派的美术大师都浓缩成"印象"二字，如此一来，正文和标题巧妙地实现了统一。相信这则广告一定会让对美术有兴趣的群体印象深刻。因此，我们在运用比喻进行创意的时候，就必须考虑人们对喻体的认知程度。喻体简单易懂了，作为被比喻的本体特点才能被清晰明了地表达出来。

#### 7.3.2.6 连续系列法

连续系列法是通过连续画面，形成一个完整的视觉印象，使通过画面和文字传达的广告信息十分清晰、突出、有力。广告画面本身有生动的直观形象，多次反复，能加深消费者对产品或劳务的印象，获得好的宣传效果，对扩大销售，树立名牌，刺激购买欲，增强竞争力有很大的作用。从视觉心理来说，人们厌弃单调乏味的形式，追求多样变化。

广告大师里奥·贝纳说过："每一件商品都有与生俱来的戏剧性。"从整个广告活动来说，在商品调查阶段，"戏剧性"是商品与周围其他事物的关联；在广告创作阶段，"戏剧性"是商品与创意的有机组合；在商品销售阶段，"戏剧性"则表现为风靡市场的销售奇迹。连续系列的表现手法正好扩展了这种戏剧性，符合"寓多样于统一之中"这一形式美的基本法则，使人们于"同"中见"异"，于统一中求变化，形成既多样又统一，既对比又和谐的艺术效果，加强了艺术感染力。

### 7.3.2.7 突出特征法

突出特征的手法也是我们常见的，运用得十分普遍的表现手法，是突出广告主题的重要手法之一，有着不可忽略的表现价值。在广告表现中，着力突出和渲染富有个性的产品形象、与众不同的特殊能力、厂商的企业标志和产品的商标等要素。运用各种方式抓住或强调产品（主题）本身与众不同的特征，并把它鲜明地表现出来，将这些特征置于广告画面的主要视觉部位或加以烘托处理，使观众在接触言辞画面的瞬间即很快感受到，对其产生注意和发生视觉兴趣，达到刺激购买欲望的促销目的。如雀巢咖啡广告的"欢迎光临篇"、"新欢篇"、"别拦着我篇"、"猎艳篇"。如图 7-7 至图 7-10 所示。

图 7-7 欢迎光临篇

图 7-8 新欢篇

图 7-9 别拦着我篇

图 7-10 猎艳篇

这四则平面广告是创意思维表现技巧的一个完美体现，它们使用连续系列法，夸张地突出雀巢咖啡的味道,不仅仅富有幽默,还极具情趣。它们采用了横向思维的方式,不是从咖啡的味道本身入手,而是从与咖啡可以产生关联的其他事物中寻找突破口,是一种激发性的、跳跃性的思维方式的运用。这四则平面广告的创意十分新颖独特。一方面它们秉承雀巢咖啡广告的"温馨"的风格,另一方面又使广告具有风趣幽默的效果。"欢迎光临篇"中,我们看到一株青藤蜿蜒曲折地爬向一个窗口,原来是一杯咖啡在窗口欢迎它的光临;"新欢篇"中,一位美丽的少女被一只穿着西装的男士的手用力地拽住,可是,少女的身体却执著地向另一侧倾倒,原来她发现了更值得她爱的"新欢"——雀巢咖啡;"别拦着我篇"中,鱼缸里的金鱼抵不住咖啡的诱惑,跃跃欲试地想要跳出来;"猎艳篇"中,一向有"猎艳高手"之称的蝴蝶们翩翩飞向一杯热气腾腾的雀巢咖啡……广告画面生动形象,将雀巢咖啡的经典广告语"味道好极了"表达得意犹未尽,让人浮想联翩。

雀巢咖啡在中国一直坚持本土化的广告策略,广告创意契合中国消费者的心理特征,以温馨、平和、自得其乐的画面或场景娓娓道来,让人不仅体会到咖啡的美味,还能感受到浓浓的人情味、文化味。在其后的广告宣传中,雀巢咖啡一直都围绕着"味道好极了"进行诉求,完成了与消费者的心灵沟通。在这一系列广告中,虽然"味道好极了"没有作为广告语出现,但是其画面却始终如一地在传达着同样的主题:青藤之所以爬向窗口,少女之所以放弃旧爱,金鱼之所以想要冲出鱼缸,蝴蝶之所以翩翩而来,都是因为那一杯热气腾腾的雀巢咖啡。无须用言语表达,一切尽在不言中。

## 7.4 平面广告的构思与表现

### 7.4.1 构思鲜明的广告主题

在平面广告的创意中,鲜明的广告主题是平面广告创作的中心,是平面广告是否具有号召力的关键。广告主题的确定来自于对广告对象的深入研究与准确分析。广告对象具有多种特点,只要抓住最具代表性的一点来确定广告主题,就会形成一股强大的感召力,达到广告的目的。强调广告对象的特点,可以从多种角度来考虑,如从广告对象自身的角度,从消费者的角度,从第三方评价的角度等来选择主题。在确定广告主题时要注意,在对广告对象进行研究分析时,不但要针对广告对象自身的特点,还要找出市场上其他同类产品或服务的特点,加以比较,这样就可以使广告主题的确定更加准确、突出。从消费者的角度而言,选择广告主题,就是选择产品或服务与消费者关联的明确的利益点,这是产生优秀创意作品的重要基础。利益点是目标消费群切实的需要或期待。这样站在目标市场的角度,以消费者的眼光来选择和确定广告主题,就可使消费者对产品或服务的关注度的提升成为可能。

此外,确定广告主题时还要重视价值观的聚合作用。具有价值观的广告主题具有长久的生命力,是塑造品牌的重要力量。用价值观来整合不同的广告表现形式,广告主题具有很强的聚合能力,逐步使品牌形象在公众心目中的形象丰满起来,并占据牢固的位置。

### 7.4.2 选择恰当的表现形式

平面广告创意的构思与表现形式密切相关、不可分割。广告主题的确定,为广告表现树立起了具体的目标。这时"说什么"已经明确,下一步是"怎样说"的问题,需要探索运用怎样的表现形式及手法来表达广告主题。广告的表现形式种类繁多,归纳起来大体上主要有三种类型。

#### 7.4.2.1 产品或服务信息型

产品或服务信息型的目的是使消费者充分认识和了解产品或服务,从而激发广告对象的欲望,进而达到宣传的目的。如商品广告着重对商品的生产制造、功能特点、使用保养等方面进行具体的介绍。此类广告属于理性的诉讼形式。

#### 7.4.2.2 消费者反应型

消费者反应型是通过消费者对产品或服务实际使用效果的表现,突出其给人们带来物质上和精神上的满足,是属于富有人情味的感性诉求形式。它不是对广告本身的具体介绍,而是通过广告画面或文字,表现人们使用产品的亲身体会和所带来收益,引起人们的兴趣,给人以启示,产生回忆与联想,从而丰富广告内容,达到增强广告效果的目的。

#### 7.4.2.3 广告附加型

广告附加型是在产品或服务以外附加人物、动植物、风景、器物等。这种附加不是随意的,也不是孤立的,而是与广告宣传的主体在某一方面有所联系的,并且有助于烘托主题、配合实现广告目标,比较典型的如名人广告,借助名人效应对产品进行宣传。有的广告还利用同与商品没有直接联系的著名风景地如巴黎埃菲尔铁塔、旧金山大桥等来提高商品的身价。这些附加的内容,实质上是以使消费者产生美好联想来博得消费者对商品的青睐。

以上平面广告的表现类型并非孤立使用的,而是可以相互结合,将两种或两种以上的类型叠合使用,会产生更好的广告效果。

## 7.5 平面广告创意的程序

平面广告活动中的"创意"的实质是针对产品情况、市场情况、目标消费者的情况以及市场难题、竞争对手情况,根据广告策略寻找一个"说服"目标消费者的"理由",并根据这个理由用视觉化的形象,影响目标消费者的情感与行为。使目标消费者从广告中认知该产品给他带来的利益,从而促成购买行为。平面广告创意的程序一般会经历准备阶段、思维发散阶段、灵感迸发阶段、验证评价阶段、表现实施阶段五个步骤。

### 7.5.1 准备阶段

准备阶段主要是前期的资料搜集、整理、分析、归纳阶段。这些前期资料包括企业内部的相关资讯如企业形象战略、产品属性、定位人群、销售概况、委托人的期望、竞争者的情况等;企业外部相关资讯如产品行业状况、竞争对手的状况等。

好的广告来自好的创意,一个好的"Idea"会以惊人的力量与速度改变人们的习惯或看法,但这并不是凭空捏造出来的,它需要一个深度的思维过程。创意的形成始终有一个核心点来支持,由这个核心点出发导引出广告的主题、表现手法等,而这一切都要受到消费者、市场局势、产品定位等层面的制约。因此,在上述资料搜集的同时还要对其进行分析、归纳和整理,适时得出相关的结论或发展趋势等理性认识,从而为发散性地寻找创意灵感进行铺垫。对消费对象、产品、竞争品牌和竞争广告等进行研究,目的是通过探索发现问题,寻找创意切入点。创意的准备阶段需要深厚的"功夫"作为基础,平面广告创意人员需要接触各个行业,其知识结构要丰富、多元,信息储备要充分,艺术修养要广博深厚,这些都关系着创意能力的高下和创意的质量水平。



### 7.5.2 思维发散阶段

思维发散阶段是将创意准备阶段得到的文字素材、形象图形、精神理念等元素加以分解、重构、拓展的过程,它需要结合广告主题表达的各种可能性,汇聚各方面的灵感火花,以期得到更好的创意表达。

在思维发散阶段有一个特殊现象,创作者有时暂时离开了困扰他的问题,而把注意转移到别的地方,比如散步、淋浴、听音乐等。这里讲的转移不是抛弃问题,而是一种轻松的腾挪,带着淡淡的问题意识去放松,以突破原先思维定势的限制。1983 年日本一家研究所对 821 名日本发明家产生灵感的地点进行调查,结果是,产生灵感的地点在户外最高,其次在家中,第三才是在工作环境中。由此可见,广告创意人员在创意酝酿阶段,掌握好张弛有度的节奏也是很重要的。

### 7.5.3 灵感迸发阶段

灵感迸发阶段指的是人们通过上述阶段将创意酝酿成熟,豁然开朗,进入解决问题即产生、形成广告创意的阶段。进入这一阶段的重要标志是创意灵感的不期而至。灵感有暂时性、瞬间性和稍纵即逝的特点,当灵感一出现,就要及时捕捉住,记录下来。有时情绪高涨,灵感如泉水般不断涌现,不断产生新想法,不断对前面想法进行修正,逐渐发展成创意雏形。

如何才能有效捕捉住灵感,并不断发展完善它?这主要取决于创意者自身的素质。广告创意灵感是在广告创意过程中由于思想高度集中,情绪高涨,思考成熟而突发的创造能力,是创作欲望、创作经验、创作技巧和诱发情景的综合产物。灵感不会降临到没有创作意识及创作准备的人手中,创作欲望强烈的人,他捕捉灵感的能力更敏锐。只有具备良好的创意素质、丰富创意经验和娴熟的创意技能的人,才能把那瞬间性的灵感火花点燃成燎原的创意之火。反之,缺乏以上基本条件的人就常常会对灵感视而不见,失之交臂,即使抓住了,也无法使灵感演变成有价值的广告创意。

### 7.5.4 验证评价阶段

平面广告创意的验证阶段主要是用科学的和艺术的手段来进行验证,其核心问题是创意是否严谨、合理、可行。在思维发散阶段和灵感迸发阶段会产生几个难以割舍的创意方案,在这个验证阶段就对其进行取舍,比如可以把初步的创意交给专家点评,或者是采用测试问卷的形式来筛选、修改和完善,问卷对象一定要保密,这样可以保证平面广告创意的艺术性和科学性。

平面广告创意的评价阶段是始终贯穿验证阶段的一个平行阶段。它主要是通过科学的方法来对创意评价进行科学的分析。国外采用的方式是计算机辅助问卷统计的方法。除此之外，评价阶段还需要广告创意者根据行业现有的评价标准或是根据具体的情况制定出新的评价体系和标准，如美学取向、功能取向、人文取向和生态取向等。广告创意评价对广告创意的好与坏进行描述、分析，最终与验证阶段合二为一，将广告创意推向成功。

### 7.5.5 表现实施阶段

表现实施阶段实际上是在验证和评价结束之后，将最佳的创意呈现出来的过程。这一过程将抽象的想法形象化，成为一个具象的、可实施的平面广告方案。其中包含平面广告制作过程中的视觉效果、媒介选择、表现手法等内容。最后，在平面广告创意发布后还要有一定的反馈机制，以作为今后创意和实施的参考和检验标准。

## 7.6 平面广告创意的内容

就内容而言，平面广告大多由文字和图画两部分组成。前者通常称为广告词或广告文案，后者一般是由摄影、绘画、电脑合成中获取的图片及企业形象组成。如若广告运作中大量的前期工作已全部就绪，那么实施阶段就应该进行包括对文字的精心构思、对图片的巧妙设计等工作，还包括对两者的合理编排，换句话说，平面广告的创意就是对其文案的创意、图形的创意以及二者合理编排的创意。

### 7.6.1 平面广告文案的创意

文字是平面广告不可缺少的构成要素，配合图形要素来实现广告主题的创意，具有引起注意、传播信息、说服对象的作用。

平面广告中的文案，又称广告词，传递着广告信息 60%～70% 的内容，是广告产品的卖点和企业文化精神的集中体现。对它的创意需要在广告的前期工作诸如市场调查，广告定位等就绪之后才能进行。平面广告文案的创意就是要撰写出与众不同的、优秀的、精彩的广告词。一篇精彩的广告文案，就是一篇优秀的文学作品，能给人以极大的艺术感染力。许多精彩的广告词诸如礼品类的“今年过节不收礼”，牙刷的“一毛不拔”，打印机的“不打不相识”，复印机的“除了钞票，承印一切”，电扇的“我们的名气是靠吹出来的”，化妆品的“今年二十，明年十八”，口服液的“心服口服”等，不胜枚举。所以，平庸的广告文案只能做到“信不信由你”，而出色的广告文案则可以做到“不由你不信”。

平面广告文案通常包括：广告语、标题、正文和随文四个部分。

#### 7.6.1.1 广告语的创意

广告语又称广告口号、主题句、标题句，是为了加强诉求对象对品牌、企业、产品或服务的印象而在广告中长期、反复使用的简短的口号性语句。在广告文案创作中，广告标题与广告语容易混淆，有许多广告语本身就是由标题而来的。两者之间虽有相似之处，但其性质仍然不同。广告语是配合广告标题、正文加强商品形象的完整语句或对句形式，能清楚明了地表达广告主题思想，语句顺口易记。它基于长远的销售利益，向消费者传达一种长期不变的观念。广告语在广告运作中有着画龙点睛的作用，它有着既定的特性。

1）简短有力的口号性语句　不简短就不利于重复、记忆和流传。广告语不宜说得太多、太长,要注意信息的单一性,一般以6~12个字为宜。卖点太多,语句太长,都不便于记忆和传播。例如,某眼镜店广告语“眼睛是心灵的窗户,为了保护您的心灵,请为您的窗户安上玻璃”,不利于人们的记忆。又如,百事可乐的广告语“新一代的选择”,就非常简短,却让人印象深刻。广告语不是玩文字游戏,更不是华丽的辞藻的堆积,也不要单纯追求诗一般的意境而忘记广告本身的目的。还必须注意,广告语要保持结构、语法的正确性。

2)浓缩的观念性信息　广告语通常传达的是产品和企业的核心观念。广告语是品牌主张的核心载体,在广告中起到非常关键的作用。平面广告文案必须建立在定位的基础上,广告语通过创作、提炼而形成一句传播口号必须有效地传达企业及其产品、服务的定位。王老吉以前的广告语是“健康家庭,永远相伴”,这种过于泛化的广告语是缺乏创意没有效果的,这与其定位过于泛化有关。现在“怕上火,喝王老吉”则简明有力,极具针对性,体现出了王老吉的品牌定位。

3)长期广泛地反复使用　广告语在受众中影响的产生有赖于其长期地使用。这有利于将企业、产品的形象、观念持续传播,不断加深受众的印象。所以广告语要稳定持久,如非必要则不宜求新求变。在长期的、广泛的、反复的使用中,广告语自会让受众感受到其特定的风格,并将这种风格与企业及其产品、服务紧密相连,这样,广告语就成为品牌标识,在企业及其产品的品牌建设中发挥重要的作用。

#### 7.6.1.2　标题的创意

标题与广告语在广告作品中的作用同等重要,它是文案的关键点。它还是文案与创意的纽带,精妙的标题可以一针见血,直指创意核心,让广告的创造性充分展现。据统计,平均六个看广告的人中,有五个人会看标题,仅有一个阅读正文。所以,当你确定了图片和标题时,你就完成了80%的工作。

1)标题的分类　优秀的标题可以说是整个文案的灵魂,也是整篇文案创造力的凝聚点。只有思路开阔,并且尝试语言文字表达的多种可能性,才能写出有效传达信息或有效吸引读者的标题。从形式上说,平面广告文案的标题有以下几种类型:

(1)新闻式标题　它是根据大多数人对新闻报道感兴趣的心理,利用写作新闻标题的方法,向读者提供新的事实。如瑞士雷达表的广告标题是:“雷达绿马型手表,告诉你手动手表的秘密!”

(2)问题式标题　问题能使人产生好奇心,驱使人刨根问底一求究竟。撰写问题式标题时,应站在消费者的立场上提出问题,这样会使读者感到亲切,对广告所传达的信息容易接受。如瑞士雷达表的又一个广告标题是:“为什么女士们对雷达女装表的兴趣越来越浓?”

(3)祈使式标题　以引导、或催促的语气劝说或暗示读者去做或思考某些事情,它可以站在企业或产品的立场对诉求对象说话,也可以以诉求对象的口吻说出。如露露的广告标题:“冬天喝热的露露。”

(4)比喻式标题　用比喻的手法,把美好而熟悉的事物同广告所要宣传的内容结合起来,使读者产生美好的联想,以达到加深印象的目的。如日本“花王”化妆品广告的标题:“花王世界、光洁明亮。”

(5)名称式标题　把产品或企业的名称作为标题,放在广告版面最突出的位置,开门见山,没有丝毫隐藏。但由于这种手法过于外露,缺乏吸引力,没有回味的余地,很难产生联想，不易引起读者的兴趣。

(6)保证式标题　这种标题用权威机关对产品的鉴定，如国家质量奖、省优质产品奖等，加强读者信任。

2)标题的创意　标题的创意需要注意以下几个方面。

(1)标题要承诺一项利益点　标题要与受众的利益关联，利益承诺或标题常常具有较大的吸引力和推销力，促进消费者购买商品和接受服务。人们通常需要的或最能打动他的利益大致有三种：一是给人带来物质利益；二是给人带来身体的健康，容貌的美丽；三是能让人精神满足。以物质利益作为标题的利益点，通常会许诺如购买了某商品或接受其服务就能得到优惠的价钱或赠品、奖品、购物券等。身体的健康、容貌的美丽这些利益点主要是针对药品、营养保健品、美容护肤品、食品等行业，它们的广告标题可以对其特点突出强调，满足人们的精神利益，主要是和销售行为及售后服务挂钩的，通常是指某产品或服务能够提高人们的社会地位、满足人们的社交需要、增强人们的自尊心等。

除利益点诉求之外，这类标题通常采用一些词加强或突出利益点的承诺，比如定能、减价、优惠、甩卖、附赠、高贵、气派、大派送、85 折(想打几折的促销随你定)、免费、花费最少；方便、自由、好运；牢固、成功、满意、舒适、节能；等等。

(2)标题要能诱发受众的好奇　广告标题的一个重要的手法是要通过对标题的写作，诱发受众的好奇心理，使得他们在好奇心的驱使下，对广告产生追根溯源的欲望。诱发好奇有两种途径，可以是从利益点上引发的好奇，也可以利用表现形式上的创意引发好奇。如舒味思奎宁柠檬水用新闻式引发好奇：“‘舒味思’的人来到此地。”台湾南洋实业公司用反向诉求引发好奇的广告标题：“长大了，我要当客户。”总督牌香烟用设问的形式表现好奇：“总督牌给你而没有别的滤嘴能够给你的是什么?”

(3)标题要有简洁明快的表现形式　广告标题要用最简短精悍的词语来构成，让受众一目了然。其表现形式要简洁、明快，一般不用长句子。因此标题最好只突出一个销售主题，突出地强调一个诉求点，要惜墨如金，将“千言万语”浓缩成简单的几个字，给人造成过目不忘的效果。

3)广告标题的作用　在无意识的受众群中，分离出潜在的消费者诱使他们继续关注正文的内容；同时，也使匆匆浏览的受众，能在最短的时间里对广告的主题表现有个大致的了解，为更深层次的诉求打下基础，也为提高受众知晓率起到一定的作用。

#### 7.6.1.3　正文的创意

正文是广告作品承接标题，对广告信息进行展开说明、对诉求对象进行深入说服的语言或文字，是诉求的主体部分。出色的正文对建立消费者的信任、令他们产生购买欲望起关键性的作用。正文还能展现企业形象、构筑产品销售氛围。广告的诉求目的不同、广告主和产品不同，广告的具体内容也会千变万化。正文的内容包括以下三个层面。

1)诉求重点　这是广告的核心内容。在企业形象广告中，诉求重点常常是企业的优势或业绩；在品牌形象广告中，诉求重点集中于品牌特性；在产品广告中，诉求重点集中于产品或服务的特性和对消费者的利益承诺；在促销广告中，诉求重点是更具体的优惠、赠品等信息。

2)诉求重点的支持或深入解释　正文必须提供更多、更全面的信息使诉求重点更容易理解,更令人信服。如果广告的目的不在于传达具体的信息而是在于情感沟通,情感性的内容也需要深入展开,以增加感染力。

3)行动号召　如果广告的目的是直接促销,而不是建立品牌形象,正文还需要明确地号召购买、使用、参与,并说明获得商品或服务的方法与利益。

不同的产品或服务以及不同的企业在广告中的表现形式各不相同,正文的表现形式也会是多种多样。适当的表现形式能使广告更具有说服力。平面广告的正文撰写要有理有据、简明扼要、中心突出、生动有趣。当然有些平面广告的目的是树立形象或只传递非常明确而容易理解的信息。另外受到平面广告篇幅容量的限制,有些广告几乎没有正文,这通常需要广告的视觉效果好或者标题已经能够明确传达信息。

#### 7.6.1.4　随文的创意

随文又称附文,是平面广告中传达购买产品或接受服务的方法等基本信息,促进或者方便诉求对象采取行动的语言或文字。一般出现在平面广告的最边角,但是它不是可有可无的,它是正文的补充,是广告诉求的最后推动。

随文包括购买产品或获得服务的方法、权威机构的认证标志、与诉求对象联系的电话号码、公司的网址、品牌名称与标志,可能还包括特别说明以及意见反馈表格。随文既可以直接列明,也可以委婉的附言形式出现。

### 7.6.2　平面广告图形的创意

在平面广告中,“表现什么”与“说什么”同样重要,有时甚至更重要。据调查,阅读平面广告标题的人数是阅读其正文的5倍,而阅读其图形的人数又是阅读其标题的2倍。可想而知,图形在平面广告中是多么的重要,行话所说的“一图值万言”就是这个道理。因为平面广告中的非文字部分担负着演绎广告信息的角色,创造的是一种意境氛围,赋予文字信息生命力,并决定着受众对它的感受。因此图形部分更多的具有浪漫主义情调,只有通过感性的直观的表现,抓住受众的视线,才能进一步吸引他们有欣赏广告的意愿。广告图形的确定属于设计的范畴,指美术和平面设计以及摄影人员如何选择和配置一条广告的美术元素,选择与文字创意相关的切入点,以独特的艺术手法对它们加以有机组合。因此,优秀的广告图形必须具备这样的特征:极强的视觉冲击力、强化和美化广告信息、与众不同的信息提示标记、诱人联想。

广告版面中图形的创意,主要包括图形要素和色彩要素两大类。

#### 7.6.2.1　图形要素的创意

广告主要通过图形表现商品的特征,向读者展示广告所传达的重点,传达广告的主题思想。广告主题是抽象的概念,要使读者容易理解和接受,必须通过插图将抽象的概念形象化、具体化。一则汽车广告,其诉求点是平稳而舒适。于是,广告创作者根据这一诉求点进行构思,用写实的手法表现一截长长的烟灰没有落下的情景,寓意着汽车的平稳舒适,说明汽车的质量和性能。这幅图片比较成功地通过鲜明、具体的形象,把广告主题传达给读者,在消费者中建立起特殊的形象,吸引人们在众多品牌中选择该汽车。另外,广告图形还运用形状、黑白、大小、虚实、色彩等因素,来刺激读者的感官,吸引读者的注意力。

1)广告图形创意的基本要求　图形创意,即有创造性意念的图形设计,是设计师根据表现主题的要求,经过精心的策划与思考,恰当地运用造型语言和艺术手段,创造性构思图形的全部过程。创意的图形表现是通过对创意进行深刻思考和系统分析,充分发挥想象思维和创造力,将想象、意念形象化、视觉化。这是创意的最后环节,也是关键环节。对于平面广告中的图形创意,也有其自身的表现要求,具体可体现为以下几点。

(1)广告图形应具备简洁单纯的视觉效果　单纯的形式易于让人们在短暂的时间内了解一定的信息量。现如今,人们的生活节奏明显加快,人们每天有意、无意间接受各种广告信息。单纯而又突出的图形创意能在瞬间抓住眼球,达到传达信息的目的。

(2)广告图形要勇于创新、生动有趣　图形创意要有独特且具有个性的表现方式,强烈的视觉冲击力。独特而又个性的面貌是能够将自己与他人区分开来的需要。视觉冲击力是在广告表现中随“个性化”而产生的,没个性的视觉形式很难产生视觉冲击力。醒目、突出、抢眼的图形设计,能在形形色色的广告中“跳”出来,引起人们的注意。

(3)广告图形必须有针对性　广告图形的宣传对象是不同的消费者,若想使每个人都接受你的广告,那是徒劳的。只有根据商品内容来选择广告对象,针对广告对象的需要,设计具有针对性的插图,才有成功的可能性。

(4)广告图形必须符合广告主题　图形语言追求的是以最简洁有效的元素来表现富有深刻内涵的主题,好的广告设计作品无需文字注解,只看图形便能使人们迅速理解作者的意图。

(5)广告图形应有可信性　图形创意要有大胆而新奇的构思,以引起观众注意。广告运用联想、夸张、错视、置换等创作手法进行广告创意,寻求最能够引发消费者情感共鸣的触发点,但同时还要具有可信性,这样才能促使消费者在欢笑之后接受广告。

2)广告图形的表现形式　广告图形的表现形式包括具体图形、抽象图形和卡通图形三个方面。

(1)具象图形　具象插图是形象具体写实的图形,用富有感情色彩的手法来表现特定的广告内容。能如实地体现商品及商品的使用情况,具有真实感,能使读者通过具体的形象,充分理解广告主题,并引起情感上的共鸣。

(2)抽象图形　抽象图形是用非写实的抽象化的视觉语言,来表现广告内容的图形。简洁概括的抽象图形,再配以鲜明的色彩,具有强烈的视觉效果。

(3)卡通图形　用轻松、幽默或拟人化的手法把形象进行卡通式的有趣夸张。这种幽默、滑稽的表现形式能增加亲切感,使读者产生阅读兴趣,吸引他们观看广告画面。

3)平面广告中的图形创意表现方法　随着时代的进步,人们对传统的视觉形式已经显得麻木了,而对于具有高度刺激的表现形式则更为喜爱和易于接受。广告图形创意的过程,是一种运用视觉形象而进行的创造性思维的过程。由于在创意过程中设计师受到各自生活实践和艺术修养的重大影响,其创意方法也必然各具特色。但是,尽管如此,广告图形创意仍存在着可以找寻到的共同规律。同构与解构,复合与异变,换置与异影等就是我们在广告图形创意中常用的方法。

(1)同构　当我们面对多种表示意义的“形”时,只取其一并不能充分说明问题,简单罗列又很乏味。所以,既要将概念表达充分,又想使广告本身富有引人注目的视觉趣味时,就需要我们去发现形象之间的共性因素，并将其综合地再现，这就是同构。广告创作时，我们应尽量从不同的视角、不同领域去观察新的含义和表现方式，释放出我们的想象力和创造力，这是我们在广告图形创意中常用的一种方法。

(2)解构　由联想和想象得到的意念，最终都将以具体的视觉形象来传递一种完整的概念。形象素材的寻找、搜集、整理，也是寻求创意的表现，更是探寻阐释信息内容最佳的视觉表达形式。为了把素材组合成新的形象，就要把有关的素材加以分解重构，这就是解构。解构有如裁剪，素材只有经过解构，才能整合成新的形象。物象只有通过解构，才能获得多种不同的表现素材，引出截然不同的表现画面，得到意想不到的表现效果。

(3)复合　复合就是以一个或多个单纯的形象为元素，通过组织安排，创造出一个新的形象，也可以通过复合排列产生出新的视觉形象。有一位广告大师曾说过："创意就是创造一个新的组合。"创造新组合的才能，可由观察事物关联性的才能予以提高。

(4)异变图形　渐变、演化是任何一个系统、一个生命体的必然过程，导致这个结果的演变过程叫作异变。比如自然界植物的演化过程、生命体的演化过程、两栖动物的生长过程。这些演变过程让人感到十分有意思。但真正把图形变异作为一种表现物形特殊性的特定方法是荷兰的画家埃舍尔。他的经典作品《天与水》，充分利用了异变图形的构形方法，使水中的游鱼和天上的飞鸟有机地结合在一个空间中，将黑鸟与白鱼在亮色的天空与凝重的黑色中交织渐变，它们相互衬托，生动而自然。

(5)换置图形　换置图形指的是在保持物形的基本特征的基础上，将其中某一部分用其他物形素材替换的一种整合方式，它是利用形的相似性和意义上的相异性创造出具有新意的新形象。例如一则轮胎广告，为了表现轮胎在湿滑的路面仍能正常行驶，画面利用鱼身来表现路面状况，而将依次排列的产品置换掉普通的鱼鳞，造型简练单纯，传达的信息简洁有力。

(6)异影图形　客观物体在光的作用下，产生异常的变化，呈现出与原物不同的对应物就叫做异影图形。用来替代原来影子的可以是形态相似的物形，可以是具有某种内在联系的元素，也可以赋予影子自主的生命力等。设计师们研究影子的艺术，用影子的语言来丰富视觉语言，传达某种特定的信息，表现更有意义的意念，在特定的空间里表现出一种超现实的世界。在视觉传达中，异影图形得到了广泛的应用和发展。例如，一则眼镜减价促销的广告中，眼镜的影子变成了剪刀的影子象征削减的意思，剪刀手柄的双环与镜片形态的相似，使影子的转换非常合理，简洁明了地点出了广告的主题。

4)图形创意中的其他因素　人们接触广告，并能留下深刻的印象，很大程度上取决于广告作品中图形的表现是否能抓住消费者，并引起消费者共鸣，除了以上的图形表现形式，图形创意还需要注意以下因素：一是图形的使用数量。对大多数广告作品而言，图形运用得多寡，其传播效果绝对不同。一两幅质量高精的图片，形象鲜明突出，一针见血地突出主题，可以一当十，而超过两个图形之后产生的视觉冲击力相对减弱，画面气氛显得平淡。所以在图形创意中，图形宜少而精。二是图形的面积因素。大面积的图形往往用来渲染气氛，可以产生较强的冲击力。尤其是室外大型的广告招贴，更需要形象生动的图片来抓住读者的视线，以达到瞬间传达信息的目的。小面积图片用于帮助和加深读者的印象。三是人们的习惯和感情因素，读者对广告的感受直接影响广告效果。如图7-11所示。

一幅好的图形，除了本身的艺术价值外，更为重要的功能在于它所传递的信息，它所蕴涵的哲理，这就是图形的力量所在。当然，图形创意的方法还有很多，设计师只要从广告主题的要求出发，通过联想和想象，找出那些看似孤立的元素之间的内在联系，再通过反复的比较和判断，选择最具代表性的、最有意义的形象，重新整合构思，就一定能创造出全新的图形来。

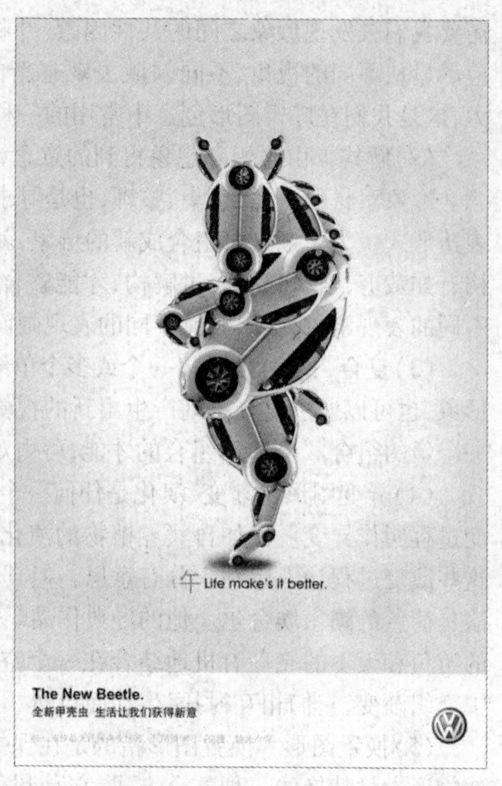


图 7-11　大众甲壳虫广告

#### 7.6.2.2　色彩要素的创意

色彩作为第一性的视觉语言，对平面广告创意的传达可谓至关重要，一些令人难忘、引人入胜的成功之作，都是巧妙运用了色彩创意的结果。色彩的选择和使用已经成为影响广告创意的重要环节，色彩对广告创意起到了明显的助推作用。

1)运用色彩定位接近受众　广告创意不是做给所有人看的，而是有着自己特定的目标受众群，色彩定位是一种可以接近广告目标受众的有效视觉语言。色彩定位是根据色彩调研的数据进行分析判断，选出目标受众乐于接受的色彩，搭配出相应的色彩设计方案。由于成长环境、性别、年龄等因素的影响，人们对色彩的喜好具有很大的差异性，如中国 20 世纪 50 年代出生的一代人，对色彩倾向于冷色系列，追求稳重、典雅、高贵的品质感；20 世纪 80 年代以后出生的群体，色彩喜好表现为个性张扬、追逐流行，对欧美地区和日韩等国的色彩流行趋势非常关注。不同国家、地区、民族之间的色彩喜好则差异性更为明显，如果是跨国销售的产品，必须在广告创意之前做好色彩定位，针对不同地区做出不同的色彩方案。所以在平面广告创意中，必须针对特定的社会阶层、经济群体等进行色彩定位，用色彩来唤起他们的认同。

广告色彩定位的流程包括调研分析、要素挖掘、创意开发和精确修正四个阶段。

(1)调研分析　调研分析针对特定的目标受众群体进行，调研的方式是展示一些具有代表性的色彩，让调研对象按照他们的喜好度进行排序，然后从色相、明度、纯度方面进行分析，找出目标受众喜好度高的色彩。

(2)要素挖掘　要素挖掘是在调研分析的基础上提炼出广告的色彩取向，提炼过程中既要考虑广告创意的主题，也要兼顾色彩喜好的调研结果，两者需要达到一个较好的平衡。

(3)创意开发　创意开发是把提炼好的色彩概念和关键词落实到广告创意的作品上，画出具体的色彩效果，这时候考验的是设计师对色彩的理解程度，当设计师提案得到客户的肯定之后，还需要在色彩的细节上进一步规范、细化，这便进入了精确修正阶段。

(4)精确修正　精确修正是指设计师根据色谱和以往的制作经验，利用电脑的制图软件将广告色彩的色值进行精确调整，这样一来，将出现色彩偏差的可能性降到最低，从而保证创意意图的实现。

2)运用色彩对比加强创意冲击　如何加强平面广告创意的视觉冲击力？运用色彩对比是一个很好的方法。所谓色彩对比是指色彩搭配时令人感到相互间的特质被强调出来的一种方法,色彩对比包括色相对比、明度对比、纯度对比、冷暖对比和面积对比。

(1)色相对比　色相对比是对比形式中最简单的一种,通常由色谱上相距较远的几种色相来形成对比,色相之间的距离越远,对比效果越强。在香港设计师李永铨为红苹果家具做的广告中,红苹果与蓝天大海形成鲜明的色相对比,一下子就抓住了观众的视线。

(2)明度对比　明度对比是其他色彩对比的基础,不同的明度对比给人以不同的视觉作用和情绪影响,当明度对比强烈时,对象的清晰度提高,视觉上不易出现误差,可以保证远距离的观看效果。

(3)纯度对比　纯度对比是指鲜明色彩与灰调色彩的对比。一般来说,高纯度的鲜明色彩明确、醒目,能引起视觉上的兴趣,心理作用影响明显;低纯度的灰调色彩较含混、隐伏,长久注视会有厌倦和单调感,由于纯度对比会造成一种清晰与模糊、鲜艳与灰暗的对比效果,可将广告创意的主体图形进行高纯度处理,而将背景部分处理为低纯度,达到突出重点、主次分明的目的。

(4)冷暖对比　冷暖对比是指冷色和暖色的对比,在色谱中,最冷的色彩是蓝色、绿色,最暖的色彩是红色、橙色,黑白灰属于中性色,在广告创意过程中合理安排的冷暖关系能有效突出广告对象的特色和属性,也使得视觉效果更加强烈。

(5)面积对比　面积对比是指两个或更多色彩的相对色域之间的关系,是一种多与少、大与小之间的对比,面积对比是处理每一个广告画面都会遇到的问题,恰当的色彩面积比例关系会在加强广告创意冲击力的同时营造出统一的基调。如图 7-12 所示。

图 7-12　iPod 的广告

3)运用色彩象征深化创意内涵　色彩在不同的地域和历史时期被人们赋予了丰富的象征性。对于色彩象征来说,各个民族、国家都有着自身的文化传承。在今天的罗马天主教会,仍规定着神父所穿法衣的颜色和祭坛幕布的颜色,从其色彩象征来看,白色象征洁白、纯洁,红色象征仁爱与献身,绿色象征永恒的生的希望,紫色象征苦恼与忧愁,黑色象征死的悲戚与墓地的黑暗。又如在美国,有时用色彩象征月份。在广告创意过程中,了解和研究色彩的象征意义及其表现力对色彩语言的运用和表达是非常有帮助的。设计师可以充分运用色彩的象征性,引导观众展开联想,从而使创意的内涵得到深化。

4)运用色彩识别强调创意品牌　广告创意的目的是促进销售和树立品牌形象,一个平面广告除了传达具体的商品信息之外,最好还能对品牌形象有所帮助。作为创意战略的一部分,色彩也可以为品牌形象的树立做出自己的贡献,那就是和品牌的视觉识别系统紧密结合,在进行广告色彩创意时将品牌的识别色考虑进来,识别色包括标准色和辅助色两部分,标准色通常是品牌标志和标准字的色彩,可以是单色,也可以是 2 ~ 5 色的组合,一般不超过 5 种颜色,我们比较熟悉的标准色有可口可乐的红白两色、百事可乐的蓝红白三色等,辅助色的数量比较多,一般为 6 ~ 10 种,在色彩应用时对标准色起到辅助衬托作用,和标准色共同构成一个品牌的色彩识别系统。识别色用于广告创意可分为两种情况。第一种是突出品牌形象的品牌广告,在整体色调上与标准色保持一致,比如北京奥运会的官方体育海报《活力北京,超越梦想》系列,整体色调为灰色,与北京奥运专用色彩系统的长城灰相呼应,而另一组海报《微笑北京,共享奥运》则分别采用红、黄、蓝的鲜明色调,对应的是奥运色彩系统中的中国红、琉璃黄和青花蓝。第二种是以促进销售为目的的商品广告,既要考虑具体商品的色彩和广告活动的主题,也要顾及品牌形象的积累,这时候可以让品牌的标准色以辅助色的形式出现,与标致、标准字组成标准组合,放置在广告的边缘部位,通常以画面下方居多,广告的主色调可以和标准色进行类似色的搭配,也可以进行对比色的搭配。

### 7.6.3　平面广告编排的创意

平面广告编排也称为版面布局,是指确定标题、文字、图形、商标等平面要素在广告中的位置及其大小,使其构成一个上下左右统一协调的广告版面,从而有效地突出广告的主要内容,调动受众的注意力,给人以美的享受。优秀的广告版面应该具备这样的特征:轮廓分明、大小适当、形状独特、位置合理等。而评价版面布局创意优劣的标准则有:最佳视域的合理性、视觉流程的合理性、对比和空白的使用情况、调和性与统一性、主体与从属体的搭配等,平面广告编排创意必须遵循所有的艺术形式的构图法则。

#### 7.6.3.1　对比与极限

对比是指版面中两种元素之间的相互排斥、相互依存现象。在平面广告的编排中对比运用得十分广泛,如大小对比、形态对比、线与面的对比、方与圆的对比、曲与直的对比、繁与简的对比、色彩的色调对比、疏密对比、虚实对比、方向对比等。对比可使广告画面更加引人注意,使广告商品的特性更加突出。极限是对比的最高限度,即版面对比因素的尖锐化状态,在版面设计中极限能产生触目惊心的视觉效果。如黑白对比、冷暖对比、动静对比、严肃与诙谐对比、战争与和平对比和生存与死亡对比等。如图 7-13 所示。

#### 7.6.3.2　协调与统一

协调是指两个或两个以上的元素配合得适度、恰当与调和。协调在版式设计中体现为整体与局部、局部与局部之间关系的处理。整体版式上的协调容易产生情调,给人以完美的和谐感，但一味追求协调会陷入单调；局部元素上的对比，容易引人注目，但过分追求变化又会造成混乱。统一是指各个视觉传达要素互相关联、呼应，形成统一和整体的视觉效果。统一就是要将各种设计法则如对比、协调、均衡、节奏、韵律等进行“多样的统一”处理，使版面更加一致和完整。

图 7-13　leader 的广告

#### 7.6.3.3　比例、对称与均衡

比例是指部分与整体、部分与部分之间的数的关系。版面要想获得理想的视觉效果，必须将文字、图形、线条、色彩等要素，按照和谐的比例关系进行设计和编排，使版面达到匀称、有序的效果。如黄金分割比就是完美的比例之一，能产生最大限度的和谐。对称是指以一点为起点，向左右、上下同时展开的形态。对称是同等同量的平衡。其形式有左右对称、上下对称及放射对称等。其特点是稳定、庄严、整齐、有序、安宁、沉静。均衡是指在两个或两个以上元素的重量感在视觉上处于平衡状态。均衡的广告画面能引发平稳、安定、安全的心理感受。均衡有对称式均衡与非对称式均衡两种，前者具有稳定、庄重、安全、可信赖的特点，后者具有活泼、新颖、生动的特点。

#### 7.6.3.4　反复和韵律

反复是指某个形式或某个元素按照规则连续不断地重复出现。反复使画面产生安定、整齐、规律的统一，能提高传达效率，但无意识的反复容易造成呆板、平淡、枯燥乏味的效果。韵律即几个要素按照一定的条理、秩序、重复连续地排列，形成一种律动形式。韵律使版面产生活力、生气，深深地吸引读者，产生高效率的诉求。

#### 7.6.3.5　虚实与留白

通常，画面上编排有内容的是“黑”，即“实”；画面上没有内容或相对主体内容仅有一些细弱的文字、图形或色彩等的版面，称之为“白”，即“虚”。留白的目的是使人感觉轻松、呼吸舒畅，最大的作用是引人注意。巧妙的留白可更好地衬托主题，凝聚视线，以达到诉求的目的。

总的来说，一则优秀的平面广告，应做到诉求单一，表达凝练，能吸引受众注意力，产生动力、冲击力，并与产品和谐，其创意要做到原创性、相关性、震撼力的统一，以少胜多，举重若轻，使受众觉得既在情理之中，也在意料之外。

## 实训篇

### 案例分析

图 7-14 中的广告正文翻译如下。

图 7-14　Hathaway 衬衫广告

### 穿“哈撒韦”衬衫的男人

美国人开始认识到，穿一套高档西服，却配以一件大量生产的廉价衬衫，既破坏整体效果，又滑稽透顶。因此，哈撒韦衬衫的日渐流行，正是它所处阶层的需要。首先，哈撒韦衬衫耐用性极强——可以穿很多年。其次，因为哈撒韦衬衫精致裁剪的衣领，能使你看起来更年轻、更高贵。整件衬衫不惜工本的剪裁，会令你觉得更为舒适。下摆很长，可以深入你的裤腰。纽扣是用珍珠母做成的——非常大，也非常有男子气，甚至缝纫上也存在着一种南北战争前的高雅。最重要的是哈撒韦衬衫使用从全世界各地进口的最有名的布料来缝制的——从英国来的棉毛混纺的斜纹布,从苏格兰奥斯特拉德来的毛织波纹绸,从西印度群岛来的手织绸,从英格兰曼彻斯特来的宽幅细毛布,从巴黎来的亚麻细布。穿着如此完美风格的衬衫,定会使您得到超乎衬衫本身的众多满足。哈撒韦是缅因州小城沃特威的一个小公司里虔诚的手艺人缝制的,他们老老少少在那里工作了整整114年。假如你想在离你最近的店家买到哈撒韦衬衫,请写明信片到“C·F·哈撒韦,缅因州·沃特威”,即复。

此篇哈撒韦衬衫广告是美国赫赫有名的广告大师大卫·奥格威的得意之作。只花费了3万美元广告费就使得当时一个默默无闻了114年的产品一跃成为风靡全美国的畅销品牌。广告刊登在当时美国上层知识分子喜欢阅读的杂志《纽约客》上。

广告文案的平实是这篇平面广告作品的成功之处。文案语气平和,首先就紧紧抓住了目标消费者的心理。一件好的衬衣使西装增色的效果正如画面上的模特一样,所以,人们对高档衬衣的追求非常执著。接下来又非常专业地介绍了产品的优点:耐穿、裁剪合体、不惜工本、穿着舒适、用料考究、历史悠久等,所有信息都用事实说话,容易让人信服。

形象的独特设计是此广告最为人称道的地方。为了表现衬衫的高档,奥格威设想了18种人物形象,最后采用了第18个戴眼罩的男人形象。这个戴着眼罩的男人让广告充满了神秘的气息,有效吸引了受众的注意力。

请从平面广告图形创意的角度来分析此广告。

## ◘实践应用

(1)请你针对一则平面广告作品,对其文案创意进行分析。
(2)请以汶川地震后的灾后重建为主题创意一则平面公益广告。

## ★思考题

(1)简述平面广告创意过程中应把握的五个准则。
(2)简述平面广告创意的程序。
(3)简述文案创意在平面广告创意中的作用。

# 8 广播电视广告创意

## 导言

**本章学习目标**

通过本章学习，要求学生能够比较全面地了解广播电视广告的优缺点、构成要素、种类和表现形式。能够深刻理解并掌握广播电视广告的创意要素和创意方法，并能够根据所学的知识创作广播电视广告。

**本章重点**

广播电视广告的创意要素　广播电视广告的创意方法。

## 8.1 广播广告创意

广播媒体是一种"伴随性媒介"。听众大多处于非专注收听状态或者说半收听状态,比如阅读时、驾车时、吃饭时、钓鱼时、做家务时,他们是漫不经心的,只是把广播当做进行其活动时的一种背景声音。与印刷媒介相比,广播广告只有声音,不能直接产生直观的形象,因此也就无法像报纸、杂志那样,将产品、服务直接呈现给消费者,对于一些功能特征相对复杂的产品,就显得比较无力。不过,从另一方面来看,单一的声音符号,也意味着较大的想象空间,可以让听众展开丰富的想象。广播广告暴露速度非常短暂,所处环境复杂多变,分散着听众对它的注意力。因此要想使广播广告对听众产生影响,达到销售的目的,就必须增强广播广告的创意性。

### 8.1.1 广播广告概述

#### 8.1.1.1 广播广告的优缺点

广播媒体是利用电波传递声音信号的纯听觉媒体。它通过语言和音响效果,诉诸人的听觉,凭借其声音的抑扬顿挫、轻重快慢以及节奏感和感情色彩等方面的特点,使听众不仅能够听得懂,而且喜欢听,同时可以唤起人们的联想和想象。

1)广播媒体的优点　与其他媒介相比,广播媒体的优点包括以下几点。

(1)传播速度快　广播不受地区、路程、气候等条件的限制,能以最快的速度把广告信息传播到城市、农村及世界各地。

(2)覆盖面广,受众多　广播不受时间和空间的限制,从电波所涉及的范围看,不论城市、农村,只要在广播发射功率范围内,都可以收听到广播的内容。广播媒体的受众也非常广泛,只要有一定的听力,就是广播广告诉求的对象。

(3)具有较高的灵活性　广告内容可长可短,形式多样,任何用声音来表达的广告内容都可以通过广播来传播。而且广播稿修改容易,具有较强的灵活性。

(4)价格便宜　广播广告以声音陈述为主,制作简便,费用低廉。

2)广播广告的不足之处　与其他媒介相比,广播媒介的缺点也比较明显。

(1)广告信息易逝　广播广告的播出时间短暂,很难给人以深刻的印象和长久的记忆效果,广告随声音传出,也随声音的消失而消失。

(2)创意的局限性　广播广告的内容只能通过声音来表现,严重影响了创意的表现手法,使广告效果受到一定程度的影响。

#### 8.1.1.2 广播广告的构成要素

广播广告的最大特点就是单纯运用声音来传播广告信息。广播广告的构成要素与广播声音的要素具有一致性。语言、音响、音乐是构成广播声音的要素,同样也是构成广播广告的要素。

1)语言　这是广播广告的核心部分,产品或企业的广告信息必须借助语言才能传播到受众那里。一则广播广告可以没有音乐和音响,但绝对不能没有语言。

语言包括口头语言和书面语言。作为广播广告要素的"语言"是特指有声语言或听觉语言,即语言的口头形式。广播广告的有声语言诉诸人的听觉,是让听众通过听觉器官感知语言的声音,并通过声音来接受广告的信息内容。广播广告主要利用语言进行传播,语言是广播广告最重要的要素。因此,声音就必须易于感知和辨析做到"悦耳",而广播文稿则必须要简练和明晰,做到"适口"。

除了语言的内涵以外,语言还有音色、音调、节奏等声音的表情特征。识别人声主要靠音色,不同的音色给人的心理感受不同,比如明亮的女声能让人感到青春的活力;浑厚的男声具有深沉的感觉;音调的高低可以表现人的情绪;力度的大小可以表现腔调;节奏的快慢可以反映出人的性格和心理状态。

因此,一则优秀的广播广告应该努力通过声音让听众认识角色,并且能感知到他的长相、穿着,他是站还是坐,甚至可以猜出说话者的职业、性格、爱好等。

2)音响　音响是指除语言、音乐之外的各种各样的声响。广播广告的音响要素可以分为三类:一是自然声响,如风声、雨声等,常用来做背景声音;二是机械声响,即产品发出的声响,多用来表示产品的性能或使用特点;三是人物声响,即人在活动时发生的声响,如掌声、笑声等,可用来表达人们对各种不同产品的感受。

音响对广播广告起着十分重要的作用。它可以使广告具有强烈的空间感,可以在很短的时间内利用空间层次创造一种意境、一种背景,它可感受、可理解,无需另外解释,它又可以与解说产品的人声同时存在,一起发展,从而增强单位时间内的信息量。

广播广告单纯地使用声音,会产生神秘感和悬念,使听众在好奇心等动机的驱动下进行联想,增加并补充听到的声音,完成对声音的感知。不仅如此,听众还可能在声音的刺激下,根据自己的经验,把感知到的声音(例如鸟鸣、流水声)和物体(鸟、小溪)等重新组合,在头脑中产生形象,实现试听联想。音响还具有强烈的暗示作用,常常可以代替语言的描述。例如广播中的人物不需要说他把盘子打碎了,我们只要听到破碎的声音和叹息声就可以了。

3)音乐　一般是指广播广告中的伴奏曲和广告歌。伴奏曲基本上用在广告的开头,给听众一个心理上的准备,诱使听众注意。而后,乐曲可以渐渐淡去,成为播报或对话的配乐。伴奏曲有助于营造一种气氛,将受众带入广告主预期的情境当中,帮助他们理解销售讯息。广告歌则是通过歌曲把广告语言转化成听众喜闻乐见的方式,达到"糖衣炮弹"的效果。

不是所有的广播广告都需要音乐,但是恰当地使用音乐,有助于显示情景,表现地域特色或制造气氛。另外音乐在广告中还承担着几个不同而又关键的任务:①为销售讯息营造有别于竞争对手的情感氛围;②加强特定的文案要点,塑造别具一格的品牌个性;③在销售表演的始终,赋予销售表演一种整体感;④为受众自始至终收听这条广告提供一个亲切的借口;⑤在广告发布较长时间后发挥免费广告的作用(例如,部分消费者喜爱哼唱广告音乐)。

一则成功的广播广告不一定同时包含语言、音响、音乐这三个要素,但当它们中的两个或三个同时出现在广告中时,一定要注意在节奏上、气氛上的配合,以达到最佳的广告效果。

#### 8.1.1.3　广播广告的种类

广播广告是通过广播媒体传播的广告形式。它通过声音传播,诉诸人的听觉,带来更大的想象空间。传播内容稍纵即逝、不可选择。它的长度规格一般为60秒、30秒、15秒、5秒。广播广告在播出时,依据一定的标准划分出了不同节目类型,形成了不同种类的广播广告。

1)普通广告　普通广告就是广告客户没有特殊要求,电台播出也不做特别处理的一类广告。一般由电台按常规在固定的广告时间或各类节目之间进行插播。通常是按广播的"黄金时间"、非"黄金时间"和随时插播三种不同情况,分别列为甲、乙、丙三种等级。不同等级收费标准也不同,费用分别按甲、乙、丙依次降低。

2)特约广告　特约广告就是为满足广告客户的特殊要求或特别约请而安排播出的一类广告。特约广告主要有两种形式:一是客户约时间,即特约广告要什么时间播出;二是客户约节目,即特约在某个节目时间播出广告。

3)专题广告　专题广告就是在专题节目时间或以"专题"节目的形式播出的一类广告。这类广告也有两种形式:一是广告客户特设专题广告,即由广告客户事先编录好广告资料,交由电台安排在专题节目前后播出,或安排在固定时间以"专题"节目的形式播出;二是共同参与广告,即由企业和电台双方联合举办专题广告节目。

4)专栏广告　专栏广告就是电台在节目中为某种信息设置专门栏目的一类广告。它分为经常性专栏广告(如寻人启事等)和临时性专栏广告(如招生启事等)。其特点是针对性强,有固定的专栏名称、内容范围、播出时间、周期长短等。

5)赞助广告　赞助广告就是由广告客户出钱或出物赞助电台举办某些节目或组织一些有意义的社会活动,从中插播他们的产品广告或广播赞助单位名称。其具体形式有三种:一是某个企业或产品的特约赞助广告;二是几个企业或单位共同特约的赞助广告;三是由多个单位联合举办的赞助广告,如出资赞助大型文艺晚会的演出等。

6)公益广告　公益广告就是致力于与公众利益息息相关,为公众事业竭诚服务的一类广告,也叫公共服务性广告。其内容主要是倡导社会公共道德的社会性宣传教育。其基本形式主要有两种:一是把公益活动与广告宣传结合起来,通过公益活动来树立企业形象;二是只展开公益宣传,不与具体的广告活动相联系,这种公益广告一般由国家的政府部门出资播出。

7)抵偿广告　抵偿广告就是由广告客户提供一定产品或物资,以抵偿部分或全部广告费。

## 8.1.2　广播广告的表现形式

### 8.1.2.1　解说式

即对产品的性能、特点以及联络方式加以客观地、冷静地介绍,通常用一个播音员旁白来进行。例如"廉泉啤酒"广播广告:

> 在包公的故乡——合肥,有一口古老的井,取名廉泉。相传,清廉之士饮了廉泉之水,甘甜爽口,明目清心。
>
> 而今的合肥有一座现代化的啤酒厂。该厂生产的廉泉啤酒,清亮透明,酒香味纯,以其独特的风格深受消费者欢迎。
>
> 在上海、在天津,参加1987年全国饮料评定,经群众投票打分、专家审查,获得

了上海的健乐奖和天津市场畅销啤酒之美称！

廉泉啤酒，不负廉泉盛名。

这种广播广告的优点在于解说者可以采用全知视角，对产品或企业进行自由的介绍；缺点在于沉闷、单调，易让受众产生厌倦的情绪。所以在创作这类广播广告时，要尽可能利用音效和音乐来避免单调。

#### 8.1.2.2 对话式

由两个或两个以上人物采用一问一答或一唱一和的方式将产品或企业的主要信息传达给受众。例如李宁运动鞋广播广告：

（闹钟声+伸懒腰的声音）

儿子：呀！（慌张地，起床和翻东西的声音）

儿子：妈，我鞋呢？

妈妈：鞋柜里。

儿子：没有。

妈妈：床底下。

儿子：没有。

妈妈：你找什么鞋呀？

儿子：就那双“李宁超轻运动鞋”！

妈妈：哎呀，祖宗，不就在你脚上穿着呢么？

（后衬滑稽音效）

话外音：李宁超轻运动鞋，轻巧地就像没穿鞋。

（混响）

对话者便成了小品中的人物，比较容易吸引听众的注意力和收听兴趣。这种广播广告形式比较生动活泼，富有生活气息，再加上音乐和音响的烘托，能够创造出特定的情绪和氛围。也是一种较为普遍的广告形式。但是这类广播广告中出现的对话经常会面对可信性的质疑，对话创造出来的感觉往往是人为的，有表演的痕迹，语言有时也会不自然，听起来像是几个人在读对话。因此在创作这种广播广告的过程中对话一定要贴近生活，销售信息应该自然而然地从对话中流露出来，淡化广告的销售痕迹，以便打动消费者。

#### 8.1.2.3 小品式

小品式与对话式有点类似，也要运用人物对话，但与对话式不同的是更注重情景的逼真性和情节的曲折性。情景的逼真性通过具有现场感的音响和对话人物的角色化体现；情节的曲折性意在抓住听众的注意力，通过一定的故事情节来表现。例如，天津牌助听器广播广告：

员：大爷，您买啥？

爷:啥,减肥茶?不减,我这么瘦再减就没了。

员:……大爷,买什么您自己挑!

爷:咋的,还得上秤吻?

员:大爷,您老耳背,我给您介绍一个新伙伴儿。

爷:啊?要给我介绍个老伴儿,不行啊,家里有一个啦。

员:大爷,我给您介绍这个,保证您满意。

爷:啥,助听器?对,我就是来买助听器的。

男白:天津牌助听器,让聋人不再打岔。

这篇文案写得富有趣味性和戏剧性,一位耳背的老大爷,去商店买助听器,但服务员说的话他都没听清楚,不停地打岔,服务员问的话,他所答非所问,引人发笑。由于文案的情节性和现场感非常强,所以是典型的小品式广播广告。

#### 8.1.2.4 相声式

相声是中国老百姓喜闻乐见的文艺形式。广播广告运用相声式的形式可以收到幽默风趣、生动活泼、引人入胜的效果。例如黑劲风牌电吹风广播广告:

甲:问您一个问题,您喜欢“吹”吗?

乙:您才喜欢吹呢!

甲:您算说对了,我的名气就是“吹”出来的。我能横着吹、竖着吹、正着吹、反着吹,能把直的吹成弯的,能把丑的吹成美的,能把老头儿吹成小伙儿,能把老太太吹成大姑娘。

乙:嚯,都吹玄了!

甲:我从广东开吹,吹过了大江南北,吹遍了长城内外;我不但在国内吹,我还要吹出亚洲,吹向世界!

乙:呵!您这么吹,人们烦不烦哪?

甲:不但不烦,还特别地喜欢我,尤其是大姑娘、小媳妇抓住我就不撒手。

乙:好嘛,还是大众情人儿,请问您尊姓大名?

甲:我呀,黑劲风牌电吹风!

乙:嘿,绝了!

(掌声)

相声式广播广告创作关键在于如何抖亮“包袱”,并将“包袱”与产品联系起来。这篇文案利用“吹”字的多义性,有意诱导听众产生误会和悬念,通过大量的铺垫后再猛然抖开“包袱”——黑劲风牌电吹风,让人在意外中接受产品的信息。当人们的思维兴奋点集中在品牌名称时,其效果要强于多次单调的重复。

#### 8.1.2.5 快板式

快板式广播广告节奏明快,朗朗上口,听起来悦耳,因而也是广播广告常用的一种方式。

例如小灵通广播广告:

甲:知道吗?小灵通现在在湖南省、湖北省、江苏省到处流行,现在在北京省、上海省到处火爆。

乙:打住,打住,什么北京省、上海省,有没有搞错?

甲:我是说,小灵通花费便宜,到哪儿用都省钱,现在说北京省、上海也省。

乙:噢!

(快板):山东,山西,太原省
湖南,湖北,武汉省
广东,广西,广州省
河南,河北,郑州省
江苏,江西,南京省
云南,贵州,昆明省
青岛,厦门,深圳省
省省,省省,省省省
小灵通在手,全国省!
真省!

这种形式的广播广告采用顺口溜的形式,配以打击乐,节奏明快、轻松,能够引起听众的注意,具有一定的煽动性。快板式广播广告的写作要领有以下两点。

一是合辙押韵,节奏感强。快板体可以采用偶韵(即逢双句押韵,首句可以入韵,也可不入韵)、排韵(句句押韵)和随韵(几句换一韵)等方式。句子上以七言句为主,也可用三言句和五言句,三言、五言句最好能成双成对出现,才易诵读。有时也可根据需要加旁白。

二是抓住产品的实质。快板体文案切忌信马由缰、不得要领。要善于抓住实质性问题加以发挥、演绎。

#### 8.1.2.6 歌曲式

歌曲式广播广告把广告所要诉求的有关产品或服务的信息用歌曲的形式唱出来,也就是通常所说的广告歌曲。例如 OK 便利店广播广告:

A:欢迎光临 OK 便利店。是你呀!什么事这么开心啊?

B:哈哈,今天球队比赛赢了,过来买点吃的庆祝一下!

你挺好吧……

(广告歌起)
最近心情怎么样?——OK
现在感觉怎么样?——OK
日子越过越有滋味,
因为有你,二十四小时的陪伴(OK Convenience store come on)。
OK 便利店,

面包美味又新鲜,

豆浆浓郁又香甜。

OK 便利店,

选择多多真方便,

潮流时尚还省钱。

快乐精彩每一天,

幸福就在你身边,就在你身边。

旁白:快点来 OK,你最便利的快乐驿站!

这种形式的广播广告的优点在于感染性强,便于传唱,有助于树立企业形象,缺点是歌词常常不太容易听清和记忆,也难以充分地展开销售信息。

#### 8.1.2.7 抒情式

抒情式广播广告就是采用诗一般的语言,创造出一种意境,调动听众的情感参与。一般采用两种方式:一是演员的心理独白;二是散文诗。整个作品就像是一篇优美的抒情散文,只是在最后才推出产品或服务,这种形式的优点是容易调动听众的情感参与,缺点是无法充分交代主要销售信息。例如西安地铁的广播广告:

男:10 分钟,读不完一篇《史记》,却能从一千三百多年前的大明宫穿越到六百多年前的钟楼!

女:5 分钟,读不完一页经文,却能从唐朝的大雁塔走进 21 世纪的国际会展中心!

旁白:读不完的西安,用地铁走读历史。西安地铁,历史弹指间,城市更新鲜!

#### 8.1.2.8 新闻式

新闻式广播广告是以新闻的形式,把新产品或新服务的特性告知消费者。一般用于导入期的广告,有时也用于短期的促销活动。例如公路安全组织的公益广播广告:

"今晨,9 点之前,将有两名儿童被汽车撞倒。车主是一位驾车谨慎的人,他在市内的车速为每小时 50 千米,自己认为已相当小心,不会发生意外。不过现在,在孩子们正走在上学路上的时候,每小时 50 千米的车速依然很快。市内行车,减速可减少危险。掌握车速,就能够让所有的孩子有幸继续走在上学的路上。以上是公路安全组织的信息。"

这则广告由于采用新闻的形式,显得真实可信,同时,用现在时的叙述方式,又给人一种悬念,诱使他们一直听下去。

### 8.1.3 广播广告的创意原理

广告创意是针对目标对象,追求最佳传播效果的创造性思维。广告创意应新颖别致,吸引听众，让人爱听。广播广告的创意制作是一项系统工程，它包含了从创意到成品制作等一系列的过程，需要整体的规划、组织，善于把握和融合每一个阶段。

#### 8.1.3.1 广播广告的创意要素

广播广告的创意重点是听的创意、声音的创意。而声音的创意就是指合理利用广播广告的三大要素：语言、音响、音乐进行创意。广播广告在注重语言艺术的同时，运用音响、音乐同时作用于听众，完成信息的传递，具有一种特殊的感染力。广播广告正是通过各种声音的有机组合：语言表意，音响表真，音乐表情，共同创造出巨大的表现力。

1）语言表意　语言是广播广告最重要的要素，它包括话语声、感叹声、笑声、哭声、吵闹声、嘈杂声等。完备、精练、巧妙的广告主体语言不但是表达广告中心思想的有效载体，是听众辨析、接受信息的唯一途径，同时朗朗上口、便于记忆的广告语言，还是一则广告有效传播、产生良好广告效果和商业效益的重要核心。中国的语言博大精深，灵活的运用和把握，是一则广播广告创意成功与否的关键。语言有很多形式，各种修辞方法，比如明喻、暗喻、拟人、明褒暗贬、先抑后扬等；还有各种句式，如排比、对仗等。选取合适的语言形式，不但能充分表达中心思想，而且使广告主题鲜明，让听者易记忆，能重复，从而达到好的传播效果。

例如，荣获第十四届全国广播广告一等奖的作品《红星二锅头》，在语言的运用上把握住广播媒体语言的特点，充分发挥了有声语言的表意功能。其文案如下：

A：老板，来两瓶二锅头。

B：我这柜台上二锅头有好几种，你要哪种二锅头？

A：瓶子上带红五星的。今儿个家里来了几个朋友，点名要喝红星二锅头。

B：为什么只喝红星牌？

A：嘿，方圆几百里，哪个不知道红星二锅头，好喝不上头。这是正宗老字号，是“二锅头”当中的“头儿”！

画外音：北京红星二锅头，老百姓喝出来的名牌！

这则广告，语言表达准确生动，简洁凝练，演播者音色醇和，富有感染力，很好地表现出现实生活中的场景。心理学家认为，人们对听到的信息内容，要比看到的、触摸到的事物记得更快更牢。因此，广播广告的语言首先应该表意，传达出鲜明的主体观念，牢牢地把握住广播媒体的特点，要准确生动，贴近生活，朗朗上口，生动活泼，富有感染力。

2）音响表真　音响、音效是现实生活中人们听到的各种现场声音，它能够增加广告内容的现场感和逼真度。音响的表现可以塑造特定的空间；音响效果能够使作品形象化、生动化，使听众产生联想和想象，并加深印象。因此，在广播广告中，音响成为声音表现的一个十分重要的手段，甚至是不可或缺的。音响能够使整个广告的听觉体验更为丰富。急促的闹铃，相当于清晨的卧室；疯狂的警笛，意味着一场追捕行动拉开了序幕；流水潺潺，鸟鸣声声，仿身来到了青山绿水的大自然……不用任何语言说明，各种音响可以将听众迅速拉入一个你想让他进入的情景里。夸张的音响，更能使你的广播广告脱颖而出，突破其他广告的“前后夹击”。很多时候，广播广告的创意就体现在音响上。

例如有一则时风农用车广告，通篇用了大量的农用车的音效：发动机声、引擎加油声、刹车声、行车声等。在这里,音响给听众一种如闻其声、如临其境的感觉,让听众对农用车的性能产生了视觉感觉,并通过文字的介绍加深了解,随即产生购买的欲望。音响最重要的特点是表真,它能通过各种现场音响效果的有效运用,引领听众进入一个特定的空间范围,并置身其中,如身临其境般的感受。逼真、形象的音响效果能够成功地吸引听众,并让听众感同身受。

3)音乐表情　音乐是一种具有情感化的声音载体。音乐既可以烘托、渲染特定的环境气氛,也可以为表达创意思想提供一个背景,并且传达出一定的情感色彩。例如兰州啤酒广播广告:

叫一声哥哥你慢些走,
喝一杯咱的兰州啤酒。
人生路上手挽手,
高高兴兴朝前走。
好啤酒,好啤酒,
兰州啤酒最风流。

这则广播广告巧妙地利用了地方民谣,以优美的旋律表达出特殊的思想感情,能够积极调动听众的参与意识,强化广告信息,增进记忆,促进哼唱与流传,延续广告的传播效果。音乐是对广告的烘托。音乐的使用,能使主体得到升华,吸引听众,烘托气氛,补充文字描绘的不足,它是为表现主题、再现主题、突出主题服务的。

总之,广播是听觉的艺术。感人的语言,丰富的音响,优美激荡的音乐,都可以使广播广告显示其独有的魅力,从而达到独特的诉求效果。而广播广告中的人声、音乐和音响三个要素,并非简单相加而是高度融合,共同塑造品牌形象,传播广告信息。至于三个要素的组合方式则多种多样,要根据广告内容和作者的艺术追求而定。但必须遵循一条原则:寻求三要素的最佳组合方式,一切都为传播广告信息、保证广告效果服务。

#### 8.1.3.2　广播广告的创意方法

创作广播广告与其他媒体广告一样,你必须先参照广告策略,在策略的基础上去畅想,不同的是,你所能用的创意工具只有一个:声音。也正因为这一点,很多人认为广播广告的创意难度很大。其实你也可以把这点当成优势,正因为只有声音元素,你就能回避掉画面的局限,运用各种技巧,创作出独特的声音形象与气氛,为听众制造听觉快感。

1)使广播广告"图像"化　好的广播广告是有"图像"的,动用一切声音手段,抓住听众的注意力,让声音穿越耳朵,激发想象。对于广播广告来说,抓住目标消费者的方法主要是靠语言的内容。虽然广播广告只有声音,没有画面,但听众凭借丰富的想象力,完全可以通过声音想象出一幅生动的画面,而不需要通过语言的描述。这样既简洁,又不失生动,甚至广播广告可以让听众充分地发挥想象力,创造出现实生活中不可能有的景象。

2)单一的销售重点　广播广告只作用于听觉的传播特点,导致了广播广告中的信息难于记忆这一弱点,而人脑也无法通过耳朵吸收太多的信息,由此看来,在进行广播广告创意时,与其罗列产品的众多特点,不如在广告中只提一个对消费者具有吸引力的销售重点,使用简洁、单一的概念易于受众记忆,使消费者印象深刻。

3)引人注意的开头　对于广播广告来说,所谓引人注意,其实就是指吸引人的听觉注意,所以其方法也离不开广播广告的三大要素,即语言、音响和音乐。

用语言来吸引注意可以从语言的内容、播讲员的语气两个方面着手。

用音响来吸引注意,也能收到非常好的效果。但要注意两个问题:一是所用的音响要与广告内容有内在的联系,是广告内容的一个组成部分,而不能只考虑吸引听众的注意,把音响与广告内容割裂开来;二是在运用音响时要注意音量的控制。一般来说,音响的音量越大,越能吸引人的注意,但如果音量过大,而不考虑听众的承受能力,结果往往会由于人们的反感心理,而影响广告效果。

用音乐来引起注意也有两种方法:一是用乐曲,二是用歌曲。一般来说,强音较多的乐曲更容易引起听众的注意。用歌曲吸引注意是非常容易的,因为动听的歌曲本身就具有很强的吸引力。广告开头所用歌曲,不仅指为广告专门创作的歌曲,也可以用流行的歌曲,或是著名的老歌。因为这些歌曲受到人们的普遍喜爱,百听不厌,甚至会唱,无论何时何地,只要歌声一起,立即会引起人们的兴趣和注意。当然在采用此类歌曲时,同样要注意歌曲与内容的有机结合。

4)要尽快提出品牌及承诺　一个广播广告的时间是非常短暂的,因此,当广告一开始成功地抓住听众的注意力之后,要尽快提出品牌和承诺,因为此时听众是处于专注的收听状态,对所听见的内容会有深刻的印象。

5)在广告始末出现品牌名　有声无形,难于记忆,稍纵即逝,无法反复,这是广播广告的传播弱点。针对这一弱点,广播广告不仅要在听众注意力最集中的开始部分提出品牌,而且要在广告的最后部分再次强调品牌,用这种方法来避免听众在听完广告的承诺部分后对品牌印象模糊,甚至遗忘的现象发生。

6)巧妙地进行重复　广告最直接的目的,就是传递产品信息,塑造品牌形象,唯有声音的反复强调,才能加深听众印象。但是重复要有技巧。比如用歌声唱出来,由于有旋律,重复就不显得那么生硬;又如用顺口溜、快板等形式中的重复,人们也很乐于接受。在草珊瑚含片的广播广告中,通过鹦鹉学舌来重复品牌名称,可谓独具匠心。在活泼风趣中,极其自然地加深了品牌的印象,效果很好。

7)针对个人进行诉求　广播媒体的特点,决定了广播广告的诉求方式要针对个人。既然是消费者一个人在收听广告,那广告就要针对他一个人说。在广告语言中,您或你这样的字眼是比较有效的方法。

8)有的放矢,瞄准目标受众　对目标听众的特征、收听习惯、心理状态、生活方式等,广告人员要认真研究,对目标听众进行定位。广播以诉诸听觉的方式对听众传播信息,对受众理解力的要求较低。由于受众在接受信息的过程中会根据个人的需要和意愿而有所选择,有所侧重,有时甚至因曲解而排斥,故而,广播广告的投放,应经过分析巧妙地借助广播的优势达到广告的效果。

在目标听众喜爱的节目前后,插播他们所需要的商品,可实现较好的传播效果。广播听众对各种信息的接受、记忆,依据的是自己的喜好、需求、价值观和思维方式。又由于听众在性别、年龄、教育程度、经济状况等方面的差异,他们接触广播媒体的目的也多种多样。广告投放时,要注意到目标听众的收听习惯,例如在交通广播频率投放的广告大多为汽车产品、导航仪、润滑油、宾馆、餐饮;音乐广播频率投放的广告多为可口可乐、电脑、玩具、3D影院;健康广播频率则以食品、药品、保健品、医疗器械等广告为主。

9)根据特定的媒介时间、地点来创作　清晨、午休、睡前,以及上下班时间,是广播广告的黄金时间,很多电台都把重要节目放在这个时间段,可以根据不同时段的特征进行创意。另外,广播广告的时间是有一定限制的,尤其是同类型的广告,不能太长太多。如果无限度延长,一窝蜂地上,听众就会产生厌烦心理,轻则转换频率,重则关机或转换媒体。

10)在广告中注入情感因素　以情感人,可以增加广播广告的传播效果。通过对听众情感层面的劝服来达到广告传播目标,引起听众的兴趣,启发联想,刺激购买行为的发生。随着国民生活水平的不断提高,人们的消费观念也正在发生转变,由满足基本生存需求向满足情感需要转变。在广播广告中,运用亲情、乡情、爱情、友情,可以使产品赢得听众的心。下面一则公益广告就很好地利用了情感因素。

(背景音乐:轻缓音乐)
女儿:妈妈!
妈妈:嗯?
女儿:你看,地图上这个字念"门",这个字又念什么?
妈妈:念"澳",合起来就是——
合:澳门。
女儿:澳门在哪里呢?
妈妈:澳门啊,你看就在中国的这里,在祖国妈妈的心里呀!
女儿:在心里,是不是就像我在妈妈的心里一样?
妈妈:对啊!孩子永远都在妈妈的心里。
男:12月20日,澳门回归祖国。九九归一,普天同庆。

这则广播广告用女儿和妈妈的对话展现母亲深爱孩子的骨肉之情,孩子依赖母亲的赤子之情,以此象征着祖国大陆与澳门之间水乳交融、无法割舍的情感。表现了祖国永远挂念澳门、澳门急切盼望回归的主题,很好地打动了听众。

11)在广告中加入幽默　在广播广告中,幽默是非常有效的表现手段。但是真正有意义的幽默,创作起来却并不容易。一个幽默的广播广告就像一个好的即兴戏剧节目,需要开始时有趣,结尾时也有趣。在中间部分,你需要不断地抖出包袱,保持好笑的情绪,先来一段有趣文字,然后再留一些余地放松,再加上有趣文字。下面一则KFC的广告就很好地利用了幽默。

(背景音乐:"甜甜的"渐起)
男声(有一点痛苦):喂,老师,我今天肚子疼,想请一天假。
女声(流露出一些关切的语气):行,明天记得带作业哦。
(老师刚说完,从电话另一边响起一阵奇怪的类似亲吻的声音)

女声(疑问但又有一点责备的语气):干什么呢?

男声(尴尬而又慌张的声音):噢噢,没什么,没什么,老师再见。

(挂电话声)

男声(欢快而幸福的声音):肯德基最新推出鸡柳汉堡,挡不住的诱惑,好吃听得见,嘚嘛……(类似亲吻的声音)

(背景音乐渐渐消失)

这则广告利用生活中相似的声音,引起人误会,从而产生幽默的效果,吸引听众的注意力。一个学生给老师打电话请假,同时在吃东西,美味的诱惑让人随时都想咬上一口,发出的咀嚼声就像亲吻一般,在增加搞笑效果的同时也充分说明了汉堡的可口诱人。

12)利用广播广告开发声音的 CI　CI 是指企业形象识别系统,一般是指视觉形象识别系统,例如标志、颜色等。可是声音形象也是 CI 的一部分。声音 CI 的开发主要有两种形式:一是使用"声音代言人",二是创造一段具有个性的乐曲。

使用"声音代言人",就是对人声的表现力和内涵进行综合利用。具体来说,就是寻找一个声音具有特色,令人难忘的演员,本品牌的每一个广告都用他的声音,通过音色的识别性,达到"一个品牌,一种声音"的效果。久而久之,这个声音就像形象代言人一样,成为品牌的标志,而听众会由于这种声音的典型性,唤起人们的记忆,使曾经有过的经验在脑海中再现。

创造一段具有个性的乐曲,赋予某个音乐以特殊的意义,也是树立声音 CI 的一种形式。近些年,制造声音 CI 比较成功的例子当属英特尔公司。1991 年,英特尔公司要求电脑厂商如 IBM、康柏、戴尔等,在电脑说明书、包装和广告上加上"内置英特尔"的商标,在广播广告和电视广告中加上英特尔公司自己制造的一段独特旋律"咚,咚咚咚咚"。如果他们这样做了,由英特尔给 3% 的回扣。如果将商标印在电脑包装上,回扣可达 5%。结果,这段乐曲作为英特尔公司的不可替代的形象标志,借助于众多的电脑广告而广为传播,成为英特尔公司的无形资产。另外,让人印象深刻的声音,还有诺基亚的经典铃声,这段铃声随着广告、电视剧、电影以及广大的诺基亚手机使用者的广泛传播,已经形成了超高的辨识度,成了诺基亚品牌重要的无形资产。

广告贵在创意,也难在创意。广告的创意过程其实也是一个创新思维的过程,然而因为创意者的个性、意识、阅历、情商、智商各有高低,所以广告创意的方法也是多种多样的,我们要做的就是根据产品和品牌的具体情况,结合广告媒介的特点,创意出最适合的广播广告,有效地传达广告信息。

## 8.1.4　广播广告文案写作

### 8.1.4.1　广播广告文案写作要点

广播广告与一般广播节目一样,哪怕只有三五句话,也有一个完整的主旨、一个明确的目标。广播广告以分钟计算费用的,时间宝贵,又要表达完整清楚,这就给广告文案写作提出了较高的要求。

1)为听而写　广播广告文案既不是为"读",也不是为"看"。收音机不同寻常,你的眼睛看不见它所说的,但是你的心却可以。有的广告词用于书面广告效果很好,但如果大声读出来,听起来效果就大不一样了。

2)通俗易懂　广播广告稍纵即逝,因此一定要信息单纯,以免听众不知所云,或听了后面忘了前面。要缩短广告与消费者之间的距离,就必须使用亲切、体贴、明白的语言。

3)活泼有趣　广播广告靠声音抓住听众,要让他们的注意力集中到广播广告的内容中来,就要尽可能使内容活泼、有趣。

4)诱发想象　广告词要具体形象、生动活泼、简明清晰,还要调动听众自己的想象能动性,才能使听众把信息转化为具体的实物信息。

5)讲求节奏　节奏明快,才能便于记忆。广播广告信息消失快,要力求脚本短、句子短,节奏感强,让人听得明白,过后能想得起来。

6)适当重复　要反复强调品牌、客户的名称,30 秒的广告一般要重复 3 次。技巧就是把它融合到你的整个广告文案中,尽量做到自然得体。对于关键信息更不能一带而过,除了要通过加强语气来强调之外,也要适当地重复。

7)注意停顿　一般来说,30 秒的广告不要超过 75 个字,否则播音员就没有时间停顿,或忽略抑扬顿挫,使文案失去了色彩和生动性,听众也没有反应的时间。适当的停顿可以留出空白时间,能给广告增加色彩、清晰度和语言的深度,还能制造悬念,迫使听众侧耳倾听。

8)鼓励行动　广播广告的渗透性和灵活性使它成为很有效的提醒性媒体。尤其是人们开车前往购物场所的时候,就更是如此。因此,广播广告文案应该用有力的结尾,制造一种高潮,诱人行动。

### 8.1.4.2　广播广告文案脚本

广播广告作品,最后是通过声音来播放出去,而不是像报刊广告那样能够预先制作成样稿。这样,为了给广播广告的制作提供指南,文案写作人员就要写出脚本。

1)广播广告文案脚本的格式　一般来说,广播广告的长度是 30 秒和 60 秒。脚本包括客户、产品、媒介、描述(长度和广告类型)、播出时间、脚本主题和脚本陈述等。其中,前六项内容一般写在脚本的左上角,只是起到识别的作用。脚本陈述放在它们的下面,是脚本的核心内容。

需要注意的是:①音效和音乐部分要另起一行,并在底下画线,以提醒制作人员注意,并表示它们在广告中的地位。②广告中的每一位演员都必须注明角色,包括播音员这个角色。至于是否使用播音员,根据创意的方式来具体决定。③注明音调。要标明播音员或其他角色是以生气的、滑稽的、讽刺的,还是其他方式念(说)出来。如果不能成功地达到所要求的表达方式或不能表现出特殊的声音,将会破坏整个广告。

2)广播广告文案脚本实例　以下是一个标准的广播广告脚本:

客户:盼盼安居股份有限公司

产品:盼盼防撬门

媒介:辽宁人民广播电台

描述:30 秒,合成

播出时间:周一至周五

题目:太上老君的新法宝

音乐:空灵、缥缈、清幽的曲子

孙悟空:(恶作剧的)嘿嘿,太上老君府!待俺老孙再去弄把金丹尝尝。

太上老君:(低声的)这猴子又来了,这回可有招儿对付他了。

孙悟空:哎哟,好结实的门啊!哼,看俺老孙手段!我撞!

音效:撞门声

孙悟空:我撬!

音效:撬门声

孙悟空:我钻!

音效:钻门声

孙悟空:(无奈的)哎哟!这是什么法宝啊?

太上老君:(得意的)哼哼,此乃老夫新装的盼盼牌防撬门是也。这下,再也不怕你这泼猴了!哈哈哈哈!

音响:笑声,渐渐消失。

旁白:盼盼守门,放心出门!

## 8.2 电视广告创意

电视机是20世纪最重要的发明之一。1936年电视媒体正式诞生以后,它改变了大众媒介的格局,它拓展了人们的感知方式,一直占据着现代传播媒介的中心地位。即使在电脑、网络普及的今天,电视机依然是普通家庭中最重要的传播载体。电视媒体,依然是覆盖面最广、影响力最大、最方便大众接受的强势媒体。

### 8.2.1 电视广告概述

#### 8.2.1.1 电视广告的优缺点

1)电视广告的优点　电视是现代所有广告媒体中最大众化的媒体,也是一种家庭化的娱乐媒体,具有很强的亲和力。除了具备广播广告的传播迅速和覆盖广等优点之外,电视广告还具有以下优点。

(1)直观性强　电视是视听合一的传播载体,人们能够亲眼见到并听到各种活生生的事物,如同在自己身边一样,这就是电视视听合一传播的效果。单凭视觉或单靠听觉,或视觉与听觉简单地相加而不是有机地结合,都不会使受众产生如此真实、信服的感受。电视广告的这种直观性,超越了读写障碍,成为一种最大众化的宣传媒介。它无须对观众的文化知识水准有严格的要求。即便不识字,不懂语言,也基本上可以看懂或理解广告中所传达的内容。

(2)有较强的冲击力和感染力　电视是唯一能够进行动态演示的感性媒体,因此电视广告冲击力、感染力特别强。电视媒介是用忠实的记录手段再现信息的形态,即用声波和光波信号直接刺激人们的感官和心理,以取得受众感知经验上的认同,使受众感觉特别真实,因此电视广告对受众的冲击力和感染力特别强,是广播广告所难以达到的。

(3)有较高的注意率　经济发达的国家和地区,电视机已经普及,观看电视节目已成为人们文化生活的重要组成部分。电视广告注意运用各种表现手法,使广告内容富有情趣,增强了视听者观看广告的兴趣,广告的收视率也比较高。电视广告既可以看,还可以听。当人们不关注广告画面的时候,耳朵还是可以听到广告的内容。广告充满了整个电视屏幕,也便于人们注意力集中。因此,电视广告容易引人注目,广告接触效果是较强的。

(4)电视广告容易产生话题　电视广告经常把产品或服务的信息巧妙地融入风趣、幽默的情节中,消费者看过之后,很容易成为第二天在街头巷尾议论的话题。这样一来,无形中扩大了广告的传播范围和影响。这种效果在倡导新价值观的意识形态广告中,表现得更为明显。

(5)利于不断加深印象　电视广告是一种视听合一的广告,又有连续活动的画面,能够逼真地、突出地从各方面展现广告商品的个性。比如,广告商品的外观、内在结构、使用方法、效果等都能在电视中逐一展现,观众如亲临其境,留有深刻印象。电视广告通过反复播放,不断加深印象,巩固记忆。

(6)利于激发情绪,增加购买信心和决心　由于电视广告形象逼真,就像一位上门推销一样,把商品展示在每个家庭成员面前,使人们耳闻目睹,对广告的商品容易产生好感,引发购买兴趣和欲望。同时,观众在欣赏电视广告中,有意或无意地对广告商品进行比较和评论,通过引起注意,激发兴趣,统一购买思想,增强购买信心,作出购买决定。特别是选择性强的日用消费品、流行的生活用品、新投入市场的商品,运用电视广告,容易使受众注目并激发对商品的购买兴趣与欲望。

2)电视广告的缺点　与其他媒介相比,电视媒介的缺点也比较明显。

(1)受收视环境的影响大,不易把握传播效果　电视机不可能像印刷品一样随身携带,它需要一个适当的收视环境,离开了这个环境,也就阻断了电视媒介的传播。在这个环境内,观众的多少、距离电视机荧屏的远近、观看的角度及电视音量的大小、器材质量以至电视机天线接受信号的功能如何,都直接影响着电视广告的收视效果。

(2)瞬间传达,被动接受　全世界的电视广告长度差不多,都是以 5 秒、10 秒、15 秒、20 秒、30 秒、45 秒、60 秒、90 秒、120 秒为基本单位,超过 180 秒的比较少,而最常见的电视广告则是 15 秒和 30 秒。这就是说一则电视广告只能在短短的瞬间完成信息传达的任务,这是极苛刻的先决条件。而且受众又是在完全被动的状态下接受电视广告的,这也是电视媒体区别于其他广告媒介的特点。

(3)费用昂贵　一是指电视广告片本身的制作成本高,周期长;二是指播放费用高。就制作费而言,电影、电视片这种艺术形式本身就以制作周期长、工艺过程复杂、不可控制因素多(如地域、季节天气、演员等)而著称,而电视广告片又比一般的电影、电视节目要求高得多。广告片拍片的片比通常是 100 : 1,可见仅是胶片一项,电视广告片就要比普通电影、电视剧节目超出多少倍了,而且为广告片做专业的作曲、演奏、配音、剪辑、合成,都需要花大量的资金。

就广告播出费而言,电视台的收费标准也很高,黄金时段收费最贵。我国中央电视台 A 特段 30 秒的广告收费就要人民币 4.5 万元。而国外黄金时段播出费用比这还要高得多,美国的电视广告每 30 秒要 10 ~ 15 万美元,如果在特别节目中插播广告更贵,有的竟高达几十万美元。

(4)不利于深入理解广告信息　电视广告时间长度多为5~45秒。要在很短的时间内,连续播出各种画面,闪动很快,不能做过多的解说,影响人们对广告商品的深入理解。因此,电视广告不宜播放需要理性诉求的商品,如生产设备之类商品。一些高档耐用消费品在电视播放广告时,还要运用其他补充广告形式做详细介绍。

#### 8.2.1.2　电视广告的构成要素

总体上来说,电视广告由两部分构成,即视觉要素和听觉要素,也就是人们通常所说的画面和声音。这种结构与电影相比并没有什么不同,因此电视广告属于影视广告。

1)视觉要素　在视觉要素中主要包括演员、场景、道具、图形、字幕等。

(1)演员　不是所有的电视广告都需要演员,有的广告会直观地展示产品或服务,并用画外音进行解释。但是,具有情节性的广告一般都需要演员。演员一般是人,比如企业或品牌的代言人、生活中遇到困扰的消费者、现场展示产品的推销员等。演员也可以是动物,还可以是卡通形象。与电影一样,广告中的演员也会有主角和配角。演员的使用可以使广告更贴近生活,容易引起观众情感上的共鸣。

(2)场景　场景就是电视广告中演员出现的地点与环境。场景可以是在摄影棚搭设的室内房间,也可以是室外的露天场所,还可以是用动画制作的虚拟场景。适当的场景,有助于支持电视广告中的信息。场景如果选择不当,反而会分散观众注意力,使观众的视线游离而到被宣传的产品或服务之外,有的时候,电视广告的情节会在不同场景间转换。

(3)道具　道具就是演员在表演中使用的工具,包括产品,及与产品或服务有关的其他物品。尤其是在生活片段式广告中,道具有助于增强电视广告的真实性。

(4)图形　图形就是指含有产品或产品部件的照片、图表或企业的商标等。图形能够强化前台演员和幕后旁白正在表达的销售信息,进而增强广告的冲击力,还能强化品牌的识别性。但如果单独使用或使用频率太高,图形又容易使本来生动的讯息变得呆板。

(5)字幕　字幕指单独出现在屏幕上的文字。字幕经常出现在每则电视广告片的结尾,为整个广告画龙点睛、重复产品名称并打出广告口号。字幕还经常出现在广告的开头介绍背景,或在两组画面之间作为过渡或转场。字幕可以突出表现一件产品或服务的名称、卖点、价格、保证条款或实验结果等。有时,为了使对话或广告歌词更易于理解,字幕还经常出现在屏幕下方。

2)声音要素　电视广告中的声音要素与广播广告一样,也是由语言、音响和音乐构成的。

(1)语言　语言是由广告中的演员直接说出或是以画外音的形式传递的。广播广告中语言的特点同样适合于电视广告。同样的长度,电视广告使用的文字往往比广播广告少,这主要是由于图像本身具有丰富的表现力,常常不需要用语言过多地解释。但是,由于电视广告中的语言已经是特定的个体,所以要求语言的撰写更有个性。

(2)音响　电视广告中的音响跟广播广告一样,都是作为次要的表现要素而存在的。只是电视广告中图像可以充分地表现情境,音响不必承担像广播广告一样的重任。有的时候,如果音响使用不当,反而会成为干扰要素。

(3)音乐　现在有超过一半的广告含有某种形式的音乐成分,虽然不一定自始至终贯穿于广告之中。音乐一般也是处于次要地位——往往只是在场景之间发挥承上启下的作用，或为表达文案提供一个舒适的背景。

电视广告中，广告歌曲的歌词可以用字幕的形式强调，信息量相对来说比在广播广告中更大一些。有时，整个电视广告就是用一曲广告歌曲来串联，画面只是承担呼应的功能。例如，力波啤酒的一则电视广告，就是通过一个在上海长大的年轻人的见闻和经历，点出力波啤酒20年来和上海共同成长、变迁的过程。在唤起消费者对力波啤酒的普遍认同的同时，努力改变其原有的趋于老化的品牌认知，塑造了年轻、充满活力的品牌新形象。

歌词：上海是我长大成人的所在
带着我所有的情怀
第一次干杯，头一回恋爱
在永远纯真的年代
追过港台同胞，迷上过老外
自己当明星，感觉也不坏
成功的滋味，自己最明白
旧的不去，新的不来
城市的高度，它越变越快
有人出去，有人回来
身边的朋友越来越新派
上海让我越来越爱
好日子，好时代
我在上海，力波也在。
画外音：力波啤酒，喜欢上海的理由。

总之，在电视广告中，实际上有两条线，也就是说两组信息同时发送：声音和画面。如果两者各行其道、相互游离，观众就不知道是应该看画面还是听声音，就会在烦乱中失去兴趣。另一方面，如果声音和画面自始至终相互说明，使观众得到同样的信息，电视广告就会显得单调乏味。所以声音和画面两者之间应该是相互配合、相互补充的。正如广告大师李奥·贝纳所说的："从一段广告影片中把文案分离出来是一件困难的事，有时是完全不可能的事……你不可能没有思想及计划构想的顺序及整个效果，就创作出好的电视广告影片。如果没有画面气氛及动作，也不会创作出好的电视广告影片。"

在这里，我们遇到的问题和在报刊广告中图案与文字的关系问题，本质上是相同的。声音和图像之间也要产生一种创意的张力。图像善于表现具体、形象的信息，如外形、色彩、包装及运动状态，不善于介绍产品的抽象性方面，如成分、评价等，这是声音要表达的。而音乐在情绪上感染观众，渲染气氛，引起情感上的共鸣。

因此，我们既要充分发挥每一个手段的表现力，又要使各个表现手段之间默契合作与有机搭配，最好让两者互补，或是从中演绎，就像在平面广告中所做的一样，达到"1+1=3"的超凡效果。

#### 8.2.1.3 电视广告的类型

电视广告有不同的类型,按照播出方式的不同主要有以下几种。

1)节目型广告　这类广告是由众多的单条广告编辑组合而成的一个节目,一般有固定的时间和片长。这类广告内容集中,信息量大,播出时间较长,但由此也容易使观众产生厌烦心理,信息含量大,观众难以承受,各广告之间也会互相影响,从而降低广告的传播效果。

2)插播型广告　这类广告可以分为两种:一种是在两个不同的节目中间插播电视广告;另一种是在同一节目中插入电视广告。插播型广告相对来说收视率较高,尤其是在收视率高的节目前播出的广告。这是电视节目带来的附加效应,在此时,电视广告传播的强制性和无选择性体现得最为充分。插播型广告越是放在高收视率节目中间或前面插播,传播效果就越好,相应的播出费也就越高。

3)赞助型广告　即由企业针对某个收视率较高的电视节目提供赞助,节目每次在播出前为该企业或其产品、劳务插播广告的同时明确说明节目是由该企业提供赞助。赞助型广告传播效果较好,企业的知名度会随着赞助节目的名牌效应而提高,具有一定的公益性。例如,步步高音乐手机、步步高 vivo 智能手机赞助江苏卫视《非诚勿扰》,随着《非诚勿扰》的火爆,步步高品牌也得到了极大的宣传。

4)转借型广告　转借型广告也可以称为隐形电视广告。这一类型广告指的是其他广告媒体的广告(主要是户外广告)出现在电视的非广告节目的画面中。最突出的形式就是在重大足球赛场上,足球赛场的四周都有许多广告牌。转借型广告的成本远低于一般电视广告,传播效果却相当于甚至优于一般电视广告。

5)贴片广告　贴片广告是通过 CD、VCD、DVD 等介质或包装海报等形式,经过覆盖全国及部分海外市场的发行机构,在短时间内将品牌和产品信息传达给目标消费者的传播平台。

6)广告节目　广告节目就是为宣传某一品牌的文化理念特别制作一档节目。比如凤凰卫视在 2001 年为“海王”专门制作了《健康成就未来》这个节目,虽然每天时长只有 5 分钟,但将一个品牌的口号以栏目形式出现,不仅可以淡化广告感,大大提升收视率,同时也可以更深刻地诠释品牌的理念,给观众留下的印象更深。后来,凤凰卫视又为“红金龙”设计了《思想力、行动力》这个栏目,以宣传红金龙“思想有多远,我们就能走多远”的理念,取得了事半功倍的效果。

7)报时广告　报时广告主要是指在节目播出过程中,逢半点、整点以正点报时的形势加播广告。例如,备受关注的历年被央视黄金资源广告招标中作为“第一标”的春晚零点报时广告,每年的零点都要报时,在这辞旧迎新的一刻,观众在欢声笑语之余总会看到“××企业向全国人民拜年”等字样。春晚“零点报时”一向是广大商家必争之地,在 2011 年的广告招标会上,虎年春晚零点报时以美的集团 5 201 万元成交,创历史新高。

8)气象预报广告　在气象预报中插入品牌信息。其广告的插入形式包括:在城市天气预报中,每个城市都会通过画面插入一个产品或品牌的信息;在其他城市和地区天气预报过程中,屏幕上面和右边均会出现产品或品牌的信息等。

9)植入式广告　是指把产品或品牌具有代表性的视听符号融入影视或舞台产品中,给观众留下深刻的印象,以达到营销目的。植入式广告是目前很多商家都很喜欢的一种广告形式,代表性的形式包括:在有影响力的曲艺节目中植入广告;在电影中植入广告;在热播电视剧中植入广告;等等。

10)连续剧广告　是指将广告拍成连续剧的形式,剧情连贯,扣人心弦,且在关键时刻戛然而止,分几次播完,给人留下悬念,引人连续关注。如伊利优酸乳青春剧场《我要我的滋味》分三集播完,将广告拍成连续剧的形式,令人耳目一新。

11)电影式广告　追求大制作,感性诉求品牌形象,比如雅虎中国请陈凯歌、冯小刚、张纪中三位名导,分别拍摄三部风格迥异的短片,通过这三部短片在网络上的疯传,很好地宣传了雅虎的品牌形象。

12)微电影广告　微电影广告是一种新颖的电视广告形式,从 2010 年开始出现,指为了宣传某个特定的产品或品牌而拍摄的有情节的,时长一般在 5 ~ 30 分的,以电影为表现手法的广告。它的本质,依旧是广告,具有商业性或是目的性。微电影广告,采用了电影的拍摄手法和技巧,加强了广告信息的故事性,能够更深入地实现品牌形象、理念的渗透和推广,能够更好地实现"润物细无声"的境界。微电影广告,仍然是电影,不同的是,产品成为了整个电影的第一角色或是线索,时间上微电影远远比电影短小精悍。

## 8.2.2　电视广告的表现形式

### 8.2.2.1　直接式

就是由画外音直截了当地介绍产品或服务的特点。采用这种方式要求逻辑清楚、说理透彻,并提供具体的事实。如果处理不当,很容易显得枯燥乏味。因此画面在展示产品或服务时,要有一定的趣味性。

如步步高点读机《喜羊羊篇》。在 20 秒的电视广告中,通过生动有趣的创意,轻松地展示了产品的性能——孩子身边的"贴身老师"。在这则广告创意中,孩子喜欢动画形象喜羊羊和灰太狼、天真烂漫的小女孩还有爱怜孩子的母亲,更是让广告变得老少皆宜。这则广告在众多同类产品的广告中迅速脱颖而出,步步高点读机也给受众留下了深刻印象并很快家喻户晓。

### 8.2.2.2　推荐式

就是由消费者自己的亲身经验证明产品或服务的优点,并向观众推荐。典型的推荐者是名人或专家,有时也使用普通人。在这种形式的表现中,文案占据主导地位,图像要作为文案的衬托。文案一般采用自述的方式,有时也采用对话的方式。推荐式广告要求较高的创作技巧,否则会让观众感到是一个"托儿"在进行拙劣表演。推荐式广告的推荐者一类是名人、专家,主要是利用名人、专家的知名度和权威来吸引、引导消费者。而采用普通人推荐则是因为普通人更真实,再现了生活场景,让消费者有信赖感。在使用普通人推荐的广告中比较成功的当属强生公司的广告。当强生婴儿用品受到质疑时,强生公司推出了两则推荐式广告:一则是妈妈篇,另一则是奶奶篇。广告中采用的普通人,一个是有个才出生 15 天的新生儿的妈妈曹玉峰,一个是资深育婴顾问沈月华,她还有一个身份就是奶奶。一个妈妈,一个奶奶用自己的亲身育儿经历告诉电视机前面的妈妈,这本身就有很强的说服力。广告口号是妈妈和奶奶对着电视观众说"我会一直信赖强生的",而且字幕是"一百多年来深得全球妈妈信赖"。这样的真实普通人现身说法,对消费者来说很亲切,很容易产生信任感,并在一定程度上运用了心理学上的"从众心理"效应。

8.2.2.3 **实证式**

就是通过现场演示或实验，来证明产品的效能。使用这种手法的前提是，产品本身有独特的、有形的利益点，可以直观地表现出来，最好是现场见效。通常展示的是应用中的产品、使用产品前后的对比、与其他产品的对比。实证式广告还经常用动画、图表、比较等手段来说明一些复杂的原理。这种形式的广告关键在于高潮迭起，让观众饶有兴趣地看下去，不断地化解他们的疑问。实证式广告用得比较成功的当属成功挑战两大水巨头的农夫山泉。

当年乐百氏纯净水以"27层净化"的理性诉求，迅速赢得了消费者的认可，娃哈哈不断以感性的诉求在影响消费者，无论是景岗山的《我的眼里只有你》还是王力宏的《爱你就是爱自己》，大走青春偶像路线，一路走来，所向披靡。在这种情况下，农夫山泉最好的办法是能够结合两巨头的优势，走一条第三路线。第三路线是什么？走感性和理性相结合的路线，打破常规，挑战水市场。唯有如此，市场突围才有可能。而挑战水市场，农夫山泉推出的第一波广告就是实证式广告。

经过精心准备，2000年4月24日，农夫山泉郑重向业界宣布不再生产纯净水转而生产天然水，原因是纯净水对人体无益。此消息一出，迅速在业内引起轩然大波。4月底，农夫山泉为强势推出"天然水"概念，农夫山泉开始分别在中央电视台和地方电视台播出一则"水仙花生长对比实验"广告：两组水仙花，分别养在农夫山泉纯净水和农夫山泉天然水里——这两杯水看上去毫无差别。但一个星期后，养在天然水里的水仙花的根长到了3厘米，而养在纯净水里的仅有1厘米。"同学们，现在我们知道该喝什么水了吧！"老师说。同时，字幕上出现：养生堂宣布，停止生产纯净水，全部生产天然水。

天然矿泉水生产程序复杂，必须选用天然矿物岩层下的深层地下水，经过自然的过滤，保留了原水中对人体有益的并且含量稳定的天然矿物质及微量元素。纯净水生产程序相对简单，通常采用蒸馏法、反渗透法，去除水中的矿物质、有机物成分等加工制成。农夫山泉的这则实证广告一出，便引起了轩然大波，这是一种理性的宣言，也是一个巨大的冒险举措。原因是你的竞争对手不仅仅是娃哈哈和乐百氏，是所有生产纯净水的企业，但正是它的冒险性、轰动性使农夫山泉在水市场声名鹊起，再加上其他广告策略的配合，它成功挤进水市场三甲之列。

8.2.2.4 **生活形态式**

广告的切入点不是产品或服务，而是使用它们的人，让观众觉得产品或服务已经成为人们日常生活中不可分割的一部分。采用这种方式时，真实性非常关键，要让观众觉得不是为推销产品或服务而故意设计的情节。因此场景的配合、人物的语言和商品出现的时机都要恰到好处。强生在2008年推出一分钟形象广告——"因爱而生"，就很好地利用了生活形态式广告策略，广告拍得很实在，不花哨，却也入心入肺，很感人。生活化的镜头和语言，所有人都没有被雕琢过的感觉，没有帅哥美女，没有漂亮宝宝，显得朴实，温暖。医生对老人的关怀、大人对孩子的呵护、老师对学生的关爱，体现出了一种强者的关怀，一种对人的关爱，对细节的态度，以及对爱的诠释。广告文案也可圈可点，谦逊而又不失自信地使用"强生与这些巨人并肩"这样的语言，在诠释自己爱的理念的同时，将亲和的形象完美展现，一个温和、真诚的强势品牌跃然银屏。

文案:强生相信,在我们的身边,存在着一些巨人。他们以巨大的爱做细小的事,让心灵获得慰藉,让创伤得到安抚,让人们得到关爱。

强生,以医疗卫生和个人护理的经验和智慧,与这些巨人并肩,用爱,推动人与人的关爱。

因爱而生,强生。

#### 8.2.2.5 问题解决式

问题解决式首先极力渲染人们在学习、工作或生活中所遇到的困扰和烦恼,然后提出广告中的产品或服务正好可以使问题迎刃而解。洗涤剂、洗发水或其他日常用品常常采用这种技巧来做广告。还有一种做法是,某一种后果严重的问题可能会发生,而该产品或服务可以对此进行预防,如保健品、汽车安全装置和保险服务就经常使用这种方法。问题解决式提供的有时不是物质上的,而是心理上的解决方案。全球最大的日化集团宝洁公司常常采用的就是这种问题解决式广告策略。

它的电视广告惯用的公式是"专家法"和"比较法"。宝洁首先指出会面临的问题,比如头痒,头屑多,接着便有一个权威的专家来告诉你,头屑多这个问题可以解决,那就是使用海飞丝,最后用了海飞丝,头屑没了,秀发自然更出众。这就是"专家法"。"比较法"是指将产品与竞争者的产品相比,通过电视画面,消费者能够很清楚地看出产品的优越性。宝洁广告常常糅合"专家法"和"比较法",例如舒肤佳香皂广告,舒肤佳先宣扬一种新的皮肤清洁观念,表示香皂既要去污,也要杀菌。它的电视广告,通过显微镜下的对比,表明使用舒肤佳比使用普通香皂,皮肤上残留的细菌少得多,强调了它强有力的杀菌能力。它的说辞"唯一通过中华医学会认可",再一次增强其权威性。综观舒肤佳广告,它的手法平平,冲击力却极强。

#### 8.2.2.6 故事式

故事式就是对产品或服务进行戏剧化的呈现。在可以营造的气氛中,通过起伏的情节制造悬念,使观众被强烈地吸引,进而把注意力巧妙地转移到产品或服务中去。这种形式的广告需要30秒以上的时间,其叙述的剧情表面上又往往和产品、服务无关,因此观众只有看完广告才能恍然大悟。这种形式的广告比较符合电视作为娱乐媒体的特质,能够让观众轻松自然地接受有关产品或服务的信息。比如农夫山泉早期的广告——"上课时不要发出这种声音"——就是通过故事式的场景,展示产品的独特之处——瓶盖是拉盖式的设计。

#### 8.2.2.7 幽默式

通过幽默式诉求能够拉近产品或服务与观众之间的距离,使他们在娱乐的同时对品牌产生好感。幽默可以采取多种形式,包括演员的幽默、情节的幽默等。但幽默并非低俗,否则将会适得其反。同时要把笑料与产品或服务有机地结合起来,以免喧宾夺主。在今天这个人人都有压力的社会中,幽默、娱乐成了人们日常生活中不可缺少的调味剂,所以今天有很多广告会采用幽默的方式,以迎合消费者的心理。幽默式广告中比较有代表性的当属《步步高无绳电话——等待篇》。

二八式分头、近视小眼镜、素色花领带,上穿白衬衫、下套背带裤、脚蹬黑皮鞋,一个样子“光鲜”的男人手捧鲜花,坐在房间沙发上等待女友的电话……时间在慢慢推移,他开始坐立不安,来回踱步,终于电话铃声响起,结果却是找他妈妈的。继续等待,电话铃声再度响起,“小妹,电话”,他没有好声气地喊道。想要的电话一直没来,他越发焦躁难忍,甚至无奈、泄气、撞墙。当电话铃声第三次响起时,他已不抱希望,不过,当看了来电显示的号码后,他又马上跳起去接刚刚被其气愤地抛向空中的电话。“喂,小丽啊!”这个滑稽男人满脸堆笑,趴在地上细声细语、柔情地说。(画外音:来电,看得见,步步高来电显示无绳电话)这就是1999年《步步高无绳电话——等待篇》所表现的内容。该广告通过平民化的生活场景、日常尴尬,以滑稽的表述方式针对步步高无绳电话的来电显示功能进行了重点诉求。通过小人物幽默搞笑的生活化演艺与消费者进行深度沟通,取得了极大的成功,让消费者印象深刻。

#### 8.2.2.8 虚构式

虚构式是采用一种超现实的方式,将日常生活中不可能发生的事,透过创意者丰富的想象力加以表现。这种广告通过反复的刺激与夸张的表现,产生一种冲击力,给观众留下深刻的印象。虚构式广告一般场面都比较宏大,需要耗巨资完成。例如:维珍航空公司的一则广告。

一个小伙子正在悠闲地坐在长椅上休息,突然身边出现了模样可怕的家伙,它正在抬眼向上看。小伙子随之望去,只见一尊石质天使雕像正对着他的头顶砸下。原来它就是死神。小伙子顿时吓得惊恐万分,不禁想起从小到大周游世界的情景。死神任由他死前胡思乱想,甚至跟着他的思想一起游历。它跟着小伙子一起在飞机上吃比萨、看小说,舒舒服服地进入了梦乡。死神一睡着,小伙子就趁机蹑手蹑脚地从死神身边溜走了。这则广告虚构了死神这个形象,通过死神舒服地在飞机上睡着,突出了维珍航空良好的服务。

#### 8.2.2.9 品牌形象式

品牌形象式一般不直接表现产品或服务,而是以附加值进行诉求,经常用于品牌形象或企业形象广告。这种广告一般都采用感性诉求,有专门制作的音乐和精致的画面,文案很少,或以“写意”的手法,着力渲染一种氛围。运用这种形式时,要注意品牌形象的个性化设定,以免造成形象混淆。当前,大量的品牌形象式广告缺乏个性,只注意技巧的雕琢,使观众难以明确区分。品牌广告是以品牌作为传播的中心,虽不直接介绍产品或服务,但是成功的品牌形象广告能使品牌在公众心目中留下美好的印象,从而为铺设经销渠道、促进该品牌的产品或服务的销售起到很好的配合作用。品牌形象广告除了塑造良好的品牌形象外,还有良好的公关功能,2011年春节期间,腾讯公司投放了一则感人的形象广告,引起了很多公众的注意。

广告以“弹指间,心无间,腾讯相伴12年”为主题,以情感为主线,讲述一对母子彼此间由隔阂到理解的转变。广告片中的男主角从冲动叛逆的青春少男到事业有成的青年,12年,用QQ连接起亲情,虽是弹指间,却拉近了彼此的心。广告用真实细腻的情感描述腾讯QQ与客户相伴12年的历程,电脑屏幕前的弹指,也成为沟通彼此的桥梁。这则广告画面拍摄的画面唯美,情感真实到位,努力营造一种亲情与沟通的气氛。广告语更是精雕细琢,句句发自肺腑,令人动容。

> 文案:她,是我最亲近的人。但也许,正因为相聚太近,反而有了距离。那个时候,我好想逃开,我终于实现了这个愿望。有一天,她居然在 QQ 上出现,当与她相隔在地球两端我才逐渐读懂生活,读懂她。对她的思念因为距离而不断放大,对她的偏见因为距离而消失不见。距离远了,心却近了,爱突然变得清晰,唠叨变得动听。不论母亲离我有多远,弹指间,我觉得她就在身边。
>
> 十二年相伴,腾讯。

这则广告是腾讯公司在与360公司大战之际,成为众矢之的后投放的一则形象广告,面对公众的无数质疑,腾讯终于选择了低调,用普天下的母子情来阐述人类情感,从而体现腾讯 QQ 一如既往的真情服务。正如那句"弹指间,心无间"一样。很明显,这是腾讯在做危机公关。这则广告自2011年春节前夕播出后,在短时间内获得了超高的点击率和关注度,网友们纷纷表示,尽管之前对 QQ 很失望,但这则广告确实打动了他们。

#### 8.2.2.10 卡通动画式

卡通动画式就是利用虚拟的卡通人物,用拟人的方式在广告中进行表演的形式,利用动画的手段,常常可以节省大量的拍摄成本,并增强电视广告的趣味性。需要注意的是,卡通形象能否对目标受众具有一定的亲和力,是广告成功与否的关键。如果能够创造具有象征意义的卡通形象,对于提升品牌形象很有价值。

为自己的品牌请一个形象代言人是目前许多企业都会采用的一种有效的营销策略,为了提升企业的知名度,大部分企业都会聘请名人明星做自己的形象代言人,但在经济生活中,形象代言人并非只能是名人明星和美女俊男,它还可以由成本低、形象亲和的卡通形象来担当。相对于名人代言,卡通形象代言有四大益处:可以节省高额的广告酬劳;不用担心形象代言人代言品牌太多,失去竞争力;老少皆宜,普遍接受;不用担心名人自身的失误带来的风险等。卡通形象代言人往往与企业视觉形象识别相结合成为企业的标志,出现在产品包装上、广告宣传中。例如,迪士尼公司的代言人是米老鼠、唐老鸭,百事可乐的代言人是幽默搞怪的"七喜小子",海尔公司的代言人是正直的"海尔"兄弟,可口可乐公司儿童饮品的代言人是可爱的"酷儿",还有脑白金广告中的卡通老头、老太太,都为企业的品牌传播发挥了重大的作用,拉近了消费者与企业的联系。

### 8.2.3 电视广告的创意原理

相对于广播广告的有声无像、平面广告的有像无声,电视广告集合了动态视觉、听觉的传播方式,是能完成动态演示的感性媒体。有科研结果表明:人类通过视觉所获取的信息占所有接收信息总量的83%,来自听觉渠道的占11%,其余的由嗅觉、触觉等决定。所以,在向受众传递信息这一方面,电视广告有其独特的优势:首先它针对人类获取信息的两大主要渠道(眼和耳),直观性很强;其次是瞬间传达、受众被动接收,可以在很短的时间完成商业信息的传递。虽然电视广告在进行信息传递方面具有优势,但是由于消费者长期处于电视广告的狂轰滥炸中,已经对一般的电视广告有了审美疲劳,甚至是厌烦,所以要想使电视广告受到消费者的注意,在众多广告中脱颖而出就必须要有创意,否则,就如同黑夜行船,虽然经过了,但是不会给观众留下任何印象。

#### 8.2.3.1 电视广告创意评价标准

被誉为现代广告之父的大卫·奥格威在1965年6月11日给他的创意总监克里夫的一张便签上写着这样的话:"我衷心地祈求:好广告应该是具有魅力、才情、品位、引人注目的,并且不落俗套。"当我们站在当今广告的前沿角度来看时,这句话仍然是值得认真思考的,那么好广告到底是什么样的呢?好广告应该至少具备以下几条创意标准。

1)简单 通常电视广告的时间不会超过60秒。在短时间内,越是简单的就越容易记忆,要想有效,简单是第一条标准。在创意理论里,这被称为单点诉求。

2)独创性 奥格威的"不落俗套"就是讲独创性的。独创性可以理解为制造广告差异化,USP营销理论就很强调市场营销角度的独创性。在商品信息量过剩的今天,通过电视广告带给消费者独一无二的广告印记至关重要。

3)趣味性 当我们看过某则广告片后会心微笑,或者发出"有点意思"的感慨时,那么该广告片的趣味性是不言而喻的,因为趣味性是广告创作所有手法中最容易让人接受的方式。

但是需要注意的是,趣味性虽然容易吸引人,但问题是消费者往往记住了引人入胜的情节,却忽略了产品本身。如果能够从产品的主要诉求利益点挖掘创意点,并且在广告片表现上紧紧围绕产品、强化品牌,使观众产生对产品的关联记忆,那才是上乘之作。

4)冲击力 电视广告冲击力来自于三个方面:概念(或广告语)、画面和音乐,无论是哪个方面的冲击力,市场反应才是检验成功与否的唯一标准。

单纯追求广告冲击力并不困难,但是要把产品的商业信息和广告冲击力很好结合起来,观众记住的就是广告传达的核心内容,就不是一件容易的事了。

5)关联性 关联性是模糊逻辑的合理化演绎,广告创意就是要让观众和商品之间建立自然而然的联系,不能风马牛不相及,必须要以商品利益和目标消费者之间的关系为基础。

6)延展性 如果创意策略是以长远品牌塑造为基础的,那么就必须是大创意,应该具有持久性和成长性,并可以演化、发展成不同的广告表现形式,形成系列化的广告活动,以保证品牌的积累。

7)时尚性 我们正处于一个娱乐经济的时代,在娱乐经济中企业的品牌战略之一就是要充分利用人类的模仿欲,大规模地制造流行、引领时尚、创造消费潮流、引起跟风消费现象,这在商品生命周期日趋缩短的今天显得尤为重要,每一种商品都要力争成为偶像商品。

8)整合性 整合营销传播理论是实战性极强的市场操作理论。如前所述,整合营销传播理论的内涵:以消费者为核心重组企业行为和市场行为,综合协调地使用各种形式的传播方式,以统一的市场目标和统一的传播形象,传递一致的产品信息,实现与消费者的双向沟通,迅速建立产品品牌在消费者心目中的地位,建立品牌与消费者长期密切的关系,更有效地达到传播和行销的目的。只有将广告创意整合成统一的形象,才能让产品的商业信息具有同一个声音,树立鲜明一致的品牌形象。

#### 8.2.3.2 电视广告创意思路

1)厚积薄发 创意灵感需要坚持不懈的积累,"创意口袋"是进行创意积累的一个有效方法——广告创意人员随身携带一个小本子和一支笔,随时随地用精简的文字或图片记录下产生的灵感以便有需要的时候检索和再加工应用。

2)独辟蹊径　在产品同质化的年代,只有独辟蹊径、创新、求异才会引起消费者的关注,不要做第二个追求者,更不要与其他商品做相同的诉求,除非产品和卖点的确有过人之处。独辟蹊径的思考角度应该从创意的根本立意点出发,从创意策略的大局着眼制造差异化的相对优势,再从创意表现的角度加以雕琢,才有可能使广告片独树一帜。

3)头脑风暴　头脑风暴又称为"智力激荡法",是奥斯本1938年任BBD广告公司副经理时创造的方法,其核心是:使人的大脑处于一种奔放自由的气氛中,把想象力激发到最活跃的状态,并始终围绕特定问题激励与会人员提出尽可能多的想法。这可能是开发创造力最早的方法。这种方法的表现是群体智慧激荡的会议,即畅谈会。为了保证其有效性,有两条原则必须要遵从:第一推迟判断原则,第二数量保证质量原则。

推迟判断原则并不是不要判断,而是避免过早地将一些可能发展成熟的创意原点扼杀在摇篮里,在会议结束前切忌言语反驳、下断言,更忌讳做结论,以免束缚与会者的想象力和创造力,最好是能够鼓励标新立异、异想天开的点子。保证质量原则是要求产生尽可能多的创意,并做好会议记录,没有一定的量就很难保证会议议题的质。

4)水平思考　水平思考的方法是指在思考问题时摆脱已有知识和旧的经验约束,打破常规,提出富有创造性的见解、观点和方案。这种方法的运用,一般是基于人的发散性思维,故又把这种方法称为发散式思维法。水平思考的方法是一种促使创意产生的创造性思维方法,是指摆脱某种事物的固有模式,从多角度多侧面去观察和思考同一件事,善于捕捉偶然发生的构想,从而产生意料不到的"创意"。

5)转换立场　在思考创意的时候往往会很主观,当尝试着忘记自我,并且转换到一个普通目标消费者、生产商或经销商的角度去思考,可能又会有不同的启发。这种"转换立场"是训练逻辑能力的一种基本方法。

转换立场的思维模式对创意人员的基本素质要求很高,不仅要具有很强的逻辑能力、灵敏的反应能力,还要有广博的知识面,否则达不到预期效果。

6)逆向思考　当创意思考到山穷水尽的时候,不妨把立场完全、彻底地转换到一个极致的对立面,这就是逆向思考。也许灵动的创意就在蓦然回首的瞬间——这是创意人偶遇灵感的情形。过深投入创意课题,往往会钻牛角尖,一定要试着反过来想想问题的另一端。

#### 8.2.3.3 电视广告创意方法

1)巧用开场元素　在这个由消费者掌握遥控器的信息爆炸的年代,观众的收视耐心一般不会超过5秒,所以电视广告一开始就必须打破消费者的松弛状态,引起他们的好奇、紧张、兴奋等情绪,以吸引他们的注意。通常情况下,广告片在开场的几秒就决定了观众是否会继续观看。这也是众多广告大师不断强调"独特性"、"冲击力"的原因,但是也要注意,引起关注的方式多种多样,不要过于怪异,避免观众反感。

2)营造意境　意境是中国古典文学的一个重要范畴。诗人王昌龄在《诗格》中说:诗有三境,一曰物境,二曰情境,三曰意境,意境高则意象高,有了某种意境才能产生无法言传的魅力,给人以震撼,引人共鸣。所以任何作品要引起欣赏者的兴趣和情感活动,使形象根植于欣赏者心底,一定要借助于意境的创作手法。广告既是一门学科又是一门艺术,特别是电视广告，它融合视、听于一体，在短短的几秒或几十秒的时间里感染和说服观众，这就必须营造某种意境，从而达到使产品或劳务的形象深入人心的目的。电视具有丰富的表现力，电视广告在营造意境方面有其独特的优势。许多只可意会不可言传的景象，电视可以通过画面、色彩、音响等充分地展示于公众面前，从而引起公众的注意和共鸣。

突出品牌、宣传企业形象的广告，适合用营造某种意境来感染消费者。营造意境首先是满足消费者的审美需求，在满足这一需求的同时说服消费者进行购买活动，同时让消费者感觉到，他们的行动是获取某种精神追求、或达到某种境界、或实现其价值的一部分。

3）注入情感因素　广告大师大卫·奥格威曾经讲过这样一段话："我确信广告片中如果充满怀念、思念以及令人遐想的情景，那么其效果必然看好。"

做广告要想打动、说服消费者，不外乎两种情形：动之以情——感性广告；晓之以理——理性广告。通过传递情感来创意的广告属于感性广告。广告创意注入情感因素可以增强广告的人情味，淡化商业气息，还可以缩小广告与消费者之间的距离，让消费者感到广告能为消费者着想，感受到爱心的关怀。运用情感传递的手法，将广告信息的情感传递给消费者的同时，使广告也被消费者接受。在电视广告中注入情感因素，其实质是唤起消费者心中的那一块期待真情的世界。这种情感因素必须赋予产品或劳务身上，不能使两者分开，只有这样，才能激发消费者对产品或劳务在情感上的认同，从而引起购买冲动。

4）进行幽默诉求　幽默诉求的广告通过幽默的情趣淡化了广告的直接功利性，使消费者在欢笑中自然而然、不知不觉地接受某种商业和文化信息，从而减少了人们对广告所持的逆反心理，增强了广告的感染力和沟通力。幽默的魅力是无穷的。广告运用幽默、语言和图像的歧义等，逗人发笑，产生兴奋、愉快的情绪体验。它的成功往往可以导致这些积极体验潜在地同特定的品牌发生联系，从而影响对该品牌的态度，有助于收到良好的广告效果。

广告采取幽默的诉求，可以愉悦大众，让消费者暂时忘记幽默背后隐藏的功利性。幽默广告极大地迎合了人们的心理需求，在广告与受众的互惠中，潜移默化地达到"润物细无声"的渗透效应。比起枯燥无味、平铺直叙，"连念三遍"的广告来，幽默广告是吸引眼球的一剂"猛药"，广告大师波迪斯曾说过："巧妙地运用幽默，就没有卖不出去的东西。"作为广告人应洞悉幽默广告的生成机制，将幽默有效地植入电视广告中。幽默诉求产生作用要求广告真正展现产品，将带给消费者的利益幽默必须与产品之间有天然的联系。

5）妙用性诉求　性诉求无疑是广告创意手段中极具杀伤力的武器。性诉求广告就是以人类的"性"作为吸引人和传达信息的手段，以达到宣传某种商品或服务目的的广告表现形式，其本质是试图借助能引起关注的广告形象与主题语言，利用人们的好奇心及心理欲望引起消费者的注意。

但是中国文化是以适度含蓄为审美标准的文化：水中月、镜中花、雾里青山、帘内佳人，隔一层似隐似现的关系就会多一层回味遐想的余地，所以对于使用性诉求创意表现方法的广告，一定要考虑现实社会的道德标准和大众消费群体的心理承受能力，在中国务必谨慎且巧妙地运用。

6）加入3B元素　3B原则是由广告大师大卫·奥格威在他的书籍《一个广告人的自白》中所提出的广告三原则，分别是Beauty——美女、Beast——动物、Baby——婴儿。由于每个单词的第一个字母均为"B"，因此，此原则简称为3B原则。并解释说以此为表现手段的广告符合人类关注自身生命的天性,最容易赢得消费者的注意和喜欢。

在3B原则中,最吸引人们眼球的就是Beauty这一法则。美女是一种资源。在今天,美女经济作为一种日益重要的经济活动,抓的就是人们的注意力。在保健食品与化妆品广告中,美女广告尤其居多。美宝莲化妆品启用了当今国际红星章子怡代言,大印象减肥茶让关之琳暗示你"要想留住你的美丽该喝什么",这些优雅的美女形象具有强烈的视觉冲击力,不论男女,总会被她们吸引目光。美女一直是广告的"杀手锏",这就是各路商家愿意巨资聘请明星做广告的原因。

除了美女之外,最能给观众留下深刻印象的就是Baby了。因为Baby所影响的范围是最广的,无论男女老少,大家都会觉得孩子"好可爱啊",同时就对所宣传的广告多加关注留意。与此同时,我国12岁以下的少年儿童共有2亿多人。对于众多有志于开发儿童产品市场的厂商来说,这是一块很大的蛋糕。所以无论从哪一个角度出发,广告中的Baby元素都是十分重要的。

3B原则中的Beast元素可以说是最奇妙的一个元素,虽然它没有美女的"美"和儿童的"真",但是让动物做广告的主角却能让消费者在较轻松的环境中接受广告信息,也是一种值得广为采用的方式。动物容易讨好消费者,很多人都喜欢在家中养小宠物,特别是现代都市人,养宠物的人越来越多,很多人把宠物当成自己情感的寄托对象。动物能赋予很多新的角色,也能被所有人接受。

7)启用明星代言　所谓明星广告,顾名思义,就是请明星作为形象代表或商品的推荐者、使用者或证言人等参与拍摄或制作的广告。商家投入巨大的广告费用请明星做广告最大的原因就是明星的知名度,用广告术语讲叫作:永恒的知名度叙事。

具体来说,明星广告的好处体现在:利用明星的知名度,最大限度地吸引社会注意力,使广告产品迅速被消费者认识;利用明星的无形资产和明星身份的丰富联想,把消费者与明星相联系的形象和价值观转移到产品或品牌身上;通过采用消费者最崇敬、最喜爱的明星做形象代言人,消费者会把对明星的积极情感移情到广告所宣传的产品上,使消费者对品牌产生积极的态度,有助于促成消费者形成购买行为;选用明星做形象代言人,可以排除信息干扰,迅速提高品牌知名度和增强品牌回忆度,通过明星拉近产品、品牌和消费者之间的距离;明星代言后的品牌已不仅仅是某种具有自然属性的物,而是一种"神"——精神产品,它变成一种有个性、有魅力、有风韵、有生命、有象征意义的不可或缺的好朋友。

选择明星要慎重,有一定的原则:要考虑所代言的产品与明星的发展周期是否吻合;要考虑品牌的个性与明星的风格是否一致;要考虑产品与明星所代言的其他产品有无冲突,是否是"一夫一妻制"。

8)发掘戏剧元素　现代广告创意表现时常涉及生活片段,而日常生活之中不乏戏剧性。巧妙地挖掘使用生活中的戏剧化冲突因素,可以引起观众的情绪集中,增强大家对品牌的关注,进一步加深广告印象。

电视广告要有戏剧性,电视广告同样需要舍弃一切不相关的因素,突出并强化主题。富有戏剧性的广告传播力强,记忆度高。我国电视广告片的长度大多是30秒、15秒,甚至5秒,而要表现完整的戏剧性就必须有起伏转承的时间,所以要尽可能让剧情简单一点,而且一定要让剧情与产品带给消费者的利益点产生直接关联,否则就成了丧失商业目的、仅仅能取悦消费者的小品短片了。

9)展现青春时尚元素　在品牌人格化的今天,每个消费者的心目中都会有几件偶像商品,而品牌和产品广告形象的刷新速度决定了其是否能够勇立潮头。

德国著名哲学家康德认为:"人类有一种自然倾向,在自己的行为举止中与较高的人相比较(如孩子与大人相比较,较卑微的人与较高贵的人相比较),并且模仿其行为方式,这种模仿仅仅是为了显示自己不比别人更卑微,进一步则要取得他人毫无用处的青睐,这种模仿法则就叫时髦。"

不难发现,青少年们总是在追风,寻求新的时尚热点,并全力追逐,是偶像消费的主力军。谁拥有了青少年消费者群体,谁就占据了时尚消费的主动权。青少年的消费具有承上启下的效用。即使是推销老年人用品,电视广告里所选用的老年模特看上去也必须比实际年龄年轻10~15岁;同样的道理,广告影片中所涉及的女模特必须美丽迷人,儿童模特必须活泼可爱。

青春时尚的广告调性对品牌、商品的影响力是巨大的,要善于跟上时代步伐,与时俱进、不断更新,创新的头脑更需如此。百事可乐的广告口号就是"年轻一代的选择"。要知道,年轻派的广告创意是以成功地制造潮流、引领时尚为己任的。

10)融入音乐元素　广告就是要尽可能利用一切可以利用的文化元素或流行元素。音乐是全人类的,无国界限制的,歌曲则是最具有感性煽动力的元素。采用流行音乐、流行歌曲创作电视广告,很容易触动情感,使观众的感情波澜,掀起人口传诵风行一时的潮流。流行音乐大多具有旋律简单、易学易记、朗朗上口等特点,创作广告歌曲时,也要遵循这一传播原则。

广告歌曲应该是优美的,让消费者在熟悉而美妙的旋律中接受商业信息是高明的一招,但是也要注意有关的法律法规。广告歌曲元素的应用是具有商业目的的广告行为,无论是对已有乐曲和歌词的直接使用,还是改编使用,如果不事先征得原创者或其他法定继承人的同意,并支付一定的使用酬金,就构成了侵权。

11)消费者利益至上　广告最主要的功能是把商业信息传递给消费者,并说服其接受所宣传的内容,无论采取什么样的广告形式,最终广告是做给消费者看的,并期望引导消费行为。采用一定的创意吸引消费者是重要的,但是还有最核心的一点是,广告是否传递了消费者最关心的利益。钢笔销售员在数十年的实践中发现,对于绝大多数人来说,拿到钢笔后试写的首先是自己的名字。人是最关心自我的,也是最具有自我保护意识的动物。

广告中消费者的利益永远是第一位的。在广告推销商品时,永远要把"能够给消费者带来什么好处"摆在最核心位置。

## 8.2.4　电视广告文案写作

### 8.2.4.1　电视广告文案的写作要点

电视广告之所以具备一种神奇的能量,正是它做到了视听合一!视觉和声音的双重刺激,可以让人更为兴奋,而且更真实、更立体地感受事物的特征。研究表明,从记忆的角度来讲,听到的信息只能记住20%,看到的信息只能记住30%,边听边看就能记住50%。

"视"与"听",作为电视广告的先天条件,非常有利于表现你的创意文字,但是恰恰是它的动态特质,也给创作者带来了不少麻烦。在电视广告中,文案必须与画面元素密切配合,又不能相互干扰,所以,电视广告文案写作的要点,就要从对“视听表现”的综合平衡入手。

1)为电视而写　从视听作品的创作要求来看,文案的写作要做到以下几点。

(1)声画对位　文案必须与图像精确地配合,保持含义与逻辑上的同步,这是电视广告文案写作最基本的要求。像有些悬念性的画面,如果解释文字出现得早了,就失去了原本的意义。

(2)字画比例恰当　这点不是指文字在整个屏幕画面中占的位置比例,而是指文案对画面的诠释力度。如果画面本身已经够清楚了,文案就没必要再说同样的意思,显得画蛇添足。

(3)文字形式自然　不同的文案内容,可用画外音、人物语言或字幕来表现。对产品的客观评述,适合用第三者口吻介绍,如果让人物生硬地讲,就会显得不真实。有些人物的内心独白,以字幕形式出现,也会显得有趣而生动。

2)为观众而写　从观众的观赏感受出发,文案的写作要做到:①文案要写听得懂的,而不要写仅仅能读懂的。应该避免写过于冗长的句子,过于复杂的句式,有歧义的词汇,复杂的数据、术语。②文案要简练、顺序清楚,又要符合逻辑。简练并不是指字数的多少,而是整个文案没有多余的重复的话,没有无用的字。如果是文案过长就要有一定的顺序,让人听起来清晰有逻辑性。③观众的成分,影响电视广告文案的结构。如果针对文化程度不高的受众,就要避免采用难以理解的倒叙手法或其他复杂的手法,简单就好。

电视,本质上还是一个视觉媒介。它的“画面”与“文字”,自然存在有主次之分。在电视广告创作中,要注意画面占主导,而文案则居于辅助地位,是用来描述、解释画面,提炼核心主题的,或干脆是与画面形成对比。电视广告的文字,很难孤军奋战,而图像、特技和音响技术结合所传递出的信息,可能比构思巧妙的句子还要有说服力。所以在进行电视广告文案写作的过程中必须注意这一点。

#### 8.2.4.2　电视广告文案的结构

一则电视广告文案的结构包括角色语言、画外音(或者叫旁白)、字幕、广告歌等。

1)角色语言　广告中的人物语言,也包括动物角色的拟人化语言,可以是角色之间的对话,也可以是对观众所说的话。观众一看画面,就可以明确是哪个角色在说。要撰写这类语言时,要充分考虑到角色的年龄、职业、气质特点,力求写出真实、自然、生动的效果。角色之间的对话最经典的广告当属《优乐美奶茶广告咖啡厅篇》,其对话如下:

语晨:我是你的什么?
杰伦:你是我的优乐美啊。
语晨:原来我是奶茶啊。
杰伦:这样,我就可以把你捧在手心了。
杰伦:奶茶,我喜欢优乐美。

2)画外音　顾名思义,画外音指的是画面以外的声音,在画面里看不到声源所在。画外音常常用来表现人物的内心独白,或者第三者陈述,又称为旁白。MVO 指男声,WVO 指女声。VO Talent 即为配音演员。比起一般的影视片配音,广告配音演员在声音的语气、情绪与音质上需要有更高的控制技巧。青年、中年、老年的声线变化,俏皮、严肃、欢快、沉重的语气变化;悠扬、深沉、雄壮、热情的情绪变化,都需要演员能有效掌握。同一条旁白,广告制作公司一般会向客户推荐2~3位配音演员,以个人作品(每人1~2条)的形式提供备选。

3)字幕　字幕指的是广告画面上叠印的文字。通常有以下两种呈现的形式。

(1)“字幕+画外音”　字幕和声音同步出现,类似电影字幕。这种情况,字幕可以很好地配合画外音。比如让观众更容易记住广告歌词,让观众更清楚地听懂人物语言。

(2)“纯字幕”　只有字幕,完全没有声音。这种情况有两种原因:一是为了突出音乐,传达一种唯美的意境,不让人声来干扰画面;而是为了说明画面之外需要补充说明的信息,一般比较简略。比如时间、地点、人物身份、产品配方、特别强调等。

4)广告歌　品牌的识别不仅可以靠“形”,同样也可以靠“声”。“声”除了包括声音标志,还包括广告音乐和广告歌。好的旋律和歌词,可以使枯燥、乏味的信息得以轻松传播,更有成为流行的潜质。有时,如果将经典的音乐与广告结合,更会使品牌顺利地深入人心,经久难忘。从未来的传播趋势来看,对品牌声音标识的重视将会越来越高。

多年来,众多品牌以一曲广告歌而扬名,如:

1983年,燕舞收录机:燕舞,燕舞,一曲歌来一片情。

1987年,太阳神:当太阳升起的时候,我们的爱天长地久。

1994年,小霸王学习机:你拍一,我拍一,小霸王出了学习机。

1995年,孔府家酒:千万里我追寻着我的家,孔府家酒,叫人想家。

1996年,娃哈哈纯净水:我说我的眼里只有你,娃哈哈。

1997年,步步高电器:世间自有公道,付出总有回报,说到不如做到,要做就做最好,步步高。

1999年,雪碧饮料:Come on,Come on,给我感觉,我就是我,晶晶亮。

2000年,非常可乐汽水:年轻没有失败,亮出你自己——娃哈哈非常可乐。

广告歌的情形有以下三种。

(1)将现有歌曲变为己用　很多品牌喜欢采用现成的,已经流传开的歌曲,来加强广告的亲和力。他们或让片中人物来演唱,或作为背景音乐出现。这种众所周知的歌曲,能使听众快速进入状态,进而引起对品牌的共鸣。比如,安踏运动鞋选用汪峰的《我爱你中国》。

(2)文案人员自写自创　如果想要快速创作一首广告歌,而且预算也有限,那么最了解广告目的与受众的广告文案人员,无疑是上佳人选。比如,“高兴就好”果味汽水新上市的广告“Only You”篇;立波啤酒“喜欢上海的理由”;舒蕾十周年广告歌等,都对产品、品牌的传播起到了很大的传播作用。

(3)请名家量身定制　如果有足够的预算,可以请明星来亲自演绎,比如“动感地带”的广告歌《我的地盘》,由周杰伦作曲演唱、方文山作词;可口可乐2008奥运主题歌《红遍全球》,请到华文歌词第一人林夕为其创作,著名歌星张学友演唱。这种重量级的歌曲,随着广告地毯式轰炸,唱红了品牌,也提高了歌手与创作者的知名度。

#### 8.2.4.3　电视广告文案脚本和故事版

电视广告文案写作人员在创意成型之后,不仅要写出广告词,还要考虑到整个广告片的结构,从而为具体拍摄提供参考。因此,文案创作人员需要制作脚本和故事版。根据情况的不同,可以采用一种或两种方法准备广告。

1)脚本 电视广告的脚本,一般是指文字脚本。有各种形态,但无外乎两个内容:图像说明和声音说明(实际要讲的话,再加上音乐和音效说明)。实际上就是用文字来叙述电视广告的情节。这种脚本,一般包括创意脚本主题,广告长度,人物、情节、环境,自述、对话、旁白、音乐、音效,广告词及广告商品的出现时间、方式,拍摄镜头类型等。一些比较详细的脚本还要写清楚需要什么布景和道具,也可以只对此提出建议。脚本越具体详细,就越接近最终完成的广告。

例如:中国人民保险公司上海分公司电视广告脚本。

主题:金鱼篇

长度:30 秒

镜头一:(特写)两条金鱼在鱼缸里悠闲自在地游来游去。

镜头二:一只鱼缸安稳地放在架子上。

镜头三:(拉至全景)突然,鱼缸从架子上跌落下来,掉在地上摔得粉碎,水、金鱼和玻璃碎片四处飞溅。

画外音:哎呀!

镜头四:一条金鱼在地上来回翻腾,奄奄一息。

镜头五:(全景推至中景)地上的水、金鱼和碎玻璃片逐渐聚拢起来,顺着倒下的轨迹回复到架子的原来位置上,玻璃碎片合拢成鱼缸,两条金鱼又像往常一样在鱼缸里悠闲地游来游去。

画外音:咦?

镜头六:(用特技叠上字幕)"参加保险,化险为夷"。

画外音:噢……

镜头七:(全景)中国人民保险公司上海分公司。

2)故事版 故事版是指描述广告画面和文案顺序的一个个分镜头草图。

实际上,故事版就是一种模拟图片,把它们连续起来就可以一步步地展现广告信息。电视脚本中的图像说明在这里变成了浓缩形式。一般来说,一帧画面表现一个完整的镜头、上一个镜头(连续动作)的延续或二者的结合。

组成故事版的每一个画面要准备得一清二楚,让看的人知道每个画面的重要性在哪里。每个画面都应该有足够的说明来辅助你的故事。故事版应该一条一条地让看的人能够循序渐进地了解每个环节。

如果把故事版更加细化,给每个镜头标明时间长度(一般以秒为单位),就成为分镜头脚本,这是拍摄的实施方案。为了保证图像和信息之间的准确配合,文案、制作人和艺术指导必须密切配合,以保证各要素在故事版中的恰当组合。

现在,一些故事版已经开始采用动画的形式,串联成接近于电视广告的形式,以便提案时客户更容易理解。对于一些大型的广告主,有的广告公司甚至会用摄像机先拍成一个电视广告样片，然后再根据客户的意见进行正式拍摄。

总之，电视广告所独具的蒙太奇思维和影视语言，决定电视广告文案的写作既要遵循广告文案写作的一般规律，又必须掌握电视广告脚本创作的特殊规律。

## 实训篇

### 案例分析

#### 农夫山泉广告创意

1997 年 5 月，农夫山泉问世。从此，农夫山泉凭借其独树一帜的广告创意，搅动了平静的水市场，并成为了最大的赢家。

农夫山泉这一品牌系出名门。品牌来自养生堂有限公司，养生堂有限公司创建于 1993 年，是生产和经营健康产品的现代化高科技的知名企业。创立了龟鳖丸、朵而、成长快乐、成人维生素、清嘴、尖叫、母亲牌牛肉棒等知名品牌及产品。1997 年，刚上市的农夫山泉主攻上海、杭州两地市场。1999 年在该年度全国大中城市商场饮用水销量排行榜上，农夫山泉以 16.39% 的占有率位居第一。

借用养生堂总裁钟睒睒的话说，农夫山泉的胜利是差异化策略的绝对胜利。农夫山泉的差异化营销表现在很多层面：比如在水的品质上寻找差异——“千岛湖”的源头活水，运用了强烈的心理暗示差异——“农夫山泉有点甜”，在包装上寻找更直接的差异——“上课时不要发出这样的声音”的拉盖式包装等。

此外，贯穿其电视广告的公益活动是农夫山泉的一种差异化营销方式。2001 年农夫山泉举办其第一届“一分钱”活动，以支持北京申奥，并在电视广告中提出响亮的广告语“再小的力量也是一种支持。从现在起，买一瓶农夫山泉，你就为申奥捐出一分钱”。2002 年农夫山泉举办第二届“一分钱”阳光工程，本年度，农夫山泉公司共向全国 395 所学校赠送了价值 5 019 028 元人民币的体育器材。2004 年举办第三届“一分钱”以支持中国体育事业。2006 年举办第四届“一分钱”饮水思源，电视广告语也深刻地印在了消费者心目中，即“一瓶水，一分钱，每买一瓶农夫山泉就有一分钱用于帮助水源地的贫困孩子”。2008 年，农夫山泉公司特地拍摄了农夫山泉《大脚片》，进一步展开“一分钱”的公益活动，支持中国体育事业。2010 年至 2012 年，农夫山泉联合全国上百家媒体开展全国大型亲水寻源活动，并在电视广告中对活动广为宣传。

请分析农夫山泉广告创意的方法。

## ◎实践应用

结合本章学习的广播、电视广告创意思路、方法，请为平安电话车险创作一则广播广告、一则电视广告，广告的诉求点是平安电话车险的电话营销业务：40008-000-000。（要求附带广播广告文案脚本和电视广告文案脚本）

## ★思考题

国内著名的营销策划专家和品牌管理专家叶茂中曾经说过："在中国要现实主义做广告！"结合本章学习的内容，谈谈你是如何理解这句话的？这句话与我们本章所讲的广播广告、电视广告强调创意的重要性是否存在矛盾？为什么？

# 9　新媒体广告创意

## 导言

**本章学习目标**

通过本章学习，要求学生了解新媒体及新媒体广告概况，熟悉新媒体广告的传播特点和基本分类，掌握新媒体各类广告的创意策略。

**本章重点**

户外新媒体广告的创意策略　移动电视广告的创意策略　手机媒体广告的创意策略　网络媒体广告的创意策略

# 9.1 新媒体与新媒体广告

## 9.1.1 新媒体的概况

### 9.1.1.1 新媒体的范畴

媒体的“新”与“旧”是相对而言的,新媒体是在新的技术支撑体系下出现的媒体形态,如数字杂志、数字报纸、数字广播、手机短信、移动电视、网络、桌面视窗、数字电视、数字电影、触摸媒体等。相对于报刊、户外、广播、电视四大传统意义上的媒体,新媒体被形象地称为“第五媒体”。

美国《连线》杂志对新媒体的定义:“所有人对所有人的传播。”新媒体研究权威人士熊澄宇这样定义新媒体:“第一,新媒体是一个相对的概念,新相对于旧而言,报纸相对于图书是新媒体,广播相对于报纸是新媒体;第二,新媒体应该是一个时间的概念,这种新的媒体形态有它相对稳定的内涵;第三,新媒体还是一个发展的概念,不会终结在眼前的平台上。”

可见,新媒体是一个发展着的集合性概念,主要是指以计算机信息处理技术为基础,以网络作为运作平台的媒介集合。从创业投资的角度来区分,新媒体主要包括两种类型,一种是基于互联网和无线通信技术的进步而出现的新媒体,包括无线媒体平台、播客、网络视频平台和电子杂志等细分行业;另一种是基于新的传播渠道和载体而出现的新媒体,主要包括户外新媒体、移动新媒体和手机新媒体。而本章重点讨论的正是后一种基于新的传播渠道和载体而出现的新媒体广告创意。

### 9.1.1.2 新媒体的特点与特征

相当于传统媒体,新媒体有其自身的特点:第一,迎合人们休闲娱乐时间的碎片化需求。由于工作与生活节奏的加快,人们的休闲时间呈现出碎片化倾向,新媒体正是迎合了这种需求而产生的。第二,满足随时随地地互动性表达、娱乐与信息需要。对于手机电视等新媒体而言,消费者同时也是生产者。第三,人们使用新媒体的目的性与选择的主动性更强。第四,媒体使用与内容选择更具个性化,导致市场细分更加充分。

新浪网副总编辑孟波也曾总结了新媒体的十大传播特征。

1)全时传播　信息传播的时效性有四个发展阶段:定时、即时、实时、全时,全时传播指的是信息随时可以进行发布。

2)全域传播　地域和空间限制越来越少,只需要设备和传输信号,就可以发布信息。

3)全民传播　传播不再是机构、媒体单位的事情,每一位民众都可以参与其中,谁都可能是记者、编辑。

4)全速传播　传播速度比传统媒体快,在事件发生的同时就能够进行传播活动。

5)全媒体传播　传播信息不单是文字或者图片,还附有音频、视频等多触觉通道。

6)全渠道传播　客户端多样化,比如电脑、手机等都可以进行信息发布。

7)全互动传播　新闻的线索搜集、采访、发行等一系列活动,所有用户都有机会参与进去,并且在事后可以发表评论。

8)去中心化传播　不存在类似于"头版头条"这样的状况,不同受众可以选择出很多主题进行讨论,另一方面也说明了新媒体使新闻多元化。

9)去议程设置传播　信息传播不再是比较固定的用词模式,不同的消息发布人可以用自己使用语言的习惯进行传播。

10)自净化传播　虽然在新媒体的传播过程中,负面信息传播面积是正面信息的4倍,但是一般小道消息都会有相关人员出面澄清,所以造成的误会基本可以得到有效的遏制。

## 9.1.2　新媒体广告的概况

### 9.1.2.1　新媒体广告理念的诞生

中国传媒大学新媒体研究院院长赵子忠认为:新媒体广告的诞生,是新媒体拥有的社会资产与成熟的货币化手段相结合的必然产物。

从社会媒体的角度分析,媒体本身就是一种社会资源的聚合体。广播电视的频道、频率,报刊的版面以及户外的广告牌,都是物质资源的集中。除此之外,媒体还聚集了大量的非物质化资源,就是千万受众的注意力。我们关注的诸如电视收视率、报刊发行量、网页点击量等统计指标,实质目的都是衡量注意力资源聚集的程度高低。拥有这些社会资产就是社会媒体的主要特征。这些社会资产的价值需要通过一种适当的方式来量化,因此,对于注意力资源商业价值的开发就担当了这一重任,追求媒体资产的货币化也就成为了媒体经营的主要目的。

从投资角度来看,当前新媒体产业还处于导入期,整个产业结构逐渐成形,多方产业力量开始发力,大量社会资本在新媒体产业的发展中发挥主导力量。2008年新媒体产业投资额超过150 000 000美元。投资者之所以愿意投入这么大规模的资本进入一个新兴产业,看好的就是新媒体产业投资高回报率。追求商业利益、实现资本增值是这一产业现阶段获得持续发展的动力和基础,因此,完成价值的"货币化"转型自然是新媒体各种业务的核心。

从广告形态来看,在新媒体领域,几乎是有什么媒体形态,就会随之出现相应的广告形式。那么我们应当如何从社会媒体货币化的角度来看新媒体广告出现的原因呢?一方面,新媒体改写了媒体社会资产的切分格局。首先,传统媒体注意力资源被分流,传统媒体受众规模和新媒体用户数量呈现此消彼长的态势。其次,新媒体领域聚集了大量新兴注意力资源。例如,移动媒体增值业务的使用者主要集中于年轻受众群体,年轻化的受众代表着将来的社会主流话语权,对这些受众的注意力资源的掌握,是新媒体拥有的重要社会资产。虽然发生了上述变化和调整,这些重新聚集的社会资产依然需要通过货币化来体现其价值。另一方面,在传统媒体市场,广告已经是发展较为成熟的货币化手段。因此,对于高度追求货币化的新媒体产业而言,广告是一个不可或缺的赢利手段。而广告在传统媒体市场的成功,也为新媒体广告的发展提供了成熟的借鉴。

综上所述,可以说,新媒体广告的诞生,就是新媒体拥有的社会资产与成熟的货币化手段相结合的必然产物。

#### 9.1.2.2 新媒体广告的传播特点

新媒体广告的传播优点有:传播精准、广告成本低、受众可互动参与、受众抵触心理小、科技含量高。新媒体广告也有不足之处,如有些新媒体覆盖率偏低、创意经验不足、影响力和权威性不够、第三方监测数据和有效的广告效果评估体系缺失、市场秩序不太规范、用户难以把注意力集中在广告上。

有研究者对有代表性的新媒体广告价值作了阐述:楼宇电视的传播特性首先是特殊时空环境下的"强制"收视效果,此外,受众抵制心理弱、目标群体购买力强、可根据客户要求统一组合投放。移动电视的优势包括:封闭场所中的"被动接受"、受众面广、地域性强、诉求对象具有一定的购买力,但环境嘈杂等因素可能影响其效果。手机短信广告互动性和针对性强,可准确定位受众,查看率高,成本低,但容易对用户构成骚扰,且可信度低。手机电视利用用户原本不看电视的时间,增加了广告的播出频次。

#### 9.1.2.3 新媒体广告的基本分类

1)户外新媒体广告　目前在户外的新媒体广告投放包括户外视频、户外投影、户外触摸等,这些户外新媒体都包含一些户外互动因素,以此来达到吸引人气,提升媒体价值的目的。

2)移动电视广告　以移动电视、车载电视、地铁电视等为主要表现形式,通过移动电视节目的包装设计,来增加受众黏性,便于广告投放。

3)网络媒体广告　网络广告是基于网络软硬件平台,以网络应用为载体,传播商品或服务信息的网络传播行为。由于网络媒体的独有特性,网络广告具备表现形式丰富、信息容量大、视听效果综合性强、实时性与持久性的统一以及广告投放准确的特点,而超链接技术则使任何网络广告都能成为"企业门店",通过受众的互动体验,直接销售广告产品。

4)手机新媒体广告　手机媒体是到目前为止所有媒体形式中最具普及性、最快捷、最为方便并具有一定强制性的平台,它的发展空间将非常巨大。未来的两到三年内,3G 手机逐渐普及,手机媒体将成为普通人在日常生活中获得信息的重要手段。

## 9.2 户外新媒体广告创意

### 9.2.1 户外新媒体广告概述

#### 9.2.1.1 户外广告的定义和分类

户外广告的发展是随着社会和科技的进步而不断发展的,户外广告的定义也随着经济的发展、科技的进步、受众群体的细化、传播方式的变化而不断发展着。如早期樊志育先生在其所著的《户外广告》中是这样定义的:"户外广告是在特定户外场所,以不特定多数为对象,在一定时间内持续提供视觉传达沟通的广告物。"而我国《户外广告登记管理规定》也对户外广告做出了定义:"本条例所称户外广告是指商品经营者或者服务提供者承担费用,通过下列媒介和形式直接或者间接地介绍自己所推销的商品或者提供服务的商业广告:①利用公共或者自有场地、空间、建筑物设置、悬挂的路牌、霓虹灯、电子显示牌(屏)、灯箱、橱窗、立体造型物、条幅等广告。②利用交通工具设置、绘制、张贴的广告;以其他形式在户外设置、绘制、悬挂、张贴的广告。”

根据不同的标准，户外媒体的分类方式各异。按照工艺材料及其使用分为光源类、电子类、印刷类、交通类等；按照购买方式可分为单一媒体和网络媒体。单一媒体指户外媒体单独购买的一种媒体，如墙体广告、立柱广告、翻牌广告等。网络媒体指成套购买、形式统一的媒体，如候车亭、地铁、机场、火车站等。此外，户外媒体还可以分为固定型和移动型，如广告牌、海报、灯箱、墙体、路牌、立体模型、雕塑等固定型户外媒体和降落伞、飞艇、热气球、汽车、火车、飞机、烟雾等移动型户外媒体。

总之，从广义上来说，一切设置于户外公共场所，用于传递信息的媒体均称为户外媒体。而现在一般意义上的户外广告，又称为 OD 广告(out-door advertising)则指一切设置于户外公关场所，通过户外媒体传递的广告信息。

#### 9.2.1.2　户外新媒体的定义及分类

户外新媒体是区别于传统类户外媒体而言的。从广义上来看，媒体是由媒介技术与媒介关系共同组成的，媒介技术与科技的发展促进媒体形式的不断创新，媒介关系与媒体发布环境是媒体内容方面的创新。因此，户外新媒体则指具备新媒介技术或者新媒介关系的户外媒体。我们可以将户外新媒体细分为以下几个类型。

1）科技新媒体　科技新媒体是新科技、新材料作用下产生的媒体。如 LED 电子大显示屏、户外视频、电子刷屏机和触摸式广告牌等。媒体本身的数字化克服了传统户外媒体信息量少，形式不灵活的弊端，在节能环保的持续利用上也为户外媒体做出了有益的探索与创新，可以说是科技对户外做出的贡献。所以我们说：科技是新媒体的催化剂。

2）环境新媒体　环境新媒体是新环境导致的媒体。这个新环境是随着社会的发展新产生的人群聚集场所，如除了火车站、汽车站，还有健身会所、高档美容美发屋等。传统户外广告位置第一，创意第二。未来的户外广告不仅满足于对有限的户外资源的占有，还大胆地进行媒体发掘与创新，从而对户外媒体资源有针对性地开发，有效地开拓户外媒体市场。

3）营销观念变革产生的媒体　新媒体除了具有传统媒体的功能外，在即时性、互动性方面对传统媒体做了很好的补充。从媒体发展的阶段来看，新媒体处在发展的起步阶段，尚无法从根本上动摇传统媒体的主流江山；从传播角度来看，传统媒体发展方兴未艾，占据户外市场半壁江山，处于主导地位。几乎所有的新媒体目前只是处于辅助性媒介的地位。从传播方式来看，传统媒体走的是一对多的大众传播路线，而新媒体的优势在于它比传统媒体能够达到更精准的广告投放，如蓝牙技术的出现使以户外媒体为基站，实现信息的局部全链接成为可能。

#### 9.2.1.3　户外新媒体广告的特点

户外空间是每个置身社会的人群都不可避免需要接触的。当今社会户外广告无孔不入，几乎户外的任何地方都可以发布大小、形式不一的广告。户外新媒体有其自身独特的优势与特点，主要包括以下几点。

1）到达率高　人们每天的生活总是有规律可循的，人们每天总要接触若干次回家途中的户外广告。而户外媒体就是在人们生活的“必经之路”上“守株待兔”。据调查显示，户外媒体的到达率目前仅次于电视媒体，位居第二。

2）视觉冲击力强　户外广告虽然可以是多种媒体的结合形式，但强烈的视觉冲击力是户外广告的优势之一。户外广告身处户外，环境嘈杂，人们在广告面前停留的时间十分有限。据调查，52%的人说看不懂费力难读的户外广告，83%认为户外广告必须简明易读。

3）发布时段长，千人成本低　千人成本即每一千个受众所需的媒体费用。许多户外媒体是全天候发布的。它们每天24小时、每周7天地伫立在那儿，这一特点是其他媒体如电视、报纸、杂志等媒体广告所无法比拟的。

## 9.2.2　户外新媒体广告的创意策略

人们常说："创意是带着镣铐的舞蹈"。广告创意就其本质而言是一种沟通工具，起着桥梁作用，在产品、广告主、竞争者、消费者四者关系上找到平衡支撑点。未被执行的创意多是未能达到四者的平衡，找不到策略和传播的有力支点，就算是再精彩也终将是一文不值。

户外新媒体广告创意策略可以理解为广告设计者针对广告主题进行的整体设计构思活动，它是影响广告传播效果的关键环节。根据户外新媒体的三种分类可以给出相对应的创意策略，如针对科技新媒体制订的与媒体自身相关的创意策略。面对户外环境可以制订与传播环境相关的创意策略，最后还有与营销方式相关的创意策略，即混合媒体策略和事件营销策略等。

### 9.2.2.1　与媒体自身相关的创意策略

户外新媒体也是高科技媒体，新科技的运用使户外广告不断升值，成为商业广告发展的热点之一。创新成就了新媒体，户外媒体创意策略首先应当在媒体自身的创新上下工夫。户外广告应该尽量结合户外媒体自身的特点，针对特定的户外媒体的具体特性来进行创新。进行户外广告的创意最重要的一个途径就是实现媒介与广告之间的巧妙关联。我们常见的户外广告大多是报纸杂志广告在平面的移植和扩大。广告内容并没有与媒介形式有机结合。一个好的广告创意应该实现广告内容与户外媒介以及受众目标之间的关联，充分发挥户外广告的媒体潜力。

创意的营销手段总是与技术创新相联系的，一些新技术产品本身就是某种新型的户外媒体。在户外广告中运用新材料、新技术，不但能够增强广告的表现力，还能强化广告表现的效果。通过对特殊技术的应用，广告的表现手法变得更加灵活、新颖，产生出许多奇特的效果，有效地吸引了户外人群的视线。例如，诺基亚3100手机上市时就采用了一系列借助技术手段进行的户外创意。3100手机的广告宣传口号和主要卖点是"越黑越耀眼"，因此在发布媒介的选择上运用了最新的荧光材料，所以色彩十分夺目，特别是在晚上更加具有视觉感染力，这种新科技材料的应用正好契合了3100手机宣传的广告口号"越黑越耀眼"。针对这一传播主旨和机型特点，在发布媒体上选择了公交车体广告，当夜幕降临之后，这款广告显得特别耀眼，将"越黑越耀眼"的宣传表现得贴切到位，高科技对户外广告创意的放大效应可见一斑。

此外随着数字化技术在户外的应用，LED电子大显示屏，液晶公交电视，楼宇液晶屏等的出现便于整合户外资源，发挥户外广告的传播优势，可以说数字技术给户外媒体带来了无限活力。与互联网媒体、手机媒体相比，户外媒体最大的特点是媒体覆盖的本地化。手机和互联网媒体是点对点的传播，户外媒体传播方式是一对多的传播，所以它们可以相互促进，是形成广告创意链的重要环节。如通过以蓝牙技术和 Wi-Fi 技术为基础的人屏互动创意策略,通过借助人在户外行动时产生的能量或条件感应生成人景互动装置,建立自动摄像功能或者跟踪定位系统并与互联网相联系,使得户外广告能够发挥本地传播的优势,使广告传播更具吸引力和感染力。

如德国一则候车亭公益广告(如图 9-1),展示了互动技术在户外的应用。在候车厅展板上显示的是一副家庭暴力场景,一个男子正在殴打他的妻子,由于展板中摄像头的作用,当人们观看画面时,画面中实施家庭暴力的男子就会站直身子,表现出一副夫妻恩爱的场面,但是,当观看者的视线离开展板,画面立即又显示出家庭暴力的场景。广告正是借助这种与受众互动的技术手段,直观地给出了广告所要表达的主题——只有你的关注,一些暗处的侵犯行为才能停止。科技融入户外,拓展了户外广告的表现语言,强化了户外广告的吸引力,可以说技术灵感激发了创意策略。

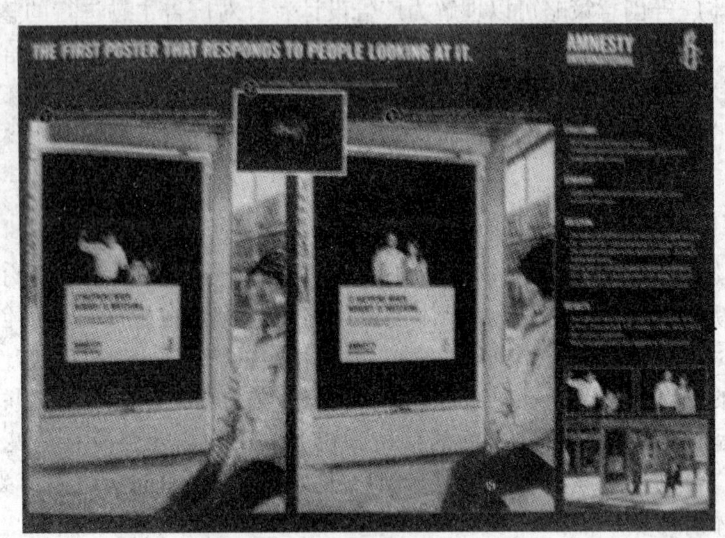


图 9-1　德国候车亭公益广告

### 9.2.2.2　与户外环境相关的创意策略

户外媒体属于地缘性媒体。地缘,是指由地理位置上的联系而形成的关系。报纸媒体和户外媒体就是地缘媒体。这类媒体的广告创意策略要结合媒体所处的地域环境才能取得更佳的传播效果。美国人马克·奥斯丁和吉姆·艾吉森在 2003 年出版的《Is Any Body Out There》一书中首次提出“环境新媒体”这一概念。他们认为环境就是适宜传播信息的载体,任何你认为能够传递商品信息的东西都可以成为环境新媒体。他们给环境媒体下的定义比较笼统,随着最近几年来环境新媒体的理念在广告界得到重视,环境新媒体的概念也更加明确了,指充分利用广告发布地点的具体环境,充分利用媒体的环境特性和这一环境与广告的关联关系而进行的媒介创新方式,是广告创意策略的方法之一。例如户外空间中,每个特定的地点都有不同的特点,比如北京王府井就跟上海的南京路不同,消费方式、人员构成情况都不一样,所处的地域街道的特点也大相径庭。因此,户外广告在两个不同环境中的制作与投放应该因地制宜，与当地的环境相结合，从而实现巧妙的广告创意。

另外，环境新媒体创意不同于传统意义上的广告，他的实践主要集中在非传统媒体，特别是户外媒体之上。所以户外媒体创新也包括环境新媒体的开发、利用。环境新媒体是广告在户外产生的新媒体，它更加注重信息内容和传播载体之间的结合。户外媒体又叫家外媒体，它与电视、电台、出版等其他媒体形式相比，具有植根于户外具体环境的独特优势。这里所说的环境包括自然环境、生活环境以及公共设施街道家具等的环境因素作为广告发布的媒介。这种环境植入式的媒体不能简单的用旧媒体或者新媒体来界定，它是对原有的环境进行再开发，使其成为广告传播的特定媒体。其最大的特点就在于“因地制宜”。

图 9-2 是 2008 年中国户外创新传播大赛媒体创新类银奖睿智传播公司的《车钥匙篇》，这是一个小创意，他的创新不是在技术上，而是在环境上。选用带磁铁的汽车钥匙配上品牌的宣传物，车主一看，还以为自己的钥匙忘拔了，大吃一惊的同时还能吸引眼球，留下印象。

图 9-2　车体创意广告

户外广告作为信息传播的媒介载体，所承担的任务是传达特定商品或公众信息等。随着户外媒体日益丰富，户外新媒体层出不穷，正如人们常说的那样，优秀的户外广告从来都不是老生常谈，而是注重内容与表达形式相辅相成的联合创意。广告设计人员应该为了传达设计内容而勇于创新，不拘一格地寻求最适合的形式来传达信息的媒介载体，从而找到最好的内容表现方式，用最贴切的形式来传达广告信息。

图 9-3 是墨西哥 Corona Extra 公司为推广其特有的清柠檬味啤酒而在新西兰街头发布的广告。广告呈现了一个碧海蓝天的休闲场景，但不同寻常的是，广告里吊床近端的绳子被真实的绳索取代，并系于街头的广告柱上。这种用真实存在物品取代二维印刷品中的图形元素的表现形式创意巧妙，寓意深刻——是什么把安逸的田园海景与繁华的现代城市联系在了一起？唯有 Corona Extra 啤酒！

图 9-3　街头啤酒广告

随着科技进步、人民文化水平的提高以及城市发展等因素的影响,户外广告的日益受到重视,其对城市形象的影响及传播力甚至超过了建筑。精美的户外广告是城市的窗口,不但给现代都市增加了一道文化风景线,而且在一定程度上诠释了城市精髓,提升了城市品位。当然,作为城市公共形象代言的户外广告常设置于城市的开放空间,或者建筑外墙,街道两侧。随着环境问题逐渐成为公众关注的焦点以及政府监管的重点,除了善于利用户外媒体环境之外,户外广告还必须注意与城市环境相协调,以避免破坏城市整体形象而遭遇拆除整顿,直接影响广告主的利益,造成受众对品牌评价的降低。

#### 9.2.2.3　与营销方式相关的创意策略

户外新媒体分类中有一类是营销观念变革产生的新媒体。渠道和终端在营销活动中起着举足轻重的作用,提高终端推广力度是广告主高效营销的重要环节之一。接近消费终端的户外广告,不仅能够精准地击中消费人群,还能唤起受众对产品的记忆与印象,最后促成消费者的购买行为。此外,研究表明,消费者在消费终端的购买行为随意性很强,很多时候购买行为就是在看到终端的瞬间决定的,调查显示,一半以上的消费者认为户外广告对他们的购买决策有很大影响。

这是一个"碎片化"的时代,在托夫勒所著的《第三次浪潮》中较多地用了"碎片化"这个词汇,它包括信息碎片化、受众碎片化和媒体碎片化。面对"碎片化",混合媒体整合策略应运而生。所谓媒体整合,就是根据客户要求组合不同的媒体,然后量身定做,在不同区域、不同时段,以不同媒体的组合形式发布广告。每种媒介都有盲点,比如,有人看报纸而不听广播,有人上网而不看电视。而户外媒体是社会成员都不可避免需要接触的媒介类型。同时,对于媒体本身而言,电视广告费用高昂,并且传播时间按秒计算,很难说清诉求;网络媒体接触人群有明显的年龄划分,报纸的阅读率高,但是广告不够形象。

户外广告是最有活力和多样化的媒介形式,它能够在不同地点和场合接触到不同的受众。作为增长速度最快的媒体,户外广告在媒体组合中发挥越来越重要的作用,最易成为各种媒体相互配合、优势互补的理想平台。由于营销观念由 20 世纪 50 年代的"我卖什么,消费者就买什么"转变现在的以满足消费者需求为出发点的"消费者需要什么,就生产什么",

户外广告也由单一的媒体类型向多种媒体优势互补、混合传播的方向发展。媒介组合就是分析目标受众的生活状态后，根据大多数人的接触面制订的针对性强的立体传播，从而达到宣传效果。

户外媒体作为一种空间媒体，包容性最强，户外广告既可以使用传统媒体又可以使用新媒体，可以采用多种媒介，跨媒体联合互补的混合媒体传播策略。混合媒体也是户外新媒体的一种，它的优势在于实现不同媒体的策略性组合，实现传统媒体一对多的大众传播与新媒体一对一的精确化传播之间相互配合，以立体、多维、多角度的无缝传播实现 1+1>2 的传播效果。

1）整合营销策略　据调查，每个人的新鲜感最多维持 72 个小时就会消失，广告面对激烈的竞争形势，如何能够持续打动消费者，单靠一个户外大广告牌行不行？单靠一个异形广告行不行？单靠电视媒体、杂志媒体行不行？答案应该是否定的。而应该把这些资源整合在一起。消费者对产品的印象源自于一连串记忆的积累，如一个消费者看到一则电视广告形成一次印象，在户外看到大广告牌形成一次印象，最后在卖场看到产品包装，又形成一次印象。

在今天这个信息拥堵的社会，各种信息之间常常会相互干扰，广告想要突出信息重围，打动消费者，就必须多种媒体相互配合，用同一种声音说话。科学测验显示，两种媒体作用于消费者一次的效果比一种媒体作用消费者两次的效果高 30%。作为广告信息的接触点的户外，如何很好地结合广告卖点的诉求，把握目标人群接触广告的时间，就能够达到较好的传播效果。如白马户外广告大赛创意金奖的《嘉士伯啤酒开心候车亭广告》就是一个整合营销的成功案例（如图 9-4）。“开心候车亭”的成功之处就在于根据品牌的核心理念“不能不开心”，对各种媒体资源进行有效的整合传播。它依托户外候车亭为载体，在公交候车亭中

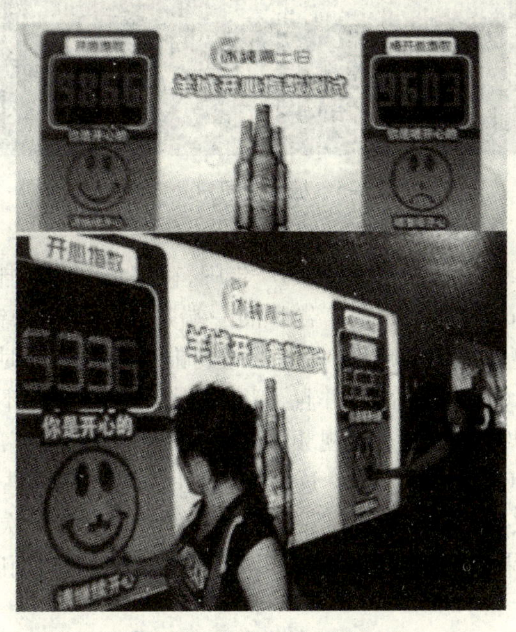


图 9-4　嘉士伯开心候车亭

植入数字化调查系统，推出了全国第一批互动体验式的候车亭广告，在互动体验中使“开心候车亭”被市民接受。还结合平面广告、电视广告、网络互动平台以及各种主题活动形成媒体组，这种交叉的传播模式，使受众在脑海中不断重复“不能不开心”这一品牌理念，对产品形成了很高的品牌认知度。

2）事件传播创意策略　事件营销又叫“活动营销”。指的是广告主通过策划，利用社会热点焦点事件或者热点人物的影响力，吸引消费者的兴趣与关注，从而提高企业或产品的知名度、美誉度，树立良好的品牌形象，并最终促成产品或服务的销售目的的手段和方式。户外广告创意如果能够结合特定的事件如重大体育赛事或者社会关注的热点新闻，并进行别具一格的创意表现，必定能够产生一定的轰动效果。

户外为广告提供了一个发布信息的开放性平台，有创意的广告人可以充分利用这个平台发布并把它转换成自己所要宣传品牌的营销秀场。图 9-5 是 2009 年戛纳广告节上获奖的新西兰 Pascall Fruit Burst 糖果的户外广告，这一则广告就是典型的事件营销的成功案例。

图 9-5　糖果公司户外广告

首先在城市中心区域树立起一块巨大的广告牌，在广告牌上悬挂着巨大的草莓气球，里面装满了 Pascall Fruit Burst 糖果，而在广告牌的一端是一个巨型的锥子。随着气球被不断充气逐渐膨胀变大，它离锥子越来越近，在气球碰到锥子而爆炸的时候，里面的糖果就会如它的品牌名称那样 Burst（爆炸）而出。并且，仅仅一块户外看板并不是这则广告的全部，因为就在人们等待气球爆炸的同时，一家视频网站面向全国消费者打出悬赏广告谁能准确预测爆炸时间将会获得5 000美元的大奖。这样一来，由一块户外广告牌迅速发展成事件，并引起社会的广泛关注，仅该品牌的官方网站的浏览量达到81 000人次，上升了 300%，参与竞猜人数过千。最后的结果是该品牌的知名度提升到了 93%，活动期间消费者的购买量意外增加了三倍。

由此可见户外广告资源具有其独特性，也具有强大的冲击力。在热点、焦点时间发生时，结合户外资源，结合社会热点、焦点事件，进行事件营销，可以使整个营销活动获得良好的传播效应。

3)口碑传播创意策略　口碑营销创意策略是指广告主通过调查市场需求,为消费者提供需要的产品和服务,同时制订一定的口碑推广计划,让消费者自觉自愿地承担起信息传播者的角色,对所传播公司的产品和对服务的良好评价,并将这样的信息传递给更多的受众。其目的是让人们通过口碑了解产品,树立品牌,加强市场认知度。

"三人成虎,众口铄金",口碑传播活动应该尽量调动传播者的积极性和参与性,与传播者产生互动性,才能激发人们的传播热情从而形成良好的品牌以及产品、信息的口碑,从而拓展市场,扩大广告的影响力。图9-6是湖南长沙街头出现的"爱尔眼科"的候车亭广告。这则广告是"Open蓝牙,爱心无限"公益互动传播活动的一部分,所有在候车厅附近区域活动的市民,只要打开手机蓝牙功能,都能接收到通过候车亭发出的眼科科普小知识,如"爱眼小贴士"等信息,并可互动参加"爱尔有你"公益活动。这则广告使市民在枯燥乏味的候车过程中方便获得实用的健康知识,吸引了许多年轻用户的积极参与。广告客户爱尔眼科也在此次公益活动中受到广泛关注,形成良好的社会公益形象,获得了很好的传播口碑。

图9-6　"爱尔眼科"候车亭广告

## 9.2.3　户外新媒体广告创意的禁忌

### 9.2.3.1　忌与相关法律法规及公序良俗冲突

武汉曾经有个男裤的路牌广告,画面是一只笼子里装着一只鸟,上书"无论多大的鸟都装得下"。这个广告的确很有"震撼性",不过恶俗的广告内容严重降低了产品的品味。试想谁会愿意去穿这种"鸟"裤子?

### 9.2.3.2　应避免出现危害公众安全的情况

2011年中广节的广告评比中,唯一的一个户外广告金奖"伟海拉链"突破了高立柱路牌广告千篇一律的长方形设计,在广告牌上部的中间向两边拉开,运用夸张的对比手法,制作一个“人”或吊在拉链的拉环上，或站在上面把拉链向上拉的立体效果，生动展现了拉链的可靠性、原创性和震撼性，具有相当的视觉冲击力。不过问题是该广告发布地是高速公路，如此吸引眼球的广告很容易引起汽车司机注意力的转移，无疑是一种交通隐患。



## 9.3 移动电视广告创意

### 9.3.1 移动电视广告

近年来，一种新兴的传播媒体进入人们的视野，这就是移动电视。移动电视也称为数字电视地面广播，和普通模拟电视一样，两者都是通过电视台设置的天线，发射无线电波覆盖电视用户，客户通过接收天线和电视收视节目。它是数字技术、广播技术(主要是指地面传输技术)的具体应用。移动电视2001年诞生在新加坡，2002年开始在中国上海出现，随后风靡全国很多城市。移动电视的技术特征，决定了它必然成为商品、服务的区域性广告发布媒介。

#### 9.3.1.1 我国移动电视的主要运营商

1)世通华纳　2003年，世通华纳在厦门破茧而出，以其贴近市民的电视节目和极强的广告穿透力揭开了中国移动电视传媒行业发展的新篇章。2006年，世通华纳得到了多家国际顶级风险投资的支持：国泰财富基金、鼎晖创业投资有限公司、华登国际投资集团为基金共同注资4 500万美元，使世通华纳的传播平台得到了更大限度的扩展，一举成为具备联播功能的跨区域媒体平台。经过数年的飞速发展，世通华纳势如破竹、攻城略地，其打造的移动电视(全国)广告联播网迅速覆盖中国34个主流城市及17个三四线城市，9万余辆公交车，13万余台电视收视终端，影响中国亿万城市居民，形成了规模庞大的移动电视网络。2006年4月，世通华纳移动电视传媒集团正式移师北京，下设技术维护中心、节目制作中心和广告营销中心三大核心部门，通过对全国城市公交、商业中心等场所的数字电视播出终端的资源进行全面整合与调控，构建了中国城市的新型视听媒体——数字移动电视。时至今日，世通华纳携手中国各省市广电集团，建立了紧密的、长期的、稳定的战略合作伙伴关系，不断完善中国移动电视广告发布的整体网络，覆盖了南起广州、深圳，北到沈阳、大连；东起上海、杭州，西至成都、西安等共三十余个城市。

2)华视传媒　华视传媒成立于2005年4月，拥有中国最大的户外数字电视广告联播网。华视传媒户外数字电视广告联播网是以采用数字移动电视技术，支持移动接收的户外数字电视为载体，结合户外受众的视频需求，提供即时新闻、资讯、信息、娱乐、体育等丰富精彩的电视节目，实现全国范围的广告联播。首期以户外受众最集中的公交车、地铁和轻轨为终端平台。华视传媒的核心价值，在于有效整合了全国最具经济辐射力中心城市的户外数字电视广告市场，建立起全国性的户外数字电视广告联播网络，打破了区域运营商广告经营上的地域限制，实现了户外数字电视全国性的广告价值。通过户外数字电视广告联播网带来的经营收入，华视传媒得以在短时间内实现终端平台网络的快速扩展，在达到更广泛、有效传播效果的同时，也通过在公交车、地铁等户外人流聚集的地方安装数字电视屏，接收电视台的无线数字电视节目，让中国13亿人随时随地看电视成为现实。华视传媒联播网在北京、广州、深圳等城市具有户外数字电视公交平台广告唯一运营(代理)权。

3)分众传媒　分众传媒旗下拥有商业楼宇视频媒体、卖场终端视频媒体、公寓电梯平面媒体、户外大型LED彩屏媒体、手机无线广告媒体、互联网广告平台、分众直效商务DM媒体及数据库营销渠道等多个针对特征受众,并可以相互有机整合的媒体网络。分众传媒以独创的商业模式,媒体传播的分众性、生动性及强制性赢得了业界的高度认同。2005年7月,分众传媒成功登陆美国纳斯达克,成为海外上市的中国纯广告传媒第一股,并以1.72亿美元的募资额创造了当时的IPO纪录,目前市值超过70亿美元,是纳斯达克中国上市公司龙头股。

4)CCTV移动传媒　中央电视台移动传媒(简称CCTV移动传媒)有限公司是中华人民共和国国家广播电影电视总局唯一授权以"CCTV移动传媒"为播出名称,在全国范围内为公共视听载体提供节目集成、播控和传输服务的机构。公司由央视国际网络有限公司与巴士在线传媒有限公司共同出资成立。CCTV移动传媒目前拥有覆盖全国的公交电视传播网络,在全国30个大中城市中,移动传媒在1 200条公交线路、47 000余辆公交车上,每天给超过5 000万群众提供新闻资讯、生活服务、文体娱乐等贴近生活、贴近实际、贴近群众的视听节目。除公交电视之外,CCTV移动传媒还运营机场大屏电视、快餐连锁店(如麦当劳、肯德基)内电视、医院内健康传媒电视、长途快客电视等业务。通过整合客户传播资源,移动传媒从时间和空间上实现了对传统电视覆盖的有效补充,增加到达率,实现无缝传播,有效地实现了传播效果最大化。

#### 9.3.1.2 移动电视广告的分类

移动电视以多种形式呈现在人们眼前:从最初在巴士、火车、出租车、轮渡、城市轻轨等交通移动载体中安装开通,接着又将数字信号接入商务楼、写字楼、机场、高级公寓、星级酒店等楼宇电梯内外的液晶显示屏,到最新依托视频IPOD和手机这类时尚用品来接收电视的手机移动电视。此处将其分为以下三类。

1)以公交移动电视为代表的交通移动媒体　公交车是移动电视"触电"的首个媒载体,是移动电视发展雏形期的主要媒介载体。公交移动电视于20世纪末在我国出现,随后飞速发展。以上海东方明珠移动电视为例,它覆盖范围包括了上海市区135条公交线路4 000余辆公交车以及所有轮渡码头、浦江游轮、快速客艇和部分大型综合医院、银行及便利店。例如,东方明珠移动电视每天播出17小时40分钟,栏目近40个。移动电视在不断扩大市场的同时,也开始依靠广告赢利。

列车移动电视是随着铁路设施的改善和火车的不断提速而发展起来的。列车移动电视填补了乘客在旅程中信息真空、视觉单一、主动收视意愿较强的心理,满足了庞大人群的精神文化需求。列车电视以旅游节目和电影为主体,中间插播大量的广告。列车电视收视时间相对较长,广告浪费率极低,但是广告成本相比同类宣传渠道却低得多,因此吸引了不少广告主。此外,地铁移动电视、出租车车载电视、私家车车载电视正沿着移动电视的发展轨道,根据各自的传播优势,沿着个性化的方向发展。

2)楼宇液晶电视(Office-Building LCD TV)　楼宇液晶电视是把移动电视数字信号接入液晶电视机并在楼宇播放商业广告的新型媒体形态。楼宇液晶电视大多设在白领聚集的场所,受众人群的价值较高。但由于人群流动过快,有效收视时间短得只能以秒来计算,所以播出内容几乎全为广告。楼宇广告媒体属于纯正的广告传播媒介，在将广告渗透到写字楼、卖场、公寓等人流密集的地方时，几乎不会有什么技术壁垒。同时，相对于路牌等传统户外广告形式分散、针对性不强的缺点，楼宇广告有受众目标明确，传播效果好的优势，因此被称为“广告领域的狙击手”。

3）手机移动电视　手机本身就是移动载体，电视节目在手机上观看是移动电视发展的必然结果。中国的手机电视业务于2005年年末起步。假设我国全部移动电话用户的10%将成为手机电视用户，以10元/月的资费标准计算，我国手机电视业务每年的收入将达到46.8亿元。这意味着从理论上说，中国的手机电视可能受众数量庞大，手机电视业务前景十分广阔。作为典型的移动宽带数据业务，手机电视的赢利前景吸引着众多投资者的目光，广告仍是手机电视的主要赢利渠道。手机电视作为一种获得资讯的新手段进入我们的生活，其影响力也会随着手机电视业务的逐渐深入而扩大。有关手机媒体广告的内容将在下一节中详细叙述。

#### 9.3.1.3　移动电视广告的传播优势

1）封闭、强制性收视决定了较好的广告传播效果　传统电视媒体的受众可以动用手中的遥控器，自由地选择收看时间和节目，因此容易造成广告时段的“频道滑浪”，这是让广告投放者最头疼的问题。移动电视传播环境的封闭性降低了这些问题发生的可能性。在公交车、地铁等环境中，由于车厢封闭、频道固定，再加上移动电视中广告画面与文字信息滚动相结合，广告便无孔不入地跳入人们的视野。受众除非闭目塞耳，否则必定会在有意无意间接受到上传者预设的信息。而且这种强制性是视觉和心理两方面的。以公寓电梯视频为例，液晶电视放置在电梯口或电梯内，在有限的空间内与受众零距离面对，这就构成强制性收视效果；电梯厢作为短暂滞留的空间，人们容易出现等待中的烦躁心理，精彩的广告和底部滚动信息播报，极易抓住受众的视线，这就形成心理强制效果。移动电视的垄断性强制传播决定了其无可比拟的广告优势。

2）移动接收的特点决定了海量的广告接收人群　移动电视跳出了固定电视的束缚，使得电视能够像广播一样随时被受众接收，实现了固定电视广播化，从边走边听过渡到边走边看。移动电视的传播地点都是公共场所，人群的流动性强，规模大。移动性使受众在户外仍可以看到电视，能够在快节奏的都市生活中随时、即时获得所需的新闻资讯、娱乐信息。数字海量的移动受众，以工薪阶层和中产阶层为主，还包括高收入高文化程度的白领和企业管理人员。这些人群是社会消费的主流，高消费能力强，是不可忽视的广告媒体资源。移动电视不仅填补和延伸了传统电视媒体所不能达到的覆盖面，也为广告的发布开辟了一个全新的媒介和市场。无法精确计算的海量受众数量，使这个市场的开发潜力可能超越传统的任何媒介平台。

3）高清晰的视听接收技术和生动性特点决定了广告发布的高质量　移动电视采用数字技术，无线传输，基本消除了模拟电视因传输中受到干扰而出现的屏幕雪花、抖动等现象，具有较高的性能、更清晰的画质以及高音质等优势，以声画俱佳、视听兼备的魅力，吸引受众。与传统户外广告一般只能提示品牌记忆，告知简单信息，提升品牌知名度的特点相比，移动电视联播网以数字科技与液晶电视相结合，将户外广告影视化，以音频视频相结合的方式，充分提升了户外广告的生动性与影响力，强化了受众的对广告商品和服务的感知能力。移动电视的这些特点提升了移动电视广告的收视质量，因此在某种程度上，移动电视达到了不光是让受众接受广告，更是让受众享受广告的目的。

#### 9.3.1.4 移动电视广告的传播劣势

1）照搬固定电视节目使得移动广告难以自成风格　对于媒体经营者来说，内容卖给受众是媒体换回广告的第一步。虽然移动电视是封闭性、强制性收视，在传播效果层面应该很不错，但就目前来看，各大移动电视公司在节目设置和编排上基本是有选择地转播照搬固定电视的电视节目和广告，等同于固定电视的重复转播，无法使受众形成新的心理期待和独特视角，移动电视广告无法脱离固定电视广告的套路，自成风格。

2）各自为政使得广告发布区域过小，得不到商家重视　目前，全国各地的移动电视单独经营，没有形成规模的产业联盟和产业网，各自固守一地，本土化倾向严重，发展不平衡。移动电视广告同样受地域限制，传播区域过小，远比不上传统有线电视频道的广告传播范围。与有线固定电视广告价格和收入相比，移动电视广告收入可谓是“小巫见大巫”。正因为如此，商家们也纷纷表示仅将移动电视广告视为企业推广的辅助手段，持观望态度。

3）受众接受移动电视广告的程度直接影响广告接收效果　相对于人们对电视广告的忍耐程度而言，目前广大受众对移动电视广告的忍耐和接受的程度还是不成熟的，这种状况直接影响了移动电视的传播效果。例如，上海东方明珠移动电视公司每天播出的节目中只有约30%的广告信息，却已经引起一些受众的抱怨和不满。部分乘客对出租车上的移动电视也颇有微词：开关不由乘客掌控，电视随着计价器的运行状态而自动开关（这是控制车载移动电视的唯一方法）；这种强迫性的传播方式给想在车上休息的乘客带来了较大的困扰。新媒体固有的技术弊端给移动电视广告的推广带来了困难，直接影响着广告的接收效果。

4）技术不健全、设备投入高昂给广告宣传增加困难　看过移动电视的人都有这样的体会，移动电视在遇到高架桥路、高大建筑，进入山洞、地下建筑时，信号接收都会受到影响，甚至会屏蔽。再加上开机率、环境噪声等导致信息接收等干扰、拥挤情况下屏幕被挡等不可避免的情况，都会给广告的传播造成影响。另一方面，虽然移动电视的节目内容由电视台自产，仅是转播，所以在节目投入方面是资金零投入，但移动电视的设备投入异于一般传统媒体。固定电视的媒体接收器，也就是电视机由受众自己承担，而移动电视的显示器则由运营商提供，再加上投播广告要达到一定的覆盖率、受众普及率，需要巨额资金支持，运营难度很大。

5）产业链初成，单一创收模式增加广告经营难度　移动电视之所以能够在各大城市迅速铺开，因为其覆盖面完全有别于传统有线电视，它渗透到了传统电视所不能及之地。同时却还拥有和后者相似的特性和功能，由此产生巨大的广告商机——它延续了电视媒体以广告收入为主的创收模式。正因为许多机构看中这一点，才相继变身为移动电视平台提供商。然而，不同于传统电视的是，移动电视的赢利仅仅依靠广告，模式过于单一。在媒体经营向多元化方向发展的今天，这种单一化经营模式显然风险太大。

### 9.3.2 移动电视广告的创意与编排

随着公共交通工具人性化配置的步伐不断加快，越来越多的移动电视“步入”城市成为乘客接受信息的重要渠道。因此，移动电视广告作为公交系统广告中的后起之秀，市场前景非常乐观。尽管各移动电视公司正在努力开发多形式的赢利模式，但目前来说，广告还是移动电视的生命源。不可否认，由于我国移动电视广告还处于发展初期，企业主、媒介经营者对移动电视广告的个性特征认识还不够全面。目前在移动电视上发布的广告大多直接采用家庭电视上播放的广告版本，没有根据移动电视受众接受的特殊环境进行有效创意，这势必影响到广告的传播效果。移动电视广告应该有特定的针对移动电视传播特性的制作策略。

#### 9.3.2.1 移动电视广告的创意

1）注重广告的语音介质，强化语音形象的传播功能　公交车或地铁车厢的环境没有家庭室内环境的静谧与温馨，尤其在乘车高峰期，车厢内更是拥挤不堪。在如此拥挤的车厢内，移动电视广告想吸引特别多的眼球长久关注是不太现实的。在这种情况下，电视语言中的视觉形象容易遭遇“传而不达”的传播困境。这就给“听”电视语音形象信息传播留下了更大的发挥余地。因此，移动电视广告的创意应特别注重对语音介质传播功能的凸显与挖掘，如对声调、语调、语气、节奏、韵律、音响、音效等语音形象进行有针对性的个性创作并根据具体需要加以优化组合。这样，不仅使移动电视广告能够实现“声画”的一体播送，而且还能够将“声音”从“声音、画面、字幕”等多维传播通道中独立出来，使乘客即使在无法或不愿看电视画面时，仍然能够很好地接受到语音介质所传递的广告信息。鉴于此，移动电视广告片在投放前进行效果测试的时候，应制作两个测试版本，其一是电视测试版本（即“声画”版本），其二是纯语音的广告测试版本。只有这两种版本的测试都达到良好效果的广告片，才适宜投放到移动电视上。也就是说，移动电视广告的创意应该在保证视觉传播有效性的同时，努力开发强化语音介质的传播功能，只有这样才会产生良好的信息传播效应。

2）注重情感诉求，营造欢愉的受传气氛　目前，移动电视广告面临这样一个现实的尴尬：一方面，乘客身处拥挤嘈杂的车厢环境内，他们感到压抑和心烦，情绪不太稳定，这不利于引起乘客对广告的注意。另一方面，受众的心境又直接影响着广告的传播效果。解决这个问题的关键是如何在相对不利的传播环境中给乘客营造出积极的广告接受“心境”。情感诉求的广告创意表现手法能够有效消除这种“尴尬”。情感诉求的广告创意注重以情动人，易引起受众的注意和感知。美国著名学者泰利斯认为，“情感诉求的广告创意表现手法作者能够使受众对品牌产生一种舒适惬意的体验，从而能够诱发受众对广告信息的正面的、个性的解读，这些都有助于提高广告的有效性”。因此，移动电视广告应用情感诉求的创意手法无疑能够使乘客建立比较清晰的“角色认同”与“自我价值认同”，并在此基础上实现乘客与广告之间的“深度心理沟通”，这就有效缓解了乘客的心烦情绪，为广告接受铺平了心理道路。因此，对乘客受众而言，一则以情感诉求为重点的优秀广告，不仅是一条传播信息的商业广告，同时也是一种可以为乘客消烦去躁的“精神缓解器”。

3）宏观地考察广告载体所提供的媒介节目环境　目前，我国城市移动电视多数是接收普通电视的频道信号，播放电视频道节目或者是将家庭电视节目做一点包装、编辑，简单地“改编”成在移动电视上播放的节目。这样就造成了移动电视节目与家庭电视节目之间没有形成差异化。从乘客受众接受的角度来说，家庭电视频道上播出的大部分节目是不太适宜在移动电视上播放的。移动电视节目在很大程度上仍旧沿用家庭电视频道节目这一现实状况，已成为限制移动电视广告业快速发展的一个瓶颈问题。我们呼唤移动电视节目环境尽早实现自有节目的“机制化”播出。唯有此，才能为移动电视广告营造出良好的媒介节目环境，逐步培养乘客的收视习惯，吸引更多的乘客对移动电视做常态关注。这不仅有利于移动电视广告业的飞速发展，还对改善公共交通的乘车环境、提高公共交通的乘坐率、促进整个公共交通事业的健康发展都是十分必要的。这和传统电视一样，只有好的节目才能吸引受众的注意力，有了注意力才能吸引广告商。2004 年 2 月，一份来自广州、北京、上海、成都、南京的《五城市公交移动电视的调查》显示，60.4% 的受访者希望多放些新闻和知识性节目；36.7% 的受访者希望提供尽可能多样化的节目，满足不同类型的观众；32.4% 的受访者希望能在更多的公交车上安装移动电视；15.2% 的受访者希望移动电视的信号能够再稳定些，声音质量再好些。乘客的节目收视需求值得移动电视节目制作部门的注意。只有将移动电视的节目和广告两方面都做好了，才能让受众满意，才能达到最理想的传播效果。

#### 9.3.2.2 移动电视广告的编排

1）适当缩减广告时长，合理增加广告播出频次　按照我国城市道路及人口流动情况，我国城市公交车停靠站点区间距离基本上是 0.5 ~ 1.5 千米，公交车在市区行驶限速按每小时 40 千米来计算，这样我们可以计算出公交车在中途不停车的情况下，从一个站点到另一站点的行驶时间是 45 ~ 120 秒。在实际情况中，公交车在行驶过程中会遇到红灯停车、避让其他车辆或减速行驶等各种因素的影响，在两站间的实际耗用时间大多是 3 ~ 5 分钟。这段时间也就是公交车内乘客持续观看或收听移动电视的最长时间，在这段时间内考虑到乘客还会遭遇公交车红灯停车、转弯、特殊情况紧急刹车以及车厢内人群挪动等多种干扰因素，乘客持续观看移动电视的时间实际上更短。于是便形成了乘客"断断续续地"观看移动电视的现实状况。因此，移动电视广告的时长不宜过长。移动电视广告时长的缩减，更有利于提高乘客对广告信息的完整接触率。移动电视广告时长得到了缩减，可以将缩减下来的广告费用投入到广告的播出频次上去。这样，就可以充分利用"重复加深印象"的广告心理接受机制，加深受众的广告记忆，提高广告的传播效果。

"思念水饺"在移动电视上投放的广告，就是一个比较成功的案例。"思念水饺"在北京电视台刊播的广告是个 30 秒的版本。其诉求点有三个：皮薄馅大、选用上等鲜肉和手工制作。在此电视广告刊播不久，"思念水饺"开始在移动电视上做广告。移动电视上思念水饺所刊播的广告都是 5 秒的版本，每个广告版本的诉求点只有一个，都是以情感诉求为主，如"老公总是晚回家，备点思念水饺等着他"、"思念水饺，创造家的味道"等。并且还以遮幅的形式制作了"思念水饺"的品牌 Logo 作为左上角的角标，右下角的角标则打上"思念水饺，创造家的味道"或者是"赶紧把我带回家"的广告语。每次播出时都是几个不同的 5 秒广告版本进行高频次套播。"思念水饺"移动电视的广告创意手法及套播方案，大大提高了广告的传播效果。随着移动电视广告的持续播出，其产品销量也随之大幅攀升。

2）巧妙利用时间接近性，在"黄金时段"另辟蹊径　早、中、晚的上下班时段是公共交通乘车高峰期，意味着这个时段同时也是移动电视广告投放的"黄金时段"。早、中、晚三个时段也是人们对工作、生活的状态和节奏进行较大调整的转换期，我们称之为"生活节点"。因此，在早、中、晚三个"黄金时段"投放的移动电视广告，其创意也应该考虑到处于"生活节点"期的受众在接受心境上呈现的差异特征，使广告内容能够充分利用时间接近性来满足受众的心理期待。比如，新的一天的开始，人们非常关心有关工作、天气或出行等方面的信息。在移动电视早间上班高峰期播放的广告，其创意就应在分析该时段的受众心理特征的基础上，让其核心信息与受众的这种心理期待达成高相关，这样的广告才更能够深入人心。又如，在晚间下班高峰期投放的广告如果能够道出一句像"一天的疲劳，期待家的怀抱"之类的温馨话语，乘客虽然身处拥挤不堪的公交车或地铁上，拖着疲惫不堪的身影，但内心深处也能感受到广告所传递的"人文关怀"，从而在不知不觉中与广告进行了良好的"情感沟通"，拉近了广告与受众之间的距离，广告传播效果自然就得到了加强。

移动电视作为新兴媒体，无疑要面临许多问题，首先应该认真分析移动电视的自身特点，寻求更为广阔的生存空间和赢利模式的多样化。移动电视广告应当制作精良、优美，最好不要直接从传统电视广告上直接嫁接，而是依据移动的特性特别制作。同时，移动电视上的广告类型应当有适当的限制，不宜在公共场合做的广告最好不做，不能因为一时的经济效益而破坏整个移动电视的品牌形象。目前很多广告商对移动电视广告还持观望状态，投放的广告额还相对较少，一般仅仅是作为对传统媒体广告投放的一种补充。这说明移动电视广告还处于一个发展的初期阶段，要吸引更多的企业投放广告，还得从广告市场本身入手，制作出具有影响力、效果显著的广告作品，才能对其他企业和广告商产生显性的吸引力。同时，移动电视应当跳出广告创收单一的模式，从产业的角度思考移动电视可能具有的潜力，如可将频道作为信息网络传播渠道和平台来开发，收取频道的租用费或使用费，还可与传统媒体或手机移动电视等媒体合作，打造广告媒体共同体，实现广告传播的最佳效果。

## 9.3.3 移动电视广告的发展策略

### 9.3.3.1 组合策略

1）资源组合　北京移动电视就与中国青年旅行社合作，在北京的短途旅游车上安装移动电视，这些旅游车主要负责北京市内及近郊各大旅游景点的旅客接送工作。旅游车内环境相对安静，这就避免了人多嘈杂，广告无法到达受众的缺陷，弥补了公交车移动电视广告"传而不达"的尴尬问题，提高了移动电视广告的有效传播率。

2）动静组合　移动电视不仅局限于车载电视这一概念内涵，还包括其他多种类型多种方式。例如，北京移动电视就与北京市司法局合作，在北京市八个区的各个社区及繁华街道的法制宣传栏内安装电视，接受移动电视信号，安装数量预计一万台。这不仅扩大了受众范围，提高了受众档次。更值一提的是，每个法制宣传栏电视屏的下方都是一块平面广告宣传板，这块宣传板将和移动电视广告组合起来，形成动静结合的宣传阵地，增大广告接触率，强化了受众对广告产品的记忆力。

3）多媒体组合　移动电视有其自身的传播优势，但也存在一定的劣势。移动电视在发展过程中可以整合广播、电视、网络等多种媒体的优势，发挥了多种媒体组合的聚焦效应，扩大了移动电视广告的传播范围。

### 9.3.3.2 定位策略

1）受众定位　从移动电视的载体地铁、公交车、电梯等使用者来看，移动电视广告的目标群体正是以上班族和学生为主，年龄集中在15～50岁，收入处在中等水平，这一群体正是消费市场的主力。

从移动电视受众人口的年龄特征来看，受众是一个较为广泛的群体。但从收入上来看，移动电视的受众大多属于中等收入、日常时间相对固定的群体。我们可以将移动电视的受众分为三种不同的亚群体:学生族、青年上班族和中年上班族。不同的亚群体有着不同的心理特征。比如学生族追求独特性,喜欢关注标新立异,追求时尚但又能体现自己个性的新、奇、异的事物,对于广告同样如此。因此面向学生族的广告,要从创意、画面质感以及产品功能等方面吸引他们的注意。青年上班族拥有更多可支配的金钱,购买力相对较强,消费的内容广泛,消费心理也更为理性,因此,面向这类受众时,商家应当考虑广告要关注产品透出的气息,应当既不过于传统也不要过于独特,要有功能好也要有一定人文关怀。

移动电视广告设计要从受众的角度出发,也要兼顾到移动电视的独特性,因而广告内容要言简意赅,创新求异,尽可能用图说话,使受众在最短的时间内把握广告信息。

2)栏目定位　移动电视因为自身的特点,在制作节目时,其定位也区别于传统电视,多以休闲、娱乐类的节目为主,节目的时长也较短。世通华纳独创的移动电视节目品牌——“城市 T 频道”,其主体是广告,除了主要提供一些休闲娱乐节目以外,还有一些时尚消费信息,频道定位以消费、时尚、信息为主,和传统的电视台定位略有区别。“城市 T 频道”有四个栏目,都是当地气息较浓的信息栏目。第一个叫“消费任我行”,它主要提供各个商场的一些时尚消费信息;第二个就是“我爱我家”,提供一些和家居、住房有关系的信息;第三个叫“美食吃透透”,提供一些餐饮方面的信息;还有一个叫“车时代”,专门提供一些最新的汽车方面的资讯。相应的,“城市 T 频道”的广告信息栏目叫作“都市信息”,提供商家、产家的信息,而且通过市场调查得知,这些栏目都很受市民欢迎。

在电视台普遍制造“影响力”的今天,移动电视的成功首先需要塑造自己的品牌,第二就是要把内容做好,使频道的信息更多,更新颖,更及时。影响力取决于频道的内容和规模,如果覆盖面够大,内容能吸引人,那么就会有影响力,反之则很难扩大影响力。

## 9.4　网络媒体广告创意

### 9.4.1　网络媒体广告的诞生及发展

互联网的出现与发展极大地改变着人们的生活,推动了信息产业的蓬勃兴起,带来了现代广告业的一场深刻变革。以 Internet 为传播媒介的网络广告(Internet Advertising)业已成为当今欧、美发达国家最热门的广告形式。网络对我国广告业的影响也显而易见,广告主、广告公司和客商也开始涉足网络广告这一新空间。它改变了以往以平面媒介、电视、广播等媒介为主的广告格局,互联网使得无论广告公司还是营销厂商都面临着改变营销传播方法及选取媒体的压力和机遇。

#### 9.4.1.1　网络广告的诞生

网络广告产生于美国,最初尝试网络广告的是一家名为 Prodigy 的网络公司(后来被 AT&T 并购),Prodigy 最初试图向互联网信息的订阅者发布广告,但 Prodigy 的这一尝试最后还是以失败告终。最早的网络广告应用还要从一对律师夫妇开始。1994 年,专门从事有关移民法的律师夫妇,有一次在互联网的新闻组上解答移民相关的问题后,收到了很多人的咨询信件。这件事情让这一对夫妇做出了一个非常大胆的决定:将与美国绿卡相关的广告登载到七千多个新闻组上。由于当时的互联网的使用还局限在大学、机关、军队等非营利性组织,所以他们的这种行为招来了很多人的抗议,这对夫妇所使用的邮箱系统因此瘫痪了多次。1994 年 10 月 27 日,美国著名的热线杂志(Hotwired)卖出了世界上第一个网络广告;1998 年 6 月,在法国世界杯和克林顿绯闻案中,互联网以其特有的交互性,第一次压倒报刊、广播、电视等传统媒体,确立了网络媒体的地位;1999 年第 46 届戛纳国际广告节将网络广告列为继平面广告,影视广告之后的第三类评奖形式,成为三大赛项之一。

中国 IT 界也于 1997~1998 年意识到网络广告的广阔前景,于是逐渐有网络广告出现在我国的网站中。中国的第一个商业性的网络广告出现在 1997 年 3 月,由国内最早在互联网上投放广告的 Intel 公司投放在天极网上,广告表现形式为 468×60 像素的动画旗帜广告;1998 年 6 月,国中网报道世界杯足球赛获 200 万人民币广告收入,这一事件标志着网络媒体广告在内地登陆成功;1999 年,北京三元牛奶在网易上发布网络广告,开创了我国传统企业做网络广告的先河。

#### 9.4.1.2 网络广告的表现形式和发展趋势

网络传播应用形式的多种多样,既可以容纳文字、图片,也可以容纳影像等,这直接导致网络广告表现形式丰富多彩,经过多年发展,网络广告的形式已经基础稳定,但网络广告的分类却十分混乱,缺乏统一标准。CNNIC 每年都对网络广告的形式进行分类统计,但其分类不够完善,有些方面容易造成误解;业内人士也进行了研讨,但采用的方法较为简单,仅仅是泛泛而谈。

我们着重了解几种分类。

1)网页广告 网页广告主要是指基于因特网浏览器技术,当用户打开浏览器即可呈现在页面上的广告载体。据统计,网页广告在网络广告中占 54% 以上的比例,同时位置居于页面上方的首要位置,被证实传播是最有效的。网页广告在网络上应用得最为普遍,一般有以下几种。

(1)旗帜广告 旗帜广告(banner)也叫网幅广告、页眉广告。网络媒体在自己网站的页面中分割出一定大小的一个画面(视各媒体的版面规划而定)发布广告,因其像一面旗帜,所以称为旗帜广告。它通常有四种形式:全幅,尺寸为 468×60 像素;全幅加直式导航条,尺寸为 392×72 像素;半幅,尺寸为 234×60 像素;直幅,尺寸为 120×240 像素。旗帜广告允许客户用极简练的语言、图片介绍企业的产品或宣传企业形象。旗帜广告还可分为非链接型和链接型两种。非链接型不与广告主的主页或网站相链接,浏览者也可以点选,进而看到广告主想要传递的更详细的信息。为了吸引更多的浏览者注意并点选,旗帜广告在制作上经历了由静态向动态的演变。动态旗帜广告利用多种多样的艺术形式进行处理,往往做成动画形式,具有跳动效果或霓虹灯的闪烁效果,非常具有吸引力。此种广告重在树立企业的形象,扩大企业的知名度。

(2)按钮式广告 按钮式广告是一种小面积的广告形式,这种广告形式被开发出来主要有两个原因,一方面是可以通过减小面积来降低购买成本,让小预算的广告主能够有能力进行购买。另一方面是更好地利用网页中比较小面积的零散空白位。常见的按钮式广告有 125×125,120×90,120×60,88×31 四种尺寸。在进行购买的时候,广告主也可以购买连续位置的几个按钮式广告组成双按钮广告,三按钮广告等,以加强宣传效果。按钮式广告一般容量比较小,常见的有 JPEG、GIF、Flash 三种格式。

(3)通栏式广告　通栏式广告实际是横幅式广告的一种升级。横幅式广告出现的初期用户认可程度很高,有不错的效果。但是伴随时间的推移,人们对横幅式广告已经开始变得麻木。于是广告主和媒体开发了通栏式广告,它比横幅式广告更长,面积更大,更具有表现力,更吸引人。一般的通栏式广告尺寸有 590×105,590×80 等。也已经成为一种常见的广告形式。

(4)弹出式广告　弹出式广告是互联网上的一种在线广告形式,意图透过广告来增加网站流量。它通过用户在进入网页时,自动开启一个新的浏览器视窗,以吸引读者直接到相关网址浏览,从而收到宣传效果。这种广告一般都透过网页的 JavaScript 指令来启动,但也有通过其他形式启动的。由于弹出式广告的过分泛滥,很多浏览器或者浏览器组件也加入了弹出式窗口杀手的功能,以屏蔽这样的广告。弹出式广告不一定会在浏览器的最上层出现,有部分弹出式广告刻意地把自己安排在视窗的最底层,或把自己缩小隐藏,意图在用户不注意的情况下搜集用户的上网行为或下载及安装未经用户许可的软件或插件。这种行为,大多数用户都认为已属于滋扰行为。

2)搜索引擎广告　搜索引擎广告是指广告主根据自己的产品或服务的内容、特点等,确定相关的关键词,撰写广告内容并自主定价投放的广告。当用户搜索到广告主投放的关键词时,相应的广告就会展示(关键词有多个用户购买时,根据竞价排名原则展示),并在用户点击后按照广告主对该关键词的出价收费,无点击不收费。

3)电子邮件广告　电子邮件广告是指通过互联网将广告发到用户电子邮箱的网络广告形式,它针对性强,传播面广,信息量大,其形式类似于直邮广告(DM)。通常情况下,网络用户需要事先同意加入到该电子邮件广告邮件列表中,以表示同意接受这类广告信息,他才会接受到电子邮件广告,这是一种许可行销的模式。那些未经许可而收到的电子邮件广告通常被视为垃圾邮件。但由于垃圾邮件泛滥等问题,致使该广告形式在我国发展缓慢。

4)软件广告　软件广告也叫搭载广告,软件作者把含有广告代码的插件或者广告链接捆绑在软件中,在用户安装软件的同时,能够将插件同时安装在用户的电脑上,并能够把广告标志显示在软件界面中。软件使用者如果使用该软件或者点击界面上的广告链接,就会弹出广告信息。所搭载的软件主要是常用的聊天软件、工具软件等,如 QQ、金山词霸等。

5)富媒体广告　随着技术的进步,网络广告因带宽限制而导致的广告文件小的问题,在技术上逐步摆脱了这一拓展网络广告形式的羁绊,随之富媒体广告应运而生。实际上富媒体广告并不是一种具体的互联网媒体形式,而是指具有动画、声音、视频或交互性的信息传播方法,包含下列常见的形式之一或者几种的组合:流媒体、声音、Flash 以及 Java、Javascript、DHTML 等程序设计语言,在表现形式上综合了在页面载体上呈现的各种单一的广告形式,使广告更具视觉冲击力、听觉表现力、大容量和交互性。

网络广告在因特网和计算机的支持下容纳了数以万计的内容和信息,它的广告信息面之广、量之大是传统媒体甚至是其他类型的新媒体都无法比拟的。随着计算机和数据传输技术的普及和发展,越来越多的组织和个人在发布网络广告,使得网络广告呈现出两个尤其明显的发展趋势。

(1)网络广告受众针对性更强　针对传统网络广告在网上"撒网式"的捕捉消费者,受众定位不明显的特点,网络广告将利用技术手段,制作针对性更强的广告形式与内容,表现出互联网大众传播向窄众传播的趋势,这主要包括个性化定制广告、关键词广告和网络游戏广告。

①个性化定制广告。市场营销人员已经意识到,较之传统的网络广告,个性化定制网络广告的效果非常显著。就以大众汽车公司 Jetta A4 汽车上市时的网络广告战为例。当时 Jetta A4 汽车通过网络广告网站,在各网站投放了 1 亿条普通的品牌网络广告,其点击数为 9 000次,其点击率仅为 0.09‰。同时,他们还投放了 1 千万条个性化定制网络广告,其点击数达到了 1 万次,个性化定制广告的点击率则为 1‰。

所谓个性化定制广告,是基于数据库的网络广告定制体系。简单地说就是追踪网站用户的在线行为,根据用户的行为找出他们的兴趣和习惯,基于用户兴趣和习惯,为用户提供和他们的兴趣习惯相关的广告。而按照不同的网络广告的定制系统,可以分为纵向定制和横向定制两种。纵向定制指的是不管这个网络用户访问哪个网站,不间断地向其提供和其兴趣和习惯相关的广告。横向定制指的是根据网络的不同分类,在相同类型的网站打出相关的网络广告。不管是纵向定制还是横向定制,可以看出个性化定制网络广告的过人之处就在于它的“有的放矢”。针对受众的个性化特点,提供针对性的广告,其广告效果将更有可能实现预计的效果。

②关键词广告。关键词广告也称为“关键词检索”。简单来说,就是当用户利用某一关键词进行检索,在检索结果页面会出现与该关键词相关的广告内容。由于关键词广告是对特定关键词的检索,因此关键词广告相对于报纸、杂志、电视等传统媒体动辄上万的广告投入更经济,具有良好的投资回报率。

关键词广告的特点主要表现在以下几点。

第一,关键词广告形式比较简单。关键词广告通常是文字广告,其中主要包括广告标题、简介、网址等要素,一般在搜索结果页面中与自然搜索结果分开,如 Google、百度等搜索引擎都采取这种模式。

第二,可以随时进行投放。关键词广告信息可以随时出现在检索结果中,也可以随时终止投放关键词广告。根据这一特点,如果一个网站是刚刚建成发布,相对于用其他网站推广方法进行推广可能有一定的滞后效应,那么就可以尽快采用关键词广告推广来获得用户的关注。

第三,计价模式灵活。关键词广告一般采用按点击收费的计价模式且费用可以控制,与一般收费收录搜索引擎按年度收取费用相比,关键词广告的定价模式并非固定收费,而是按点击收费,只有用户点击广告才开始计费,对于只是显示而没有点击的情况并不需要付费,因此所有的费用都是“有效的”,改变了一般收费搜索引擎一次性付费的弊端。

第四,广告信息的位置可以进行选择。通过进行关键词的合理选择,以及对每次点击价格等进行合理设置,就可以预先估算推广信息可能出现的大致位置,从而避免了一般网络广告的盲目性,对于自然检索结果排名位置的不可预测性也是一个补充。可以方便地进行调整。出现在搜索结果页面的关键词广告信息,包括标题、内容摘要、链接 URL 等都是用户自行设定的,并且可以方便地进行调整,这与搜索引擎自然检索结果中的信息完全不同。自然检索结果中的网页标题和摘要信息取决于搜索引擎自身的检索规则,用户只能被动适应,如果网页的搜索引擎友好性不太理想，向受众呈现出广告主的负面信息，或者显示的摘要信息对用户没有吸引力，从而无法保证推广效果。

第五，可引导潜在用户直达目的网页。由于关键词广告信息是由用户自行设定的，当用户点击推广信息标题链接时，可以引导用户来到任何一个期望的网页。在自然检索结果中，搜索引擎收录的网页和网址是一一对应的，而在关键词广告信息中可以根据需要设计更有吸引力的标题和摘要信息，并可以让推广信息链接到期望的目的网页，如重要产品页面等。

第六，关键词广告可以随时查看点击量。经常对广告效果进行记录和分析并制作统计报告可以为广告策略的调整提供依据。当购买了关键词广告之后，服务商通常会为用户提供一个管理入口，可以实时在线查看广告点击情况以及费用。可以查询的指标一般包括：每个关键词已经显示的次数、被点击的次数、点击率、关键词的当前价格、每天的点击次数和费用、累计费用等。如果同时购买多个关键词广告，还有必要进行比较分析，这样可以逐步积累使用关键词广告的经验。

③网络游戏广告。网络游戏凭借互动体验、全感参与、在线交流等优势正迅速发展成为互联网中新的业务增长点，不仅赚足了玩家的金钱，还将他们的“注意力”作为一种资源转给部分广告商，进行“二次销售”。商家选择网络游戏做广告正是基于其目标对象的针对性、稳固的媒体接触惯性、相对低廉的成本等优势，并希望借助游戏较高的认同度所产生的“晕轮效应”，以增加消费者对本企业产品的认知与关注，形成一定的品牌偏好，继而促进销售业绩的提升。

其主要优势表现在以下几点。

其一，广告发布的针对性强。一方面网络游戏的主要玩家群一般为 18 ~ 30 岁的年轻人。明确的广告诉求对象，让广告主做到有的放矢，避免资金投入浪费。另一方面网络游戏一般以省、市为单位，通过架设多个服务器，把不同地区的玩家引导入最近的服务器上以保证游戏的稳定进行。这样就致使网络游戏玩家的分布有着鲜明的地域性。另外玩网络游戏的花费除了一般的上网费用外还需要玩家购买网点卡。玩家为了方便给游戏充值，在注册时必定要留下详尽而准确的用户资料，这在无形中就形成了十分有价值的资料库。正因为这些特点使得广告商可以就年轻人的性格、喜好及所处地域等特征发布有针对性的广告或制订销售策略。

其二，广告发布方式灵活多变。网络游戏广告多以内在形式嵌入游戏的界面或内容，方式隐蔽而易于让人接受。可根据广告主的产品定制不同形式的网络游戏，也可使广告商品成为网络游戏的道具或场景。

其三，市场促销方式新颖多样。一是广告客户可结合网络游戏举办公关活动；二是在游戏销售网点赠送小纪念品，由网络游戏衍生的小礼品对玩家具有强烈的吸引力；三是借网络游戏代言人召开记者招待会或玩家见面会，由广告主负责提供会场上所用的招待物，在参会者离场时还可派送产品小样；四是免费提供游戏程序软件，增加网络游戏的玩家人数。

(2)富媒体广告应用广泛　在互联网发展的初期，因为带宽的原因，网站的内容以文本和少量的低质量的 GIF、JPG 图片为主，我们通常所说的网络广告也主要是指旗帜广告。随着技术的进步以及消费市场的成熟，出现了具备声音、图像、文字等多媒体组合的富媒体，以此技术设计的广告叫作富媒体广告。

和当前的网络广告相比较,富媒体广告有三个独特的功能利益点。

第一,创新性和互动性带动了广告点击率的显著提高。由于富媒体广告融合了视频、音频及互动于一体,将网络广告的形式提升到一种新境界。据 Double Click 的调查数据显示,富媒体广告的平均点击率是其他广告的五倍,越来越多的人逐渐意识到富媒体广告的现实功效,开始利用富媒体制作优秀的广告来娱乐、吸引、教育在线受众,促进产品销售。

第二,参与性和可测性有助于品牌建设。丰富的媒介渠道也带来丰富的绩效指标,借助富媒体技术,广告主可以获得用户和广告互动时间长短、用户关注广告的程度等信息,最为重要的是还可以了解到品牌偏好度、讯息相关性和购买意向等绩效指标。这些指标对品牌建设至关重要,而以往的网络广告除了记录点击率,对这些数据无能为力。

第三,服务性和标准化消除了人们对网络广告的偏见。早期的富媒体广告制作技术不太成熟,形式上也缺乏通用的行业标准,容易跟网站运行程序相冲突。如今的富媒体广告虽然有完善的空间,但是各家公司所采用的技术和模式已基本固定。以国内的 icast 公司的系列广告来说,其在 CPU 资源、网络带宽上的要求被降到了最低,其智能系统充分从受众角度出发,使广告投放更人性化。当网络繁忙时它会自动降低或暂停下载速度,不再像过去的广告那样野蛮地抢占资源。

对于网民来说,富媒体广告使网络广告不再是占用网络资源和网民时间的网络垃圾,而是一种服务、一种愉悦。但是网站和广告从业者仍面临着一些挑战。例如,需求的多样性对行业标准造成压力,在多媒体基础上增加客户自定义编程接口(custom API)带来的技术难题,业务量的增大要求从工作流程上对富媒体广告的设计、创意、推广、营销等方面加以整合。

## 9.4.2 网络广告的定义和特点

### 9.4.2.1 网络广告的定义

网络广告发展至今尽管已经深入到网络信息传播的方方面面,但对网络广告的定义仍是仁者见仁,智者见智。

一方面,随着信息传播权的下放,网络中的传受关系已变得十分模糊,有关商品、品牌信息的传播,即使具有很强的商业性,也无法从广泛意义上认定该传播行为背后由广告主发起,还是商业资金支持,或是网民自发的传播;另一方面,互联网的高速发展和技术革新给予了互联网应用本身更多的发展空间,给予互联网信息传播少数具体的载体有失草率,如近年来应用广泛的"博客传播"、"微博传播"、"微博营销"等,既是新生应用,也是新的传播载体。因此,根据网络的特点,我们认为:网络广告是基于网络软硬件平台,以网络应用为载体,传播商品或服务信息的网络传播行为。

### 9.4.2.2 网络广告的特点

网络广告不仅具备传统媒体广告的特点,而且具备传统媒体无法比拟的特点。

1)网络广告的心理优势　网络媒体和网络广告与传统媒体和传统媒体广告相比,其最大优势不在技术上,而在心理上。对网民的研究表明,消费者之所以点击广告,心理因素是主要动因。网络广告是一种以消费者为导向,个性化的广告形式,它可激发消费者的好奇心,诱导消费者行为。消费者拥有比传统媒体面前更大的自由。他们可根据自己的个性特点,根据自己的喜好,选择是否接收,接收哪些广告信息。一旦消费者做出选择点击广告条,其心理上已经基本认同,在随后的广告双向交流中,广告信息可以毫无阻碍地进入消费者的心中,实现对消费者的高效的劝导。

2)网络广告自身特点　网络广告自身的特点比较明显,有以下几点。

(1)覆盖范围广泛　网络连接着世界范围内的计算机,它是由遍及世界各地大大小小的各种网络,按照统一的通信协议组成的一个全球性的信息传输网络。

(2)信息容量大　在互联网上,广告主提供的信息容量是不受限制的。

(3)视听效果的综合性强　媒体网络是伴随着新科技发展起来的。网络广告有其先进的技术手段,具有传统媒体在文字、声音、画面、音乐、动画、三维空间、虚拟视觉等方面的一切功能,实现了完美的统一。

(4)实时性与持久性的统一　网络媒体具有随时更改信息的功能,广告主可以根据需要随时进行广告信息的改动,广告主可以24小时调整产品价格、商品信息,并及时将最新的产品信息传播给消费者,形成网络互动。网络媒体也可以长久保存广告信息,在互联网上,广告主建立起有关行业产品的网站,吸引网民注意力,随时等待消费者查询。从而实现实时性与持久性的统一。

(5)广告投放准确　网络广告的准确性包括两个方面,一方面是广告主投放目标市场的准确性,另一方面体现在广告受众的准确性上。上网是需要付费的,消费者浏览站点的时候,只会选择真正感兴趣的广告信息,所以网络广告信息到达受众方的准确性高。同时也可以在视觉、听觉甚至触觉方面,给消费者以全面、崭新的视角,增加网民点击次数。

### 9.4.3　网络广告的创意与制作

广告创意对广告的有效性有着至关重要的影响。一个好的网络广告创意,不仅要考虑在视觉和内容上的"新"、"奇"、"特",而且必须在设计和制作广告创意时,对所要传递产品或服务的利益点、广告主要求或受众需求进行合理的分析、推断,进而以文字、图片、视频等网络广告表现形式,用简洁的表述和画面在较短的时间内予以展示,吸引受众注意力,树立良好的形象,获得有效互动以及促成为广告主谋利的相关行为。

#### 9.4.3.1　网络广告创意原则

当代著名广告人,灵智精实广告公司副总经理吕勇曾谈到,影响网络广告创意的因素主要来自互联网本身,即互联网的媒介特性对创意有着显著影响。

首先,互动性是互联网作为媒介的独特优势。利克里德尔在《人——机共生》一书中大胆预言"人通过机器的交流将变得比人与人、面对面的交流更加有效",无疑预见了互联网的互动性在沟通中的巨大潜力。互联网叠加了网络的通讯能力和电脑的丰富终端表现能力,使人们可以更加有效地沟通和交流。充分发挥互联网的通讯优势(双向互动)、利用电脑终端的丰富表现形式是对广告创意的巨大挑战。

其次,互联网是一个超媒介,它融合了其他媒介的特点。当我们从渗透力、目标对象的定位能力、冲击力和说服力四个方面评估各种媒介时(因目标受众和行销区域的不同而有不同的评估结果),互联网在这四个方面同时具有优势的均衡媒介。互联网因为不同的传播目的、不同的传播对象，可以承载不同的广告创意。

再次，电脑终端的显示尺寸限制。虽然有 Unicast 的 Superstitial 这样的全屏创意形式，但大多数情况下，网络广告的创意被局限在 765×60 或 300×300 像素的小尺寸（因显示器的尺寸而有大小变化）里，但这更多影响的是创意的表现，而不是创意的灵感或思路。

最后，互联网的高科技性。互联网是电脑科技和网络科技的结合，注定这个媒介的高科技特性，也带来了更加多变的表现方法，为网络广告创意提供了更多的创意方向。

因此，要设计出适合网络传播又具备鲜明创意的网络广告，除遵循广告创意的一般性原则外，必须遵循以下原则。

1）非强迫性　广播电视的广告传播存在强制性，网络广告传播更看重的是受众的主动点击。在网络世界中，由于在同一网页中可浏览的信息众多，网民可以选择不看广告，因此网络广告要想引起受众的注意，良好的创意就至关重要了。

2）精准性　网络广告与传统媒介广告相比具有定向传播的特点。互联网上有一些专业性很强的网站，在这些网站上投放的与其内容相关的广告就非常有针对性，因为浏览这些网站的网民不是产品的目标消费者就是潜在消费者。他们对该类广告信息比普通人更感兴趣，因而主动点击率更高。另外，通过网络技术的应用，商家还能根据用户的兴趣爱好向其邮箱发送特定的广告信件，将现实世界中针对性很强的 DM（直邮）广告网络化。

3）互动性　传统的大众传媒具有很明显的“传强受弱”的特点。也就是说，传统的三大传媒中，传者就是媒介，受者就是公众，二者泾渭分明，是典型的“主体-客体”的传播，互动性差。而在网络传播中，由于网民可以自由传播信息、发表评论，成为了一级传播主体，因此传统的“主体-客体”的传播就演变成了“主体-主体”的传播，传受之间互动性大为增强。就创意而言，互动性是网络广告所独有的特性。由于传统媒介并不具备通信特性，在传统媒介可以借助短信互动前，最多也只能用电话和书信来互动。而网络广告的互动是实时、多次和持续的互动。这样的互动使基于人机的交互更有可能胜于人与人、面对面的互动，因为它利用了计算机的多媒体功能。它使交互可以借助图形、声音，可以超越交互双方的知识范围。网络中的一些竞猜、投票、游戏类广告就典型地反映了这一特点。

4）多样性　传统广告主曾经不看好网络广告，认为其幅面较窄，信息传播量有限。随着横幅式广告（horizontal Banner）、按钮式广告（buttons/Icon）、墙纸式广告（wallpaper）、插页式广告（interstitial Ads）等广告形式的逐渐完善和 iCast、搜索引擎广告等新形式的出现，网络广告的创意获得了崭新的突破。

5）个性化　个性化消费是消费的趋势，网络广告是获取个性化信息的重要手段。网络广告给受众提供充分的选择机会——更实惠的价格、更便利的购买渠道等。受众对产品或服务产生兴趣，可以点选广告了解更多情况，还可用电子邮件进行线上订购，通过电汇付款，通过邮寄或送货上门进行实物交割。而传统媒体因篇幅所限，一般都由感兴趣的受众，通过电话垂询产品信息。网络广告通常不会发生传统广告常有的“脱节”现象。企业可以在网站主页上设立虚拟店铺，吸引消费者进入虚拟商店购物。

#### 9.4.3.2　网络广告的创意技巧

1）善用超链接　悬念广告是指通过在广告中设置悬念，引起受众的好奇心，激发起他们的关注情绪，然后通过解释悬念，使受众记住相关的信息。而在传统媒介的广告中，解悬信息是依次呈现的,受众可能会由于一次或几次连续解不开悬念而选择放弃。网络广告通过超链接技术则可轻松解决这一问题。超链接是指从一个网页指向一个目标的连接关系,这个目标可以是另一个网页、图片、电子邮件地址、文件,甚至是一个应用程序。而在一个网页中用来超链接的对象,可以是一段文本或者是一个图片,悬念广告的答案就隐藏在链接背后,受众可以自主选择循序渐进,由浅入深地了解信息,或者选择一步登天,直接通过超链接了解答案。比如大众汽车在巴西推广旗下的皮卡车型时就制作了一个网页广告《穿越亚马逊》,广告设置了该款汽车能否顺利通过亚马逊的悬念。在该款汽车穿越亚马逊的行进过程中,受众不但可以任意点击大众皮卡汽车上的不同部分,逐一了解各种保障汽车顺利穿越亚马逊的性能和技术,也可直接链接到该款汽车详细的技术参数指标网页。

2)巧用失调　现实世界中,人们对物体大小比例的知觉是有一定认知习惯的,过大或过小都会造成人们的认知失调,网络广告也可使用这种技巧。通常网站上的旗帜广告大都采用648×60的横幅形式或120×270的对联形式,而IBM公司推出的AS/400电子服务器广告则大胆采用了148×800的长幅形式,通过纵向的延伸,表达出了比普通旗帜广告更多的广告信息,使受众充分接收、了解产品信息,获得不俗的销售业绩。布加迪威龙跑车为了展示该车在速度上的优势,也曾运用比例失调技巧制作过一个400×1600的旗帜广告。广告以马路为背景,布加迪威龙跑车与其他汽车同场竞速,以极快的速度遥遥领先一骑绝尘。

除了比例失调,还可以尝试版面失调技巧。一些受众经常访问的门户网站在版面安排上有一些固定的模式,比如搜狐的首页新闻在屏幕的左侧,新浪的首页新闻在屏幕的右侧,而两个门户网站的电子邮箱则总是在最上方等。除非极个别情况下,网页版面的总体安排一般很少发生变化,由于过度习惯,因此受众在浏览这些网页时难免会主观地过滤掉一部分信息。但是广告信息与新闻信息不同,广告信息注重的是能否吸引网民的注意。因此,一旦原来的版面模式安排突然发生变化,就会导致网民对原本熟悉的网站不适应,从而促使受众重新浏览、阅读网页信息,尤其是打破这种版面模式的广告元素。例如,一汽马自达新款汽车的网络广告就曾经以汽车的形状出现在新浪首页中,完全打破了新浪原有的版面模式,起到了很好的效果。

3)注重互动体验　互动性是网络媒体相对于传统媒体的最大的优势,而互动体验的目的在于使受众有一个对商品、服务,甚至品牌的完整体验。一般情况下,网络的互动性可分为心理参与和行为参与两个层面,积极的互动心理参与是网络广告进行互动的第一步,个性化和悬疑式的广告创作策略对吸引网络受众进行心理参与具有明显的作用。而赢得受众心理期望之后,如何引导受众进一步的行为参与则是网络广告的关键所在。参与的便利性、奖励的易获性和受众对信息需求的迫切性都是影响受众对网络广告行为参与互动的基本要素,而体验式、激励式和游戏式策略不失为行为卓有成效的互动策略。因此,网络广告可以设计一些受众可以参与进来的要素,让受众觉得自己是在参与某项活动,而不是以旁观者的身份在听人说教。这种创意方式以消费者的娱乐体验为诉求,因而更能激发消费者的购买欲望。

### 9.4.4　网络广告的文案创意

网络广告方案是一种应用于网络各种广告呈现形式上,适合于市场营销细分化趋势的新媒体写作文案。

### 9.4.4.1 网络广告文案特征

进入网络世界,看到的是由画面、文案、声音共同组合而成的五彩斑斓的世界。在这一点上,它给广告人提供了无限创意的空间,既可以选择一般印刷媒体所采用的文图混编的模式,也可以通过动画演示像电视媒体一样用生动的面面来吸引受众,还可以加入音乐,将受众的听觉积极地调动起来。

1)多媒体性　互联网的存在是建立在无数台个人电脑连接的基础上的,它能够多方面、多层次地将信息发布整合,创造出了一种新兴的传播媒体形式。同时,广告投放商可以随时获得用户的反馈信息,建立完整的客户资料。网民也不再只是被动地接受广告,而可以有选择地接受或对之做出反应。

2)及时性　相对于一般印刷媒体和电视、广播来说,广告发布的及时性是广告投放商最为关注的问题,也直接影响着产品的销售情况。网络自由链接的特性,使得互联网几乎成为了一个没有任何界限的广告发布媒体。人们可以在第一时间了解产品广告的内容,并做出相应的反馈。

3)广告效果的可预测性　与传统的媒介广告到达率相比较,网络媒体上的广告测算要简单得多。受众对某一条广告的点击率,以及在点击后的实际购买率,包括受众查阅信息的分布范围和时间等,都可以通过网络服务器查找。实际上,网络广告最为关注的就是点击率,这点正是影响网络广告文案写作的重要因素。

4)无限制性　一般印刷媒体以及广播几乎都受到时间和空间的限制。比如,上海的读者不能看到北京晚报的报纸广告;电视广告不能在一天 24 小时都不停地播放。而在网络上,这些都不成为问题,无论何时何地,打开相同的网页,网络广告都能在受众面前及时出现。

### 9.4.4.2 网络广告文案写作

网络广告的策略基本有两种形式:定向传播策略与交互传播策略。根据其不同特点,文案的写作要求也有所不同。

1)定向传播的广告策略和文案写作风格　定向传播是指对某些特定的目标受众进行有针对性的传播。

在互联网上,有些企业通过一些特定机构购买潜在消费者名单,利用电子邮件、电子新闻组等方式,向潜在消费者发布广告信息。这种做法与直邮广告比较相近。好处在于针对性强,广告投入较少浪费,但如果运用不当,极易引起受众的反感,招致大量抗议函件,甚至导致企业声誉受损。因而,准确选择目标受众,把广告发给希望得到有关信息的人是这种广告策略成功的关键。

把生动的网络广告放在能吸引某些特定细分市场的站点上,对提高企业或品牌知名度非常有效。尽管网络市场广阔,但还是可以细分成很多部分,这些细分的受众有特殊的兴趣与需要,给定向传播提供了更精确的传播途径。比如,一则关于跑鞋的广告放在体育网站上,化妆品的广告放在女性网站上,会有较精确的到达率。

2)交互式传播的广告策略和文案写作风格　互联网突破了传统媒体单向传播的局限,

为受众与媒体间的双向交流提供了可能。受众不再是被动的接受者,他们也可以发布信息,可以主动寻找信息,对信息做出回应等。

在各娱乐性、综合性网站上发布的图标广告、旗帜广告以及其他广告的形式,可采用设置悬念或诱导性、号召性语言与形式,引发访问者的点击与参与。很多广告主运用网络广告并不满足于仅仅提升品牌的知名度,传播品牌形象,还希望能吸引受众进行更深接触,因而将广告与企业主页相链接,这就要求提高点击率。以此为目的的广告,在文案写作中就应注意设置悬念,不把信息说尽;或者设置参与性内容,引起访问者兴趣,拉近他们与品牌的关系。

有时主动搜寻相关信息的受众会利用搜索引擎或门户网站的链接,链接到企业的主页。对于这些访问者来说,由于有明确的目的性,深入而详细的信息会有较大的影响力。宝洁公司是较早认识到网络价值的广告主之一。他们不仅建立了几十个专题网站,而且通过网络广告与其他活动相配合,推出了“润妍”洗发系列产品。公司运用 Flash 动画制作技术配合新颖的创意表现形式,创作了“润妍”的网络广告,并选择了在综合门户网站、区域性门户站点、知名女性网站进行投放。据统计,由网络广告的点击而进入“润妍”品牌网站并成为其注册用户的人数近 1.5 万左右。通过独具创意的网络广告投放,宝洁公司达到了预期的广告目的及效果。一方面,提高了产品的知名度,增加了“润妍”品牌网站的访问量与注册用户数;另一方面,增加了线下推广活动(润妍女性俱乐部、润妍女性电影专场)的参加人数。达到一种从线上向线下的推广,成功创造了一个网络塑造品牌的典范。

#### 9.4.4.3 网络广告文案写作的注意事项

一个能够打动消费者的广告必须依靠精良的文案,策划过程中的消费者定位、公众的心理及广告的表现形式,这三个环节是整个文案设计的灵魂。如果对这三个重要环节把握恰当,就能合理准确地反映广告创意,获得很好的广告效益。

文案是广告设计的指导思想,广告文案的策划在很大程度上是对广告基础理论的研究和把握。广告作为信息产业的门类之一,在开放性社会中,这种信息活动不可避免地需要其他学科介入。广告是融营销学、市场学、传播学、心理学、设计学、社会学等多学科为一体的综合性科学,它不是单一学科能够代替的。一个好的广告文案的策划是对包括市场、产品、消费者、竞争对手在内的市场营销策略和广告策略、媒体策略等一整套的广告科学决策的研究概况。总的来说,广告文案策划有三个重要的环节——消费者定位、公众的心理及广告的表现形式。

1)消费者定位　广告定位理论是美国资深广告专家 Ries 和 Trout 于 20 世纪 60 年代末期提出的,后经过两位专家十余年的验证和补充而日渐成熟,现已成为国际广告界一个不容忽视的理论体系。定位应是一种观念,定位不是去创作某种新奇或与众不同的事,其目标不是产品,而是在潜在消费者的心目中挤占一块有利的位置,这一位置抢占得大与小、成与败都取决于定位的准确性。广告的文案是广告准确定位的最基本依据,在文案中定位理论发挥作用是以不改变其本质特性为目的的。广告文案的定位首先是为做广告的产品找一个合适的位置。在商业行为中,定位的准确恰当不仅使产品在当前获得效益,而且在潜在的消费者心目中也要占领有利的地位。“西藏啤酒”的广告文案定位成就充分说明了这一点。西藏从地理位置上讲地处我国西南,给人以遥远神秘的感觉。西藏生产的啤酒,人们首先想到的是可能只在当地销售。但是,忽然有一天,电视中传来了西藏啤酒在香港成为抢手货的消息,让人大吃一惊。再看它的广告,事实证明了定位的力量,西藏啤酒在其成功之前没有对产品做任何改变,还是原来的设备、技术、原料,它仅仅是强调了一件事——"它是用海拔6 000米以上的世界上最纯净的水酿制的"。

国内最大的高科技电脑公司北大方正的广告文案将定位点定在了企业的精神内涵上,"纵天南地北,任风狂浪大,我心系远方,行大道中正——北大方正",这是以藏字诗的形式巧妙地把"北大方正"嵌入了诗中,不仅有诗韵,更是用这精练的语言,给人一种坚固踏实的精神力量,让消费者在购买产品的同时,联想到这是一个优秀的具有中华民族文化底蕴的、现代化的高科技,并且具有高远志向的企业形象。

2)公众的心理　在广告成为参与市场竞争的重磅武器的今天,品种的繁杂使消费者眼花缭乱目不暇接。据 2001 年全国 50 家报刊媒体的统计,在被投放的广告中,只有 1/5 的广告能给观众留下一些影响,而这 1/5 中只有 1/2 能被正确理解,这仅仅有 4% 的广告能让消费者在 24 小时内有印象。

很显然,要使广告给消费者留下深刻的印象,赢得他们的好感,为企业带来较好的效益,在广告文案的策划之初就要对此潜在受众的心理进行调查研究,捕捉其易感善动的那一面,即消费者的态度、意念、好恶、兴趣和欲望。这样才能做到有的放矢,创作出真正触动公众的心灵,激励公众心理互动与行为互动,使其产生"引起注意——提起兴趣——激励欲望——加深印象——引起行动"效果的广告作品,从而使广告真正达到促销的目的。

比如,重庆奥妮洗发水的广告文案诉求在这一点上可以说是较为成功的。古人云:感人心者,莫先乎情。随着生活水平的提高和生活节奏的加快,人们在生活中情感付出、情感享受和情感幻想方面都有着特殊的需求。洗发水的广告很大程度上运用的是"靓女晃动长发"的模式,而百年润发洗发水却将商品寓于一种浓厚的情感氛围中,广告男女主角那一场历经磨难却生死不渝的爱情故事让无数的观众唏嘘不已。当消费者漫步于商场,面对众多品牌的洗发精,"百年润发"四个字很容易使人联想起由周润发所饰演的男主角深情款款为爱人洗发的情景。而这种美好的情感氛围正是消费者期待和渴望的,在这种情感感动中,广告很容易促使消费者产生购买行为。"乐百氏"纯净水的广告文案从科学的角度定位,真实坦白地讲述经过一层一层又一层,直到二十七层的过滤程序所形成的很纯净的水。这既运用理性推理,又抓住了情感群众情感活动的承诺感受,把深邃的"理"寄于"情"中,通过视觉上的反应,达到情感上的共鸣。"我就是我,晶晶亮——"这一则雪碧广告文案强调的是鲜明的个性和自我意识。在当今飞速发展的时代,人人都有自我实现、自我肯定的欲望,希望自己与众不同,卓越超群。文案策划人就是利用这种心理,将商品与消费者本人联系起来,通过对商品的宣传间接鼓动和激励消费者,从而影响消费。

3)表现形式的把握　文案设计要充分考虑和体现广告的表现形式,不仅要善于从产品本身寻找形象化的表面特征,同时也要善于把抽象的心理意念转化为可视可感的形象体现,而后者则更需要创造性的思维想象和高水平的策划能力。

广告以市场为核心,在一浪高过一浪的广告大战中,文案的实施应在现实生活感受的积累上。艺术地加工提炼,是一种既源于生活,又高于生活,浪漫主义与现实主义相结合的审美表现形式,不能只是漂亮辞藻的苍白堆砌。"孔府家酒叫人想家",这里没有华丽的言词,有的只是"家",它营造出了极富感染力的思乡氛围,透出深深的眷恋情结,直沁心脾,深入人心,它的设计是通过中华文化所特有的瓦房、服饰、方桌、书法、酒坛及温暖和谐的"全家福"来表现其文案的宗旨,实现了文案对于表现形式恰当、有效的把握,达到了广告效果与广告文案策划的协调与统一。

一则广告的文案策划不能全面铺开、面面俱到,只有找到一个单纯简洁的切入点,着重强调这一点的表现形式与公众接受形式的沟通,才能有可能使广告成为真正有效的广告。在代表国际广告最高水准的戛纳广告节上,大众汽车公司的一则广告就单纯到只体现大众汽车公司的"严谨":一位先生刮胡子时,来回开关检视着梳妆柜门,喝咖啡时,反复拿起杯盖查看——穿上工作服,来到一辆汽车面前,伸手拉开车门,然后重重关上,车门严丝合缝!这位先生终于露出了笑容,胸口的牌子上写着:"大众"的质检员。

文案是创意的体现,是智慧,是灵感,是综合能力的完美表达,是广告设计的出发点。随着市场的发展变化,广告文案的设计面越来越广,在市场的不断变化中汲取经验,不断改善调整策略,以理性的研究和感性的创意,时时紧扣消费者的心理变化而向前发展。这就成为广告文案策划的新要求。这些更促使我们提高知识素养,以严谨的态度、科学的思维、超凡的想象力去创造更多广告精品。

## 9.4.5 网络广告的创意策划

网络广告策划是整个网络广告活动的核心部分,它不是单纯的网络信息传播行为,而是从战略出发,服从于整个广告策划主旨的活动。因此,网络广告创意的起点与实施,就如同从建筑工人到建筑工程师的转变一样,使得我们必须学习从一名"广告匠"到"广告人"的转变。

### 9.4.5.1 网络广告策划的含义及内容

在传统的广告活动中,策划环节是有各种数据资料和理论工具支持的,而网络广告策划理论在新的网络环境下产生发展,必然有其独特性。网络广告形式繁杂,内容多样,受众精准,这就给策划带来了更大的空间。另外,网络广告策划是广告策划的一个组成部分,必须遵循一般广告策划的整体策略。因此,综合多方观点,我们认为网络广告策划是基于一般广告策划原则,根据互联网的特征及网络人群的特征,根据广告主的营销计划和广告目标,从全局角度所展开的一种运筹和规划。它包括细分策略、目标策略、渠道策略、内容策略四个方面。

1) 网络广告的细分策略　从传统的角度看,市场细分的主要方面有年龄、性别、受教育程度、地理位置、家庭收入、职业和购买行为等。对于网络这种全新渠道而言,传统的细分方法并不能完全适用,网络的独特性决定了细分变量的独特性。综合来看,在网络条件下,市场细分变量可以分为以下四种。

(1) 职业　网络消费者(亦即网民)可以分为学生、教师、医生、管理人员、工人等。由于不同职业的网民上网习惯不一样,比如,一个学生可能经常上校友录,访问各种学习网站,或是各种交友网站;而一位管理人员则可能经常查看新闻、行业动态、财经等内容。

(2) 行业　如教育行业、IT 行业、制造业、咨询业、医药业、通讯业、互联网业等。行业的划分具有很强的实用价值。比如一家通讯设备制造商,他就很可能在以制造业、通讯业和 IT

行业为主的网站或是内容板块上做广告。

(3)网站类型　如门户网站、搜索引擎网站、电子商务网站、论坛网站、音乐网站等。企业可以根据自身需要,对网站进行进一步的细分,以提高细分的准确性。比如,门户网站还可分为国内网站和国外网站,每个门户网站还可能有财经、科技、新闻等各个板块。从目前网站发展的情况来看,WEB 第二代应用已经来临,网站的职能也在进一步的细分,各种专业性的网站发展前景良好。

(4)上网时间　网民的上网时间大致可以分为 9:00 ~ 10:00、14:00 ~ 15:00 以及 20:00 ~ 22:00 三个上网高峰期。显然,进行这种划分主要是基于成本和效益的角度考虑的。企业在上网高峰期集中进行广告投放,而在其他时段可以停止投放或是减量投放。

2)网络广告的目标策略　归纳起来,网络广告的目标有六个方面:品牌推广、网站推广、销售促进、在线调研、消费者关系和信息发布。

(1)品牌推广　网络广告最主要的目标之一就表现在对企业品牌价值的提升,这也说明了为什么用户浏览却没有点击网络广告同样会在一定时期内产生效果,在所有的网络营销方法中,网络广告的品牌推广价值最为显著。同时,网络广告丰富的表现手段也为更好地展示产品信息和企业形象提供了必要条件。

(2)网站推广　网站推广是网络营销的主要职能,获得尽可能多的有效访问量也是网络营销取得成效的基础,网络广告对于网站推广的作用非常明显,通常出现在网络广告中的“点击这里”按钮就是对网站推广最好的支持,网络广告通常会链接到相关的产品页面或网站首页,如网页上的各种旗帜广告、文字广告等。用户对于网络广告的每次点击,都意味着为网站带来了访问量的增加。因此,常见的网络广告形式对于网站推广都具有明显的效果,尤其是关键词广告、旗帜广告、电子邮件广告等。

(3)销售促进　用户由于受到各种形式的网络广告吸引而获取产品信息,已成为影响用户购买行为的因素之一,尤其当网络广告与企业网站、网上商店等网络营销手段相结合时,这种产品促销活动的效果更为显著。网络广告对于销售的促进作用不仅表现在直接的在线销售,也表现在通过互联网获取产品信息后对网下销售的促进。

(4)在线调研　网络广告对于在线调研的价值可以表现在多个方面,如对消费者行为的研究、对于在线调查问卷的推广、对于各种网络广告形式和广告效果的测试、用户对于新产品的看法等。通过专业服务商的邮件列表开展在线调查,可以迅速获得特定用户群体的反馈信息,大大提高了市场调查的效率。

(5)消费者关系　网络广告所具有的对用户行为的跟踪分析功能为深入了解用户的需求和购买特点提供了必要的信息,这种信息不仅成为网上调研内容的组成部分,也为建立和改善消费者关系提供了必要条件。网络广告对消费者关系的改善也促进了品牌忠诚度的提高。

(6)信息发布　网络广告是向用户传递信息的一种手段,因此可以理解为信息发布的一种方式,通过网络广告投放,不仅可以将信息发布在自己的网站上,也可以发布在用户数量更多、用户定位程度更高的网站上,或者直接通过电子邮件发送给目标用户,从而获得更多用户的注意,大大增强了网络营销的信息发布功能。

不同的广告目标,就必须通过不同的形式,不同的媒体,制作不同内容的广告。网络广告的目标决策，为以后广告渠道的选择，广告的制作奠定了坚实的基础。这是网络广告营销战略中不可缺少的关键环节。



3）网络广告的渠道策略　根据网络的服务内容，网络广告可选择不同的投放位置。

（1）电子邮箱　理论上讲，在用户邮箱里放置网络广告，邮箱的每一个板块，每一个页面都可以放置广告。从形式上看，可以是文字链接、图片或是其他形式。比如，网易邮箱上的"易趣购物免费体验"就是以文字链接的形式放在邮箱"退出"按钮的旁边。一小行文字，既不扰人，又很引人注目。

（2）门户类网站　国内最知名的三大门户网站是新浪、搜狐和网易，在这些门户网站上，许多企业都在上面投放了大量的广告，而且形式也丰富多彩。比如，就有万事达公司、联想集团、富士通等大型公司的广告都曾出现在新浪网首页上，首页上还有其他各种购物网的广告等。从形式上看，有通栏广告、旗帜广告、浮动标识、文字链接等。但是，在门户上投放广告，特别是在首页上投放，由于广告位置有限，需求量过大，成本高昂，而且效果不一定最好。

（3）专业性网站　专业性网站是专门为某一行业、某一专业服务的网站，是和门户网站相对应的网站形式，也是未来网站发展的方向。门户网站五脏俱全，多且杂；而专业性网站充分发挥专业特长，往往能做到深入、专业。专业性网站包括有：搜索引擎网站，如百度等；软件下载网站，如天空软件等；在线音乐网站，如九天等；电子商务网站，如阿里巴巴等；教育网，如普特新闻听力等；其他的行业网站，如报纸、电视台、电台等。

（4）其他小型网站　这些网站规模较小，大多是根据某一方面而开通的网站。但是，从网络广告营销的角度看，网站虽小，只要广告有足够的曝光度，那也不失为一种好的选择。比如，最近刚刚兴起的窄告，就是相对广告而言的。它最大的特性是根据内容相关性放置广告，虽然传播范围较窄，但是针对性强。

从营销的角度来看，上面所谈到的可选渠道主要是从渠道的广度上谈，从深度上讲，网络广告的渠道则可以选择以下三种渠道。

一是首页。首页就是把广告投放在一个网站的首页上。由于首页是浏览者打开网页时看到的第一个页面，首页具有很强的曝光度。这也可以解释为什么很多企业都争先在首页上投放广告的原因，特别是在门户网站上，由于门户网站通常都有很大的访客流量，首页更是炙手可热，大有"首页崇拜"之势。

二是里页。里页也叫链接页，这是首页和内容页之间的所有页面。里页页面丰富，可供选择的机会较多，而且成本较低。从目前来看，里页利用得并不充分。企业完全可以在里页上大做文章，比如，在里页的不同深度上放置同样的广告，效果就很不错。

三是内容页。内容页这是网页底层的一页。浏览者通过层层的链接，最终都会到达内容页，这是他们浏览网页的终极目的地。和首页相比，内容页同样没有被完全利用，发展的空间很大。

4）网络广告的内容策略

（1）网络广告的信息决策　网络广告的信息决策不是一个孤立的过程，而是和前面所谈到的市场细分、媒体组合、目标决策和渠道选择相统一的过程。仅从网络广告来讲，网络广告可以提供非常丰富的信息，这是由于网络的特点所决定的。比如，七喜电脑在网易首页上做的通栏广告，不仅有电脑图片、价格、广告语和卖点，还有品牌宣传。点击进入则是关于七喜电脑的单独页面，里面有更加详细的内容，包括产品分类、规格、主要功能以及价格。可以说，网络广告可以提供几乎企业所想要提供的所有信息，同时成本低廉。但是由于网络广告的所有信息可能并不在同一个页面上提供，而是以链接的形式，要么链接到网站的更详细页，要么是直接链接到公司网站上，所以有两个步骤的决策是必要的。首先是引导性广告内容，这是引导受众点击并进入更详细页面的广告。引导性广告是最关键的一步，它像一个店面的招牌，将决定消费者是否进去店里。如果引导性广告不能吸引受众点击，里面的广告内容再精彩也是功亏一篑。因此，引导性广告要求内容简洁、重点突出，强调的是卖点。其次是里页的广告内容。如果第一步成功了，里页的广告内容就可以尽情发挥，可以把所有想要提供给消费者的信息都展示出来。

(2)广告的形式决策　广告展现给用户的时机和形式是一个非常关键的问题。电子邮件垃圾广告、弹出式广告、全屏广告等一些广告形式已被一些防止广告软件打入冷宫，对于这些广告来说，广告主除了支付高昂的广告费和引起用户反感之外一无所获。因此，展现广告有三个原则必须遵守。

首先是用户友好原则。这是指网络广告不要骚扰用户，更不能强制用户观看和点击。以前的电子邮件广告不请自来，弹出式广告的强行弹出，新形式广告如撕页广告、缩放广告张牙舞爪，已经引起了受众的反感。虽然，目前大型的门户网站对此已做出相应的反应，如杜绝弹出式广告，减少游动图标，广告上加上关闭按钮等。但是，相对于国外而言，国内企业以企业为中心，迷恋于效果，忽视、甚至无视用户感受的广告思想急需改正。

其次是考虑用户原则。现在随着网络技术的发展，各种广告形式不断涌现，如流媒体广告、视频广告等。这些广告占用大量带宽的同时又无法正常展现，这不但导致企业不能达到广告目的，也给受众带来麻烦。

再次是不断更新原则。在网络媒介不断更新的同时，用户对任何一种广告形式都不会一直感兴趣，一旦用户产生厌烦，就容易产生反感。因此，广告形式必须不断更新，维持广告形式的新鲜性。

总而言之，网络广告营销战略的制订必须建立在对目标市场，即网上目标消费者的充分调研、分析基础之上，深入分析网上消费者的特征、所选择的网络服务以及对网络广告的接受过程。只有这样，才能对网络广告的目标、渠道、内容和形式做出正确的决策。

#### 9.4.5.2　网络广告策划的意义

策划在整个广告活动中处于核心地位，其在现代企业营销战略中至少具备以下三个重要意义。

1)网络广告策划的行业意义　国内广告行业的发展时间较短，许多广告公司仅能提供广告版面设计、广告语言选择、广告口号制订等技术性服务，这与现代广告的要求差距甚大。现代广告要求充分了解企业的营销计划和整体商业活动，在广告信息探寻、广告整体策划、广告制作发行、广告效绩考查的基础上，全面代理企业的广告业务。这要求突破小规模技术服务的狭小范围，进行整体广告策划，整体广告策划是广告业成熟的标志。

2)网络广告策划的现实意义　网络广告策划需要回答对谁做网络广告、在什么时间和地区做、用什么网络广告方式、怎样更具高效等具体问题。现代企业营销活动拥有立体的多维广告形式，传统媒体与网络媒体的整合能使广告活动更加多样，更加有效。网络广告策划对效果的监控充分保证网络广告的有效性。网络广告策划要以使各个环节达到最优化配置,使广告活动发挥最大功能,减少不必要的损耗。

3)网络广告策划的战略意义　广告运动包括广告目标、广告对象、广告时间、广告地区、广告战略、广告战术、广告主题、广告媒体、广告预算和广告效果测评等多个要素,网络广告策划应将其当成一个整体,把广告策划放到营销战略全局来看。网络广告策划关乎企业网络营销及整个营销战略,从此立场出发,真正认识网络广告策划在企业营销战略中的战略地位。

#### 9.4.5.3　网络广告策划程序

广告策划是严谨的,有明确目标的营销组合活动。决策要经历循序渐进的过程:确定网络广告目标,确定网络广告的目标群体,网络广告创意及策略选择,广告审查,执行报告与评估等过程。所有广告策划都要经历这些基本步骤,但具体细节不同。网络广告策划的一般程序,如图9-7所示。

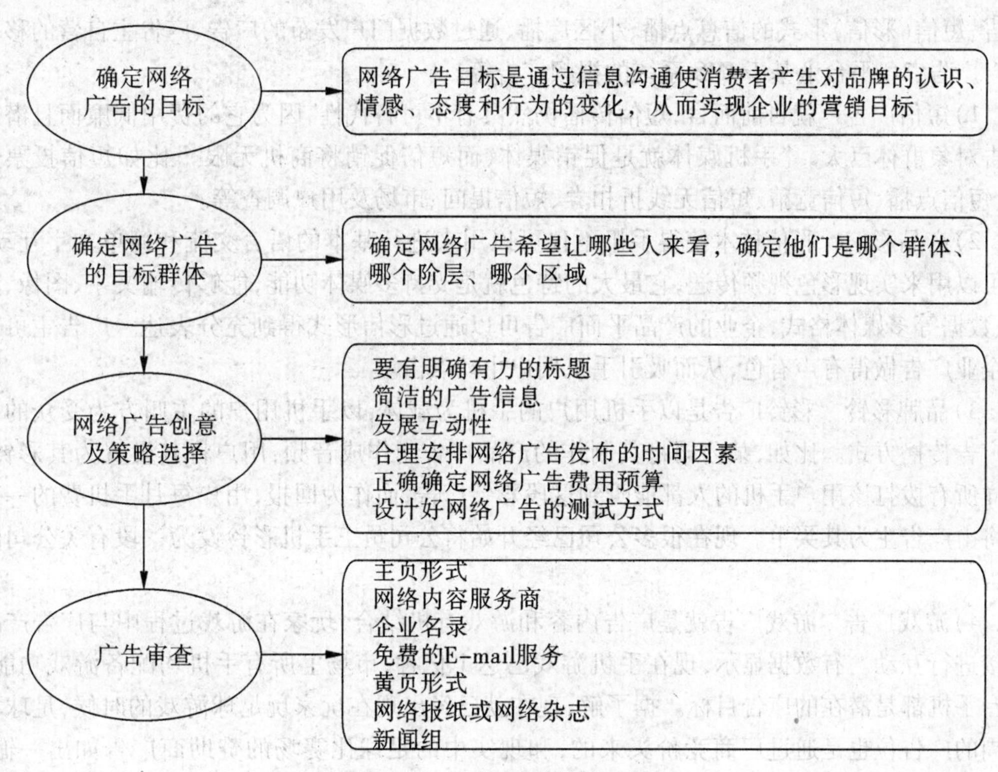


图9-7　网络广告策划流程图

## 9.5 手机媒体广告创意

### 9.5.1 手机媒体广告的概况

截至2010年,我国手机用户以及3G用户不断成长,无线网络广告将保持三位数的高增长,预计到2012年市场规模将达到55亿元,占到PC互联网整个广告收入的10%~20%,手机已经逐渐成为一种新兴的广告媒体平台。手机媒体广告,顾名思义,是以手机为平台发布的广告,具有速度快、分众性、定向性、精确性、蔓延性、互动性等特点,其发展将彻底改变我们传统的广告经营思路和商业模式。

#### 9.5.1.1 手机媒体广告的分类

手机媒体广告的分类并没有统一的标准,一般按照数据传输的技术可以分为电话语音广告、短信(彩信)形式的信息点播、小区广播、通过数据门户发布的广告、广告主自营的移动平台广告、3G平台上基于IMS系统的视频广告等。

1)短信广告　就目前而言,短信传播仍然具有不可替代性,因为它的费用低廉而且潜在广告对象群体巨大。“手机媒体就是促销媒体,而短信促销将商机无限。”比如短信投票选举、短信点播、短信竞猜、短信无线折扣券、短信提问、市场及用户调查等。

2)产品彩信　彩信技术使得手机不仅可以用来进行基本的语言交流和简单文字互动,还可以用来实现彩色视频传送,它最大的特色就是支持多媒体功能,能够传输文字、图像、声音、数据等多媒体格式,企业的产品平面广告可以通过彩信形式得到充分表达。广告主可以把企业广告做得有声有色,从而吸引手机用户主动点击。

3)品牌彩铃　彩铃广告是以手机用户的手机为载体,以手机用户的主叫方为受众的一种广告传播方式。比如,某公司将其制作的产品广告制作成音频,用户将其设置为其彩铃,这样所有拨打该用户手机的人都能听到这段彩铃广告,而作为回报,用户每月手机费的一部分将由广告主为其买单。现在很多公司已经开始将公司员工手机彩铃设为一段有关公司的广告。

4)游戏广告　游戏广告就是广告内容和游戏有机结合,玩家在游戏过程中与广告产品直接进行互动。有数据显示,现在手机游戏已达1亿种,市场上所有手机均配备游戏功能,每台手机都是潜在的广告目标。据了解,现在就已经出现在玩家玩足球游戏的时候,足球场四周的广告位也是通过厂商竞价买来的,和现实中的足球比赛场的赞助商广告如出一辙。另外,玩家虚拟角色穿的衣服、球鞋、喝的饮料等都可以拉来赞助商。

5)手机视频广告　手机视频广告,如在手机网站上植入流媒体商业广告,通过短信告知用户去点击,可以获得积分等方式。受众收看手机视频广告时,可以将广告完全下载到手机上后,再进行播放收看,也可以即时接收观看,即边下载视频广告边收看,无需耗费下载时间,更不占用手机内存。

#### 9.5.1.2 手机媒体广告的特点

手机广告的特点是具有更好的互动作用和可跟踪特性,可以针对分众目标,提供特定地理区域的直接的、个性化的广告定向发布，手机广告形式可通过手机短信、彩信、声讯、手机流媒体等多种手机增值服务来表现，手机广告的发布效果可以通过互动的量化跟踪和统计得到评估。

1）个性化和私人化　移动通信终端是私人化程度极高的设备，人们常通过特别的铃声、图片或者待机铃声（彩铃）来进行个性化建设，并很少借出给他人。更为重要的是，电话号码就像身份证号码一样，结合个人的预留信息，为广告商提供了定向营销的可能性。

2）直达性和及时性　如同互联网一样，无线通信技术允许双向沟通，广告主可以和用户产生直接交流，甚至可以建立一种直接的接触关系。移动通信提供的通信服务是个人对个人的单线联系，如果从业务链角度来讲，广告主也能够直接面向广告受众，没有中介，没有代理商，也没有零售店商，广告主所要传达的信息以一种高保真的状态被广告受众接收，而且传播与接收在时间上是基本同步的。时间差值的大小取决于发出信息的数量和运营商的网络状况，从目前的技术条件看，时间差值基本上维持在几秒之内。

3）可监测性　通过手机媒体进行广告，广告主便有了了解和监督广告信息到达率的可能性（传统的邮寄达率在20%左右），省去了广告制作公司偷工减料、邮递公司虚报数量等传播过程的噪音干扰，这是传统媒体甚至是网络媒体都无法比拟的。由于手机广告的直达性，广告主不仅能够获得广告信息在内容、时间、目标受众等方面的实现情况，而且广告的效果方面都是其他媒体所不能比拟的。移动通信为广告主提供了便捷的监测手段，可以准确地监控回复率和回复时间，广告商可以随时调整营销策略。在这方面手机媒体广告拥有无可替代的优势，广告主通过移动运营商对广告返回的结果进行评估，既可以及时获得消费者对产品和服务的满意度，也可以了解产品的市场地位，有利于广告主及时调整营销策略和方针，及时开发和投放市场需求反映强烈的产品，对提高市场竞争力和促进企业高效运作有着非常大的提升作用。

#### 9.5.1.3　未来手机媒体广告的十大趋势

有学者结合手机媒体广告的传播特点和技术特点，得出了3G时代手机媒体广告发展的十大趋势。

（1）手机的媒体化催化手机广告产业化。

（2）网络融合带来传统媒体广告与手机广告的结合。

（3）广告与信息服务边界模糊化，传统的广告定义将被颠覆。

（4）定制方式逐渐取代群发、Push 方式。

（5）数据库不断完善，数据库营销成为手机广告核心竞争力。

（6）3G 时代多媒体特征使手机广告表现力极大加强。

（7）植入类手机广告将大行其道。

（8）以手机广告引发的闭环销售将成为现实。

（9）广告收费方式将发生变革，CPA 不再只是概念。

（10）运营商将成为手机广告产业链的领导者。

## 9.5.2 手机媒体广告的创意策划

### 9.5.2.1 核心创新——内容创新

“文化资本的商业价值和经济利益的再生性是以文化的象征意义和精神纬度为指标的。”对手机媒体产业来说，如何为用户提供健康、精准、个性的原创性高质量文化产品与服务，是手机媒体实现价值延伸的源头与本质动因，也是手机媒体广告创新的核心。

首先，在业务规划上，手机媒体广告要以目标受众的客观需求为导向并对各类业务进行合理定位。手机作为新兴的媒体终端，它“更多地体现以个人为单位的个人兴趣、个人需求，是完全个性化的传播平台”。对灵活的目标市场，以用户的客观需求确定业务的战略规划和具体方案，是手机媒体业务获得良性发展的内在要求和根本出发点。

其次，手机媒体广告在内容编排上，应开发符合手机媒体特点的原创内容与传播方式。对手机媒体来说，它既具有个性、移动、定向、实时、互动的传播优势，也存在信息容量、存储空间、屏幕尺寸、电池容量的限制，而如何根据手机媒介特性的差异进行内容的开发策划，便成为了手机媒体实现良性发展的关键。同时，在实际运作中还要注意“媒介是特定的时间与空间的接触”，这就需要在把握住内容产品、传播媒体、目标受众特点的基础上，考虑特定的时间与空间，进行定向、定量、定时的文化传播。

再次，为激励原创者的内容开发积极性，手机媒体广告还要妥善处理移动传播中的版权问题。媒体与版权一直是较敏感的话题，移动传播中的短信原创与群发、手机小说发表与转载、手机音乐制作与加工、各类图片及视频下载等问题，都对版权保护提出了新课题。为此，需要从法律保护、行政监管、行业自律、技术控制等方面共同约束市场行为，维护原创者的权益，以为整个行业的有机运行提供公平、客观、有序的竞争环境。

### 9.5.2.2 外围创新——模式优化

虽然商业模式是一个整体的、系统的概念，各个层级都应该特别注意，但其对外围层来说尤为重要，它是保证价值延伸不会发生断层的决定因素，也是手机媒体与相关领域实现联动效应的关键环节。

首先，综合考虑受众感受与手机媒体的特性，完善现有的商业模式。尽管手机作为一种新的营销平台前景广受好评，但传统的赢利模式能否置换到手机中，还需根据受众体验与手机媒体业务特色在实践中不断探讨。

对手机媒体的广告收益模式来说，保护用户的个人隐私不受侵犯，变被动的广告推送为主动的广告选择，综合运用多媒体的表现方式丰富手机广告的类型，协调好内容和广告的空间比例和时间比例进行合理的广告嵌入，探索广告效果评估指标及体系，以建立兼得各博弈方利益的可持续发展模式，才能实现产业合作的共赢。

其次，密切关注移动商务新形势，不断丰富商业应用类型。作为全新的商务交易模式，移动商务催生的移动办公、移动数据查询信息管理、移动物流监控、移动客户服务、移动营销、移动交易等移动商务应用，有助于企业拓展服务范围、降低运营成本、整合线上线下资源、随时随地为用户提供方便、安全、迅速、灵活的个性化服务。对消费者来说，移动商务提供了更加自由便捷的产品及服务的消费方式。

### 9.5.2.3 价值延伸——系统适配

从本质上说，手机媒体是在移动信息化背景下诞生的精神文化消费，成熟的网络支撑与有效的终端适配既是手机媒体顺利开展业务的物质基础，也是其实现不断价值延伸的根本保障。

首先，移动通信网络的演进需要为无线业务提供充分的技术保证并为用户提供最佳的业务体验。移动通信网络所带来的高速率数据通信业务与无线宽带多媒体服务，可以全面支持移动支付、移动定位、无线音乐、视频点播等在网络中无法开展或开展效果欠佳的业务，但是，技术的优越性总是相对的。当大规模商用以后，公众及行业用户对移动通信的需求也会与日俱增，在传输速率、无缝覆盖等方面的局限性也会日益显露出来，这就需要构建容量更大、速率更快、功能更强的新一代移动通信系统。

其次，移动终端的开发需要进一步提高对无线业务的适配性、兼容性、安全性。从行业应用的角度看，随着信息通信技术的发展演进，基于的多媒体通信已成发展的大方向。同时，随着全球经济文化交流的日益频繁与多样化、多层次应用软件的开发，用户对基于开放式移动终端平台的兼容产品的需求也不断提高。

## 实训篇

## 案例分析

### 案例1

#### BENQ 金属男人

2006年9月，BENQ推出源自德国工艺的新款手机EL71、EF71系列，为其定义为“金属男人”，一款手机的市场定位来自它背后的目标人群，“金属男人”属于怎样的群体？

在国内最大的手机门户网站3G门户上，早已汇集超过2 000万国内最资深、活跃的手机上网人群，玩转手机的新网民当然最了解手机的气质。因此，BENQ与3G门户合作，首先在3G门户设立专区，展开“你认为什么样的人才是金属男人”的调查，将“金属男人”的概念进行传播，充分运用感性营销，以金属男人手机为主体，由10幅漫画组成“金属男人成长史”。从童年、独立、家庭、成功等各方面充分展现金属男人应有的特质。最后，激发网民创意，任何人都可以诠释自己定义中的“金属男人”，其中最完美描绘产品定位者，将获得“金属男人”手机为奖品。

由于“金属男人”本来就属于感性定位，很容易就激发了网民的共鸣。再加上手机上图文并茂的互动形式,对于一款手机的推广,既充满了新鲜感,又激发了网民的创作欲望。活动推广不到20天,就征得创意发言1万多条,让BENQ的"金属男人"概念深入人心,同时,也加强了网民对BENQ品牌的认同。

请你结合本章学习的内容,谈谈对BENQ的新媒体推广是否恰当。

## 案例2

### 优衣库的独特与统一

优衣库,英文商品名称为"UNIQLO",取自英文"unique"的日本发音,也就是该单词英文的大致发音。"unique"一词在英文里面的意思是"独特的,独一无二的,唯一的"。优衣库的品牌名称旨在告诉消费者:"我是独特的,消费者来到优衣库的店铺就能买到独一无二的产品。"

优衣库的网络广告设计与实体店铺一脉相承。大多数品牌可以做到与其品牌设计基本相似的网络广告,但是像优衣库这样把实体店和网络广告设计结合得如此和谐的实属少见。

优衣库的网络广告整体采用白色和红色的色彩基调,用两色套色的模式表达。红色和白色都是优衣库品牌LOGO的基础色调,红白两色的配合具有很强的视觉冲击力和易辨识度。浏览者第一眼打开网站,就会有"这个网站很优衣库"的想法。红色代表热情、向上;白色代表简约、纯净,两者的结合似乎也在暗示着优衣库的公司理念。

优衣库的网络广告除了鲜明的白红两色以外,不同深度、彩度的灰色也为其余空白的页面增色不少。优衣库网络旗舰店网站的一些重要按钮链接如"网上购买指南"、"电子快报"、"客户服务"、"企业信息"等都用灰色或者黑色标注,这样的设计除了方便消费者查找以外,也凸显了日本企业严谨、认真的态度。

除了良好的色彩基础外,美观的、具有视觉效果的网页布局也是传达信息的重中之重。新季发布和当季优惠被放在最显眼的位置。不同国家的特殊活动也被标注出来。不管是什么样的信息,都用大小、长短不同的长方形排列组成,用深浅不同的灰色线条分割,与实体店铺中货架的颜色十分相似。浏览者能轻而易举地从看似复杂的网页中找到自己所需要、所感兴趣的信息。其网站可以说是将许多信息通过这样直观又有美感的方式传达出来的优秀代表。

请你结合这章所学习的内容,谈谈对优衣库的网络广告策略是否恰当。

## 实践应用

(1)请结合本章学习的知识,按照新媒体广告三种表现形式,为润洁滴眼露设计广告方

案。(要求附带文案脚本)

(2)请结合本章学习的知识,为蒙牛公司设计官方网站。同时为该公司旗下产品"特仑苏"设计一则网络广告。(要求附带文案脚本)

## ★思考题

(1)iAd 是苹果公司的移动广告业务。其内嵌在苹果应用程序中,点击广告时应用程序不会退出,而是弹出新的广告屏,用户也可以随时关闭广告屏回到应用程序。请结合本章学习的内容,谈谈 iAd 广告平台的优劣势。

(2)据中国台湾今日新闻网报道,台北市因特网广告暨媒体经营协会 2012 年 3 月 19 日正式对外发布,2011 年全年台湾整体网络广告市场破百亿,比该协会预估的网络整体金额 99.66 亿新台币又增加了 2.49 亿新台币,达 102.15 亿新台币,成长率高达 19.46%。请结合本章学习的内容,谈谈为何网络广告的成长率如此之高,以及网络广告有什么优势。

# 10 分行业广告创意

## 导言

**本章学习目标**

通过本章学习，要求学生能够分析不同行业异同点并解释广告创意和行业之间的关系。概述不同行业广告创意的常规要点。能够根据行业的不同，准确定位特定商品广告创意。

**本章重点**

不同行业广告创意的要点

## 10.1 日化行业的广告创意

### 10.1.1 日化行业的概况

传统的日化行业类产品主要包括化妆品、洗涤用品、口腔用品、香味剂、除臭剂、驱虫灭害产品等。日化行业类产品属于快速消费品,即产品使用寿命短、更新快。因此,日化行业类产品的特征主要表现为:产品周转周期短、属于视觉化产品、消费者容易更换品牌、消费者的购买习惯常常较为感性等。

由于日化行业类产品是消费者日常生活消耗品,通常是由家庭主妇经常性地重复购买,做广告的频率也高,我们日常生活中见到的多数广告属于此类商品。

### 10.1.2 日化行业产品广告创意的要点

本部分内容主要涉及一些国内外知名的化妆品和洗涤用品的广告创意,这两类日化用品在所有日化类商品中市场消耗量最大。同时,由于国内外产品间竞争激烈,日化类产品广告创意特征明显,而欧美和日本等地区和国家的日化品牌在中国市场上占有率很高,其广告创意与中国的广告创意,又呈现出不同的要点。

欧美地区的日化行业发展成熟。其中洗涤用品的广告创意主要表现为以下特征:早期的知名品牌就表现出广告口号精练;平面广告创意以视觉形象为切入点;定位高端的品牌常通过创意打造高端定位;旗下众多的子品牌常通过多品牌策略下的独特销售主张表现创意;在适当的时候,也会选择以倡导的理念为创意诉求点、与消费者现身说法或明星代言相结合的形式来表现创意。而欧美地区和日本的化妆品的广告创意表现为以下特征:通过个性化的创意打造个性化的产品;对明星产品的创意性宣传、对广告主题的准确演绎、创意诉求有重点。而中国日化行业起步较晚,广告创意常通过打民族品牌之牌、依据品牌故事的创意命名等途径来展示商品。

#### 10.1.2.1 欧美洗涤用品广告创意要点

1)以精练的口号彰显创意　在广告创意实施的过程中,无论是平面广告、影视广告还是互动广告,语言和文字都是最基本的传播信息的载体。这些广告中的语言文字部分,就构成了广告文案。广告文案画龙点睛之笔就是广告口号。广告口号作为品牌或是公司形象的提示语,一般都会采用醒目易记的语言。精练的广告口号便于人们记忆和二次传播,也能够为系列广告提供连贯性,适合在产品的成长期和成熟期长期使用。

工业革命之后,日化行业在不同的国家一直都是竞争较为激烈的行业。一个新的日化品牌初入市场,想要崭露头角,少不了出奇制胜的广告创意。而无数的历史事实证明,今天享誉全球的品牌,早期能够得到消费者的认可、并能让品牌广为流传,广告创意至关重要。初入市场的日化品,通常采取什么样的创意能够吸引到消费者的眼球呢,我们通过以下案例进行分析。

曾经有一款香皂,使得一个企业享誉全球,这款香皂叫作象牙皂,而这个企业就是宝洁公司(P&G)。宝洁公司 PROCTER&GAMBLE(简称 P&G),1837 年创办于美国俄亥俄州辛辛那提市,迄今已有一百七十多年历史,是由洋烛工人威廉姆等人创立。而使得这个世纪企业早年一举成名并饮誉全球的是其旗下的一款清洁用品——宝洁公司的象牙肥皂 IVORY SOAP。

象牙香皂从诞生之始广告口号就十分精练,几乎每一则印刷文案中都印有"IVORY SOAP,IT FLOATS"(象牙皂,它能漂起来)以及"99.44percent pure"(纯度高达 99.44%)这样两句口号,从图 10-1 所示的广告创意文案中,我们可看到一个孩子在洗澡的插图,澡盆里漂浮着一个小鸭子,同时还有一块象牙皂。早期的象牙皂的广告创意,无形中演绎了 USP 理论,正是能飘起来的特质让消费者对这块香皂产生好奇心,同时其高达 99.44% 的纯度也使得消费者对产品的质量放心,试想,如此特别而又优质的香皂,家庭主妇怎会不想试一试呢?

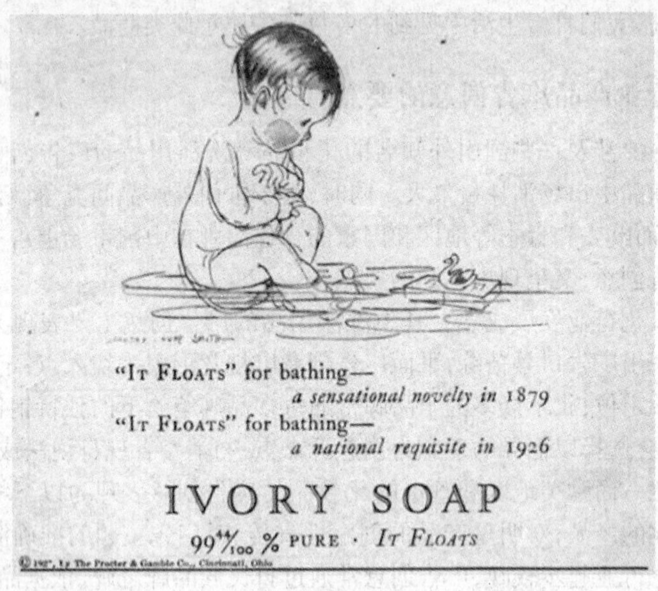


**图 10-1　宝洁公司象牙香皂 IVORY SOAP 的平面广告创意**

1939 年电视机在美国上市仅 5 个月,宝洁就推出了它的第一个电视广告——象牙香皂的广告,在电视首次转播的棒球比赛过程中播出。象牙皂的电视广告的,广告语同样是简洁易记的"IVORY SOAP,IT FLOATS"(象牙皂,它能漂起来),从此以后这个名字很快传遍美国,而宝洁公司正依靠它饮誉世界的。

因此,在广告创意的过程中,过于复杂的语句不便于人们口耳相传,因此,必须将之压缩成凝练的广告口号。例如阿迪达斯的"impossible is nothing",耐克的"just do it",戴比尔斯钻石的"钻石恒久远"等已经深深地印在一代又一代的消费群体的头脑中而无法将之磨灭。

2)以视觉形象为切入点　深得人心的标题能迅速引起受众的关注,并及时将受众引向广告正文。平面类广告中的图形是构成广告的非文字元素,而图形对视觉的刺激远高于文字。在广告创意中,文字和图形的协调的效果非常重要,因为视觉形象可以增强文字的可读性,而文字又会对视觉形象所表达的观念进行补充。相互辉映的标题和图形,通过美学方面和风格方面的合理规划布局,可以极大地增强广告的创意性,更加生动、直观逼真地表现商品的特质,增强广告的说服力和影响力,达到更佳的传播效果。

创始于1806年的跨国公司集团高露洁-棕榄(Colgate-Palmolive)是一家生产经营护理、卫生用品的企业,产品包括牙膏、牙刷、肥皂、洗发露等。早期的高露洁-棕榄公司生产的棕榄香皂颇为知名,销路很广,深受女士们的喜爱。而其吸引女性消费群体的一大主要原因就是其广告文案标题的设计。图10-2所示是其香皂系列广告之一,高露洁棕榄香皂的标题做到了让消费者看过之后过目不忘。让我们来看一下高露洁棕榄香皂的文案标题。

图10-2　高露洁棕榄香皂的平面广告创意之一

标题一:The secret of charm never change(魅力的秘密从没改变);

标题二:When she grows up,rivals in beauty(她长大后,要和众多美丽的女性进行竞争);

标题三:The future is in your own hands(你的未来掌握在自己手中);

标题四:Would your husband merry you again?(你的丈夫会再娶你一次吗?)

印刷广告的布局至关重要,如果试图让所有的元素并重,达到平等地吸引消费者的目的,则最终结果可能是分散了消费者对每一个方面的注意力,因此,广告中应当有核心的元素来构成消费者关注的重心。标题是广告的点睛之笔,而图形通常用于捕获受众的注意力,使得受众的眼球实现从图形转向正文。如果你想明白图形的意思,或是通过图形无法深刻了解标题的内容,就必须阅读文字材料。在高露洁的这些广告创意中,每一则标题和正文都有相应的图形,大幅的画面鲜艳夺目和标题相互辉映,在整幅印刷广告中,作为重点元素的图形和标题突出,广告的主要信息鲜明,图文并茂,刺激着有特定需求的消费者继续阅读下去,直至广告文案的最后一句话,使其最终成为其产品的追随者。高露洁棕榄香皂早期的这些平面广告创意,使得高露洁名声大噪,成为深入人心的品牌。

3)通过创意,打造高端定位　洗化类产品属于日常消耗品,除了一些高端化妆品外,多寻求定位中庸的路线,以吸引更多的消费群体。然而,力士公司从诞生之始,广告创意就着力表现品牌和其他商品之间的差异,致力于品牌的高端追求,如此鲜明的市场定位为力士公司培养了大量忠诚的消费群体。

1924 年,英国力士公司生产了第一块美容香皂,在此之前,力士公司的主要产品是洗衣皂,如图 10-3。从 1917 年力士公司洗衣皂平面广告创意中,我们不难看出,早期的力士洗衣皂和今天的力士品牌一脉相承,着力表现其卓越的品质,其标题中突出的字眼为:“如何清洗丝织品和绸缎”、“料子不会缩水、变色”、“绝对不会对绸缎造成损坏”。由此可见,力士的广告创意不仅仅是在推销产品,更是在传播一种生活态度和理念,一种不断进取、追求精致生活的精神。

作为最早进入中国的洗化类品牌之一,力士公司一直秉承走高端和时尚的经营理念,在竞争激烈的中国洗化类市场,力士公司成功地以高端定位制胜。成功地为产品确立了具有竞争力、差异化的市场地位,目前中国市场有超过 1 亿个家庭正在使用力士公司的产品。

1925 年,力士公司美容香皂第一次进入中国市场,从此之后,中国百姓就接触到“力士”这个来源于英国的品牌,中国人开始用上了“力士”。如今,力士品牌在中国的发展愈加成熟,旗下包括美肤香皂、个人沐浴系列及洗护发用品系列产品。在中国市场上,力士公司不断地通过其广告创意,演示品牌对品质的完美追求,从而打造自己在市场同类产品中的高端定位。

纵观力士公司的广告创意,一大亮点就是时尚明星代言。无论在任何国家,也不论是印刷广告还是影视广告,在力士的广告创意中,往往是一位时尚明星在展示使用过力士产品后的优雅、自信的模样。正是明星代言,使得力士产品卓越的品质和独特的明星气质深入人心。力士形象代言人永远与国际当红巨星交相辉映,从中国影星胡蝶到埃及艳后伊丽莎白·泰勒,从美艳女神凯瑟琳·泽塔·琼斯到时尚女王莎拉·杰西卡·帕克,从最新全球代言人珍妮弗·洛佩兹到亚洲天后蔡依林。力士公司的广告创意中,耀眼明星的加入,以及这些时尚明星对于时尚和优雅的展示,使得不同时代的消费者都能在其广告创意中寻找到自己向往的感觉。

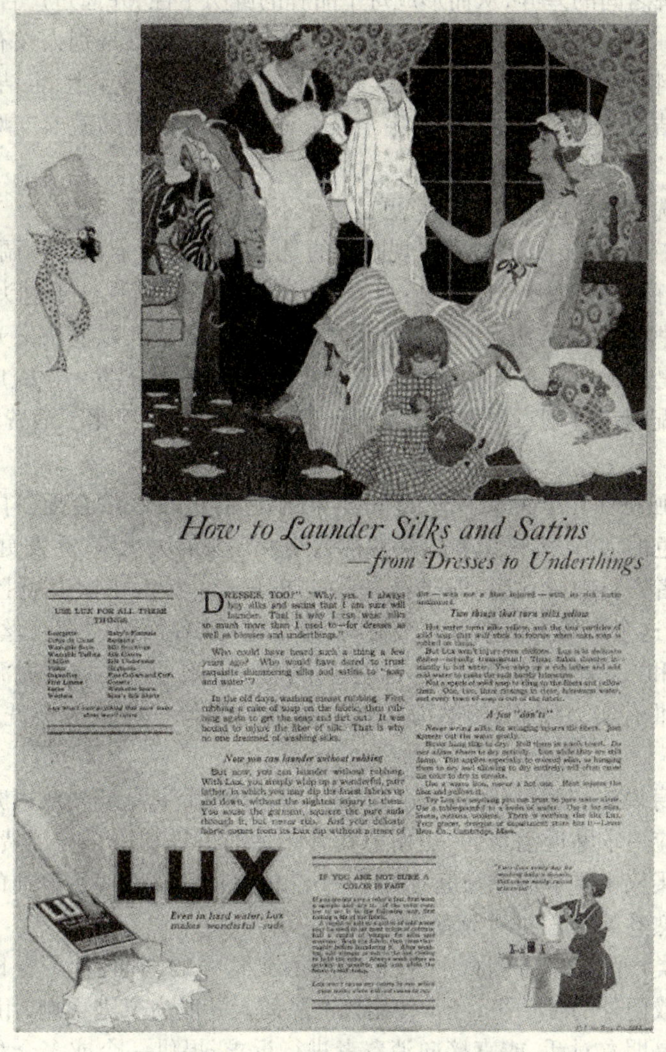


图 10-3 力士香皂的平面广告创意

4)多品牌策略下的独特销售主张表现创意 20 世纪 50 年代,美国广告学者罗瑟·瑞夫斯提出了 USP 理论,即独特的销售说辞(Unique Selling Proposition)。他主张广告要注意传播商品之间的差异,并选择消费者容易接受的点作为广告主题,而这一点,也是广告创意的主题,如果把火力集中在这一点和它能够为消费者带来的利益上,为消费者创造独特的价值,广告中的商品就具备了区别于其他同类商品的独特品质。

在中国市场上,洗发水行业的竞争尤其激烈和残酷,而宝洁公司作为一家外资企业,长期占据着市场的半壁江山。宝洁公司最大的特点就是,追求同类品牌不同产品之间的差异,并旗帜鲜明地在广告创意中提出独特的销售主张,来表现这种差异。P&G 宝洁本身没有成为任何一种产品和商标,而是根据市场需求细分为洗发、护肤、口腔等几大类,以各自的品牌为中心运作。在中国市场上,宝洁旗下的商品种类有香皂、牙膏、卫生巾、洗发水、洗衣粉等。

多种品牌策略绝非把一种产品简单地贴上几种商标,而是依据消费者需求的不同,找出同类产品不同品牌之间的差异,从而形成每个品牌的鲜明个性,并通过广告创意展现产品的个性,即提出产品的独特的销售主张,并让消费者相信这一特点是别人没有的,或是别人没有说过的,且这些特点能为消费者带来实实在在的利益。在这一点上,宝洁公司更是发挥得淋漓尽致。以宝洁公司的洗发水为例,宝洁洗发水在中国销售的就有"飘柔"、"海飞丝"、"潘婷"、"伊卡露"、"润妍"、"沙宣"等。

宝洁推出的洗发水产品的广告创意更是出手不凡、个性鲜明。

在"潘婷"的广告创意中,消费者尽现眼底的是杏黄色或者金黄色色调所衬托出的营养丰富的视觉效果,商品的 USP 显而易见:弹力、滋养和修复,独特性在于对头发的营养保健。

"飘柔"从品牌名字上就让人明白了使用了该产品便会给人以使头发光滑柔顺的感觉。草绿色的包装更是给人以青春美的感受,"含丝质润发素,洗发护发一次完成,令头发飘逸柔顺"的广告语,再配以广告创意中少女甩动如丝般头发的画面,深化了消费者对"飘柔"飘逸柔顺的印象。

"海飞丝"的独特性在于去头屑,"海飞丝"海蓝色的包装通常会配以白色的背景,首先让人联想到蔚蓝色的大海,带来清新凉爽的视觉效果,"头屑去无踪,秀发更干净"的广告语,更进一步在消费者心目中树立起"海飞丝去头屑"的信念。针对中国市场上去屑类洗发水层出不穷的现状,在这个市场上占据首把交椅的"海飞丝"从容面对,"海飞丝"的广告创意中,增加了"实力派"和"去屑快"的字眼,广告创意中,更多的传达"去屑实力派,当然海飞丝"、"一开始就有效,谁有实力做到,当然海飞丝",成功地保持了在去屑类洗发水市场的领袖地位。

5)消费者现身说法与明星代言的完美结合　日化用品主要是大众家庭商品,大众家庭商品的广告创意应追求贴近消费者,运用消费者熟悉的情景和语言与消费者直接交谈。由于这些商品的购买权主要掌握在家庭主妇手中,广告模特也一般使用普通的家庭妇女,简明扼要地用平实而熟悉的语言向消费者进行诉求。

在很多日化类产品的广告创意中,我们经常看到这样的画面:背景为日常生活场景,多是在家中的客厅或门外的院子里,经常使用该产品的人一般为家庭主妇,用平实而熟悉的语言与她的亲人或是朋友对话,或直接向消费者进行诉求,提供一个或多个利益点,来直接阐述商品的特点,用产品的特殊功能来打动理智的消费者。

舒肤佳是第一个提出杀菌概念的香皂,其广告创意也堪称消费者现身说法的典范。舒肤佳香皂主要强调其"杀菌和长时间抑制细菌再生",而其广告创意就是家庭主妇,提出细菌危害家人健康,使用舒肤佳则可以"杀菌和抑制细菌再生,促进健康为全家",它的广告语也来得很实在。舒肤佳的广告正是通过这种方式告诉消费者购买舒肤佳会得到什么样的切实利益,以达到劝说消费者购买的目的。

由此可见,洗化产品广告创意的主角喜欢选用一名现身说法的消费者,直接把自己使用产品的体会陈述出来,尤其是在品牌进入一个市场的初期,因为这种策略便于和消费者打成一片,当发展到一定程度之后,逐渐使用明星做广告。如宝洁公司的产品,宝洁在进入中国初期很少采用明星代言。但是现在我们发现明星也逐渐出现在中国的宝洁广告中。如"潘婷"选用章子怡和萧亚轩分别为不同类型洗发水做代言人,王菲、周迅也出现在"海飞丝"的广告中。这也是宝洁在中国广告创意策略的一个很大的变化。归其原因有两点:一是广告创意要符合目标消费群体的消费习惯。宝洁在中国定位是中高档的日用产品，其消费者多是16~40岁的人群，收入为中等或中等偏上，崇尚品牌和产品品质。这个年龄段的人受明星的影响比低年龄人群（12岁以下）和中老年人群（45岁以上）要大得多。针对他们的需求，适当采用名人宣传也不失为一种好的方式。二是明星代言最大的优势是增强消费者对品牌的关注度，只要明星广告创意运用得当，效果还是比较明显的。

6）以独特的营销模式中倡导的理念为创意诉求点　产品的功能特征可以直接转化为创意诉求点，而独特的创意诉求点通过特定的营销模式予以传播，自然可以成为消费者选择品牌的有力依据。

从20世纪初开始，美国最大的著名直销企业安利，逐渐成为中国消费者心目中的主流品牌。这个在20世纪刚经历过“一刀切”的创伤的品牌，从2005年到2008年仅仅三年的时间，就实现了年销售额70亿元的神话，成为名副其实的行业楷模，安利产品品牌的知名度更是逐年提升。纵观安利近年来在中国的成就，离不开它坚持以“健康”为创意诉求点的体育赛事营销。

从严格意义上说体育赛事营销，属于赞助的一种，各级运动员、体育队伍和俱乐部逐渐成为广告主重金支持的对象。事件营销容易把公司或品牌与积极的理念联系在一起，如健康、欢乐、团结等。而这些积极的理念往往可以直接转化成为品牌广告创意的诉求点。安利的体育赛事营销始于2001年，从此以后，“健康”就成了安利营销和广告创意的主题。2001年1月，安利首次在中国隆重推出了“有健康，才有将来”为主题的纽崔莱营养补充食品的电视广告，该电视广告由奥运会冠军伏明霞主演，从此拉开了安利中国的广告序幕，也坚定了安利走“健康”路线的决心。同年7月，安利中国通过多方努力，成为在上海举行的第21届亚洲男子篮球锦标赛的特约赞助商，在此次比赛中，纽崔莱营养补充食品成为大赛唯一的专用营养品。

除了体育赛事外，知名度高的一些活动也成了广告主的目标，广告主拥有的赞助机会越来越多。然而，对于同一广告主来讲，在不同事件中所传递出来的主题在很长一段历史时期内都要保持统一。2002年6月，上海市首届纽崔莱活力健康跑由安利（中国）冠名赞助，并隆重举行，此举使得安利纽崔莱“有健康，才有将来”的品牌理念更加深入人心。同年8月，安利（中国）积极赞助南（北）极科学考察活动，安利旗下6种个人及家居护理用品成为中国南（北）极科学考察队唯一指定专用产品，在我国南极考察站、考察船上全面启用，极大提升了安利公司的品牌形象。接下来的9月，安利与中国著名奥运明星田亮联手，推出了“纽崔莱与田亮共创健康未来”的新创意，同时启用田亮为新的纽崔莱品牌代言人，通过奥运明星和品牌绑定的形式，传达着“健康”这一主题。2003年，安利纽崔莱《专注篇》形象广告播出，该广告片同样由田亮演绎，在各电视台强势推出。

为了增强品牌形象，赞助商常会选择与品牌定位和品牌形象一致的代言人，广告创意诉求在这样一致的环境中提出，得到消费者关注和理解的可能性也就越大。在2005年，安利纽崔莱成为NBA（全美职业篮球联赛）中国市场合作伙伴，纽崔莱产品成为NBA中国唯一营养保健食品市场合作伙伴。同时，安利将“少年NBA”引入中国，双方共同推出中国首届“少年NBA”联赛，并顺势推出以青少年保健品为主题的广告创意。2007年，纽崔莱形象广告《思考篇》由飞人刘翔和另一位男子百米世界纪录保持者阿萨法·鲍威尔联袂演绎并在全国播出。影视广告创意中，两大飞人对将来思考，并达成“健康是你的，将来就是你的”的认同，有力地传递了纽崔莱的品牌主张——“有健康，才有将来”，与此同时平面广告采用系列主题“以健康跨越障碍，将来就是你的”和“以健康超越过去，将来就是你的”。在2008奥运会即将到来之前，安利纽崔莱选取了两位历史上跑得最快的人士作为代言人（阿萨法·鲍威尔本人称首次做电视广告），无疑吸引了众人的眼球，画面更是传达出运动员们正以“健康”备战2008，迎接美好未来，收获成功的美好愿景。同时“有健康，才有将来”的品牌主张也会积极地影响着每一位消费者，因为健康不仅仅是运动员所关心的问题，更是与每位消费者息息相关的问题。本次广告创意，成功实现了两位飞人“启迪健康思考，向公众传播营养健康”的意图，同时传递安利纽崔莱品牌主张的目的。

#### 10.1.2.2 欧美日化妆品广告创意要点

1）通过个性化的创意打造个性化的产品　谈到品牌的个性，我们不得不提及广告大师大卫·奥格威。中国龙之媒广告文化书店的创办人高志宏先生曾这样评价大卫·奥格威：奥格威用一句话奠定了他“品牌形象之父”的地位。奥格威认为每一个广告都是为建立品牌个性所做的长期投资。而在品牌营销之路上，品牌个性论几乎关乎营销的各个层面。而首当其冲便是寻求品牌的独特之处，挖掘并培育一个有个性的品牌，使其成为一个有灵性的物品。

在中国化妆品市场上，能够占领一席之地的品牌无一不具有鲜明而独特的个性，日本DHC亦是如此。日本株式会社DHC的化妆业务始于1983年，DHC化妆业务采取通信销售的模式，即没有实体店铺，购买者通过电话、电视或电子化的手段购买产品，这种独特的销售模式，使得日本株式会社DHC经过近30年的努力，现已跃身成为日本通信销售化妆品品牌领域的第一位。日本株式会社DHC于2005年1月在上海上市，由日本日本株式会社DHC独家授权经营，也是中国大陆地区唯一总代理。

不难发现，在中国市场上，关于DHC品牌的广告宣传，几乎都印有日本通信销售化妆品“品牌NO.1”的字样，而且日本株式会社DHC的所有单品上都印有“made in Japan”的字样。日本株式会社DHC以其极其珍贵，同时又极具个性特色的皇冠地位，吸引着广大中国女性消费群体，而原装进口的字样，同时也是一种隐形的广告创意。在中端化妆品市场上，“NO.1+原装进口”，如此个性化的产品，无疑对一部分女性消费群体有很大的诱惑，与此同时，更为关键的是，越是与日本株式会社DHC亲密，越是会认为它似乎一直致力于的事业是让女性更加美丽，而不仅仅是在推销化妆品，这种无形的关系营销又把企业的营销活动扩展到一个更加广阔、更加深远的领域，也使得企业和产品的个性更加鲜明而富有魅力，直到让人无法抗拒。

2）对明星产品的创意性宣传　欧美日化妆品常通过打造明星产品，以及主推明星产品的广告的手段，来吸引受众接触品牌。

日本株式会社DHC常年主打其获得法国美容大奖的王牌——橄榄滋养套装，并通过官方网站或专柜长期向从未使用过其产品的群体免费赠送王牌套装的试用装。同时，王牌套装中的四款DHC产品中的每一款可以说都聚足了人气，是深具个性魅力的大明星。

DHC的产品就像一个个参与选拔的演员一样，在参加竞选之前，演员们个性分明、千姿百态，一旦选拔会结束，上榜的品牌更像是明星人物，在各种宣传场合登台亮相，并标以名次。如日本株式会社 DHC 的 6 款产品均在 2009 年度获得法国"VICTOIRES DE LA BEAUTE"大奖;DHC 深层卸妆油在 2000～2007 年连续 8 年品牌市场占有率第一。日本株式会社 DHC 在日本各大时尚杂志读者人气票选中,屡获第一的产品也时常出现在日本株式会社 DHC 的各种宣传中。日本株式会社 DHC 在中国市场上和雅虎合作,在上海上市、获得雅虎 BEAUTY 通信销售化妆品大奖的产品也成为 DHC 的众明星产品。

此外,DHC 每月必有一款或是多款"本月主打星"。同时也会冠有年度最优惠等相关字样,在限定的优惠日期内购买此产品,除了价格上会有相关优惠外,还有让消费者觉得超值的赠品附送。同时,DHC 会在其官方网站、每月更新的小卡片、橄榄俱乐部会刊、专柜等任何可以发布其新闻的地方,发布关于本月主打星的详细信息。这些每月推出的产品,对消费者而言,类似于是本月的明星,在获得明星产品的同时,还可以得到平时无法享受到的优惠,试说,这怎能让人抗拒呢?

3)对广告主题的准确演绎　作为广告创意的主要题材,广告主题是广告表现的核心,是广告所要表达的重中之重。在确认了广告主题之后,广告的其他要素都要为主题而服务,在广告诉求中,主题鲜明的广告作品会轻松地吸引消费者的注意力,同时留下深刻的印象并引发购买行为。

"方便"也是很多女性选择日化类商品的主要之一,玫琳凯广告创意中传播的"美丽到家"服务便实现了消费者这一需求,同时成功地与玫琳凯的广告主题"美丽多面体"相互衔接。

2008 年,"玫琳凯"在中国的第一则电视广告,让我们记住了"美丽不只一面,心动不止一刻"的"玫琳凯"美丽主张。"玫琳凯"希望帮助女性成为在任何时刻、任何场合都美丽、自信的"美丽多面体"。之后的两年,针对提出的主张,"玫琳凯"人研究的重心便是——怎样能令女性成为更璀璨夺目的"美丽多面体"?怎样能用更贴心的服务将美丽更完美地传达?2010 年,此项研究有所突破,"美丽到家"广告语应运而生,与此同时,"玫琳凯"的广告创意也都在演绎着"美丽到家"服务。以"美丽到家"为主题的影视广告创意成功塑造了一个在工作、家庭及任何场合都得体、优雅的女性,画面中的女主角自身的角色不停地在变化——新娘、妻子、妈妈、职场白领……然而,不论哪一个场景,都给人耳目一新的感觉,在关键时刻,她身边总会有一个专家提供合适的建议或是方案,而画面中,这个来自"玫琳凯"的美丽顾问更像是闺中密友一般。

广告创意展示了"玫琳凯"通过到消费者家里服务,把贴心、周到、个性化的专业服务方式,带到每一位女性的身边,这样更是把随时随地的"美丽"和精致带给需要的女性。无论是护肤美容、个人彩妆指导,还是不同场合的妆容造型建议,"玫琳凯"的美丽顾问都能够提供给您更加丰富和实在的美丽指南,让"美丽"在每一位女性的身上、在每一个不同的瞬间华彩绽放。

4)创意诉求有重点,弱化单纯广告宣传　当产品的营销推广发展到了适当的时机,应当弱化单纯的广告宣传。乍一听,似乎有些矛盾,但事实上是产品而并非广告留住了消费者,使其成为稳定的消费群体并不是仅靠广告。

进入中国市场之后,DHC 的宣传推广活动便无处不在,从 2005 年 10 月起,CCTV1、CCTV2 分别打出了由韩国影星金喜善代言的 DHC 广告。2006 年 2 月又改为韩国人气天王

RAIN,各大时尚杂志上也有很多DHC的彩页。门户网站上DHC免费使用的新信息更是数不胜数。此外,DHC还进行了大规模的免费试用装的派送活动。正是如此大规模的宣传推广,使得消费者乐于接受并试用这个初来中国的日本化妆品品牌。然而,DHC在广告中并没有着力于化妆品概念和产品功效,而是始终把品牌独特的"通信销售"模式作为广告创意的重点诉求。将其公关目标设定为充分利用媒体的力量,积极引导媒体关注并导入"通信销售"理念,使消费者认同通信销售模式,在市场上树立DHC通信类化妆品的领袖地位。

消费者一旦源于品牌的吸引力而购买了DHC,此时产品自然就站出来说话,因为在购买的同时,消费者会收到DHC的橄榄俱乐部会刊(此刊物其实就是广告,在封面最上方印着广告品三个字,以区别于其他刊物),会刊上有关于产品的功效和使用的详细说明。这种与广告密切结合品牌,最终又回归于品牌的模式,使得DHC步步为营,最终积攒成足够的力量,强大到足以让消费者无法抗拒,去追寻品牌,并保持和品牌的亲密度。

由此看来,弱化广告宣传并非不做广告,而是把让广告创意点聚焦,同时,让这一点成为说服消费者的主要力量。

#### 10.1.2.3 国内日化类产品广告创意要点

在日化用品行业,与如此创意鲜明的国外品牌相比,国产品牌不免显得有些逊色,中国日化类品牌要想保护国内市场,应对国外化妆品的挑战,并在合适的时机走出国门,除了深入了解国外日化类品牌的市场行为,及其为了赢得中国市场已经和将会开展的营销传播活动之外,更多的是要反思并不懈地寻找适合自身的广告创意思路,通过创意塑造鲜明的品牌形象。国内有特色的洗化行业广告创意主要有以下几个特点。

1)打"民族品牌"牌　文化因素对消费者的消费行为有着广泛而深远的影响。商业广告属于经济行为,同时,也必须以特定的社会制度、社会文化、社会生活习惯与民族风俗等为创意依据,才能制作出符合当地消费者审美品位的优秀广告作品。

获得"胡润2011最受尊敬民营品牌奖"的隆力奇生物科技股份有限公司,本着振兴和发展民族日化的使命感和责任感,通过品牌价值的提升和技术创新,最近几年飞速发展,成为洗化类商品中民族品牌的佼佼者。

隆力奇的品牌形象宣传更是颇具创意。隆力奇宣传片取名为《江南之恋》,由青年歌唱家谭晶演唱、当红偶像佟大为和香港名模Mandy Lieu主演。

> 歌词:清风吹散千古恩怨\断桥残雪诉说——浪漫\水乡红伞烟雨缠绵\枫桥明月摇来——客船\天堂飘来的云\江南洒下的雨\西方梦绕的情牵\东方朦胧的思恋\天堂飘来的云\江南洒下的雨\西方梦绕的情牵\东方朦胧的思恋\隆力奇这美丽的传说世界的传奇\传说——
>
> 书乡评弹知己红颜\春江水暖芬芳家园\丽日帆影锦绣灿烂\四海碧波天涯相伴\天堂飘来的云\江南洒下的雨\西方梦绕的情牵\东方朦胧的思恋\天堂飘来的云\江南洒下的雨\西方梦绕的情牵\东方朦胧的思恋\……\隆力奇这美丽的传说\世界的传奇\传——奇——

该广告宣传片在北京、上海、浙江历时近一年拍摄完成,通过创意拍摄表现走读江南。

广告作品风格古朴优雅，歌曲美妙动听，创意的核心是诉说一个梦幻般的江南美丽传奇故事，同时，又透露出隆力奇温馨和谐的东方传奇。

由此可见，基于民族文化的社会学规律，也是指导广告创意的基本原理和依据。

2）依据品牌故事，创意性命名　品牌故事是指品牌文化在品牌的产生及其发展过程中，常会选取一些典型事例进行广为传播。相信我们几乎都知道中国历史上有个“香妃”，但是，“伊帕尔汗”却并非人尽皆知。事实上，“伊帕尔汗”是西域流传了几个世纪的故事，“伊帕尔汗”在维吾尔语里就是“香姑娘”的意思，即传说中的“香妃”。

“伊帕尔汗”同时也是一个化妆品品牌，长期以来，我国生产日用化妆品所用的香料全靠进口，为了摆脱对进口的依赖，国家在全国多地试种薰衣草。新疆伊犁因其独特的地理、气候环境，赢得了“中国薰衣草之乡”的美誉，这里的薰衣草精油年产量超过10万千克，占全国总产量的95%以上。伊帕尔汗香料发展有限责任公司与全国多地日化行业和知名研究机构和企业联手，开发出涉及美容、香薰、洗浴、保健等16大系列128个品种的薰衣草系列产品。

“伊帕尔汗”依托其地域优势，取得了成功，2006年，在上海举行的新疆特色农产品交易会上，“伊帕尔汗”牌薰衣草精油获得最佳畅销产品奖。截至2011年年初，在国内北京、上海等地设立了一百余家专卖店。

“伊帕尔汗”通过其创意性的命名，使得它在新疆地区成为一个家喻户晓的品牌。如果这个品牌的故事在全国范围内推广开来，相信一定可以提升品牌知名度。

3）成功无法拷贝，唯有个性至上　众多国外化妆品在中国市场的成功，在一定程度上扰乱了我国本土化妆品的创意路线，使得一些品牌的创意立场不是那么稳定，在重压之下选择直接照搬成功者的成果，如一些国内品牌，从产品的营销模式、店面格局到产品类型、包装，甚至其广告创意无不透露出其照搬国外品牌的迹象。不可否认，这些品牌是在铆足了劲寻求发展，然而，当消费者满怀信心去购买民族企业的产品时，看到的除了其他化妆品的痕迹外，并无自己的特色，忠实度的无形中减弱大半。

对品牌或是产品的理解，需要具有本土语言和文化的敏感性，不同的文化，不同的品牌，采取的创意路线一定是大相径庭的，因此，所谓的直接拷贝成功更是不可取。不同的品牌在某种程度上来讲，就像一个个个体，从内质到外形千差万别，只有从内而外散发出独特魅力的个体才能赢得多数人的喜爱。如中华老字号瑞蚨祥虽然广告宣传的力度不大，但是，每次广告创意都能够彰显品牌的个性，即纯手工量身定制、独一无二、古色古香等，在如今布料专营店越来越少的情况下，作为极具个性化的商品，瑞蚨祥仍是高端阶层制衣的首选品牌。

## 10.2　食品、饮品行业的广告创意

### 10.2.1　食品、饮品行业的概况

2009年以来，在经济回暖和消费市场稳健的带动下，国家扩大内需，以增加居民消费需求为重点。在此形式之下，食品饮料行业保持良好的发展态势，扩大内需、促进消费成为行业运行的风向标；市场需求旺盛、产品价格上涨，成为行业运行的重点；稳步增长，产销两旺成为行业运行的特征；加大广告投入也成了行业市场经营策略的重心。

### 10.2.2 食品、饮品行业广告创意的要点

食品和饮品同样属于快速消费品,这两个行业也是开放较早、市场化程度较高的行业。在日渐激烈的竞争环境中,这两个行业的广告创意特征也趋于明朗。

#### 10.2.2.1 首创性

在广告创意领域,首创精神是广告创意最明显的特质。伟大的创意往往源于与众不同的尝试,这种尝试可以将毫不相干的元素重新整合在一起,旧元素、新组合,更能体现首创性。

从最早被消费者认识,双汇的广告创意往往让大家眼前一亮。时光追溯到 1994 年 6 月的一天,首都天安门广场被游人围得水泄不通,"逛北京,爱北京,建北京"的大型旅游文化活动正式开幕时,数千只信鸽被放飞,天空中十多个巨大的氢气球随风摆动,气球下拖着一条长长的布制条幅,"双汇集团漯河肉联厂庆祝活动圆满成功"的字样格外醒目。聪明的双汇人精心设计的此次广告创意,使得双汇的广告气球在天安门前飘扬了三天,在天安门前做广告,双汇是肉制品行业的第一个,同时也是所有行业望尘莫及的。此次活动之后社会舆论众说纷纭,无论如何,双汇的影响力从此之后与日俱增。

当年双汇的电视媒体广告更是选取知名笑星葛优代言,一句"双汇——省优,国优,葛优!"让双汇品牌名声大噪。同时,把品牌推入了广大消费者的日常生活,从双汇火腿肠,到双汇冷鲜肉,一时间,"双汇"俨然成了人们日常生活中不可或缺的一道"家常菜"! 首创绝非一味地哗众取宠,新颖的广告创意,配以产品相关的特定信息,突出独特性的同时,又表达了主题。

20 世纪 90 年代双汇较早的电视广告通过"编辑部的故事"这个创意性的脚本的拍摄和播出,以及笑星冯巩和葛优的经典对白,让消费者在品味其创意的时候,记住了双汇火腿肠。

> 场景:葛优在沉思,冯巩背后靠近……
> 冯巩:(非常关心地问)冬宝,想什么呀?
> 葛优:(无精打采地回答)想戈玲!
> 冯巩:(非常关心地说)别想戈玲了,我给你介绍一位新朋友。
> 葛优:(接过火腿肠)双汇火腿肠! 还是中国名牌产品!(葛优大吃。)
> 冯巩:(非常关心地问)还想戈玲吗?
> 葛优:(得到满足之后疑惑地回答)戈玲是谁?
> 冯巩:双汇,省优,国优,葛优。

#### 10.2.2.2 产品的技术性直接转化为创意

通常来讲,食品、饮品类商品的技术含量不高,而且产品同质化严重。但是,如果商品在制造加工技术方面有别于同类商品的特质,在广告创意中,这一特质可以直接转化为创意的主要诉求点。

1941 年,M&M's 牛奶巧克力豆由玛氏公司和好时公司共同创造正式诞生。M&M's 巧克

力豆的成功推广，关键在于技术和广告创意的完美结合。过去，鉴于巧克力糖在夏季的销售情形并不佳，所以在1941年引进食用膜技术，M&M's巧克力豆就是一个应用食用膜的最好例子。包覆在巧克力外面的糖衣即是一种食用膜，由于这层膜的帮助，使得消费者在食用这个品牌的巧克力时，手指永远不会被巧克力染黑。如此一来，设计美味又高雅的巧克力产品时所遇到的问题迎刃而解，而且亦能保持巧克力糖球储存期间的完整性。

作为当时美国唯一的一种用糖衣包裹的巧克力豆品牌，M&M's推出的第一则电视广告的广告语是"M&M's牛奶巧克力，只溶在口，不溶在手"(The milk chocolate melts in your mouth, not in your hand)，使之风靡全球。这是著名广告大师伯尔尼巴克的灵感之作，堪称经典，流传至今。它既反映了M&M's巧克力糖衣包装的独特的销售主张，又暗示M&M's巧克力口味好，以至于我们不愿意使巧克力在手上停留片刻。此广告语也被《广告周刊》评为2004全美第一广告名句。直到今天，M&M's巧克力豆的颜色不断添加，包装更加精美，然而，这句广告语却历久弥新，未更改过。

高端的技术运用需要配以好的广告创意，才能使得品牌广为流传，在M&M's的广告创意中，对比鲜明的两只手成了创意的主题，一只是干干净净的手，另一只是有拿过巧克力痕迹的手，哪一只手是"吃了"M&M's牛奶巧克力呢？答案显而易见，由此可见，当产品的技术性足以在行业内达到领先的地位时，创意便可以以表现这种吸引人的技术为核心。

#### 10.2.2.3 以全民皆能参与的公益活动为诉求点

公益营销在很多行业的商品推广活动屡见不鲜，然而在食品和饮品行业却不多见，主要是因为后者零售价位本身就很低，很难让人直接联想到公益活动。然而，食品、饮品类商品消耗量大、消费者众多，成功的公益活动往往可以直接成为广告创意的诉求点。农夫山泉在坚守着自己的独特性的创意理念的同时，也在不断创新，始终不走寻常路。从2000年开始，农夫山泉打出了"一分钱阳光工程"以及"饮水思源"等偏主流的公益广告活动。

在公益营销中，品牌往往会承诺：当消费者购买或使用品牌时，品牌会以捐赠资金或其他形式支持一个组织或社会活动。

比如，同样是捐资助学，农夫山泉广告创意中的提法"每买一瓶农夫山泉，您就为贫困山区的儿童捐赠一分钱"，给每一位消费者提供了随时随地做好事的机会，相信这也是大家在购买矿泉水时选择"农夫山泉"的一个充分理由。在北京申办奥运会期间，"农夫山泉"的广告创意依然是公益广告，电视广告创意中，每一个镜头都是举国上下为成功申办奥运会所做的努力。广告语是："再小的力量也是一种支持；现在起，每喝一瓶农夫山泉，你就为申奥捐出一分钱。"

由于饮料类产品本身就和运动有很强的关联性，因此，这样的广告宣传很有号召力，即表明了企业的社会责任感，愿意为申奥做贡献，同时企业的目的明确，那就是要扩大影响，让更多的人从事公益活动。而农夫山泉就是运用这种创意形式来表达自己的心意，取得了双重的商业效应和社会效应。

#### 10.2.2.4 协调一致的理念，多样化的产品

包括广告创意在内的所有营销领域，一个品牌表现出来的统一的声音和统一的外观往往是品牌发展过程中面临的一致性挑战。由于创意越多，信息的一致性越难以保证，因此，

一致性问题也往往是广告创意中的难题。食品和饮料类商品,由于其产品特征的恒定性,更容易在广告创意及相关领域保持高度的一致性,然而,这一点却是很多此行业的品牌所忽视或是无法做到的。

广告创意中的一致性是指通过不同媒体所表达出来的信息要风格统一。这些信息包括广告创意中的画面布局、文字、声音、持续的人物角色、符号标志、布景、情感、连贯的主题等。可口可乐从诞生之始一直到今天,它的弧形瓶造型一直是最经典和永恒的包装。从可口可乐的每一则广告创意中,我们也不难看出一个统一协调的传播理念,即“积极乐观,美好生活”。可口可乐的广告语分别为:1886 年是“请喝可口可乐”,1904 年是“新鲜和美味,满意——就是可口可乐”,1942 年是“只有可口可乐,才是可口可乐,永远只买最好的”,1982 年是“这就是可口可乐”,1994 年是“永远是可口可乐”,2012 年是“幸福时刻,怎能没有可口可乐”。

统一协调的传播理念却并不代表可口可乐产品是单一的,其旗下品牌包括:酷儿、醒目、芬达、美之源等,现如今它们都是市场上知名的饮料品牌,与经典的可口可乐相比,这些子品牌的广告创意又各具特色。

“醒目”是可口可乐公司在中国发展起来的一个品牌,是中外合作的结晶。“醒目”果味汽水于 1997 年 8 月在北京、武汉、大连首先上市,到 2000 年已经覆盖全国各主要市场,成为果味汽水的龙头品牌,由于其特点是果味汽水,“醒目”的广告就通过各种鲜艳的背景颜色来彰显饮料的不同味道,如果绿色的苹果味和橘黄色的橙子味等。

“酷儿”诞生于 1999 年,是可口可乐家族里纯真的小孩,这个果汁饮料一诞生,健康、快乐就不断散播开来。“酷儿”的广告创意在于塑造了一个活生生的小人物,它的名字就叫“酷儿”,2001 年年底,果汁酷儿首度来到中国,中国的小朋友很快被这个颇具创意的小子吸引,同时,喜欢上了“酷儿”果汁。

“雪碧”是可口可乐公司 1961 年在美国推出的柠檬味饮料。进入中国市场后更是选择当红明星张惠妹代言产品。广告中,音乐、热舞和阿妹的热情,使得看过雪碧广告的消费者很容易就接受其品牌,“晶晶亮,透心凉”的品牌特质使得消费者对这款饮料印象深刻,也成为夏季消暑的首选饮品。

“芬达”取自英文“FANTASY”一词,取其开怀、有趣的含意。是一种果子味汽水,芬达一共有四种口味,即橘子味、草莓味、青苹果味和葡萄味,多样化的品味选择能够满足年轻人尝试新滋味、追求欢乐的感官要求。

“美汁源”是 2004 年 4 月上市的一个品牌,美之源的广告创意的诉求点为新鲜、营养。“美之源”果粒橙的广告创意以它的制作过程为诉求点。通过观看广告片,我们知道“美之源”是精选每一个产自佛罗里达的阳光香橙,通过全程深度榨取技术,致力于保留香橙中的营养成分,更一并融入了饱满的阳光果肉,不添加糖、防腐剂和人造色素。

#### 10.2.2.5 创意情系本土

在中国市场上,洋快餐占据很大的市场份额,此类商品的广告创意如果能够基于对中国消费者深刻了解的基础上,往往容易被接受,反之,由于不太了解或是忽视了对中国文化的研究,其广告创意也常常闹出很多不该有的笑话。

以家庭为纽带、浓郁的人情味是华人社会明显区别于西方的特征。麦当劳创意人员准确地把握到这一特征,通过平实、温馨的电视画面和娓娓动听的平民化旁白将其表现得淋漓尽致。香港主要电视媒体曾播放的麦当劳的三则广告,它们在家庭温情上异曲同工。迈出了市场营销接近消费者的一大步。它直接针对目标受众,充分传达了一种根植本土、融于本土、与中国消费者血脉相连的意念和信息。体现了麦当劳和中国的老百姓你中有我、我中有你,麦当劳和我们血脉相连。在这一点上,这三则广告创意所要表达的内涵已经远远超出了普通的"信息传达"的意义。

《强强篇》在西式麦当劳餐厅里营造了中国传统一家三代在一起温情脉脉、充满希望与憧憬的天伦氛围,其乐融融。来自异域的麦当劳和我们的心如此贴近,仿佛与谙熟的小巷中悠远绵长的叫卖同出一辙。《教育篇》则充分传达了麦当劳服务浓浓的人情味和尽善尽美的特质。麦当劳的员工也许是我们的同学,也许就是我们的兄弟姐妹。消费者被告知:麦当劳与中国的每一个家庭、每一个消费个体都有着千丝万缕的联系。千千万万中国父母对子女的悉心教育赋予了麦当劳最优秀的服务。麦当劳的成功,是每一个中国人的骄傲。《小梅篇》更洋溢着浓郁的中国传统"孝"的美德。金发碧眼的麦当劳叔叔在张先生、张太太欣慰、骄傲的微笑中和小梅青春、自豪的笑容中出色地完成了"美国-中国"的文化转移,体现出了麦当劳完美的文化本土策略。

"消费者中心"的口号在营销、广告界喊得很响,对创意人员来说,绝不能止于喊喊口号。消费者是具体的,依据国度、文化、性别、年龄,及各种各样的标准进行细化分类。我们首先必须尊重和谙熟目标消费者、消费市场的文化心理,在其基础上才有可能作出优秀的创意。麦当劳"本土系列"创意者显然在理论与实践上都走在了前列,贯彻始终的大众化和平民化的意识。电视主人公都有普普通通的名字——强强、小明、小丽、小梅……没有耀眼的明星,没有令人眼花缭乱的灯光、画面,没有催人泪下或悠扬动听的配乐,一切都在温馨、平实的画面与叙述中展开,好像在听一个好朋友讲他生活中、家庭中发生过的一件平凡的小事,无需竖起耳朵仔细倾听,却已然被其中流过的系于父母与子女、消费者与员工、麦当劳与大众间的脉脉温情感动不已。

肯德基用华人社会广为流传的"七剑"中清修道士的形象做"鸡肉汉堡"的广告宣传,引起了中国文化界人士的强烈不满,这是肯德基继"高考门"之后,推出的又一让人容易对其文化暗示产生歧义的广告。这也是洋品牌在本土化过程中遇到的较为普遍的问题。

肯德基新款"鸡肉汉堡"的广告创意改编自武侠小说作家梁羽生的代表作《七剑下天山》,为了配合这个具有"西域风情"的汉堡上市,肯德基借用了电影《七剑》中下天山的一个场景来进行广告包装,这个借用《七剑》创意的广告片在国内主流媒体中央电视台播出,其中一句广告词就是:"师父下天山,天下必有大事",广告中被称为师父的人俨然一副道士打扮。而正是这样的形象,引起了广大消费者对于广告文化暗示的争议。此外,肯德基还推出了一款粤语版的《肯德基孜然烤翅七剑下天山篇》广告。在其官方网站上还有让人任意下载的广告,其文字描述是这样的:"七剑客下天山平乱之际,六剑客整装待发,唯有小师弟不肯动身,什么条件才能让他下山呢? ……马上下载,立刻揭晓!"

单以广告创意本身而论,肯德基的《七剑篇》无疑是比较成功的,而它成功的正是对广告形象载体的合理使用。在广告中形象载体的选择问题上,《七剑篇》巧妙借鉴了具有较强的市场号召力的电影《七剑》。《七剑篇》以"七剑"人物出现,可以说是"四两拨千斤",借用目标受众(年轻人为主)熟知的形象载体,巧妙地引发了受众的兴趣,从而达到高度的心理认同。然而,禅师在佛教中是高僧,和尚更忌讳杀生吃荤,把鸡肉煎烤着让师父吃太违背文化教义了。这个肯德基广告的潜台词就是说肯德基新的鸡肉汉堡好,连在深山修行的道士都吸引过来了。但这次广告创意的主题却嫁接错了,是对中国文化的不尊敬。

#### 10.2.2.6 通过适度夸张表达创意

广告创意往往通过一定的艺术形式表现出来,艺术性就决定了广告在表达创意时,可以通过适度的夸张元素来展示产品,很多中外获奖的广告作品常常会通过夸张式的创意使得受众为之震撼。而有些食品行业,因其能够提供能量的特殊性,更加适宜于用夸张的方式来表达创意。

"雨润牌"低温肉制品连续十二年销量位于国内第一,从低温肉制品这一点突破,产品包括一百多种冷鲜肉,七百多种深加工产品品牌(烤肠、烟熏肠、培根、午餐肉、香肠、挂炉烤肉),在行业内,紧跟双汇之后,稳坐市场第二的位置。而雨润冷鲜肉的广告语:"一切只为你放心、新鲜美味",以及"健康伴随,鲜标准",也全面地表述了企业服务于消费者的理念。雨润火腿的广告语"就是这个味"简单、直白的五个字,却深刻地传达出了企业积极、自信、敢于挑战和成就经典的一面。

近年来,一如雨润食品集团的一贯作风,其广告创意也常常一鸣惊人。雨润食品集团根据新推出的雨润阳光劲系列火腿、香肠、培根三种产品,做了一组《阳光劲系列家庭篇》的广告。

其中一则火腿产品广告创意为:一名年轻男子在乘坐出租车,同时吃着夹有雨润阳光劲火腿的汉堡,到达目的地了,男士下车,跟出租车师傅说了声"谢谢啊!师傅",同时,在下车后推上了出租车的车门,就在这一刻,同样出现了不可思议的一幕,该出租车被关门的力度推出了很远,险些打了一个转。后面附带的广告语是"超乎想象的咬劲"、"给你超乎想象的有劲"。

而另一则雨润阳光劲培根的创意是这样的:画面中,一个小男孩用手拿起雨润阳光劲培根,使劲嚼了一口后,又使用刀叉来吃,然而,当小男孩用力去切培根时,出乎意料的一幕出现了,培根没有被切断,反而把盘子和餐桌切断了。为了表明培根的"咬劲",广告伴随着"超乎想象的咬劲"、"给你超乎想象的有劲"两句画外音而结束。创意通过夸张的手法展示了产品的特点,吃起来很有咬劲,吃了很有营养给人以力量。

以上两则雨润产品的广告创意大胆、前卫,用夸张的手法展示了产品的相关特征,富有幽默感。由于广告中商品的目标消费群体是年轻人和孩子,因此,也很容易得到消费者的认可。即便是有些民众评论说此类广告有些夸大其辞,但广告创意如果只是功能性的诉求而无任何手法的话,又何谈创意呢?事实上,国外很多肉制品广告也常常通过夸张的创意,表现食用后可以变成"超人"或是给你带来"超级能量"。

#### 10.2.2.7 创意主推健康和时尚

乳制品的目标消费群体主要是青少年,因此,广告创意要点主要表现为主推健康和时尚,同时,更加注重运用最新的方式和渠道,以实现和年轻消费群体更好地交流,最终实现营销。

牛奶在很长一段时间内，被美国人，尤其是青少年群体认为是落伍的饮品，牛奶温和却没有激情，有营养但缺乏个性。美国历史上曾经发起的一次 got milk 广告战役，就通过广告创意，成功地解决了年轻人不喜欢喝牛奶的问题。

我们先从五个方面来了解 got milk 此次广告活动的策划。

营销目标：目标市场的消费量提高10%。

产品陈述：尽管人们认为牛奶是最健康的饮料之一，但饮用牛奶仍然被认为是十几岁青少年的事。其中部分原因是人们担心脂肪和卡路里，部分是因为牛奶给人带来的孩子气和平淡无味的印象。广告应该对这种现状加以最直接的改变。

目标受众：16～30 岁的男性和女性。牛奶是每个人都要喝的饮品。尽管每个人都在喝牛奶，但他们更倾向于选择其他的饮品，因为牛奶不符合他们的生活习惯，与平淡保守的牛奶相比，软饮料更显得令人激动，更多变，更易被公众接受。

承诺和支持：今天的牛奶能帮助你显得更有吸引力、幽默而且精力充沛。牛奶拥有你身体必需的营养，使你看上去更健康。今天最有吸引力、最有活力的人都喝牛奶，冰冷的牛奶喝起来更佳。

品牌个性的描述：现有的个性，孩子气、日常性、保守型。需要添加的个性，丰富充沛、时代感、年轻而又成熟。

基于以上广告策划活动，此次广告创意的主题就是表现牛奶这一类饮品的新的品牌个性，力图将温和的牛奶饮品打造为年轻人心目中的时尚饮品。因此，小甜甜布兰妮、莱昂纳多·迪卡普里奥、安吉丽娜·朱利、贝克汉姆、章子怡、姚明、成龙等诸多中外明星都曾经出现在这个广告里。除了明星之外，一些青少年喜爱的影视形象皮卡丘、绿巨人、加菲猫、蝙蝠侠也是 got milk 的主角。此次广告创意以平面广告为主，每一则广告作品都是明星人物占据了整幅画面，而且不论广告里换了哪一位明星的脸，明星唇上永远都有一抹牛奶小胡子，这个伟大的创意多年来一直不变。此次广告战役也是美国历史上最伟大的广告战役之一。

纵观国内乳类的广告创意，也多是选取时尚或体育明星代言，在广告创意中，这些年轻的形象所传递出来的健康、积极的生活方式和态度也是乳类产品能够带给消费者的切实利益。

#### 10.2.2.8 创意以实现营销为目的

从广告与市场营销的关系来看，广告属于市场营销的 4Ps 中的最后一个环节促销的一个要素。广告的最终目的是为了实现营销，广告创意自然也是要遵循服务营销这样一个基本原则。

与其他营销要素相比，广告的创意性使得它与其他的营销要素相比，更容易说服消费者实现购买，而这个过程，往往通过对产品相关特征创意性的再现，达到潜移默化以实现营销的作用。广告可以通过独创的、新颖的、意外的、不通寻常的创意，说服消费者改变他们的态度、行为甚至是信念，实现营销这一目的。

在现代营销实践中，微博更被视为信息传播的革命性力量。蒙牛集团在意识到这一点后便积极展开创新尝试，涉足微博营销。凭借独特的创意，打造了一个名为“我是多多”的官方微博，一个月内，他的粉丝从 1 万人激增至 30 万人，单条信息也创造了转发 41 万条、评论 4000 条的“奇迹”。“我是多多”以其独有的生态视角、趣味又有亲和力的内容，将生态诉求与粉丝互动完美融合在一起，大大提升了“生态行动，助力中国”公益活动的传播声势。就在大家潜意识里已经承认了这个卡通人物的同时，作为这个微博真正主人的乳制品企业蒙牛集团，也实现了从“刻板”的乳制品企业形象到“活泼、现代、更具亲近感”的华丽转身。成功实现了推广企业生态理念、塑造品牌形象重任的双重任务，将生态理念与活动相融合，成功消除了商业品牌与消费者之间的对峙，赋予品牌更多亲近感、人情味儿。

现代社会实现营销的方式和渠道一直在创新，只有以敏锐的眼光发现并借用，才能更好地吸引受众眼球，获得惊人的效果。伊利舒化奶植入好莱坞大片《变形金刚 3》的案例是中国企业产品首次植入好莱坞大片，充分利用了好莱坞汽车大片与中国牛奶产品的错位感，带来了“出其不意”的传播效果，成为片中笑点之一。伴随着《变形金刚 3》的全球播映，伊利品牌也一举登上国际舞台，并借助衍生的话题炒作，实现传播最大化。该植入营销在影片公映后成为网上热门话题，片中那位表情古怪的亚裔男演员的台词“I' m not talking to you until I finish my Shuhua milk（等我喝完舒化奶再说）”，成为网络流行语，据伊利相关负责人介绍，《变形金刚 3》在全国公映后，伊利营养舒化奶在全国各地销量增长 30%。

以上两则以营销为创意主题的广告，在获得良好的经济效益的同时，均在“2011 第四届时代营销盛典”上荣获了“2011 时代营销创意奖”。

## 10.3 家用电器行业的广告创意

### 10.3.1 家用电器行业的概况

家用电器类商品属于耐用消费品，耐用消费品指产品使用生命周期长、更换频率低、消费者重复购买次数少。面对国外家电巨头在中国市场的大力进军力度，中国家电行业品牌在今天市场上的竞争日益激烈。以美的、海尔、格力家电三大巨头为代表的中国家用电器可谓各显身手，目前已经成为在主流媒体上做广告的主力军，在 2011 年中国家电市场整体增速放缓的情况下，仍保持着可观的市场份额。

### 10.3.2 家用电器行业广告创意的要点

家电行业的广告投放通常为持续性策略。为适应这样的长期投放情况，广告创意也常通过情理交融的方式制造新鲜话题，吸引消费者的注意；家电类产品常随着技术的更新而不断改良，广告诉求常依据消费者的需求进行调整；激烈的竞争使得商家在特定的时候如节假日或是周年等，广告创意常主推额外服务，以吸引消费者；近年来，更多高端的家电品牌开始在市场上寻求自己的明确位置，并通过创意牢牢树立企业或品牌的鲜明形象。

#### 10.3.2.1 理性和感性诉求兼备

家用电器是现代家庭的必需品，现代家庭的每个房间都少不了几样电器，有些电器，如电视、电脑等，一个家庭还不止一台，此类商品不论是家庭共享或是私人拥有，通常购买起来是全家出动。从房间的布局来讲，厨房和洗手间的家电通常由女主人来选择，而其他房间家电的决定者通常是男主人。即便如此，耐用消费品的价格高，为了获得更高的性价比，消费者往往会仔细权衡比较，家庭成员提供参谋意见，因此，家庭成员间的意见交换也影响着消费者的态度。正是因为如此，电器类广告创意尽管是林林总总，其诉求方式却只分为两类：

针对女性的感性诉求和针对男性的理性诉求。

1999 年金正 DVD 进入市场时，其创意的核心是树立金正 DVD 逐渐成熟的品牌形象，在电视和平面广告上，消费者常常可以看到三个穿着明亮的金色裙子的花季少女手捧红苹果，并不断地重复一句话“苹果熟了”，通过吸引人的画面和语言，在情感方面吸引消费者的注意。

创维电视的广告则是从理性的角度进行诉求，广告口号“不闪的才是健康的”成了产品区别于同类产品的不同之处。

与此同时，一些家用电器在广告创意中，更是采用感性诉求和理性诉求相结合的方式，来打动消费者。如新飞冰箱给消费者的利益点是节能，在广告创意中，展示了一个小电表和家人赛跑的场景，小电表却跑不快，最后，小电表坐在新飞冰箱上唱起了歌：“我是一只小电表，跑得特别慢，因为新飞冰箱节能好，想快也快不了。”通过感性诉求的方式，清晰地表达了产品的功能点，可谓是动之以情、晓之以理。

### 10.3.2.2　广告诉求依据消费者的需求而调整

科技的创新使得家电行业不断推陈出新。与此同时，家电的广告诉求也要迎合时代的步伐，依据消费者的需求和产品的新功能做相应的调整。美的电器的广告语“原来生活可以更美的”，将“美的”嵌入广告语中，表达了选“美的”享受美的电器、美的生活的理想。这种将电器名称融入广告词的创造性行为浑然天成。根据市场的不同需求，美的也提出自己不同的创意思路，当空调行业面临技术变革，定频向变频转型时，当市场上的空调都在强调变频的时候，美的及时提出了新的广告口号：“买变频，选美的”，同时选择章子怡代言美的产品，提升了品牌的格调。

然而对于今天的消费者来讲，更加关注的还是冰箱的基本功能，即保鲜功能。如美的冰箱广告创意——鲜活每一天。此广告获得“第十三届中国广告长城奖”。画面中，充满整幅画面的是新鲜得要挤出汁的橙子以及绿油油的豆角和庞大的蘑菇，突出产品强劲的保鲜功能。仔细一看，大橙子是游乐场里的摩天轮，豆角是过山车，蘑菇成了空中旋转木马，每一个娱乐场所都有大量游客沉醉其中，画面左下角的美的标志和右下角的“鲜活每一天”的广告语清晰可见，如图 10-4 至图 10-6。在吸引受众目光的同时，向受众传达了广告的目的——冰箱的保鲜功能。

图 10-4　美的冰箱的广告创意(一)

图 10-5　美的冰箱的广告创意(二)

图 10-6　美的冰箱的广告创意(三)

广告诉求依据消费者的需求而调整,还表现在产品目标消费群体的不同,诉求方式不同。如果说有一个家用小电器品牌成功地占领了全球市场,并同时实现从单纯的男性用品,向男性和女性共同用品的完美拓展,无疑 Gillette 是这个领域的佼佼者。

1903 年 King Gillette 发明了安全剃须刀,从此以后,男性的打扮习惯和"湿刮"问题一直是公司着迷的东西。到 20 世纪末,Gillette 已经有资格宣称,在全世界所有的湿刮中,约 2/3 采用的是 Gillette 的某一款剃须刀。Gillette 的广告语"The Best a Man Can Get"(男士能得到的最好的东西)和产品无处不在,而 Gillette 的电视广告创意中,经常出现的镜头是一个成功的并具有吸引力的男士的形象。

面对那些也想达到同样增长水平的竞争对手,如何保持公司在全球销售增长和利润上的成功状态?为了寻找新的增长点,企业必须开辟新的市场——采用湿式剃须的男士以外的人，然后用自己的新产品和广告战役瞄准这个市场，Gillette 决定瞄准湿刮的女性。欧美女性体毛较多，因此，女性剃毛产品有着宽阔的市场前景。Gillette 女性用品并非在男用剃须刀上装一个粉红的手柄，而是为女性开发出一套完整的系列。

为了实现对女性消费者市场的覆盖，Gillette 的整个策划和创意步骤的进展过程：首先，调研阶段，把女性当作了自己庞大的营销活动和广告活动的中心，但并非所有女性，Gillette 更侧重于 15～24 岁年龄阶段的年轻女性。其次，Gillette 推出由女性工业设计师设计的女用 Sensor 剃毛系列，特点是宽扁形的手柄；接着又推出其他产品，如 Gillette Disposable Agility（抛弃型），还有以 Stain 牌进行销售的剃毛膏及护肤品系列，以及 Venus 系列。同时，Gillette 所有系列的产品均配以吸引女性的广告创意，如 Venus 系列的一个广告片，伴随着美妙的背景音乐，镜头在不同的图片中切换，这些切换中的一幅幅图片虽然是静止的，然而每幅画面所展示出来的女模特光洁的肌肤以及由此产生的对异性的吸引力，相信会对每一位有这样需求的女性受众产生购买的刺激。

#### 10.3.2.3 创意主打额外服务

由于技术的快速普及，电器类商品经常面临同质化的情况，如此一来，一些品牌通过提供商品具体功能之外的服务来打动消费者，这种慷慨提供也拉近了与现有的和潜在的消费者的距离。

TCL 集团在全国各地设置"幸福快车"服务网点，同时，依托这些网点，为客户提供个性化的服务，消费者在活动期间可以得到 TCL 集团提供的"免费保养"和"回访"，因此，广大消费者对此次创意活动都拍手称快。同时，TCL 集团与苏宁电器联手举办了首届 3G 电器购物节，在购物节上，推出自己主打的高端彩电精品，同时，举行现场签名售机活动，通过在活动中提供大幅度的优惠吸引消费者购买。此番精心打造的广告策划创意，让有这方面需求的消费者无不驻足。

另外，美菱集团在全国范围内开展"新鲜美菱 365，创意健康 180"的大型广告促销活动，"购美菱冰箱，送健身器材"是本次活动的主要内容。海尔集团突出海尔家电产品"全程管家"活动，凡是在活动期间购买海尔家电可以送全程管家金卡一张，每年享受上门保养服务。小天鹅集团也在其空调广告创意中，提出了"放心工程"，用户购买空调时能获得一张"服务卡"，用户凭此卡可以享受免费移机、免费上门清洗、保养空调等售后服务。

对于竞争激烈的家电行业，广告创意中主打的这些额外服务，成了行业一大亮点。

#### 10.3.2.4 创意彰显定位

细观格力电器早期的广告创意，似乎和其他家电类产品相比，并无太大特色，然而，其出奇制胜之处在于，在每一则广告创意中，我们都能够听到或是看到"好空调，格力造"这句广告语，正是这句广告语，使得格力空调在消费者心目中有了明确的定位——好空调牢牢地树立了在空调市场上第一的位置。同时，这句话也让格力这个品牌家喻户晓。

电器市场上的很多品牌都是延伸品牌，即一个品牌旗下生产多种电器产品，多元化的道路虽然增加了市场份额，但却很容易就稀释了它们在消费者心目中的位置，而格力电器似乎永远只关注空调。格力电器之所以能在市场上纵横笑傲，最重要的是在人们心目中，格力电器能够在市场上树立"第一"的位置，关键在于格力电器本身就只代表"空调"，同时，也意味着他一定是“空调专家”,而在这两点上它的对手们都无法比拟。同时,格力电器通过在各种媒体上的广告创意来强化这一理念,使得在消费者大脑里“空调”这类商品的品牌阶梯上,格力电器已经牢牢占据了“第一”的位置。

随着格力企业的发展,格力空调渐渐地将对手甩开,稳坐国内空调行业的第一把交椅,同时,格力电器也在追求品牌升级,提升品牌档次和形象,针对目前中国市场对高端电器的需求,格力电器的广告又注入了新的创意,在格力电器的广告宣传中“精品空调,格力创造”成了如今格力电器的广告语,希望格力电器能够给消费者提供更多的精品。格力电器每有重大创新必在媒体上广泛宣传,树立并巩固了其行业领先者的形象。

#### 10.3.2.5 塑造企业形象

企业形象是指社会大众以满足需要及其与企业的利益交换为基础,通过各种渠道有选择地认识与了解企业实态而后形成的对企业的整体印象与评价。家电类产品由于其功能的相似性,更倾向于在广告创意中极力塑造企业形象,以此来寻求和消费者的关联。

1993 年起,中国家电第一品牌“海尔”在山东青岛诞生,在广州至诚广告公司的策划下,山东青岛电冰箱总厂进行了整体的形象塑造,以“海尔人”的形象出现在消费者面前,以“海尔,真诚到永远”为广告口号。同时,市场定位是“市场需要什么,我们就生产什么”。接下来的几年,“海尔”成为了中国百姓家电首选品牌。1997 年,在企业形象塑造上,海尔又做了一大转变,以适应其国际化进程。海尔的创意小组集思广益,最终提出了一个创意构思:既保留海尔一贯的理念——责任,又顺应市场潮流,理性寻找发展空间,塑造同行业龙头的形象。据此,创意小组提出了“海尔”新的形象定位:一个全球性的形象、世界的品牌;一个属于世界经济的中国民族工业形象。配合这一理想,海尔集团旗帜鲜明地提出了新的广告口号“海尔,中国造”。

长虹彩电在国产彩电市场上一直占据着“龙头老大”的市场地位。为了进一步提升长虹的品牌形象,长虹曾邀请广州天艺广告公司进行系列形象策划创意。

长虹集团的视觉形象是“红太阳”,创意小组以这个统一的形象为标准,以红色为主色调,表现了中国老百姓红红火火的生活和充满着浓厚的生活气息,与此同时,又传达了“长虹”是民族高科技产品,完成了对长虹的形象塑造,也使得长虹的广告语“太阳最红,长虹更新”深入人心。

创维集团在进行企业形象塑造时,突出的核心理念是“品牌全球化,市场多元化”,针对这一理念,企业的发展方向向高科技靠拢,将数字技术作为企业发展的重中之重,由此形成了创维产品数字化的特点,在数字化电视竞争激烈的今天,面对国内外的众多竞争,创维在稳固国内市场的同时,将品牌推向了全球。

## 10.4 电信行业的广告创意

### 10.4.1 电信行业的概况

中国电信行业政企分开之后,形成了中国电信、中国移动、中国联通三大主要电信运营商,经营基本电信业务。2009 年 1 月,中国工信部电管局下发了《关于做好发放 3G 牌照后续工作的通知》,此文件对三大电信运营商的业务经营范围进行了明确规定。它们各自的业务范围如表10-1所示。

表10-1 我国三大电器运营商及其经营范围

| 电信企业名称 | 业务范围 |
| --- | --- |
| 中国电信 | 经营范围被限定在上海市、江苏省等南方20个省(区)市,北方地区仅包括北京市 |
| 中国移动 | 重点发展基于TD的固定通信业务,其他固定通信业务授权铁通公司经营,可在全国范围内开展 |
| 中国联通 | 在固定网本地电话业务上,中国联通经营范围被限定在北方十省市,南方地区仅包括重庆市及四川省。另外,在公众电报和用户电报业务上,中国联通将只能在北方十省市提供服务 |

## 10.4.2 电信行业广告创意的要点

电信类产品是信息时代的产物,虽然诞生较晚,但是发展迅猛,在很短的时间内完成了行业的资本积累。与其迅猛发展势头相匹配,本行业也涌现出不少让人眼前一亮的广告创意,主要表现为:在广告创意中让消费者现身说法;根据不同区域和不同的消费群体,量身定制不同的广告创意;近年来的创意更是注重品牌形象的塑造,广告创意往往从消费者的需求出发,画面充满深远的意境,当受众正沉浸于创意所展示的真、性、情中,不知广告欲言及何物之时,出现品牌名称,使品牌名称和广告主题形成完美的结合。

### 10.4.2.1 消费者现身说法式

通讯行业是一种高科技的服务业,同时,也是覆盖到全民的一个行业。让消费者亲自现身说法式的广告创意更能够体现出广告主对消费者的尊重和理解,也更容易被消费者接受。

2003年,中国移动为了宣传自己的互联网通讯业,广告主题是"网络好,才更方便、更省钱",此次广告活动中,不论是电视广告,还是印刷广告,中国移动都一改明星代言的方式,而是选取不同身份的消费者作为广告创意的主角,这些消费者在亲身体验中国移动网络后,通过一个个的微型情景剧,表达自己对好网络的认识,如画面中的商人说移动互联网好,原因是它可以帮助自己争取到更多的机会;恋爱中的青年人说移动互联网好,因为它可以让自己更好地与恋人沟通;遭遇海难的民众说移动互联网好,因为移动互联网可以拯救生命。在广告创意中,这些消费者的形象是作为被服务的对象而存在的,也成了受众记忆深刻的画面。

### 10.4.2.2 因地制宜式

中国移动,在通讯行业中子品牌发展最为齐全,品牌间差异大,并且子品牌各个个性鲜明。中国移动的广告宣传中,使用最多的广告语是"中国移动通信,移动信息专家"和"移动改变生活";在3G时代,中国移动的广告语又有"手机上网,世界时刻围着我转"和"中国移动通信,引领3G生活"等。总的来讲,中国移动的广告常通过理性的广告创意向消费者诉求中国移动带给消费者的切身利益。其三大子品牌全球通、神州行和动感地带的广告语则根据消费群体的不同,分别为"全球通,我能!"、"神州行,我看行"和"动感地带,我的地盘我做主”。

近年来，中国移动地方分公司也经常根据实际情况创造出一些有趣的广告语，比如“贾君鹏，你妈妈喊你回家吃饭”，此广告语一经提出，迅速走红网络。另外中国移动在广西一所高校校园里打出“师兄，师妹喊你回宿舍飞信啦”的广告，如图 10-7 所示。同时，针对农村市场，中国移动的广告语有“中国移动手机卡，一边耕田一边打”。这些个性化的广告创意对于目标消费群体来说，非常亲切，即刻拉近了消费者和品牌的距离。

图 10-7　中国移动在广西某高校校园内的广告词条幅

要想创造出有效的广告创意，广告创意人必须准确理解消费者的需求。电信业的消费者覆盖范围越来越广，然而，不同的消费群体却对电信行业所能提供的具体服务需求却大不相同。文化、社会阶层、参考群体、家庭、人口统计因素、地理位置等都对消费者具体要选择何种服务有着重要的影响。因此，电信业的广告策划人应该依据消费者需求的不同，来选择他们需要的创意诉求点。

例如，面向高端家庭，中国电信推出我的 e 家的网络服务产品。在广告创意中，综合运用视频拍摄 3D 技术和 Flash 手绘风格，在视觉文案部分通过设计一个经典的跳房子游戏，营造温馨家庭的感觉，通过营造这样一个特定的场景，让受众在轻松娱乐的过程中了解这个产品。

为了促进更多消费者使用中国电信的拳头产品——宽带 ADSL 的宽带业务，同时推动 4 M速率成为市场主流速率（原市场主流速率为 2 M），中国电信以消费者亲身体验为核心，通过植入产品信息的方式，策划了一系列的广告创意活动，如用户观看视频前或暂停视频播放的时候，系统自动出现中国电信宽带提速的广告，提示用户办理提速业务，观看高清视频；建立视频专区，增加品牌的曝光度，在视频体验中植入宽带提速的产品信息，通过软性植入宽带提速的产品信息潜移默化地宣传产品。

针对融合性宽带接入产品——天翼宽带，中国电信的广告创意的重点则是，让互联网应用体验更自由、畅快，同时更加个性化。天翼宽带曾经发布过“我爱互联网”的广告创意活动,此次活动的传播重点是无线业务,因此主要受众人群为偏高端人群,25~35岁,有一定经济基础的城市白领及政府、企业中高层管理人员,目标是建立与消费者情感层面的沟通,让用户了解到天翼宽带的互联网整体解决方案,体验到天翼宽带的无处不在,从而树立天翼宽带是中国互联网发展的源动力的品牌形象。活动通过广告,宣传我爱互联网的主题。突出天翼宽带无处不在、无所不能的特点。

此次广告活动通过六篇广告创意对天翼进行展示。

第一篇是情感篇,通过使用一组网络常用的表情符号,将天翼宽带的概念与网民情感紧密相连,同时准确传递了"天翼宽带　无处不在"的推广主题。

第二篇是个性互联网篇,通过表盘生成各种音乐节奏,结合了DIY元素,互动形式丰富。

第三篇是数据篇,直接将天翼宽带的覆盖优势展现,一个账号轻松便捷。

第四篇是我爱互联网篇,通过心形的动画,表现出消费者各种互联网应用的场景。

第五篇是统一账号篇,通过对三个业务场景的不同切换,展现3G,Wi-Fi以及有线宽带的不同接入方式,诠释一个账号全面接入、畅游网络的概念。

第六篇是穿行互联网篇,通过视频场景展示,演绎了一个人穿行互联网的种种场景,让用户体验到互联网"无处不在"的概念。

#### 10.4.2.3　树立品牌式

不同于昔日单纯介绍产品的具体功能,电信行业今天的广告创意更多的是在提升品牌形象上下工夫。

由著名导演关锦鹏执导的中国联通的"沃·3G"品牌形象广告片,以"跟上想法的速度"为主题,此广告宣传片在中央电视台及各地方卫视的黄金时段高调亮相后,得到消费者的一致好评。与之前的"精彩在沃"广告片相比,该广告创意突出强调用户体验,这暗示中国联通在"沃·3G"品牌形象宣传策略上的转变,获得了良好的反响。

此广告宣传片主要通过五组常见的生活场景,巧妙地引导消费者通过中国联通"沃·3G"的极速网络去探寻、去分享、去交流、去沟通、去验证。短片延续了关锦鹏导演一贯细腻的情感,通过唯美的画面和极具想象力的执导风格软性植入了联通"沃·3G"的优势业务,并提出了联通"沃·3G"新的宣传口号——"极速互联随我行",进一步诠释出"沃·3G"为人们带来的极速互联体验。

与此前中国联通"沃·3G"的品牌广告相比较,此次广告短片的创意点在于时刻站在用户的角度考虑问题,并从消费者的关注点出发,更加强调用户体验。宣传语"极速互联"是指联通"沃·3G"业务的差异化优势是高速移动互联的前提,而"随我行"则意在表达中国联通移动互联网手机终端丰富的多功能应用满足用户的各种需求。"极速互联随我行"则意在于暗示用户使用中国联通"沃·3G"业务,在极速网络的前提下,能够尽享丰富的移动互联功能体验。

中国移动的品牌形象广告更是创意十足。从2011年12月1日开始,中国移动的最新品牌形象广告正式上线。这则广告片以定义幸福的方式突出了"为了幸福而改变"的传播概念,希望通过不断创新的通信技术和应用,让人们的生活变得更加幸福和美好。为了改变中国移动在受众心中的严肃国有企业印象,代理公司奥美广告选择了用黏土动画的风格拉近其与消费者的距离,选择微缩模型实拍与后期电脑特效结合的执行方式。希望在欢乐而温情的画面中,改变用户对通信应用的感知,从而突出"移动改变生活"的价值。

为幸福而改变画外音:

幸福是等待的时候有人懂得你的期望;
幸福是烦恼的时候有人为你指引方向;
幸福是手指轻轻一点,
有人为你静静等候(歌声);
幸福是安心享受(歌声),
一步一步不再担忧(歌声);
幸福是当爱在身旁,
再也不用匆匆忙忙
……
为了幸福而改变,
这是我们的理想。

#### 10.4.2.4 创意不等于恶搞

联通的标志是一个具有中华民族特色的中国结,据此,联通把自己的标志和品牌名称自然地融入广告语中,一句"情系中国结,联通四海心"做到了企业经营理念和对祖国的美好祝愿的和谐统一,充满了亲和力。

近年来,联通广告创意思路不断推陈出新,同时也反映出企业经营思路的转变。如"2003 年第四届女足世界杯"期间,在各大电视台放映的,由姚明代言的联通新时空新版广告,与以往联通广告不同的是,此次广告中老百姓熟悉的 CDMA、GSM 字样被取消了,代之的是"新时空"、"世界风"这样的品牌名词,以这些新词为核心的广告创意也颇受年轻消费群体的喜爱。

然而,自从新联通重新组建以来,有些广告创意大大出人意料。联通的一则广告《恶搞关羽篇》:话说关羽威风凛凛带军征战,就在他振臂一呼,准备冲锋陷阵之际,赤兔马竟变成了小木马,关公骑木马,这仗怎么打?该系列广告共分为五部,内容昭然若现,暗讽联通此前一段时间曾严打的"iPhone 4 装移动卡"现象。3G 时代联通的起步相对较高,其网络完善性和手机兼容性均有较好口碑,这组广告的针对性很强,从不同应用场景说明其网络优势,除了恶搞关羽外,其他四部分广告分别通过微博、下载、视频等应用场景,说明只有"沃 · 3G"才是"iPhone 4"的最佳拍档。

然而,由于在广告创意表现中涉及恶搞历史的话题,这则联通广告迅速被网友转载,不少网友惊呼这组广告"雷人"、"给力"的同时,由于恶搞关羽,在舆论界引起轩然大波,对此,电信专家付亮通过微博表达:欧美电信运营商和终端厂商的类似广告很多,可谓有过之而无不及,联通此举本身合法,无伤大雅。但是如此在广告创意中恶搞历史人物的行为还要谨慎为之,才能使得品牌之路走得更加长远。

## 10.5 白酒行业的广告创意

### 10.5.1 白酒行业的概况

白酒行业是中国特有的传统产业，历史悠久，文化积淀深厚，是中华民族宝贵的文化遗产。几千年的传统文化和饮食习惯，白酒已经成为各类社会交往活动和居民日常生活中必不可少的消费品。

白酒按照香型分类，我国目前主要有浓香型、清香型、酱香型，其中浓香型代表有五粮液、国窖1573；清香型代表有汾酒、青稞酒、红星二锅头；酱香型代表有茅台酒。

### 10.5.2 白酒行业的创意要点

中国的白酒有五千多年的历史，自古以来，中国关于酒类的广告不胜枚举，广告创意也多以自然、中国传统文化为诉求点。与其他行业相似，在不同的历史时期，酒类的广告创意会依据战略的不同来制定创意。由于白酒的主要消费群体为男性，在酒类的广告创意中，美酒与美女为伴，一定更吸引受众的眼球，因此，白酒广告创意中，常常少不了温婉的东方美女形象。

#### 10.5.2.1 以传统文化为诉求点

广告中总是或多或少地透露了一个国家的群体文化，而白酒在中国有着悠久的历史，很容易和文化形成嫁接。正因为如此，白酒行业的广告创意人可以从小到从家庭生活，大到国家民族认同方面，觅得广告创作的灵感。如“家”文化是中国人历来的情感归属，“家”文化可以从小家延伸到大家。很多白酒企业通过深挖和树立自己的白酒文化与中国“家”文化的结合点，从而获得了丰厚的利润回报，也使企业的整体附加值得以快速提升。

纵观近年来国内酒文化的广告，孔府家酒理应是中国现代酒文化营销的“第一家”。越来越现代的都市生活，往往使许多人在精神上迷失了自我，渴望寻找一份心灵的慰藉，寻找一份返璞归真的心境——其最大的指向就是“家”。孔府家酒率先嗅到市场的气息，借助广告的力量，在创意中引入了“孔府文化”和“家文化”，一句“孔府家酒，叫人想家”，一夜传遍大江南北，成就了孔府家酒的辉煌。以致很多的白酒企业都在寻找、挖掘自身的历史典故和特有文化。

这篇以《北京人在纽约》这部家喻户晓的电视剧为创意背景的广告，分两步实施。

第一步“想家篇”选取这部热播电视剧的女主角王姬作为形象代言人，巧妙地把《北京人在纽约》的思乡情结嫁接到自己的广告中来，孔府家酒也随之而一举为天下知，年销售额一度达到鲁酒之最，而王姬和“千万次地问”成为最大的记忆点，同时人们也记住了“孔府家酒，叫人想家”这句充满中国人伦理亲情的广告语。

第二步“想家篇”广告的创意是请《北京人在纽约》主题曲的主唱刘欢为代言人，延续了第一部的创意思路，使观众有亲切感，使广告形成了系列，使“想家”有了主题。

因此“家”是孔府家酒与消费者的共鸣点，同时，由于也是酒行业中第一个在广告创意中融入“家”文化的产品，孔府家酒轻而易举地在消费者心目中占据了重要的位置。

1995年,孔府宴酒以一句脍炙人口的广告语——“喝孔府宴酒,做天下文章”,拉开了产品铺天盖地的广告,孔府宴酒与孔府家酒均产自山东省,看似字面只有一字之差,实则是两个不同的企业,但两个厂家都十分重视在酒的广告创意中,融入历史文化因素,都含有孔府二字。孔府宴酒的广告创意依然是以民族文化情结为主线,但与孔府家酒的“恋家”情结有着鲜明的区别。“喝孔府宴酒,做天下文章”,这句广告语是对中国传统知识分子理想中的精神境界的一个真实写照。在广告创意的表现上,孔府宴酒从“国”出发,反映出中国传统文人“以天下为己任”的心态。孔府宴酒的广告传递出了他们的心声,精准地把握住了目标消费群体——知识分子。

五粮液集团的龙人龙酒的电视广告创意吸取了中华民族五千年文化之精髓,展示了“龙的故乡,龙的传人,龙人龙酒”的深刻理念。“龙香同源,五千年天玄地黄;龙图同愿,开盛世人和政通;龙人同心,传真情滴滴挚诚;龙的传人,共享龙人龙酒。”龙人龙酒广告精美的画面,饱含浓厚的中国千年文化气息,音乐气势恢弘、磅礴,解说浑厚高昂,傲视苍穹,在北京举行的龙人龙酒广告评审会上,国内著名电视、文化、广告业等行业专家,对龙人龙酒的电视广告片给予了高度评价。

2011年8月,五粮液集团的巨幅广告走出国门,登陆纽约,在有着“世界十字路口”之称的时报广场(times square)亮相。五粮液租用的这块液晶广告牌长18米、宽12米,红底黄字,是时代广场面积最大、最醒目的广告牌。在这块广告牌上,五粮液的红色商标十分亮眼。这个平面广告创意在国际社会产生了巨大的轰动效应,无论对于宣传中国的文化和中国的形象,还是宣传一些中国优秀企业的文化,都起到一定的影响。

#### 10.5.2.2 依据战略制订创意

茅台不老酒是茅台集团保健酒业公司的自主核心品牌,是茅台集团在保健酒品类市场布下的一枚“重子”。在20世纪末期中国保健酒品市场整体下滑的情况之下,茅台不老酒也在一度辉煌后渐陷入沉寂。2009年随着张诚总裁主政茅台保健酒业。张总以其在茅台二十余年的工作感悟及对茅台品牌根基的深刻认识,准确为茅台不老酒的定位指出方向:必须坚持茅台品牌酱香型的特点,必须融入中国博大精深的养生文化的内涵。在此思路的指引下,一个为茅台不老酒所独有的品牌定位横空出世:酱香养生——中国酱香养生第一酒!

酱香养生的战略定位,从新“茅台不老酒”定位的第一天,就奠定了主打高端,树立中国保健酒行业制高点的“标杆战略”。茅台不老酒在新战略思维的主导下,创意叠出,开始焕发勃勃生机。把握市场制高点,推出“酱香养生”新定位。如何将“酱香”深植于茅台不老酒的品牌基因中,成为中国新型健康酒之标杆呢?茅台再香,不做广告也是不成的,如何让酱香茅台的酒香到达目标消费群体是公司的创意人员思考的问题。

茅台不老酒“问”系列产品惊艳上市为了实现茅台不老酒由低端的功能诉求向酱香养生的飞跃,产品广告创意设计颇费心思。项目组力图彻底改变传统保健酒“包医百病”的药酒面貌,又要力求与普通白酒有鲜明区别,引入道家养生文化为包装设计元素,创意并设计出了茅台不老酒“问”系列三支单品:问道、问心、问天,构建起一个独特的“酱香+养生”新种类。茅台不老酒——问道:问道是行为。两小无猜是童年之道,孜孜不倦是求学之道,百折不挠是事业之道,运筹帷幄是成功之道,从容淡定是养身之道。求佛得道是人之渴望,人生谁能不问道?茅台不老酒——问心:问心是思想。人达到一定高度后,对己需时常“三省吾身"、"闻过而改之"才能更进一步。对人需倾心相交以求"心有灵犀,灵魂互动",心的呼唤带来心心相印,方能众望所归。茅台不老酒——问天:问天是问天下,人成功后,要考虑的不仅仅是自己,更要担负起更多的社会责任。贫,则独善其身;达,则兼济天下。问天,问的不是老天爷,而是天下百姓,济济苍生,这便是问天的真谛。

#### 10.5.2.3 形影不离的美女原则

由于中国白酒的主要消费群是男性,因此白酒类的广告创意中,总少不了成功的男士形象,与此同时,柔情似水的淑女总是与君子形影不离。作为五粮液的子品牌,五粮春的广告五粮春酒《爱到春潮滚滚来》的广告片在创意中,以展示才子佳人的美好爱情为切入点,同时凸显佳人的名门风范,并由此确定品牌的形象定位,以东方公主式的女性魅力征服了更多的男人,她高贵优雅、莲步婀娜、舞姿嫚妙、价位亲和,对于男人来说确实"性感"、"勾魂",令人为之怦然心动。

这则广告片是一首完整的 MTV 歌曲,由任静、付笛声演唱,黄圣依身着汉服唯美出演。长达 4 分 30 秒的广告片里,竹海、清溪、香醇美酒,型男、素女,款款深情,唯美飘逸,浪漫感性。

歌词:"一江春水情不尽,我梦绕魂牵;一夜春雨梦不休,你多情缠绵;一朝春露万花开,我美丽无限;一日春风人心暖,你风情万千;一生情深似海,爱到春潮滚滚来。五粮春光灿烂,香醉人间三千年。"视觉加听觉的双重享受,给人味觉以更大的吸引。《爱到春潮滚滚来》淡化了企业推广中的商业味道,增添了几分艺术气息和文化气息。不论场景、人物造型还是建筑物,都显露出一种超凡脱俗的静谧氛围。竹林、湖水,以及男女主人公的绿色汉服,白发老翁、年轻力壮的酒坊少年……都让人耳目一新。"香醉人间三千年",无疑是这首歌的点睛之笔,一方面,突出了五粮液的回味悠长;另一方面,更蕴藏着中华数千年的酒文化,与五粮春酒的广告主题吻合。酒不醉人人自醉,景已迷人人更迷。随着广告片的播出,五粮春"名门之秀"的品牌形象更加深入人心。

在这则电视广告创意中,选用的女主角是典型的传统东方美女形象,具备善良、美丽、高雅等诸多良好气质,将美丽的东方公主——"名门之秀"的品质符号、文化符号,甚至性符号巧妙地结合在一起,成功地嫁接到五粮春这个白酒品牌上,酒类广告创意中与酒形影不离的东方美女,撩拨着消费者的味觉,激发着他们的消费欲望。

## 10.6 金融行业的广告创意

### 10.6.1 金融行业的概况

金融行业主要包括银行和非银行金融机构。银行分为中央银行和商业银行。非银行金融机构包括开发银行、投资银行、保险公司、信用合作社、储蓄银行、信托公司、财务公司等。

从本质上来讲,金融行业属于服务行业,主要是为人们提供资金管理的服务。从企业层面来讲,金融业所谓集团性质的多层结构经营,跨国度和区域发展,属于专业知识密集、技术密集和人才密集型的行业。

### 10.6.2 金融行业广告创意的要点

一直以来，广告的主角都是快速消费品、汽车、房地产等，金融保险广告投放的总额度远不及这几个领域的数字庞大。创意上也不像别的领域"花样百出"，市场的不成熟也给金融保险行业的广告带来更大的挑战。这些问题一方面表明金融保险行业竞争还不够充分；另一方面也说明这个领域的空间和潜力巨大。随着金融行业整体品牌意识的不断加强，中国银行、工商银行、交通银行、中国银联、中国人寿、平安保险、中国人保等企业均发力中央电视台的黄金资源，全行业在黄金资源广告招标中标额连年增长。在广告创意上，也呈现出以下鲜明的特征：突出文化诉求；注重品牌形象塑造；注重诠释民族品牌；重视配套产品的推广；注重选取体育明星或时尚明星代言。

#### 10.6.2.1 突出文化诉求

中国人寿本身是"国"字头，这是其他保险公司并不具备的，也是中国人寿最宝贵的无形资产。因此，中国人寿传播的元素有很浓的中国传统韵味，传播创意表现也立足于中国文化。

在2004年的广告宣传中，广告《屋檐篇》起到了概念引导作用，"相知多年，值得托付"，经过有效的传播，使中国人寿的品牌形象变得更加清晰明朗。

中国人寿《屋檐篇》的广告创意是这样的：一位老人抱着孩子坐在屋檐下，外面风雨交加，里面却是情意浓浓，如此对比鲜明的画面配上"相知多年，值得托付"的广告语，打动了无数人的心。

广告创意采用了中国传统建筑的"屋檐"形象。"屋檐"形象具有很强的代表性，"屋檐"就像中国人寿，一直在呵护着中国人的生活，为中国人挡风遮雨。"中国人寿"半个世纪以来见证了中国的风风雨雨，一直呵护着中国人的生活。中国人寿的品牌精神与屋檐的内涵有紧密的内在联结。通过屋檐诠释中国人寿的品牌内涵，更容易与消费者产生互动和沟通。同时屋檐这一元素在相关行业的形象广告中未被使用过，这个视觉符号将被中国人寿所独有。通过精良的后期制作，从视觉上和听觉上给受众留下了深刻印象，提升了品牌的品质。"相知多年，值得托付"，这句话包含了中国人寿悠久的历史和强大的信心。

2009年第五届中国国际电视广告艺术周上，泰康人寿凭借《爱家篇》电视广告，荣获"优秀广告创意奖"，成为保险业内唯一获此殊荣的企业。泰康《爱家篇》广告，与传统保险类广告片相比，丝毫不见同业广告片中，经常出现的风光景色、浪漫婚礼等画面，却以最为朴实、平和的生活元素，选择爸爸、妈妈、孩子三个家庭角色，从不同层面诠释保险与家庭幸福的关系，触动人们内心深处的情感，引导大众对未来生活的思考。以"一张保单保全家"的感人口号，唤起人们购买保险的愿望，表现出了具有中国特色的人文关怀，传达了泰康人寿对客户从摇篮到天堂持续一生的承诺。泰康人寿亲和的品牌特质彰显了大公司品牌力图构筑和谐社会的责任感和使命感。同时，泰康人寿在制作广告时，融入了2009年各大重要节日和重大事件，将《爱家篇》拆分为三个不同的版本：《妈妈篇》《父亲篇》《生日篇》，恰当地安排在母亲节、父亲节、国庆节等节日前后，更加贴近大众的收看习惯，迎合节日气氛，开业内先河。

中国工商银行的一则广告创意以中国文化的典型对象扇子和瓷碗为符号，宣传企业形象，形成了与中国传统文化的紧密结合，以扇子说明企业的"成竹在胸，有张有弛"。此外，国内保险公司的广告也通常采取中华文化语境中吉祥的字眼作为广告语,如中国平安的电视广告中,创意人员把我国带有"平安"二字的地名一一做了展示,每一处地名出现时,镜头中都会出现老百姓灿烂的笑容,广告语"中国平安,平安中国"也与创意实现很好地衔接。另外,"太平洋保险保太平"、"新华保险、乐享人生"等,这种带有美好祝愿的方式不同于西方保险业常用的恐吓诉求,却是适合中国本土的一种表达方式。

#### 10.6.2.2 注重品牌形象塑造

由于金融类产品在关键时刻与受众利益息息相关,消费者在选择金融产品时,企业的品牌是很重要的考虑因素之一。因此,金融类产品的广告越来越展现出对品牌形象的塑造,广告创意也多以树立品牌形象为核心。

2007年9月,北京厚德品牌文化营销公司为中国建设银行精心打造的"善建者行"这一品牌理念正式在市场上发布,一经推出便在业界引起不小的轰动,广告发布仅一个月,Google搜索引擎上已出现超过133万条评论。消费者普遍认为,建设银行的广告语"善建者行"意味深远,"行(xíng)"和"行(háng)"进行了多音字的巧妙运用,同时,借用老子的哲辨方式,让受众很容易就联想到中国传统文化宝库中的《道德经》,传播了老子"善建者不拔,善抱者不脱"的理念,弘扬中国传统文化。告诉我们一连串的思想理念:要守诚,要为公,要求变,要善于做事,正是建行的这些品牌内涵将建设银行的形象昭之于众。

兴业银行的广告创意,突出了"服务源自真诚"的品牌形象,在其电视广告中,主角是一个乐于助人的兴业银行员工,情景是一个下雨的日子,这名员工把自己手里的雨伞递给了一对需要帮助的母女。"真诚"这一抽象的企业形象,通过创意中员工的具体表现体现了出来。

#### 10.6.2.3 注重诠释民族品牌

成立于1912年的中国银行的前身是清政府的中央银行——大清银行,是目前国内唯一连续经营百年的银行,营业网络覆盖中国内地、港、澳、台及全球32个国家和地区,业务范围涵盖商业银行、投资银行、保险、基金管理、航空租赁等众多领域,是中国国际化程度最高、业务多元化程度最强的大型跨国经营银行集团。

自20世纪90年代起,中国银行的广告作品便开始积极探索从不同角度诠释这百年民族品牌的独特气质。1996年中国银行推出《高山》《大河》《麦田》《竹林》系列广告充满东方哲学韵味。2004年由张艺谋执导、濮存昕主演的《珍重客户篇》则流露出浓浓的人文关怀。而2010年中国银行与联合国亲善大使、音乐人朱哲琴共同打造的"中国之美,世界看见"主题形象广告,则用唯美的视觉语言诠释了少数民族文化保护与传承的公益主题。

即将于2012年迎来百年诞辰的中国银行近期推出全新品牌形象广告"百年中行",用一段时空之旅展现了这家百年老店不凡的发展之路。广告从一张泛黄的老照片开始,跟随主人公的脚步穿越百年,再现了中国银行1912年在上海成立、1929年从伦敦开启国际化之路、1985年发行中国第一张信用卡、1990年香港中银大厦落成及2008年参与北京奥运等的众多经典时刻。广告片邀请著名导演Mark Toia执导,集合了中国内地及港、澳、台的优秀团队辗转北京、上海、香港、伦敦、澳大利亚等多地摄制完成。此次推出的《百年中行篇》则引用了近来颇为热门的"穿越"概念。导演Mark Toia表示:"作为一个外国人,我可能并不完全了解中国银行的历史,但这次拍摄让我感受到她独特的气质与分量。感谢中国银行给了我很大的创作自由，我相信我可以给予这则广告一些新的东西。”

10.6.2.4　**重视配套产品推广**

中国建设银行自2003年发行信用卡以来，其信用卡业务在市场上形成了良好口碑，信用卡中心先后面向篮球、足球、网球、高尔夫球等爱好者成功发行了明卡、冠军足球信用卡、网球卡、高尔夫球卡，这些卡品的推广活动，无疑也是建行广告创意的一种，不同类别的卡将金融产品与健康生活紧密相连，不断演绎出缤纷时尚生活。

在开发冠军足球信用卡产品之前，国内没有任何金融机构甚至很少有商业机构联合AC米兰、皇马、巴萨等欧洲豪门俱乐部在国内开展商业合作，国内商家与欧洲豪门俱乐部之间很少有联系，欧洲豪门俱乐部在中国的市场潜力巨大，却又是一个空白点。国内球迷群体尤其是喜爱欧洲豪门球队的这部分群体不仅具有相当大的规模，而且层次素养高、忠实度高、消费能力强、富有积极向上的精神，为深入开发国内优质信用卡客户群体，紧紧抓住市场空白点与制高点，进一步提升建设银行信用卡品牌形象，中国建设银行携手中国银联，依托中国巨大的球迷群体和广阔市场，成功地与AC米兰、国际米兰、尤文图斯、皇家马德里、巴塞罗那、利物浦、阿森纳七家俱乐部达成授权合作，使建设银行成为国内首家也是唯一一家发行七家俱乐部主题信用卡产品的金融机构。

冠军足球信用卡自2009年2月27日推出后，迅速在中国广大球迷中引起广泛的反响和申办热潮，广大球迷同时积极用实际行动支持自己喜爱的俱乐部，纷纷踊跃办卡、用卡，截至2010年6月发卡量已达43万张。中国建设银行信用卡中心将这一群体纳入营销目标，又一次地探索出体育营销成功之举。

10.6.2.5　**注重选取体育明星或时尚明星代言**

体育明星，因其健康和充满活力的身影，以及在全国，甚至全球范围树立的良好公益形象常常成为金融行业，尤其是保险业的代言人。2007年中国人寿正式聘请国际篮球巨星姚明出任公司的全球形象代言人，此后，中国人寿保险公司与姚明长期合作，姚明甚至让自己的妻子和母亲与自己一起出现在中国人寿的商业广告中。中国人寿的一篇广告是姚明、叶莉拍的，广告语是“中国人寿就在您身边”。其创意表达了风雨中，妻子在丈夫身边共擎风雨的情景，暗示中国人寿在您身边为您遮挡风雨的诉求。

2011年，泰康人寿首次起用夺得亚洲首个网球赛场上大满贯的李娜担任其全球形象代言人。长期以来，泰康人寿执著于对外打造“青春、时尚、健康”的品牌形象，对内塑造“追逐梦想，不断超越”的企业精神。李娜的形象与泰康人寿一贯倡导的青春、时尚、健康的新生活理念不谋而合，她与姜山一路相伴的美满婚姻，也诠释了“与泰康相伴，和幸福同行”的价值观。在电视广告创意中，镜头不仅展示了作为体育明星，李娜有在台前成功的一面，同时，也有训练中的艰难和痛苦，无论是在享受生活，或是处于失意，爱人姜山一直陪伴在身边。画外音是李娜的独白：“人生就像过山车，起起落落的。有风光，也会有风险。无论如何，人生是自己的。不要放弃，自己主宰。我是李娜，我选泰康。”平面广告与电视广告同步推出，印有“娜样精彩，娜样绽放”的户外广告创意，通过李娜的健康与活力，传达出了泰康的品牌追求。

一向给人稳重与保守印象的中国人寿，在2011年突破以往的广告风格，请亚洲天后蔡依林担任形象代言人,推出全新的品牌广告,这一消息立即在金融保险业引起骚动……

在中国人寿拍摄的电视广告片中,蔡依林倾力表演练舞姿态——拉伸、跳跃、跌倒又勇敢地站起来,不断陈述"我相信"的坚持信念,让观众感受到她的努力、踏实,也感受到中国人寿的品牌理念。该系列广告是许久没做形象广告的中国人寿在2011年的重大品牌策略,也是蔡依林与金融保险行业的首次广告合作。中国人寿董事长王铭阳强调,蔡依林坚持专业、挑战自我的精神和中国人寿险业务员很像,广告词"我相信,时间终于能获得回报",也与投资型保单强调长期投资的精神相符。

## 10.7 服饰行业的广告创意

### 10.7.1 服饰行业的概况

服装市场变化快,季节性要求严,设计周期长,服装产品物料编码特殊(包括款式、尺码等),客户对时间的要求高。服饰类产品尤其是知名品牌服装具有高附加值、高利润的特点,尤其是知名品牌服装。目前,对服饰的消费需求越来越趋于个性化,产品的生命周期也越来越短,主要呈现品牌经营的特性。

### 10.7.2 服饰行业广告创意的要点

服饰类产品的目标消费群体在年龄、性别甚至阶层上的差异很大,因此,服饰类的广告创意点要贴近消费者的心理;同时,服饰类商品在中国仍为品牌发展的初期,因此,通过广告创意占领市场空白,成为一些品牌成功的要领。时尚类品牌往往会通过创意营造优雅、浪漫氛围;具有民族寓意的品牌常在创意中加大对民族性的传播。

#### 10.7.2.1 通过创意占领市场空白点

为迎接新千年,让人与自然更和谐,改善旅游环境,提高服务水平,1999年9月,波司登企业联合山东泰山旅游胜地,产生了以羽绒服取代棉大衣的广告创意,提出了"登第一山,穿第一品牌"的概念,这个创意立即得到康博集团的响应,最终形成了以"波司登万件羽绒服营造泰山世纪景观"为主题的策划方案。

泰山是中国第一名山,也是世界文化遗产之一,在自然、历史、人文、综合景观上无愧中国之最。作为旅游胜地,每年吸引数百万海内外游客观光膜拜。在一年的大部分时间里,游人上山后需要租用棉大衣御寒,特别是黎明观日出,棉大衣更是不能缺少。这种情况已延续了几十年,穿大衣观日出已成泰山另一"景观"。但是,山顶各宾馆和店铺供出租的全是老式军大衣,陈旧肮脏,与壮观的自然景观一起显得极不协调。多年来许多游人对此表示不满,而有关部门早已关注了这个问题,由于方方面面的原因,却又一直没有一个好的解决办法。

在"登第一山,穿第一品牌"这一理念的指导下,双方决定统一更换旅游防寒服,因此,2000年第一天,在泰山极顶,近万人穿着的旅游防寒服上印着:"波司登"及"登第一山,穿第一品牌"的字样。在大雾弥漫的晨曦中,"波司登"品牌形成了另一道风景线。在极顶另一侧,一幅一百零八米的红绸上也有"波司登"及"登上泰山极顶,感受世纪辉煌"的字样,更加烘托出迎千禧的壮观场面。

此次“波司登”品牌登泰山活动,不仅数万登顶者深有感触,更多的人从各种媒体的传播中也对此品牌产生了深刻印象。江苏康博集团的“波司登”品牌,在国内连续四年销量第一,市场占有率、知名度、美誉度很高。第一山与第一品牌联姻,名山与品牌各有所得,相得益彰。泰山解决了实际困难,波司登借助泰山扬名,进一步提升品牌形象。

此次广告创意之后,波司登已经在全国范围内迈开了羽绒服第一的步伐,而此前却没有任何品牌挑战羽绒服市场第一的位置。

10.7.2.2 **通过创意营造优雅、浪漫氛围**

服饰类品牌要想更进一步提升品牌的知名度,在品牌传播方面必须开展与消费者的情感沟通,才能真正进入消费者心智,抢占消费者心智资源。波司登羽绒服是中国的第一品牌象征,这不仅是表现在羽绒服本身质量高,近些年,在广告创意上波司登也尽显唯美和浪漫。《异国情侣篇》打破了前几年蹦蹦跳跳的热闹氛围,代之以感性、唯美、浪漫,富有故事性的情感诉求。你会发现,冬季,原来是如此浪漫、如此美丽,原来,世界是如此美好。

2009 年《异国情侣篇》创意打动了波司登所有高层管理人员,并获得波司登公司高层的一致认同。被波司登领导称为公司 30 年来最满意的广告。

2009 全新品牌形象广告在感性、唯美的文案中娓娓展开。影片通过一对异国情侣在一个陌生的城市邂逅、相识、相恋的故事,诠释出波司登品牌透露出来的品牌灵魂——爱。

寒冷的城市里,让异乡人觉得更加孤单,但是,因为爱的出现,也因为有波司登,让人内心温暖,不再觉得寒冷。原本臃肿厚重让人慵懒的冬季,也因为有爱的出现,也因为有波司登,故而显得美丽、浪漫。世界因为有爱,才显得精彩而美丽。

在故事中,世上的一切事物都可以是有情感、有故事的,一件衣服、一个品牌也是如此。并且,一件有生命力的衣服,一个有生命力的品牌,恰恰是有情感、有故事的,能够引起消费者共鸣的。否则,衣服是冷冰冰的,品牌也是冷冰冰的,没有温度。一则优秀的广告作品也是如此。

《异国情侣篇》通过故事脚本、镜头、造型和服装塑造了一个感性、浪漫的男主角和一个痴情、执著的女主角。作为联系二人感情的桥梁,波司登羽绒服更是在期待的时刻适时出现在眼前。

文案:因为你,我爱上这个城市
因为你,我爱上这个季节
你,让这个城市变得浪漫
你,让这个季节变得美丽
你,让这个世界变得精彩……
世界因你而美丽!

10.7.2.3 **对民族性的宣传**

对于一个有着五千年悠久历史的中国来说,很多行业的广告创意都会自然而然地引入中国传统文化,服饰类也不例外。在广告市场,越具有民族性的广告,就越容易被世界所认可。同样的,越是具有民族性的创意,其产品就越容易被世界范围内的消费者接受。

红豆衬衫的名称来源于中国唐代诗人王维的一首关于“红豆”的诗,红豆的广告创意自然以“相思”为线索展开:温馨的家庭,母女二人,妈妈在教女儿背唐诗,女儿摇晃着小脑袋,一字一句地背着:“红豆生南国,春来发几枝,愿君多采撷……”背到这儿时,女儿怎么也想不起来下一句了,正在此时,爸爸出现了,接道:“此物最相思。”画面直接切到爸爸拿着的红豆衬衫,妈妈会心地微笑,一家三口洋溢着幸福之情。

以相思之情为主题的红豆广告创意,非常符合中国人的审美和情感要求。在中国文化中,“红豆”早已被升华为爱情的信物。正是红豆衬衫所蕴涵的民族文化情结,使得它不仅在中国成了家喻户晓的品牌,而且在日本、英国等国家也很有名气,中国的唐诗和红豆的相思之意也被很多外国人所憧憬并喜爱,红豆以其鲜明的民族文化特色,大大提升了红豆衬衫的品牌知名度。

#### 10.7.2.4 创意要合规

由于服装、饰品多属于流行和时尚的商品,在广告创意中形式也较为大胆。然而,广告创意的内容必须受到广告法规和伦理道德以及不同国家地区风俗习惯的约束,以减少对消费者,尤其是青少年消费群体的负面影响。

随着人们对广告创意手法的熟悉,也越来越表现出对弱势消费群体的担心。青少年服饰类的广告创意就常因为伦理的问题,引起社会关于管制的呼声。如美国百货零售店JCpenny 就曾经为其售卖的牛仔裤做过这样的广告,电视广告中,一个女孩子展示着自己穿上牛仔裤后的优美身姿,突然,女孩子觉得如果裤腰再低一点会更好看,这时,镜头里女孩做了一个大胆的动作,就是把本来就不高的裤腰又往下一拉,肚脐露了出来,女孩似乎非常满意。然而,这则受到年轻人喜欢的广告创意播出后,遭到父母们的指责。由此可见,广告只有符合了最基本的伦理道德才有可能得到消费者的广泛认可。

意大利的服装品牌“贝纳通”在广告界创下了诸多争议与奇迹,主要来源于其广告创意。1991 年,贝纳通使用了三个不同肤色的孩子吐舌头的广告创意,本意是尽管我们的肤色不同,我们舌头的颜色是一样的。由于独特的创意性,这个广告在英国、美国和德国均获大奖,然而,在伊斯兰国家,却遭到谴责而被迫撤销,因为,在伊斯兰国家的传统文化里,暴露人的内部器官被认为是色情的象征。贝纳通的另一则广告中,则是一个教父在吻一个修女,要表达的意思是:爱可以超越所有的禁忌,显然,这种“亵渎”宗教的做法是绝对不可以被信仰者接受的。

## 10.8 房地产行业的广告创意

### 10.8.1 房地产行业的概况

房地产行业是社会经济大系统中的一个重要的组成部分。经过三十多年的发展,我国的房地产行业正在逐步走向市场化,呈现出注重品牌、形成有规模的开发商、对个人的销量增加等显著的市场化特征。与此同时,经历了营销时代与产品时代之后,我国的房地产市场与资本市场的关系更加密切;最近几年,我国的房地产更是进入了飞速发展时期,在国家房地产政策逐步完善的情况下,房地产行业也在不断规范着自己的市场化进程中的运作行为。



## 10.8.2 房地产广告创意的要点

优秀的房地产广告,不仅可以传递地产业的信息,而且还能吸引消费者将重金投资到楼盘上。纵观房地产行业的广告创意,主要表现为以楼盘硬件和建筑风格为创意点、以景观和绿化为创意点、以区位价值为创意点以及以突出居住者的身份为创意点。

### 10.8.2.1 楼盘硬件和建筑风格为创意点

对于购房者来说,好房子是决定购买行为的首要因素。对于逐渐富裕起来,并追求更理想的生活环境的购房者来讲,"好"房子的"好"字,最基本的要素就是楼盘硬件设施到位,同时建筑风格理想。

关于楼盘硬件,在广告创意中,主要包括以下几点:开发商的知名度、户型、建材与配置、规划和最新工艺材料等。

同时,住宅风格也是房地产在创意中主打的元素,通常包括欧陆风格、新古典主义风格、现代主义风格、异域风格、主题风格和普通风格等。

在强调自己楼盘硬件时,深圳碧清园的创意方法可谓是独树一帜。它的广告创意是人物形象,不同于我们司空见惯的淑女绅士,这只是一张普普通通、简简单单的生活照,创意点更在于这个人的身份,在广告中描述如下。碧清园一期业主:周卫东,资深房地产研究员。如此简单的一句话,对于购房者来讲,折射出的第一个信息就是:这个楼盘的质量不错,因为对于深圳专业的地产研究员来说,他们每天接触大量的当地楼盘,对房地产价值的了解肯定是全面的,他选择了碧清园,这个楼盘的硬件自然不在话下。

位于亚运村的楼盘欧陆经典·风格派,定位于欧式古典建筑。在广告创意中,通过对楼盘欧陆风格的展示,突出它艳而不俗、轻松自然的特点,采用天然石材、仿石喷涂等细节的描述,展示了楼盘在坚实的外观之中掩藏着细腻质感,同时,尽显豪华、大气、浑厚沉稳。柱式、山花、锁石等精细的元素以强烈的视觉冲击力,唤醒人们对古老欧洲的遐想。而楼盘恒大金碧天下,则通过广告创意,将一座欧陆生态别墅城的锦绣画卷徐徐开启:万亩湖山辉映欧陆传世园林,万顷超大湖景,品牌企业大手笔运作。美洲花园以"北美风情社区"定位,一期为"温哥华水城",二期为"密苏里小城",三期为"波特兰小镇",以不同的建筑风格,幻化出城市人文典范社区景观。

### 10.8.2.2 以景观和绿化为创意点

居住空间的重要组成要素就是景观。景观主要包括河流、湖泊、山、人,以及在对这些要素解构和重组的过程中,重新整合出的完美图景。而绿化主要包括各式的花园和园林的特色。

景观和绿化可以通过广告创意的渲染,让房地产品牌价值升值,因为房地产广告是一种人文化的营销,在改变人们居住方式的同时,也改变着人民的生活方式。

在碧水庄园的平面广告作品中,整版是一幅小区的实景照片:一汪湖水,碧水涟漪,湖里戏水的鸭子轻轻划过湖面;湖边一栋栋别墅错落有致,别墅前大片的私家花园与一条蜿蜒的水岸线环绕;遥远的天空在蓝天、白云的衬托下,已经是景不醉人人自醉。

而在四川,各大楼盘广告更是通过对景观和绿化创意性的推广,刺激消费者的购买欲望。比如,今日田园的广告创意,致美演绎了"内外三重园,满眼皆陶然"的超然意境,令人心旷神怡;来自都江堰的活水溪流在千亩别墅社区里蜿蜒6000米,几乎每栋别墅均临水而居,几千株原生树木被完整地保留了下来,上万株生态林木、果树掩映成林。

御源·大湖区定位为江南园林水乡,500亩活水大盘、7000米私家岛岸、生态、院落、岛居,2.7万平方米的水域润泽了20万平方米的坡地,更将江南园林水乡的雅致与现代简约风格的建筑完美结合,给生活带来一种迥异于都市的生态和健康。中华锦绣在广告中,主打其最具特色的部分——"下沉式生态广场",落差高达5米,广场上层还密植高二十余米的高大乔木,以增加落差感,在底部则采用水景,并辅以木栈道。再配上以直径50厘米、高12米的树木——兰花楹,可起到"珠联璧合"的景观效果。

#### 10.8.2.3 以区位价值为创意点

对于有特定需求的消费者来说,区位有着特殊的意义,同时直接决定了购买地产这一行为。有些地产项目的核心价值正是体现在区位这一层面,尽管有些地产区位的优势显而易见,却需要通过高明的创意更好地发挥项目的优势。

万科公园五号,作为万科在北京CBD打造的首个"TOP"系高端综合体建筑,在广告创意中首推"城市综合体"概念。

北京CBD核心区的万科公园五号以其独特的"城市综合体"开发理念备受瞩目。这种集合住宅、商业、写字楼等多种功能区的地产开发模式,很好地协调了土地的集约化利用问题,并逐渐发展成为新兴的繁华小城,这也使得作为其独栋写字楼项目的万科五号公社成为高端投资者争相竞逐的焦点。而纵观各大城市,北京的东方广场、上海金茂大厦以及分布在各地的万达广场等综合体项目,都已发展成为地标性商业中心。

对于开发商而言,城市综合体已经成为各领域专家一致看好的未来地产开发模式,而这就是一个地产界与城市发展共赢的局面。不得不说,万科作为地产界的龙头,凭借敏锐的前瞻力,凭借着万科公园五号占得城市综合体开发之先机,使得万科公园五号也在CBD之中展现出不可限量的投资价值。

#### 10.8.2.4 以突出居住者的身份为创意点

不可否认,由于经济能力或是需求的不同,不同的业主,对住宅的要求自然不同。所谓最好的楼盘,就是适合某类消费群体的楼盘。以此为依据,楼旁的卖点通常有:豪宅、单身公寓、知识分子、工薪阶层等。另外还有房地产商创造的概念:居住主题、新都市主义、度假式等。

北京风林绿洲二期的平面广告,画面上是一个优雅的男士形象,画面下的标题醒目地写着:"只为中坚知识阶层定制,这就是枫林绿洲",简洁大方的画面,突出了目标客户为"中坚知识阶层"。

河南商丘的书香人家楼盘,因为毗邻商丘师范学院老校区,因此,楼盘直接以"书香人家"命名,并在户外广告创意中,打出"孟母三迁,择邻而居"的口号。因其优越的地理位置和鲜明的定位,在商丘市区也树立了良好的口碑,成了当地争相抢购的楼盘。

深圳硅谷别墅——新世界豪园的广告文案中这样写道:

物以类聚、人以群分,实在自然不过!那么,汇聚在新世界豪园的是怎样的一群人?

他们有品位。否则,何以欣赏五星级欧式会所那长长的外廊……

他们有实力。要不然,看不出长条状、带高度私密内院的主体别墅……

他们成功。不然,我们的价格早已令他们悄然离去……

此外,楼盘的空间价值、功能提升、居住文化和生活方式、情感,甚至是促销,都是房地产广告创意常用的卖点。

## 实训篇

### 案例分析

#### 百年老号

中华老字号,作为中国民族品牌的典范,行业覆盖范围广泛,主要有服饰行业、包括酿酒业、餐饮业在内的食品行业等。品牌包括瑞蚨祥、培罗蒙、古今、恒源祥、老凤祥、吴良才、茅台、孝感米酒、青岛啤酒、绍兴女儿红、五粮液、狗不理、第一楼、真不同、大有丰酱园、火宫殿、东来顺、王致和等。

如今,一些老字号已经成为行业的典范。北京瑞蚨祥绸布店开业于1893年(清光绪十九年),是享誉海内外的中华老字号,为旧京城"八大祥"之首。北京城流传多年的歌谣"头顶马聚源、身穿瑞蚨祥、脚踩内联升"是对瑞蚨祥名满京城的生动写照。近几年来,瑞蚨祥已有了自己的"品牌",以神话中形似蝉蝗一对母子"蚨"为图案,申报注册了自己的标识。经营内容也种类繁多,包括绸缎、呢绒、棉布、皮货、化纤、民族服装服饰等,除了布匹、成衣外还提供旗袍定制和现场制作蚕丝被。定制价格:无手工刺绣要求的高级定制900元起价;手工刺绣定制2 000 ~ 100 000元。传说店内最贵的一件手工刺绣旗袍是100 000元左右。

请运用本章所学知识,分析这些中华老字号之所以可以成为行业的典范,主要原因是什么。

## 实践运用

"栋梁眼镜"是一家眼镜连锁机构,总店位于某城市一所师范学院附近。而本市眼镜市场有十多个品牌，其中不乏全国知名品牌。然而，“栋梁眼镜”的陈栋梁先生却凭着多年良好的口碑，在本地的大学生人群中，消费群体非常稳定，并打出了“中国校园第一品牌”的口号。

新学期就要开始了，新生也要报到了，请针对新入学的学生，为“栋梁眼镜”创作一个创意大纲。



## ★思考题

(1)结合具体案例，谈谈不同行业商品广告创意的异同点。

(2)以小组为单位，搜集以上行业大家认为最有创意的广告作品，并分析各自的特点。

(3)找出一则你认为创意平淡乏味的广告，从其行业及商品特征出发，重新创作新广告。